LA FRANCE EN INDO-CHINE

PAR

A. BOUINAIS,

CAPITAINE D'INFANTERIE DE LA MARINE,
MEMBRE DE LA COMMISSION DE DÉLIMITATION DES FRONTIÈRES DU TONKIN

ET

A. PAULUS,

AGRÉGÉ DE L'UNIVERSITÉ, PROFESSEUR D'HISTOIRE ET DE GÉOGRAPHIE
A L'ÉCOLE TURGOT.

PARIS,
CHALLAMEL AINÉ, ÉDITEUR,
LIBRAIRIE ALGÉRIENNE, COLONIALE ET MARITIME,
5, RUE JACOB, ET RUE FURSTENBERG, 2.
1886.

LA FRANCE
EN
INDO-CHINE.

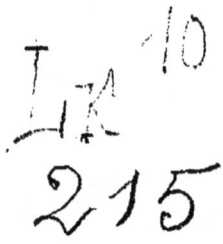

« La commission chargée d'examiner les meilleurs mémoires publiés dans la *Revue maritime et coloniale*, en 1885, et composée de MM. le vice-amiral Jurien de la Gravière, président de l'Académie des sciences, *président*; le vice-amiral Paris, Ed. Becquerel, Bouquet de la Grye, ingénieur hydrographe en chef, membres de l'Institut; Ledieu, examinateur de la marine, membre correspondant de l'Académie des sciences, *secrétaire*,... a exprimé l'avis que la seconde médaille (d'or) devait être accordée à MM. Bouinais, capitaine d'infanterie de la marine, et Paulus, professeur à l'école Turgot, pour leurs très intéressants articles sur le *Protectorat du Tonkin* et sur le *Royaume d'Annam*. Déjà, en 1884, les deux auteurs avaient mérité une mention honorable pour leur double communication sur *le Royaume du Cambodge* et *les Troupes coloniales en Cochinchine*. L'ensemble de leur travail constitue désormais un corps d'études fort complètes sur nos possessions de l'extrême Orient et de nature à rendre de grands services aux fonctionnaires et aux négociants appelés à se rendre dans ces lointaines régions. » (*Revue maritime et coloniale*, août 1886, p. 319.)

La Société de géographie commerciale de Paris a décerné une médaille d'argent à *l'Indo-Chine française contemporaine* des mêmes auteurs.

Typographie Firmin-Didot. — Mesnil (Eure).

LA FRANCE

EN

INDO-CHINE

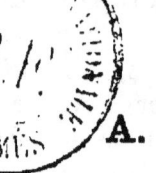

PAR

A. BOUINAIS,

CAPITAINE D'INFANTERIE DE LA MARINE
MEMBRE DE LA COMMISSION DE DÉLIMITATION DES FRONTIÈRES DU TONKIN

ET

A. PAULUS,

AGRÉGÉ DE L'UNIVERSITÉ, PROFESSEUR D'HISTOIRE ET DE GÉOGRAPHIE
A L'ÉCOLE TURGOT.

PARIS,
CHALLAMEL AINÉ, ÉDITEUR,
LIBRAIRIE ALGÉRIENNE, COLONIALE ET MARITIME,
5, RUE JACOB, ET RUE FURSTENBERG, 2.

1886.

A M. JULES HERBETTE,

COMMANDEUR DE LA LÉGION D'HONNEUR,

CONSEILLER D'ÉTAT,

MINISTRE PLÉNIPOTENTIAIRE DE 1re CLASSE,

DIRECTEUR DU CABINET

DE M. DE FREYCINET,

PRÉSIDENT DU CONSEIL DES MINISTRES, MINISTRE DES AFFAIRES ÉTRANGÈRES.

PRÉFACE.

La politique de recueillement suivie par la France, après la guerre de 1870, lui a permis de reconstituer sa puissance militaire et de perfectionner son matériel naval. Nous avons pu, assurés du respect qu'impose la force, développer notre prospérité intérieure et renouveler ces entreprises lointaines qui sont dans le génie de notre race.

Aujourd'hui la France, qui avant 1870 tenait seulement le troisième rang parmi les nations colonisatrices, vient, depuis l'établissement des protectorats de la Tunisie, de l'Annam, du Tonkin, de Madagascar et du Congo, immédiatement après l'Angleterre et prime la Hollande (1).

(1) Nous empruntons à *la France coloniale* de M. Rambaud,

La puissance coloniale de l'Angleterre s'explique par l'invulnérabilité que lui assure sa situation insulaire et par l'importance que cette même situation exige de sa marine. Ne pouvant songer aux grandes guerres continentales où elle n'a jamais joué qu'un rôle secondaire, la Grande-Bretagne s'est tournée vers les expéditions maritimes ; la Hollande l'a imitée, tandis que la France perdait, au contraire, ses colonies, en livrant des batailles en Europe (1713, 1763, 1814, 1815).

L'expansion coloniale de l'Angleterre, si elle a eu pour son commerce d'immenses avantages, si elle a offert un vaste champ d'activité à sa jeunesse, a causé toutefois dans ces derniers temps,

---

dont nous avons eu l'honneur d'être les collaborateurs pour la partie relative à l'Indo-Chine, les chiffres suivants :

Empire colonial britannique, 21 millions de kilomètres carrés, 270 millions d'habitants.

Possessions françaises (y compris l'Algérie, la Tunisie, le Tonkin, Madagascar, le Congo), 3 millions de kilomètres carrés, 28 millions d'habitants (non compris la population du Congo pour laquelle les évaluations manquent).

Possessions néerlandaises, 2 millions de kilomètres carrés, 28,604,459 habitants.

Viennent ensuite l'Espagne et le Portugal.

par son énorme développement, quelques appréhensions à nos voisins d'outre-Manche.

La transformation des protectorats en annexion rapide n'est point sans danger pour l'intégrité de l'empire colonial britannique, et il est souvent plus facile de reprendre, en un jour d'enthousiasme, pour son compte, l'orgueilleuse devise des Romains *Imperium et libertas*, que de la consacrer pendant la succession des siècles.

Ainsi pensent nombre d'esprits éminents en Angleterre, ce qui ne les empêche nullement d'ailleurs de regarder d'un œil jaloux toute entreprise coloniale étrangère.

C'est avec une humeur inquiète que la Grande-Bretagne voit nos récents accroissements et constate qu'à côté des quatre grandes puissances coloniales des temps passés (France, Espagne, Hollande, Portugal), qu'elle pouvait contrebalancer sur les mers, d'autres nations cherchent à l'extérieur des débouchés pour leurs produits, des positions stratégiques pour y établir des stations.

Aussi le moindre incident tient-il sa suspicion en éveil, témoin les alarmes qu'elle a conçues de la protection que nous venons de donner à nos nationaux aux Nouvelles-Hébrides.

Le danger pour l'Angleterre n'est point cependant dans notre propre expansion coloniale ni même dans les visées de l'Italie dans la Méditerranée (Tripolitaine et mer Rouge), ou dans la politique de la pacifique Belgique en Afrique (Congo); il est bien davantage dans la marche rapide de la Russie en Asie, qui menace à chaque instant son empire des Indes; il est encore dans la politique de l'Allemagne, qui, les yeux tournés vers la Hollande, prendrait, si elle venait un jour à s'en emparer, une importance maritime et coloniale de premier ordre.

Il est aussi dans l'esprit colonisateur de la Grande-Bretagne, qui fait que la race anglaise, s'expatriant pour de longues années, quelquefois sans esprit de retour, ses nationaux tendent constamment à créer de nouveaux empires, anglais par la langue et les usages, tributaires de son commerce, mais souvent indépendants par le cœur (Canada), d'humeur remuante (Inde), aspirant à vivre d'une vie propre (Australie), et maintenus si peu étroitement par les liens de la métropole, que les hommes d'État d'outre-Manche sont obligés de voiler de leur libéralisme les velléités d'émancipation qui se font jour, et de déclarer que c'est surtout au rôle de tutrice de ses nouveaux sujets qu'aspire l'Angleterre.

Ces réflexions doivent nous donner à songer et nous faire moins regretter de n'être pas la première puissance coloniale de l'Europe. Notre rang convient à notre situation, et c'est plutôt en consolidant notre empire d'outre-mer qu'en l'accroissant trop rapidement, que nous lui donnerons le caractère qui lui convient. Il nous sera toujours plus aisé de commander à 28 millions d'âmes, que de régir le quart de la population du globe.

Notre politique à Madagascar, où nous avons su éviter, par un protectorat politique, les charges d'une prise de possession qui, venant immédiatement après notre occupation du Tonkin et de l'Annam, eussent été lourdes pour la métropole, notre persistance à asseoir en Indo-Chine notre prépondérance et à tirer parti de sacrifices considérables, semblent indiquer que la France cherche à édifier un empire colonial solide, capable de se défendre par lui-même, et qu'instruite par les leçons de l'histoire, elle dédaigne les conquêtes éphémères que suivent trop souvent de désastreux avortements. C'est la seule politique coloniale qui nous convienne en présence d'une puissance qui occupe toutes les mers et commande toutes les routes maritimes. Nous ne devons pas perdre de vue qu'*extension de territoire n'est pas synonyme d'extension de puissance.*

Nous ne sommes pas arrivés partout les premiers, et les meilleures places ont souvent été abandonnées par nous ou occupées antérieurement par nos rivaux, mais ce que nous possédons aujourd'hui n'est nullement un bien à dédaigner :

Position prépondérante en Afrique ; dans l'océan Indien, situation qu'il nous appartient de développer progressivement ; dans les mers de Chine, magnifique empire qui nous fait contigus des riches provinces méridionales de la Chine ; stations admirablement situées (sur la route de Panama et des deux côtés du canal futur).

Sauf sur quelques points secondaires, nous sommes donc arrivés, *théoriquement*, à nous refaire un empire colonial digne de notre puissance maritime et nous permettant de compter par des éléments respectables de force dans le jeu des rivalités européennes.

Aussi, à notre sens, convient-il surtout maintenant moins de chercher de nouvelles possessions que de nous établir définitivement là où nous sommes. Nous devons, comme un propriétaire qui a l'intention de laisser à ses enfants un domaine florissant, travailler en vue de l'avenir, ne point ménager les premières dépenses d'établissement et donner à nos efforts leur plus grande intensité dans un rayon déterminé et nettement limité. Nos hommes d'État agissent donc sagement quand ils concentrent notre action.

Ayons les yeux partout, mais que la main qui tient le drapeau tricolore soit toujours calme et assurée, de manière à maintenir à nos sujets, en guerre comme en paix, la protection que nous leur devons.

Aujourd'hui, si nos nationaux dispersés sur tous

les points du globe peuvent, à chaque instant, provoquer un conflit ou faire naître une action militaire bien souvent épineuse, qu'on n'oublie pas qu'avec la vapeur et l'électricité, les gouvernants ont non seulement le devoir d'arrêter toute tentative insolite, mais encore l'obligation de la prévenir, par une exacte connaissance des situations et de l'état politique des régions où se produit le moindre incident qui pourrait nous engager.

Non que nous voulions proclamer l'ingérence continuelle de l'État dans toutes les entreprises coloniales, mais parce qu'il nous semble de droit strict que le colon qui réclame la protection de l'État souverain, garde vis-à-vis de lui le respect dû au dépositaire de l'autorité supérieure, responsable du mouvement général et maîtresse de sa décision dans tel ou tel cas particulier.

Cela revient à dire que la colonisation doit devenir plus scientifique et rester toujours proportionnée à nos besoins d'expansion en même temps qu'aux exigences que nous impose l'état variable de nos relations en Europe.

Le rôle de l'État en ces matières est donc considérable.

Plus de 100,000 marins et toutes les industries qui se rattachent à la construction vivent du trafic que nous faisons avec nos colonies, et celles-ci font un peu plus que la dixième partie du commerce de la France (1).

De même que l'Anglais aux colonies ne consomme guère que les produits de la Grande-Bretagne, de même nos colons tirent de la mère patrie toutes leurs ressources, et, comme l'a fort bien observé M. Rambaud, nos colonies réunies, en faisant avec la métropole 550 millions d'affaires sur un total de 915 millions (1883), sont pour nous un meilleur client que la Suisse, la Russie, l'Autriche et la Turquie. On voit par là que les préoccupations du commerce ne sauraient rester indifférentes à l'ouverture de nos nouveaux débouchés. En effet, en dehors des consommations des Français aux colonies, il est un vaste champ, celui de la consommation indigène, que nous de-

(1) Pour 1883, y compris l'Algérie et la Tunisie. 915 millions contre 8 milliards importations et exportations (commerce spécial).

vons viser et où, si nous avons à soutenir une lutte intense avec des rivaux puissants, depuis longtemps en possession du marché, il n'est cependant pas défendu d'espérer les effets d'une intelligente et active concurrence, à la condition que nos capitaux, si audacieux en Europe, deviennent moins timides à l'extérieur et que l'initiative de l'État en consolide l'association par des emprunts bien préparés, par l'organisation des rouages commerciaux mûrement étudiés.

A ceux qui proclament que dans nos colonies on ne voit que le pavillon anglais, nous répondrons qu'en 1882, sur un total de 1,315,144 tonneaux entrés et sortis, la marine française compte 95 0/0, soit 1,255,332 tonnes, tandis que l'Angleterre la même année ne chiffrait ses entrées et sorties que par 87 0/0 (1).

Les intérêts de la marine et du commerce sont donc étroitement liés à notre développement colonial. D'ailleurs, comme le dit fort bien M. Levasseur, une colonie peut devenir une source de

---

(1) Rambaud, *la France coloniale;* Paris, 1886.

profit pour la métropole, soit directement par son commerce avec elle, soit indirectement par la situation politique qu'elle lui assure, *et l'on ne peut régler les comptes d'une nation comme ceux d'une boutique.*

On conçoit que dans de telles conditions, une superficie de 460,000 kilomètres carrés (1) et un marché d'environ 19 millions d'âmes (Cochinchine, Cambodge, Tonkin, Annam), en Indo-Chine, sans compter les territoires indépendants de la rive gauche du Mékong, qui ne sauraient longtemps échapper à notre influence, sont pour nous un magnifique champ commercial dont le labour promet les plus brillantes espérances, en même temps qu'ils nous donnent une situation unique dans les mers de Chine.

Consacrés depuis cinq ans à l'étude passionnée de cette partie de notre domaine colonial, nous avons dans un ouvrage important, *l'Indo-Chine française contemporaine*, réuni toutes nos connaissances sur notre possession.

---

(1) Superficie de la France, 528,572 kilomètres carrés.

Aujourd'hui des hommes politiques, des colons, des commerçants, des militaires appelés à servir dans l'extrême Orient, des professeurs pour l'instruction de leurs élèves, nous demandent de condenser en quelques pages nos études antérieures (1).

Au lendemain du jour où nous venons de signer avec la Chine un traité de commerce destiné à cimenter par des liens durables notre amitié avec le Céleste Empire, et à ouvrir à son négoce et au nôtre de nouveaux débouchés, le moment nous paraît bien choisi.

Nous sommes de ceux qui ont foi dans notre

---

(1) Le capitaine Bouinais a été, de 1881 à 1883, chef du bureau politique en Cochinchine (gouvernement de M. le Myre de Vilers); de 1883 à 1885, officier d'ordonnance du ministre de la marine, détaché, en juillet et août 1885, aux Affaires étrangères (direction de l'extrême Orient). Il est actuellement membre de la commission de délimitation des frontières du Tonkin.

M. Paulus, agrégé de l'Université, a fait à la Sorbonne, au Congrès des sociétés savantes, trois communications; en 1884, 1885 et 1886, sur l'avenir de l'Indo-Chine française, sur l'esclavage avant notre protectorat et sur le droit de propriété d'après le code annamite.

MM. Bouinais et Paulus ont vulgarisé nos connaissances sur l'Indo-Chine dans des conférences à Paris, Bordeaux, Rouen, Boulogne-sur-Mer, Rochefort.

avenir colonial envisagé dans son ensemble et, en particulier, dans le développement de notre influence en Indo-Chine, à la condition qu'on tienne compte des considérations générales que nous venons d'exposer.

C'est en se pénétrant du caractère des peuples à qui nous offrons la régénération sociale, le bien-être matériel, en étudiant soigneusement le terrain où ils se meuvent, leurs mœurs, et en envisageant dans une idée de progrès comment ces mœurs peuvent s'harmoniser avec la civilisation que nous apportons à nos sujets et à nos protégés, que nous saurons édifier en Indo-Chine un empire solide, à coup sûr moins vaste et moins peuplé que les Indes anglaises, mais plus homogène, moins impatient de notre tutelle.

Après la conquête par les armes, il nous reste à effectuer une prise de possession plus difficile, celle de l'indigène. Ne cherchons point à l'assimiler, gardons-lui ses coutumes tant qu'elles n'ont rien d'inconciliable avec notre domination, inculquons-lui nos idées de justice, ouvrons son esprit aux progrès économiques qui lui sont étrangers, et, nous rappelant que nous sommes les voisins du Céleste Empire, loin de redouter ce voisinage, cherchons à tirer parti des débouchés qu'il nous offre par une sage distribution de nos forces et des efforts de nos sujets. Qu'on ne répète plus cette formule en parlant du Tonkin : « Pays riche, population pauvre ». Il y a là deux termes qui se contredisent. Il nous appartient de modifier le dernier.

Toute œuvre de colonisation, l'Algérie le démontre, est une œuvre de longue haleine. Il ne faut donc point s'inquiéter outre mesure des mille incidents qui surgissent dans un pays de 19 millions d'âmes. C'est l'ensemble qu'il faut envisager, c'est l'unité de direction, la cohésion des efforts qu'il faut poursuivre, avec le génie de notre race, avec le bon sens de notre tempérament, sans découragement puéril, avec une persévérante prévoyance.

Nous pouvons en Indo-Chine, si nous faisons de la bonne économie politique et si nous y gouvernons sagement, faire pénétrer rapidement notre esprit dans l'organisation indigène, y porter les ressources qui lui manquent, nous associer tous les éléments assimilables et diriger ce pays dans la voie de la civilisation et du progrès.

Cette introduction terminée, entrons dans le sujet et réservons pour la fin notre conclusion et notre conception de l'organisation de l'Indo-Chine (1).

(1) Pour toutes les matières non traitées dans ce volume, nous prions nos bienveillants lecteurs de se reporter à notre ouvrage : *l'Indo-Chine française contemporaine*, 2 vol. in-8°, 3 cartes, 12 gravures ; Paris, Challamel.

LA FRANCE
EN
INDO-CHINE.

I.

LE SOL.

L'Indo-Chine française, située entre le 8° et le 23° 20′ de latitude nord et entre le 100° 30′ et le 105° 40′ de longitude orientale, comprend une colonie, la Basse-Cochinchine, le protectorat de l'Annam et du Tonkin et le protectorat du Cambodge.

SITUATION ET BORNES. — La *Basse-Cochinchine* est, après l'Algérie, la plus importante de nos colonies.

Ses bornes sont : au nord, le royaume du Cambodge et l'empire d'Annam ; à l'est la province annamite du Binh-Thuan ; au sud-est la mer de Chine et à l'ouest le golfe de Siam. Elle présente la forme d'un quadrilatère irrégulier de 50 à 60,000 kilomètres carrés de superficie.

L'*empire d'Annam* est situé au nord de la Cochinchine française, qui formait autrefois sa partie méridionale. Ses bornes sont : au sud, la Cochinchine française ; à l'est, la mer de Chine ; au nord, le Tonkin ; à l'ouest, des frontières indécises, tracées au milieu de pays à peu près inconnus, habités par des tribus sauvages. Plus tard, ces limites seront fixées vers le Cambodge et le Laos, à mesure que notre domination s'affermira dans ces lointains pays. Elles devront au moins s'étendre jusqu'au Mékong, qui, à plusieurs reprises, a séparé l'Annam des possessions siamoises.

L'empire d'Annam présente la forme d'un rectangle dont les côtés sont le Tonkin, la mer de Chine, la Cochinchine et la chaîne de montagnes qui sépare le bassin du Mékong des bassins des fleuves côtiers. Sa superficie est d'environ 100,000 kilomètres carrés.

Le *Tonkin* est borné par la Chine, le Laos et l'Annam.

Les superficies indiquées par les différents auteurs sont très variables, ce qui dépend évidemment de l'incertitude des frontières et des données diverses qu'ils prennent pour base de leurs évaluations. Nous avons lieu de croire que le Tonkin a environ 200,000 kilomètres carrés.

Le *royaume du Cambodge*, limité au nord par le Siam et le Laos, à l'est par les territoires des sauvages Stiengs et Penongs, au sud-est par la Cochinchine française et au sud-ouest par le golfe de Siam, occupe une étendue de 100,000 kilomètres carrés environ.

OROGRAPHIE. — Si l'on regarde une carte de l'Asie orientale, on remarque des chaînes de montagnes qui se détachent de l'extrémité sud-ouest du plateau central de cette partie du monde et limitent la ceinture des bassins du fleuve Rouge au Tonkin, du Mékong dans le Laos, le Cambodge et la Cochinchine, du Ménam dans le Siam, de l'Iraouaddy et de la Salouen en Birmanie. L'une de ces chaînes, après avoir constitué au Tonkin les parties élevées qui limitent le delta du Song-Koï, envoie au sud un chaînon qui sépare les bassins côtiers de l'Annam du bassin du Mékong et se termine dans les arrondissements français de Bien-Hoa et de Baria. On y rencontre des sites boisés et charmants rappelant les plus beaux paysages du Bengale, des forêts sillonnées de nombreux ruisseaux aux eaux claires et limpides. De même, dans les parties occidentales du Cambodge, les dernières ramifications de la chaîne de l'Éléphant sont constituées par des collines élevées, souvent boisées, renfermant du fer, du grès, des calcaires. Là, campent des sauvages, Stiengs, Penongs, Chams, Moïs, pauvres êtres déshérités et inoffensifs, obligés, jusque dans ces derniers temps, de se cacher dans les fourrés pour échapper à l'esclavage.

La vallée du Mékong est formée d'alluvions et de conglomérats ferrugineux désignés par les Annamites sous le nom de *pierres d'abeilles*, car elles ressemblent à des gâteaux de cire, de *pierres de Bien-Hoa*, parce que le sous-sol de cette province en est formé à des profondeurs diverses, et par les Cambodgiens sous le nom de *bay-kriem* ou riz grillé.

La Cochinchine française se compose de deux parties bien distinctes au point de vue de la constitution du sol : au nord-est les collines des arrondissements forestiers du haut Donnaï et de la rivière de Saïgon et du haut Donnaï près du Binh-Thuan et la partie méridionale, d'origine géologique récente ; elle comprend les bassins du Mékong et des deux Vaïco. On y trouve des plaines basses, souvent inondées, qui doivent leur naissance aux alluvions des fleuves.

La Cochinchine et une partie du Cambodge sont donc, comme le delta du Tonkin, un présent de leurs fleuves. Chaque année, les îles en formation s'accroissent d'une couche nouvelle de limon. Bientôt leur surface dépasse le niveau de la mer ; les indigènes entourent aussitôt ces alluvions de digues en terre pour arrêter la marée et y établissent des salines et des rizières ; des groupes de légères habitations s'élèvent dans des endroits naguère recouverts par les flots.

Le sol est parsemé de longs bancs de sable appelés *giông* par les indigènes.

Tout le delta est couvert de rizières et de jardins, sauf dans les points les plus éloignés des grands cours d'eau (plaine des Joncs, presqu'île de Camau), où de vastes cuvettes, remplies d'herbes aquatiques, de joncs et de forêts de palétuviers, n'ont pu encore être cultivées.

Ces espaces, aujourd'hui incultes, pourront être plus tard livrés à une agriculture appropriée au climat et à la nature du sol. Le travail de l'homme y deviendra d'autant plus facile que, dans ces endroits, les arroyos semblent se combler à mesure que s'assèchent les territoires qu'ils servent à drainer.

Au milieu du delta s'élèvent seulement quelques collines isolées, véritables témoins des anciennes îles du golfe du Mékong, aujourd'hui comblé par les apports du fleuve (1) et qui s'étendait jusqu'aux tours de Banon, près de Battambang et au sanctuaire d'Angkor-Vat.

Au Tonkin, les alluvions apportées par le fleuve Rouge et le Thaï-Binh, empiètent également sur le golfe, lequel s'avançait jusqu'à Hanoï au septième siècle de notre ère. Les missionnaires débarquaient, il y a vingt-cinq ans, dans des localités aujourd'hui entourées par les terres.

Le Tonkin, comme la Cochinchine, se divise en deux parties : d'une part le Delta avec ses grands fleuves, le Thaï-Binh et le Song-Koï, et d'autre part les régions montagneuses du nord et du sud-ouest.

La première forme un triangle isocèle dont la base est tracée par le littoral et dont le sommet se trouve à Sontay.

La seconde région se subdivise en deux groupes : celui du nord ou région des plateaux, celui de sud-ouest ou région des forêts.

Le delta du fleuve Rouge est limité par une ligne

(1) On a recueilli des spécimens d'objets de l'époque de la pierre polie et de celle du bronze au pied du Nui-Bathé, au Jardin botanique près de Saïgon et au Cambodge. L'Indo-Chine a donc passé par cette double période qui se retrouve à toutes les origines de la civilisation.

qui, partant du bord de la mer, à environ 15 kilomètres à l'ouest de l'embouchure du Day, passe à l'ouest de Ninh-Binh, remonte la rive droite du Day, passe au-dessus de My-Luong, suit l'arroyo de Sontay et tombe au confluent de la rivière Noire; de là la limite se dirige sur Phu-Bing, Thaï-Nguyen et Lang-Kep et descend la rive gauche du Loch-Nan, le Thaï-Binh et le Cua-Nam Trieu.

Au nord-ouest le Delta est limité par des chaînes de montagnes étagées dont le pied plonge dans les rizières. Le plateau de Kouang-Si envoie des arêtes secondaires entre les différents affluents du Thaï-Binh et vers les côtes septentrionales du Tonkin. La direction de ces montagnes est, en général, celle du nord-ouest au sud-est. Les montagnes détachées du Kouang-Si forment la ligne de partage des eaux entre les fleuves du Tonkin et ceux de la Chine. Au nord, Caobang, That-Khé et Langson sont sur le versant chinois. Nos troupes ont traversé les cols de la chaîne séparative pendant leur marche sur cette dernière ville (col de Cut). Les montagnes sont très enchevêtrées et forment un fouillis inextricable de mamelons, de pitons, de cirques et de vallées étroites. « Nous avons mamelonné et pitonné tout le jour, » disait d'une façon pittoresque un chasseur d'Afrique, rendant compte d'une reconnaissance.

Le sol de la région des plateaux est moins favorable à la culture des rizières que les riches plaines du Delta, sans cependant être improductive, mais il paraît devoir fournir des gisements abondants et des bois de toute nature. Celui de la région des forêts est peu fertile en général, parce que les bienfaisantes inondations ne peuvent y couvrir qu'un espace restreint du territoire. On y trouve cependant, dans certains cantons, du maïs, des ignames, des noix d'arec, du coton, le mûrier.

Littoral. — Le littoral de l'Indo-Chine française commence sur le *golfe du Siam* et se dirige au sud-est jusqu'à la *pointe de Camau* ou *cap Cambodge*. Il prend ensuite la direction du nord-est et du nord, bordé par la *mer de Chine* et le *golfe du Tonkin*.

Sur la côte cambodgienne se voit le port de *Kampot*.

Cochinchine. — Notre colonie de Cochinchine commence vers *Hatien* et présente sur le golfe le *cap Table*, la *baie de Rachgia* et la *pointe de Camau*. De cette pointe jusqu'au cap Padaran on rencontre le *delta* des fleuves de la Basse-Cochinchine, formé par les embouchures du *Mékong*, des deux *Vaïco*, de la *rivière de Saïgon* et du *Donnaï*, le *cap Saint-Jacques*, et le *cap Baké* au delà duquel se trouve la frontière de l'Annam.

Le delta des fleuves est formé de douze embouchures dont la principale est celle de *Can-giou*, véritable entrée de la rivière de Saïgon, par laquelle pénétra en 1858 l'amiral Rigault de Genouilly. Elle est aujourd'hui munie de deux phares. Toutes ces bouches sont parsemées d'îles, de bancs de sable et de vase qui rendent la navigation difficile. Le *cap*

Saint-Jacques est la première haute terre qu'on aperçoive en venant de l'ouest; il est surmonté d'un phare de première classe. A ses pieds, la *baie des Cocotiers* est le point d'atterrissement des câbles sous-marins de Singapour, du Tonkin et de la Chine par Hong-Kong.

Annam. — Les côtes, après le cap Padaran, se dirigent sensiblement au nord jusqu'à l'entrée du golfe du Tonkin, en faisant une courbe dont la convexité regarde la mer. Elles présentent :

Le *cap Padaran*, la *baie de Camraigne*, un des plus beaux havres de l'Annam, le *cap Varela* ou *de la Pagode*;

La *baie de Xuanday*, profond et excellent mouillage pour les deux moussons. Le port de Xuanday est ouvert au commerce étranger et souvent préféré à Quin-nhon;

Quin-nhon ou *Thi-Naï*, port également ouvert, mais d'une entrée difficile;

La *baie de Tourane*, entourée d'un magnifique paysage, fermé presque partout par un amphithéâtre de collines boisées et de montagnes majestueuses. Tourane, située à 85 kilomètres de Hué, est le port de la capitale, ouvert aux Européens. Son immense bassin, bien abrité, est accessible à tous les bâtiments;

Le mouillage de *Thuan-An*, où aboutit le câble télégraphique de Saïgon et de Haïphong, à un mille de la rivière de Hué.

Un peu avant d'arriver au *cap Vung-Chua*, par le 17° 30′ de latitude environ, se trouve une position militaire formidable : c'est *Dong-Hoï* sur le Cua-Hoï, chef-lieu de la province de Quang-Binh.

C'était là qu'était autrefois la frontière militaire entre l'Annam et le Tonkin. Les *montagnes de Nui-Ba-Reng* sont éloignées de la mer de quelques kilomètres seulement, et forment là une sorte de couloir.

Au nord de la baie, un contrefort peu élevé, mais difficile dans son parcours, vient se terminer en falaises sur la mer, ne laissant qu'un étroit passage, comparable aux Thermopyles et qu'on nomme *Dinh-Goï*. La position est d'autant plus formidable qu'en arrière le défilé débouche sur l'*estuaire du Song-Giang*, situé à 4 kilomètres environ. La possession de ce défilé a été la cause déterminante de l'adjonction au Quang-Binh de la préfecture du Bo-Chinh, autrefois tonkinoise. La grande route de l'Annam à la frontière de Chine passe à une demi-heure de marche de la côte par le *col de Déo-Ngang*, qui forme barrière et où un mandarin annamite examinait jadis les courriers et les transports.

A l'ouest s'étend l'important *massif du Dong-Hoanh* (500 mètres d'altitude). C'est une position de premier ordre, que 500 hommes peuvent garder et dont la possession isolerait complètement l'Annam du Tonkin et les provinces si remuantes du Nghé-An et du Thanh-Hoa de ce dernier pays.

Tonkin. — Le *golfe du Tonkin* est compris entre le 17° et le 22° de latitude, sa largeur est de 300 kilomètres ; ses côtes ont, sans tenir compte des découpures, environ 650 kilomètres, développement égal à celui du littoral français de Lorient à la Bidassoa.

La côte présente d'abord les embouchures du *Song-Koï* et du *Thaï-Binh*, puis l'île boisée de la *Cat-Ba*, les baies de *Fitze-Long* et d'*Along*, enfin le cap *Paklung* et l'embouchure du *Ngan-Nan-Kiang*, qui marque la frontière chinoise. Près du littoral est une suite de plusieurs centaines d'îles et de rochers de toute grandeur et de toute forme, constituant un archipel encore mal connu, véritable dédale que les apports alluvionnaires souderont un jour au continent.

HYDROGRAPHIE. — *Cambodge et Cochinchine*. — Le *Mékong* ou *Cambodge* (3,500 kilomètres), la plus grande artère fluviale de l'Indo-Chine, recueille ses eaux sur un parcours de plus de vingt degrés en latitude ; son bassin est aussi le plus vaste de cette région, mais une grande partie est inexplorée et occupée par des tribus sauvages. Le fleuve prend sa source dans les monts Kouen-Louen, près du Khou-Khou-Noor, non loin du Yang-tsé-Kiang et de la Salouen. Il traverse le plateau du Laos : c'est alors un torrent, coupé par plusieurs rapides et par des cascades quelquefois hautes de 15 mètres, profondément encaissé entre deux rives escarpées qui s'élèvent à plusieurs centaines de mètres au-dessus des eaux. Dans la partie moyenne de son cours, au sortir du Laos, le Mékong suit la direction générale du N. au S., et tourne brusquement à l'O. jusqu'à Stungtreng, pour revenir vers le sud.

A Phnum-Penh, le Mékong se divise en trois cours d'eau.

Le premier, le *Tonlé-Toch,* large d'un kilomètre, communique avec le lac *Tonlé-Sap* (fleuve d'eau douce), situé au nord de la capitale du Cambodge. Pendant la crue du fleuve les eaux de cette branche se dirigent vers le lac, puis lorsque le niveau du fleuve s'abaisse, le courant change de direction et les eaux accumulées dans ce réservoir naturel s'écoulent vers la mer. Sa profondeur, à peu près uniforme, est de 12 à 14 mètres. Lors des sécheresses, le bassin, presque vidé, a seulement quelques décimètres d'eau, un mètre et demi dans les endroits les plus creux, et ses plages sont temporairement asséchées; il occupe alors une superficie d'environ 260 kilomètres carrés, le sixième de la surface couverte par les grandes eaux. Actuellement, le va-et-vient de la coulée fait du lac une riche pêcherie. Des myriades de poissons, amenés par la crue, sont poussés dans les fonds par le retrait des eaux.

Les deux autres branches du Mékong, le *Fleuve Supérieur, Fleuve Antérieur* ou *Thiang-Giang*, et le *Fleuve Inférieur, Fleuve Postérieur* ou *Haû-Giang,* coulent d'une manière permanente vers la mer de Chine et entrent bientôt sur le territoire de la Cochinchine. Le premier passe à Mytho et le second, le plus occidental, baigne Chaudoc et Longxuyen. Le grand fleuve est soumis à une crue périodique, comme tous les cours d'eau des tropiques, le Nil, l'Euphrate, le Tigre, le Gange et le Brahmapoutre.

La crue se manifeste dès le mois de juin, atteint son maximum en septembre, pour décroître jusqu'en février. Elle s'élève parfois de 12 mètres au-dessus des basses eaux.

Lors de la crue, les eaux apportées par le bras supérieur du Mékong se précipitent dans les plaines environnantes, remplissent les cuvettes et couvrent le pays, qui présente alors, de même que l'Égypte à l'époque de l'inondation du Nil, l'aspect d'un immense lac où apparaissent, comme des îlots, les groupes d'habitations construites sur pilotis. Toutes les communications se font alors au moyen de barques.

La navigation du Mékong est parfois difficile à cause de plusieurs rapides, dont les plus redoutables sont ceux de Sambor et de Kraché et à cause de hauts fonds comme celui de Rira-Khnor. On a cru longtemps que les bateaux ne pourraient franchir ces obstacles. Le lieutenant de vaisseau Campion et le capitaine de vaisseau Reveillère ont toutefois tenté l'aventure avec succès; le commandant Reveillère est arrivé avec un torpilleur jusque dans la rivière d'Atopeu. Depuis, M. de Fésigny a trouvé un autre passage au rapide de Sambor et a pu remonter le fleuve avec sa canonnière. La réussite de ces tentatives, qui fait le plus grand honneur à ces brillants officiers de marine, permet d'espérer que le Mékong sera une des grandes voies commerciales de pénétration dans le Laos. Du reste, il sera possible d'améliorer les passages pour faciliter le transit.

Une expédition française, dirigée par le capitaine de frégate Doudart de Lagrée, premier représentant de notre protectorat au Cambodge, explora la plus grande partie du Mékong en 1866-68.

Le succès de l'exploration fut assuré par la prudence calme et ferme de M. de Lagrée, par l'énergique audace de son second, Francis Garnier, et par le dévouement de tous ses membres. Depuis longtemps rompu aux habitudes des peuples de l'extrême Orient, esprit sage, habile appréciateur des talents divers de ses collaborateurs, M. le commandant de Lagrée sut donner à l'entreprise une direction pratique. Aussi modeste que dévoué, cœur généreux, intelligence d'élite, patriote ardent, il s'effaçait volontiers, comme tous les hommes d'un véritable mérite, et voulait mettre en lumière les services rendus par ses officiers. Il est mort trop tôt, usé par un labeur incessant, après avoir signalé l'importance commerciale du fleuve du Tonkin. Quel que soit le mérite du compte rendu du voyage, écrit par Francis Garnier, nous regretterons toujours que le chef de l'expédition n'ait pu retracer lui-même ses travaux. De Lagrée fut à la peine, la fortune adverse ne lui permit pas de recueillir l'honneur et le fruit de ses sacrifices.

M. de Lagrée remonta le cours du Mékong, traversa le royaume du Cambodge, le Laos et pénétra en Chine. Il visita les ruines d'Angkor, ces merveilles de l'architecture des Khmers, Luang-Prabang, Pou-Eul, Yunnan et Tong-Tchouen, où il mourut, le 12 mars 1868. Francis Garnier prit alors le commandement. Il se dirigea vers le Yang-tsé-Kiang, qu'il descendit jusqu'à la mer, et arriva enfin à Shang-Haï où il s'embarqua pour Saïgon.

A l'est du Mékong nous voyons les *Vaïco*, la *rivière de Saïgon* et le *Donnaï* qui parcourent les hautes terres de la colonie. Leur largeur est peu considérable, leur cours coupé de roches et de rapides; ils sont encaissés entre des roches et subissent de fortes crues pendant la saison des pluies. Ils ne sont bien utilisés par la navigation que près de leur embouchure. Alors ils s'élargissent, deviennent de véritables bras de mer, complètement soumis à l'action de la marée.

La *rivière de Saïgon* a dans cette ville une largeur de 400 mètres et une profondeur de 10 mètres. L'action de la marée élève de 4 mètres le niveau des eaux du port.

La rivière de Saïgon se réunit au Donnaï en aval de la capitale et s'en détache pour se jeter en serpentant dans la baie de Canh-Ray.

Annam. — Les fleuves de l'Annam sont de faible étendue; ils coulent dans la direction de l'est à l'ouest et descendent de la chaîne que nous avons précédemment étudiée. Des ramifications peu importantes et peu élevées séparent les bassins côtiers. Les cours d'eau ont comblé de leurs alluvions les baies de la côte primitive, formant ainsi des plaines très propres à la culture, mais dont la superficie est insuffisante et ne peut fournir la quantité de riz nécessaire à l'alimentation du peuple. Vers les embouchures, les fleuves ont déposé, surtout dans l'Annam central, des bancs de sable qui ont donné naissance à des lagunes. Des dunes bordent le rivage; elles sont recouvertes d'une herbe rare et d'arbres chétifs. Il y aura lieu de voir dans l'avenir si l'on ne pourrait pas utiliser ces champs de sable, comme on l'a fait en France dans les départements des Landes et du Nord, pour des plantations appropriées au sol et au climat.

La *rivière de Hué*, claire et limpide, se jette dans la mer à Thuan-An. Elle est formée par la réunion de deux forts ruisseaux qui descendent de montagnes à peine distantes de 20 kilomètres, et est gênée par une barre. C'est pour cette cause que Tourane est le véritable port de la capitale.

Le *Song-Giang*, formé de plusieurs rivières, a une grande importance au point de vue stratégique et commercial. Il est accessible aux jonques de mer. Le Song-Giang tire une tout autre valeur de sa situation géographique, mais cela dans l'avenir : il est le débouché futur d'un canal tout indiqué destiné à faire communiquer le bassin du Mékong avec la mer, à mettre par conséquent en relation avec la côte du Tonkin, toutes les contrées de l'Indo-Chine situées au-dessus du 16° de latitude nord, depuis la Birmanie jusque près du Thibet. L'occupation de ce point justifierait seule notre établissement dans le Tonkin du sud. Pour le comprendre, il faut recourir à la carte du Mékong et bien étudier le singulier crochet que le fleuve trace dans l'intérieur du pays entre le 15° et 17° de latitude. Le Song-Giang roulait, au temps des

Portugais, des paillettes d'or. Ces richesses naturelles ont donné lieu aux premiers édits de proscription contre les étrangers.

Le *Song-Ca* descend du massif montagneux de Tran-Ninh (pays des Phouens) et se jette dans la mer près de Vinh.

Le *Song-Ma* prend sa source dans les contreforts formant la ligne de séparation entre le Mékong et la rivière Noire, arrose le Thanh-Hoa. Il ne semble pas impossible d'établir plus tard une communication par ce fleuve avec la région de Luang-Prabang.

Tonkin. — Les deux principaux fleuves du Tonkin sont le *Song-Koï* et le *Thaï-Binh*.

Le *Song-Koï* ou *fleuve Rouge* (1) prend sa source dans le plateau du Yunnan, et coule dans la direction générale du sud-est. Il arrose Mang-Hao et pénètre sur le territoire tonkinois. Le fleuve Rouge à partir de Laokay ne quitte plus les limites du protectorat. Il passe à Hong-Hoa, à Sontay et à Hong-Yen.

Au-dessus de Hanoï, le fleuve Rouge se bifurque et son bras le plus important est le *Song-Koï*, c'est-à-dire le fleuve principal, appellation que la géographie française tend à faire prévaloir pour tout le cours. Le Day est la seconde branche et se jette dans la mer au sud du Song-Koï.

(1) Suivant les Annamites, un gouverneur chinois de l'Annam au neuvième siècle était magicien. Il employa la poudre à canon pour faire sauter les rochers qui encombraient le lit du fleuve. Il rompit ainsi les veines d'un dragon et le sang du monstre donna aux eaux leur couleur rouge.

La structure géologique et la disposition orographique du bassin supérieur du fleuve Rouge ne permettent pas la formation de riches tributaires ; aussi les rivières de cette contrée sont-elles rapidement impropres à la navigation, mais elles pourront servir au flottage qui, dans ces pays de forêts, alimentera nos ports de magnifiques bois de construction. Plus importantes sont, à droite, la *rivière Noire*, et à gauche, la *rivière Claire*.

La *rivière Noire* prend sa source dans le Yunnan. Elle doit son nom à la coloration de ses eaux et se jette dans le Song-Koï près de Hong-Hoa. Elle est navigable jusqu'à cinquante milles de son embouchure ; les jonques sont alors arrêtées par des rapides infranchissables.

La *rivière Claire* rejoint le Song-Koï en amont de Sontay. Elle descend de la Chine par le Yunnan. Elle arrose Tuyen-Quan, où les jonques peuvent arriver en temps ordinaire.

L'inondation du Song-Koï couvre les plaines des provinces de Hanoï, Hong-Yen, Nam-Dinh et Ninh-Binh. Elle commence vers la fin du mois de mai ; elle est très rapide et le niveau du fleuve monte quelquefois de plusieurs mètres en vingt-quatre heures : des arbres sont entraînés par le courant qui charrie un limon rougeâtre. La crue annuelle est de 5 à 6 mètres à Hanoï.

Le *Thaï-Binh* prend naissance, suivant les uns, dans le *lac Babé*, situé dans la région encore inexplorée de la province de Caobang et, suivant les autres, dans le Kouang-Si. Il est connu sous le nom de *Song-Cau* dans la partie supérieure de son cours. Il arrose les provinces de Caobang, Thaï-Nguyen et Bac-Ninh; il se ramifie dans les provinces de Hai-Dzuong et de Quang-Yen, envoie au sud quelques arroyos vers le Song-Koï.

Dans le nord, le *Song-ki-Kung*, dont le bassin est encore mal déterminé, sert de voie de pénétration en Chine. Il faut attendre pour se prononcer sur sa valeur la fin des travaux de la commission de délimitation des frontières dans la région du nord-est, qui doivent reprendre en novembre 1886.

Tous les fleuves de la Basse-Cochinchine et du Tonkin communiquent entre eux, d'une manière permanente ou temporaire, par des *arroyos*, canaux naturels régularisés dans leur cours ou dans leur profondeur pour faciliter la navigation, ou canaux entièrement creusés par la main des hommes. Le courant varie dans les arroyos, comme dans les marigots du Sénégal, d'après la hauteur relative des crues dans les différentes rivières qu'ils font communiquer et d'après la marée qui y pénètre à la fois par les issues opposées. La vase s'accumule au milieu de leur parcours et y forme un dépôt ou dos d'âne : de là la nécessité d'en entretenir la profondeur par l'emploi de la drague.

Les arroyos sont la vie de la Cochinchine et du Tonkin; ils facilitent les transports et tripleront la fertilité du sol le jour où, par des travaux qu'indique la nature du pays, nous en aurons fait des instruments d'irrigation pour les mois de la saison sèche.

Iles. — Un certain nombre d'îles sont situées non loin des côtes, soit dans le golfe de Siam, soit dans la mer de Chine ou le golfe du Tonkin.

Dans le golfe de Siam on remarque l'île de *Phu-Quoc;* dans la mer de Chine le groupe de *Poulo-Condore* et une nombreuse série d'îles entre le Cua-Cam et le cap Paklung.

Le *groupe de Phu-Quoc* est composé de la haute terre de ce nom et de quelques îlots voisins. L'île de Phu-Quoc, plus étendue que la Martinique, ne renferme cependant qu'un millier d'habitants; sauf quelques hectares de caféiers et de jardins plantés au village de Duong-Dong, elle est inculte, mais de belles forêts forment sa grande richesse et elles seront exploitées avantageusement lorsqu'on aura ouvert des routes.

Un pénitencier agricole a été établi dans l'île; des cocotiers, des aréquiers, des poivriers ont été plantés avec succès, et la vanille a donné une bonne récolte de début.

Le groupe volcanique de *Poulo-Condore* est situé 180 kilomètres au sud de l'embouchure du Mékong. La plus grande des îles qui le composent est la *grande Poulo-Condore* ou *Connon*, d'une superficie de 5,500 hectares. Elle s'élève brusquement au-dessus du niveau de la mer et est traversée par une chaîne de collines couvertes de végétation et tombant à pic.

Climat. *Cochinchine.* — La Cochinchine française,

située dans la zone torride, possède un climat marin, marqué par de grandes chaleurs humides. On y distingue deux saisons : la saison sèche, d'octobre en avril, pendant la mousson de N.-E., et la saison pluvieuse, d'avril en octobre, pendant la mousson de S.-O.

Les orages, fréquents pendant les deux mois de mai et de juin, sont terribles : *le ciel tombe,* disent alors les indigènes. A peine formé, le nuage s'ébranle avec une grande rapidité. La première rafale, qui dure à peine deux ou trois minutes, est d'un choc terrible et renverse souvent des paillottes, des arbres de grande taille ; l'obscurité est profonde ; une pluie torrentielle, d'une température relativement basse, à laquelle se mêlent parfois des grêlons, fouette horizontalement et pénètre dans les maisons les mieux closes. Cette période de tourmente dure une demi-heure, une heure au plus, puis le vent diminue progressivement et une pluie abondante tombe encore pendant une heure environ. Tout cesse brusquement enfin, et le soleil reparaît radieux. Pendant le phénomène, la foudre éclate avec un fracas inconnu en Europe.

La température s'élève en Cochinchine à 35° centigrades pendant le jour et à 17° pendant la nuit, durant la saison sèche, et varie entre 20° et 30° pendant la saison des pluies. C'est peut-être, de tous les climats chauds, celui où les variations thermométriques sont le moins considérables. Les plus hautes températures observées à Saïgon ne dépassent guère 36° et les plus basses 18°. Karikal, Madras, Pondichéry, Massouah (Abyssinie) et deux ou trois autres points du globe sont les seuls lieux habités par les Européens qui aient une moyenne thermométrique plus élevée. Le baromètre oscille entre 751^{mm},7 et 764^{mm}, 2. La quantité d'eau recueillie au pluviomètre est en moyenne de 1^m,640 par an, ce qui fait près de trois fois plus qu'en France. La tension électrique est indiquée non seulement par les orages et les coups de tonnerre qui se répètent chaque jour durant la saison des pluies, mais encore par les éclairs dits de chaleur qu'on voit se succéder pendant la saison sèche, alors que le ciel est serein.

Tonkin. — Au changement de mousson se produisent souvent au Tonkin des typhons; ces bouleversements de l'atmosphère sont aussi quelquefois ressentis à d'autres époques, surtout au milieu et à la fin de la mousson du sud-sud-est.

Les bourrasques portent aussi les noms de *giong* et de *tô*. Les giongs s'annoncent par de gros nimbus, des cumulus et des cumulo-stratus, toujours accompagnés de tonnerre et d'éclairs. Le tô est plus subit; sans causer de variations très sensibles à l'atmosphère, il s'annonce sous la forme de nuages composés de cirrhus élevés, floconneux et de larges stratus. Il rase à peu près tout ce qu'il trouve sur son passage sans qu'on ait eu le temps de le voir venir.

La saison sèche n'est pas aussi constante au Tonkin qu'aux bouches du Mékong, condition avantageuse pour les cultures; elle est fréquemment coupée par des orages. C'est la période des froids. Le ciel rappelle celui de la Bretagne. Pendant la saison des pluies, marquée par de fréquents orages, le thermomètre varie entre 16° et 35°.

C'est au Tonkin que se font sentir les plus basses températures de l'Indo-Chine française. Le thermomètre descend jusqu'à 7°, 6. La chaleur moyenne de Hanoï est de 23°, 5. Le mois le plus chaud est celui de juin (31°, 4); le mois le plus froid, celui de janvier (14°, 3).

Dans les hautes régions, vers Langson, on voit parfois en décembre de la gelée blanche. Ces régions, avec un hiver plus marqué et un été peut-être plus doux, seront sans doute recherchées plus tard par les colons, d'autant plus qu'on y trouve de beaux sites, la chasse, des eaux claires et un air plus vif; on s'y repose des monotonies du Delta.

La moyenne des pluies est de 1^m,802 à Hanoï, soit 0^m,062 de différence en plus de celle de Saïgon. La saison des pluies coïncide avec le solstice d'été, comme sous le tropique nord; elle dure de mai à septembre, avec son maximum en juillet et en août.

En général le baromètre est plus élevé au Tonkin qu'à Hué et à Saïgon. Il se meut, hors les cas de typhons, de 755^{mm},50 à 777^{mm},50. Quand la colonne barométrique descend au-dessous de 755 il y a à craindre un coup de vent; au-dessous de 750, c'est presque toujours un typhon.

Annam. — L'empire d'Annam, situé entre la Basse-Cochinchine et le Tonkin, participe au climat de l'une et de l'autre. Cependant la chaîne de l'est du Mékong, en arrêtant les nuages apportés par la mousson de S.-O., renverse l'ordre des saisons observé dans notre colonie et joue le même rôle que les Ghatts dans l'Hindoustan. Dans l'Annam proprement dit, la saison sèche règne pendant la mousson de S.-O., d'avril en octobre, et la saison pluvieuse pendant la mousson de N.-E., d'octobre en avril. Les pluies commencent au mois d'octobre par de terribles orages; les cours d'eau débordent et couvrent les campagnes. Le pluviomètre marque jusqu'à $1^m,25$ en dix jours. La pluie se régularise ensuite jusqu'en novembre, époque où se produit une éclaircie de quelques jours; elle recommence ensuite jusqu'en avril. La saison pluvieuse est celle pendant laquelle se produisent surtout les typhons et les raz de marée, surtout du mois d'octobre au mois de décembre. Les ouragans occasionnent de grands dégâts et détruisent parfois toute la récolte et toutes les paillottes d'une province.

Cambodge. — Le climat du Cambodge est presque semblable à celui de la Basse-Cochinchine. Il présente deux saisons, la sèche, d'octobre à avril, et la saison pluvieuse, d'avril en octobre, en rapport avec les deux moussons. Au mois de mars on observe des orages, surtout vers le Tonlé-Sap.

La température moyenne est de 28° centigrades; elle tombe à 18° pendant les mois de novembre et de décembre; son maximum est de 36". Sur le Grand-Lac et à ses abords la température est élevée et le matin seul est agréable; dès dix heures la réverbération est insupportable.

Au Tonlé-Sap la température varie de 18° à 40° ; la chaleur est rendue plus vive et plus fatigante par la réverbération du soleil sur la nappe d'eau. Des orages fort redoutés éclatent de février en mai ; les vents sont accablants.

II.

HISTOIRE.

L'Indo-Chine n'est entrée en rapport avec l'Occident qu'après les grands voyages de découvertes du quinzième et du seizième siècle. Les Espagnols, les Hollandais et les Anglais parurent, à la suite des Portugais, dans les mers de l'extrême Orient.

Colbert, au dix-septième siècle, et Dupleix, au dix-huitième, pensèrent à fonder des établissements dans ces pays lointains et à y balancer l'influence des puissances maritimes rivales.

Le règne de Louis XV fut désastreux pour les entreprises françaises. L'inexpiable guerre de Sept ans ans et le traité de Paris, en 1763, nous firent perdre les Indes et les donnèrent à l'Angleterre.

Pigneau de Béhaine. — A la veille de la Révolution, peu après la guerre de l'indépendance américaine, une heureuse circonstance permit au gouvernement français de lier des relations avec l'empire d'Annam. Gia-Long, héritier du trône, chassé de ses domaines par des rivaux, se réfugia près d'un vicaire apostolique, Pigneau de Béhaine, évêque d'Adran. Celui-ci engagea le prince dépossédé à avoir recours au cabinet de Versailles et négocia un traité d'alliance offensive et défensive entre Louis XVI et Gia-Long. En retour de certains secours promis au souverain asiatique, le roi de France obtenait la cession du port de Tourane et du groupe de Poulo-Condore (28 novembre 1787).

La cour de Versailles, mal secondée par le gouverneur de nos établissements indiens, et bientôt après absorbée par les événements intérieurs, ne put donner aucune suite au traité de 1787. Heureusement, le vicaire apostolique ne se découragea pas. Il équipa deux navires à Pondichéry et rejoignit Gia-Long avec quelques officiers, Ollivier, Dayot, Chaigneau, etc. La flotte et l'armée de Gia-Long, sous la direction de nos compatriotes, rendirent au prince la possession de l'Annam et conquirent le Tonkin, enlevé à la dynastie des Lê.

L'évêque d'Adran demeura jusqu'à sa mort, en 1798, le conseiller honoré et écouté du prince, qui lui fit faire de splendides funérailles et éleva un monument en son honneur dans la plaine des Tombeaux, située au nord de Saïgon. Nos compatriotes restèrent au service de l'Annam, et en 1804 leur expulsion fut refusée à l'Angleterre. Cependant cet heureux accord ne devait pas durer sous les successeurs de Gia-Long. Diverses tentatives pour renouer des relations officielles avec la cour de Hué ne furent point couronnées de succès et des conflits s'élevèrent avec les rois Ming-Mang, Trieu-Tri et Tu-Duc à l'occasion du supplice de plusieurs missionnaires. Il fallut qu'en 1847 et en 1856 nos marins infligeassent de sévères leçons aux mandarins annamites. Les essais de négociations de M. de Montigny, en 1856, ne furent point accueillis et le gouvernement de Tu-Duc, dans des proclamations au peuple, insultait les Français « qui aboient comme des chiens et fuient comme des chèvres ».

Conquête de la Basse-Cochinchine. — Le cabinet des Tuileries se décida à agir de concert avec l'Espagne, qui avait aussi à venger des nationaux mis à mort. Le 31 août 1858, l'amiral Rigault de Genouilly et le colonel Palanca Guttierez s'emparèrent de Tourane. Cette conquête fut suivie de la prise de Saïgon (15-17 février 1859). La campagne d'Italie et l'expédition de Chine suspendirent l'action franco-espagnole contre l'Annam ; Tourane fut évacuée et une petite garnison de 800 hommes fut laissée, sous le commandement du capitaine de vaisseau d'Ariès, à Saïgon et dans la ville voisine de Cholon, habitée surtout par des Chinois.

Les Annamites, commandés par le maréchal Nguyen-Tri-Phuong, assiégèrent cette poignée d'hommes et la bloquèrent étroitement en construisant les lignes de circonvallation fortifiées de Ki-hoa.

La signature du traité de Pékin, en 1860, permit de diriger sur les bouches du Mékong une partie des troupes qui venaient de faire campagne en Chine. L'amiral Charner et le général d'infanterie de marine de Vassoigne, à la tête d'une division navale de douze bâtiments et d'un corps de débarquement de 3,000 à 4,000 hommes, arrivèrent le 6 février 1861 à Saïgon

Les lignes de Ki-hoa furent reconnues et attaquées le 24 et le 25 février. Nguyen-Tri-Phuong, général en chef des Annamites, résista énergiquement. Son armée fut cependant mise en déroute et bientôt après les villes de Mytho, Bien-Hoa, Baria, Vinh-Long tombèrent entre les mains des amiraux Page et Bonard.

L'empereur Tu-Duc, vaincu par nos troupes, qui empêchaient l'envoi à Hué des riz des provinces méridionales et privaient ainsi la cour de ses plus précieuses ressources, était menacé d'ailleurs d'une révolte des Tonkinois, toujours attachés à la dynastie nationale des Lê. Il se décida à la paix pour porter toutes ses forces au nord de ses États. Le traité de Saïgon, signé le 5 juin 1862, céda à la France les trois provinces orientales de la Cochinchine (Saïgon, Bien-Hoa, Mytho) et le groupe de Poulo-Condore. Le roi s'engagea à payer à la France et à l'Espagne une indemnité de guerre de 20 millions de francs et à ouvrir au commerce les ports de Tourane, Balat et Quangan.

La citadelle de Vinh-Long, occupée par nos troupes, fut alors remise entre les mains des Annamites, mais ceux-ci ne devaient entretenir dans les trois provinces occidentales de la Cochinchine qu'un nombre limité de soldats.

RÉSISTANCE DÉGUISÉE DE LA COUR DE HUÉ. — Le grand mandarin Phan-Than-Giang, nommé vice-roi des contrées du bas Mékong demeurées annamites, avait été envoyé à Paris pour obtenir la rétrocession de nos conquêtes. Il échoua dans cette mission et désormais les fondements de l'empire français de l'Indo-Chine étaient jetés. De retour à Vinh-Long, ce mandarin, qui était un des hommes les plus intelligents et les plus honnêtes que nous ayons jamais rencontrés dans l'extrême Orient, eut à remplir une tâche des plus ingrates. Témoin oculaire de la puissance de la France, il s'efforçait de persuader à son gouvernement que la lutte était impossible et, d'autre part, il était obligé, par les ordres de Tu-Duc, de favoriser les mouvements hostiles excités dans nos provinces par les émissaires de la cour de Hué : celle-ci espérait toujours nous lasser et amener l'évacuation du territoire conquis. Elle ne réussissait que trop à entretenir l'agitation dans notre nouvelle colonie et à nous empêcher d'organiser sérieusement le pays. Nos soldats et nos fonctionnaires s'épuisaient dans de petites opérations de détail sans réussir à faire régner la tranquillité ; les populations inquiètes n'osaient pas se donner à nous de crainte des représailles de leurs anciens maîtres.

Occupation des provinces occidentales. — Cette situation intolérable ne prit fin qu'en 1867. L'amiral de la Grandière, gouverneur de la colonie, réunit dans le plus grand secret des colonnes mobiles pour les diriger à l'ouest. Il somma alors Phan-Than-Giang de livrer à nos soldats les places fortes occupées par ses troupes. Le vice-roi, convaincu de l'inutilité de la résistance, donna l'ordre aux gouverneurs de Vinh-Long, Chaudoc et Hatien, de recevoir nos garnisons. D'après les idées de l'Orient, Phan-Than-Giang, ayant perdu les provinces confiées à sa garde, méritait la mort. Il refusa les offres de l'amiral de la Grandière, qui lui proposait un asile honorable sur une terre française, et s'empoisonna. « Il mourut dans une pauvre maison en chaume qu'il avait habitée pendant le temps de son gouvernement, voulant ainsi donner à chacun l'exemple de l'abnégation, de la pauvreté et de l'intégrité scrupuleuse dans l'exercice des plus hauts emplois (LURO). » Une race capable de fournir de tels hommes pourra un jour honorer sa nouvelle patrie.

La cour de Hué protesta contre l'occupation des provinces occidentales de la Cochinchine. Toutefois elle ne prit pas les armes et se prêta à des négociations. L'amiral de la Grandière, constatant l'état d'anarchie dans lequel tombait l'Annam, la faiblesse du pouvoir central, dominé par l'oligarchie des lettrés, inquiété au Tonkin par les revendications nationales des partisans des Lê, ne désespérait pas de le voir se jeter entre nos bras et réclamer notre protectorat. Ses successeurs partagèrent les mêmes idées. La funeste guerre de 1870 mit un terme à ces espérances ; nos revers eurent un grand retentissement dans l'extrême Orient où, jusqu'à ce jour, nous avions été considérés comme invincibles. Le gouvernement de Tu-Duc nous crut impuissants et les projets de l'amiral de la Grandière ne purent être repris qu'en 1873.

Protectorat du Cambodge. — Quand nos soldats parurent sur les bords du Mékong et s'établirent à Saïgon, ils trouvèrent, au nord de la basse Cochinchine, le royaume des Khmers ou du Cambodge. Cet État, autrefois puissant, avait étendu sa domination sur toutes les provinces occupées par nos troupes et sur une partie du Laos. Dans un temps plus éloigné il avait eu un développement remarquable de civilisation dont les seuls témoins étaient alors les ruines de magnifiques monuments. La commission du Mékong, présidée par Doudart de Lagrée, a rapporté la description, les vues et les plans de ces merveilles d'architecture, et reproduit par la photographie les temples et les palais d'Angkor-Vat. En 1858, les Cambodgiens, pressés à la fois par les Annamites au midi et par les Siamois au nord, avaient perdu une partie de leur territoire et étaient contraints d'accepter la double suzeraineté des cours de Hué et de Bangkok. La conquête de la Basse-Cochinchine nous substitua aux droits des Annamites. L'amiral de la Grandière ne voulut pas laisser le Siam absorber les restes du Cambodge incapable de se défendre. Un grand intérêt politique et économique lui commandait d'agir, car nos possessions de Cochinchine n'auraient pas pu se développer dans la vallée du Mékong jusqu'au Laos, si la cour de Bangkok eût dominé à Oudong, alors capitale des Khmers dégénérés. Tous les produits du haut fleuve auraient été détournés vers le Ménam et Saïgon n'aurait reçu aucune marchandise.

Le gouverneur de la Cochinchine envoya alors en mission auprès du roi du Cambodge, S. M. Norodon, un officier habile, aussi brave soldat que fin diplomate et savant érudit, le capitaine de frégate Doudart de Lagrée. Le roi Norodon craignait pour sa couronne, menacée par plusieurs compétiteurs, soutenus sous main par le gouvernement siamois. Doudart de Lagrée persuada au prince khmer que la protection de la France lui assurerait le trône. Grâce à ces négociations fut signé le traité du 11 août 1863, qui nous donna le protectorat du Cambodge et arrêta les envahissements du Siam.

La mission Francis Garnier. — Au commencement de l'année 1873, un négociant français, M. Jean Dupuis, établi en Chine depuis l'expédition du général Cousin-Montauban, songea à profiter des indications de la commission du Mékong pour faire remonter le Song-Koï par des jonques chargées d'armes à tir rapide qu'il s'était engagé à fournir au maréchal chinois Ma, chargé de la répression de la révolte musulmane du Yunnan. Les mandarins annamites tentèrent vainement de traverser les desseins de Dupuis; il remonta le fleuve jusqu'à Mang-Hao, sur le territoire du Céleste Empire.

Mais à son retour à Hanoï, le 30 avril 1873, notre compatriote dut avoir recours à la force pour se faire respecter et pour empêcher les autorités indigènes de détruire ses bâtiments. Avec quatre cents hommes environ, la plupart Asiatiques, réguliers du Yunnan ou du Kouang-Si, il tint en échec tous les mandarins du Tonkin. La cour de Hué envoya alors à Hanoï notre ancien adversaire de Cochinchine, le vieux maréchal Nguyen-Tri-Phuong, pour chasser Dupuis. Craignant toutefois de ne pas réussir par l'emploi de la force, elle demanda l'intervention du gouverneur de la Cochinchine, l'amiral Dupré. Elle prétendait que, d'après les traités, un Français pouvait bien transiter sur le Song-Koï, mais non résider au Tonkin. De son côté, Dupuis protesta contre les violences dont il avait été victime et demanda au gouvernement annamite une indemnité de 200,000 taëls (1).

Ces complications servaient à merveille les projets du gouverneur de la Cochinchine, M. l'amiral Dupré, et permettaient de reprendre les vues de l'amiral de la Grandière. Il allait devenir possible d'obtenir un traité rectificatif du traité de 1862, de faire ratifier la prise de possession des provinces de la basse Cochinchine occidentale et de signer une convention commerciale ouvrant à nos nationaux le fleuve Rouge.

L'amiral Dupré appela aussitôt à Saïgon le lieutenant de vaisseau Francis Garnier, ancien commandant en second de la commission d'exploration du Tonkin. Cet officier connaissait à fond toutes les questions relatives à l'extrême Orient; il était familiarisé avec les usages diplomatiques des Annamites

---

(1) Un taël, 7 fr. 43.

et se distinguait par sa perspicacité et son énergie.

Le gouverneur recommanda à Francis Garnier « de chercher à apaiser les conflits élevés entre M. Dupuis et le vice-roi du Yunnan d'une part, et les mandarins annamites de l'autre ; d'étudier les dispositions des populations et de s'en servir, au besoin, comme d'une arme pour vaincre les dernières résistances des lettrés annamites ; de négocier avec eux et les autorités du Yunnan un tarif douanier donnant satisfaction à toutes les parties et d'essayer, enfin, d'obtenir, pour notre industrie et nos nationaux, l'exploitation des mines du Yunnan, qu'un décret impérial venait de rouvrir. »

Francis Garnier quitta Saïgon le 11 octobre 1873 avec deux canonnières et un petit corps de débarquement de 175 hommes. Parmi ses auxiliaires se trouvaient les lieutenants de vaisseau Esmez, Bain de la Coquerie, Balny d'Avricourt, le docteur Harmand, le sous-lieutenant Edgard de Trentinian, les aspirants Hautefeuille, Perrin et Bouxin et l'ingénieur Bouillet.

Francis Garnier s'arrêta à Tourane pour entrer en relations avec la cour de Hué et prendre à son bord deux commissaires annamites. Il arriva le 5 novembre à Hanoï.

D'après les mandarins, la mission de Garnier devait se borner à expulser M. Dupuis, même par la force des armes. Ils contestaient tous les autres pouvoirs de notre envoyé et refusaient d'entrer en pourparlers pour l'ouverture du fleuve Rouge. Francis Garnier passa outre et, le 13 novembre, il déclara le Song-Koï accessible aux bâtiments français, espagnols et chinois ; il fixa les droits de douane à acquitter et notifia ses décisions aux autorités annamites et aux consuls européens des ports chinois ouverts.

Nguyen-Tri-Phuong ne voulut point subir les volontés du représentant de la France. Il réunit des troupes dans la citadelle de Hanoï dont il compléta les fortifications. Garnier lui adressa aussitôt un ultimatum, le sommant de licencier les milices et de cesser les travaux défensifs.

Nguyen-Tri-Phuong ne fit aucune réponse et, le 20 novembre, à six heures du matin, les canonnières bombardèrent la citadelle et trois colonnes d'attaque, soutenues par les Chinois de M. Dupuis, donnèrent l'assaut. Deux heures plus tard la place était entre nos mains ; la garnison, forte de sept mille hommes, était en pleine déroute et Nguyen-Tri-Phuong était prisonnier, frappé mortellement par un coup de mitraille.

Les Annamites furent atterrés par ce coup d'audace inattendu et par les mesures prises par Garnier pour assurer le gouvernement des provinces. Bientôt nos marins et les auxiliaires tonkinois qui se hâtèrent d'embrasser notre cause s'emparèrent de Phu-Ly, Haï-Dzuong, Ninh-Binh et Nam-Dinh. Tout le delta du Song-Koï était à nous.

Tu-Duc effrayé envoya des ambassadeurs à Hanoï et à Saïgon pour essayer de traiter : il était décidé à tous les sacrifices. Mais, en même temps, comme la ruse asiatique ne perd jamais ses droits, le monarque faisait appel aux *Pavillons noirs*, restes des rebelles Taïpings de la grande insurrection chinoise. Les progrès du petit corps expéditionnaire furent en partie arrêtés ; sur certains points il dut se tenir sur la défensive. Enfin, le 21 décembre 1873, Luu-Vinh-Phuoc, chef des Pavillons noirs, dirigea une attaque sur la citadelle de Hanoï. Garnier sortit avec quelques hommes et repoussa l'ennemi sur le village de Thu-Lê, mais bientôt il tomba dans une embuscade et fut massacré. Au même moment Balny d'Avricourt trouvait la mort vers Phu-Hoaï. Nos soldats se maintinrent dans la citadelle, mais la perte de Garnier était irréparable. Son prestige, la crainte qu'il inspirait aux Annamites auraient seuls pu obliger ceux-ci à accepter le traité qu'il venait de dicter aux mandarins : cet instrument diplomatique aurait été autrement favorable pour nous que le traité du 15 mars 1874, qui a réglé, sinon en fait, du moins en droit, les relations de la France et de l'Annam jusqu'au traité du 25 août 1883.

LA MISSION PHILASTRE ET LE TRAITÉ DU 15 MARS 1874. — Le commandement militaire passa entre les mains de M. Bain de la Coquerie, les pouvoirs diplomatiques à M. Esmez. Les compagnons de Garnier maintinrent dans l'obéissance les villes du Delta. Mais alors intervint le lieutenant de vaisseau Philastre, inspecteur des affaires indigènes, chef de la justice indigène de Saïgon, qui se rendait à Hanoï avec deux plénipotentiaires annamites, Lê-Tuan et Nguyen-Van-Tuong, futur régent du royaume après la mort de Tu-Duc.

M. Philastre savait que le cabinet de Versailles, présidé par le duc de Broglie, voyait avec peine l'occupation militaire du Tonkin et n'avait donné qu'à contre-cœur l'autorisation d'envoyer Garnier sur le Song-Koï. Il adopta une politique opposée à celle de son prédécesseur et, dès le 2 janvier 1874, date de son arrivée au Tonkin, il donna l'ordre d'évacuer les places occupées par nos soldats. Il signa ensuite une convention avec Nguyen-Van-Tuong pour l'évacuation complète du pays, même de la citadelle de Hanoï, si glorieusement enlevée par Garnier. Il ne devait rester dans la capitale qu'un résident français avec une faible escorte d'infanterie de marine. M. Dupuis était ruiné, ses bâtiments placés sous séquestre, toute indemnité lui était refusée. Quant aux Tonkinois qui avaient embrassé la cause de la France, M. Philastre avait bien spécifié qu'une amnistie leur serait accordée, mais il n'avait exigé aucune garantie, et les mandarins se hâtèrent de les massacrer ou de confisquer leurs biens. Cette conduite nous fut bien préjudiciable plus tard en empêchant la population de se rallier à nous lors de nos dernières expéditions.

M. Philastre et Nguyen-Van-Tuong retournèrent alors à Saïgon auprès de l'amiral Dupré pour négocier un accord définitif qui fut signé le 15 mars 1874. Ce traité remplaçait et complétait celui du 5 juin 1862. Il déclarait qu'il y aurait paix, amitié et alliance perpétuelle entre les deux hautes parties contractantes. Le président de la République française reconnaissait la souveraineté du roi d'Annam et son entière indépendance vis-à-vis de toute puissance étrangère, quelle qu'elle fût, et s'engageait à lui donner, sur sa demande, et gratuitement, l'appui nécessaire pour maintenir dans ses États l'ordre et la tranquillité, pour le défendre contre toute attaque et pour détruire la piraterie qui désolait une partie des côtes du royaume. En reconnaissance de cette protection, Tu-Duc s'engageait à conformer sa politique extérieure à celle de la France et à ne rien changer à ses relations diplomatiques telles qu'elles existaient au moment de la signature du traité. Dans aucun cas, le roi d'Annam ne pourrait faire avec une nation un traité en désaccord avec celui qu'il avait conclu avec la France et sans en avoir préalablement informé le gouvernement français.

La cour de Hué reconnaissait la pleine souveraineté de la France sur les six provinces de la Cochinchine cédées en 1862 ou annexées en 1867. Il était fait remise à l'Annam du reliquat de l'indemnité de guerre, impayée depuis 1867, mais l'Espagne devait être désintéressée de sa créance, par les soins du trésor public de Saïgon, sur le produit des douanes des ports de Quin-nhon, Haïphong et Hanoï, ouverts au commerce européen. Une amnistie générale devait être accordée par la France et par l'Annam à ceux de leurs sujets respectifs qui s'étaient compromis antérieurement à la conclusion du traité. La liberté religieuse était spécifiée pour les missionnaires européens et les chrétiens indigènes.

Le transit entre la mer et le Yunnan par le fleuve Rouge était déclaré licite. Dans chacun des ports ouverts la France nommerait un consul, avec une escorte de cent hommes, chargé de faire la police des étrangers et de rendre la justice à tous les sujets français ou européens. Les crimes ou délits commis par ceux-ci devaient être jugés à Saïgon par les tribunaux compétents.

Les conventions de 1874 avaient prévu le cas où l'Espagne n'accepterait pas les modifications apportées au traité du 5 juin 1862. Il avait été entendu que, dans ce cas, la France se chargerait du remboursement de l'indemnité espagnole et se substituerait au cabinet de l'Escurial comme créancière de l'Annam, pour être remboursée sur le produit des douanes des ports ouverts.

Difficultés entre la France, l'Annam et les pays étrangers. — Le traité du 15 mars 1874 reconnaissait donc la souveraineté absolue de la France sur toute la Basse-Cochinchine. De ce chef, malgré les secrets désirs du roi, il ne s'éleva jamais aucune difficulté entre les parties contractantes. L'Annam sentait son impuissance à revenir sur les faits acquis. Il n'en fut pas de même du protectorat que le gouvernement de la République voulut exercer sur les États de Tu-Duc. Ce protectorat d'une puissance européenne était incompatible avec la suzeraineté de la Chine sur l'Annam.

Le cabinet français déclarait avec raison que la vassalité de l'Annam n'était qu'un souvenir historique, à peine ravivé par l'envoi à Pékin de quelques ambassades de pure courtoisie. Toute notre politique tendait à prévenir l'intervention des Célestes dans les affaires intérieures du Tonkin.

De leur côté, Tu-Duc et le Tsong-li-Yamen, ministère des relations extérieures de l'empire chinois, s'efforçaient de faire prévaloir la théorie contraire.

Le parti des lettrés, comprenant que notre protectorat mettrait un terme aux abus dont vivaient les mandarins, renouvela au Tonkin les manœuvres qui avaient obligé l'amiral de la Grandière à occuper les provinces de la Basse-Cochinchine occidentale. Tu-Duc savait bien que la France serait un jour obligée d'accentuer son protectorat, d'intervenir par les armes quand la diplomatie serait impuissante à obtenir le respect de la foi jurée. Se rendant compte de sa faiblesse, le vieux monarque se rapprochait du Céleste Empire pour y trouver un appui et il renouait, par des ambassades et des envois de présents à Pékin, les liens de vassalité rompus par le temps.

De son côté, la Chine voyait d'un œil jaloux l'établissement d'une puissance européenne sur ses frontières méridionales. Sous le coup des désastres de la guerre de l'opium et des expéditions anglo-françaises, elle avait bien consenti à l'ouverture de quelques-uns de ses ports au commerce international.

Elle était sortie de l'isolement dans lequel elle s'était si longtemps complue ; elle avait accepté les services d'ingénieurs, d'officiers, d'agents européens, envoyé quelques-uns de ses sujets étudier dans les pays occidentaux, armé une partie de ses troupes d'armes modernes, acheté des vaisseaux cuirassés et noué des relations diplomatiques avec les principales puissances de l'Europe et de l'Amérique. Là s'arrêtaient les concessions qu'elle voulait faire au progrès général.

Le Céleste Empire craignait l'invasion des idées de l'Occident au milieu de populations dont la civilisation est demeurée à peu près immuable depuis des siècles. Il redoutait la révolution qu'amènerait dans son organisation, dans son gouvernement le contact journalier des Européens. L'établissement de la France au Tonkin devait avoir ces conséquences lointaines. La présence d'une poignée d'Européens dans les ports ouverts, où ils n'ont de rapports qu'avec un petit nombre de négociants, d'où ils ne peuvent rayonner dans le pays qu'avec l'agrément des mandarins, n'offrait pas les mêmes dangers aux yeux du Tsong-Li-Yamen.

Enfin, ce n'était un mystère pour personne qu'à la cour de Pékin, comme à Constantinople, il existait deux partis rivaux se disputant l'influence sur l'impératrice régente. L'un, le parti de la jeune Chine, favorable dans une certaine mesure aux idées européennes ou du moins disposé à entrer de plus en plus en relations suivies avec les puissances étrangères. L'autre, le vieux parti chinois, n'acceptait que comme un pis aller les concessions arrachées par la force et se montrait l'ennemi acharné de toute mesure contraire aux traditions léguées par les ancêtres. Ce parti surtout ne voulait pas renoncer à la suzeraineté sur le prince d'Annam, il acceptait les avances de celui-ci et était tout disposé à intervenir à main armée au Tonkin pour soutenir la résistance de Tu-Duc et empêcher l'établissement de nos soldats sur le fleuve Rouge.

Les vues diamétralement opposées du cabinet de Paris et du Tsong-li-Yamen sur le protectorat français du Tonkin devaient fatalement amener un conflit entre la France et la Chine.

Pendant les premières années qui suivirent le traité de 1874, la Chine ne protesta pas contre cet instrument diplomatique ; elle retira même du Tonkin les forces impériales de Yunnan, envoyées à la prière de Tu-Duc pour y détruire le brigandage. Mais peu à peu les anciennes relations furent reprises entre Hué et Pékin. Les Annamites, se sentant soutenus, firent à plusieurs reprises appel aux soldats du Céleste Empire pour maintenir leur autorité dans le delta du Song-Koï. Le conflit était imminent entre la France d'un côté, l'Annam et la Chine d'autre part, quand M. le Myre de Vilers, premier gouverneur civil de la Cochinchine française, arriva à Saïgon, le 7 juillet 1879. Ce haut fonctionnaire, sans rien abandonner des droits de la France, s'attacha à donner à notre intervention un caractère pacifique ; il attendait la solution des difficultés de négociations habilement conduites avec esprit de suite et fermeté. Il pensait qu'en avançant avec prudence, en obtenant chaque jour un succès diplomatique, la cour de Hué, plus étroitement engagée dans notre sphère d'action, dominée par nos agents, serait enfin obligée, malgré ses velléités d'alliance avec la Chine, de se jeter dans les bras de la France. Le Tsong-li-Yamen se serait vu en présence d'un fait accompli contre lequel il ne pourrait plus protester. La lutte à main armée serait alors écartée. Suivant les expressions d'une de ses dépêches au commandant Rivière, M. le Myre de Vilers voulait agir *politiquement, pacifiquement et administrativement.*

Nous verrons plus loin comment les événements furent plus forts que ces sages projets, mais auparavant il nous faut faire connaître la situation que le traité du 15 mars 1874 nous avait créée vis-à-vis des puissances européennes.

Cette convention ne donnait pas à la France, au point de vue du droit international, tous les droits conférés à une puissance par un traité de protectorat. Le mot de *protectorat* n'y était pas prononcé. Le cabinet de Versailles, ne voulant pas recommencer l'expédition de Francis Garnier, avait, en ne l'y insérant pas, pensé obtenir le résultat souhaité sans inquiéter la Chine ou les autres puissances et sans être obligé de tirer l'épée, ce qu'il ne voulait à aucun prix. La France payait encore à ce moment la peine de ses désastres de 1870. Les agents français à Hanoï et dans les ports ouverts de Haïphong et de Quin-nhon ne pouvaient prendre le titre de *résidents ;* ils n'avaient aucune autorité sur les Européens. Ils n'avaient d'autres droits que ceux de *consuls.* Chaque puissance étrangère pouvait négocier avec Tu-Duc l'ouverture de ports nouveaux et y établir, comme la France, des agents consulaires. Il y avait là un grave danger pour l'avenir de notre protectorat. Heureusement la présence d'une escorte militaire près de nos consuls, donnant à ceux-ci une autorité morale considérable, empêcha les cabinets étrangers d'engager de semblables négociations. De notre côté, les gouverneurs de la Cochinchine s'efforcèrent de donner satisfaction à toute réclamation légitime de sujets européens contre l'Annam pour empêcher ceux-ci d'avoir recours à leurs gouvernements respectifs. On put ainsi traverser, grâce à cette prudence, mais non sans appréhensions, la période difficile créée par une fausse position diplomatique et atteindre le 25 août 1883, jour où le traité de Hué, signé par M. Harmand, régularisa notre situation vis-à-vis des tiers.

Expédition du commandant Rivière. — Cependant le gouvernement de Tu-Duc, comptant sur l'alliance chinoise, se montrait de plus en plus hostile. Il repoussait toutes les demandes du gouvernement français, et, au Tonkin, ses officiers menaçaient la sécurité de nos nationaux et de nos protégés. Les mandarins agissaient de concert avec les Pavillons noirs de Luu-Vinh-Phuoc, appuyés sous main par les soldats réguliers chinois. M. le Myre de Vilers, après avoir adressé de nombreux avertissements à la cour de Hué, écrivit au roi une lettre personnelle énergique, et envoya à Hanoï le capitaine de vaisseau Henri Rivière, commandant de la station navale de Cochinchine, avec deux compagnies d'infanterie de marine.

Fidèle à sa politique et aux instructions du gouvernement métropolitain, M. de Vilers avait recommandé la prudence au commandant et lui avait enjoint de n'avoir recours à la force qu'en cas de nécessité absolue : « Toute ma pensée, disait-il, peut se résumer en cette phrase : Évitez les coups de fusil, ils ne serviraient qu'à nous créer des embarras. »

Les mandarins annamites et leur chef, le gouverneur ou *tong-doc* de Hanoï, prirent la même attitude vis-à-vis, de Rivière qu'autrefois vis-à-vis de Francis Garnier. Ils se fortifièrent dans la citadelle et réunirent leurs miliciens. Le commandant, se sentant menacé, constitua un petit corps de 600 hommes environ et une flottille de trois canonnières. Le gouverneur, sommé de livrer la citadelle, refusa de le faire et le 25 avril le commandant Rivière commença les hostilités. Les canonnières et l'artillerie de marine bombardèrent la place, l'assaut fut donné et une demi-heure plus tard les Annamites étaient en fuite.

La prise de la citadelle apportait un facteur nouveau dans la question du Tonkin ; elle allait précipiter les événements et les faire sortir de la période

3.

diplomatique. M. le Myre de Vilers ne pouvait approuver un coup de force, exécuté en dehors de ses instructions ; néanmoins il couvrit son subordonné et, dans une dépêche adressée à l'amiral Jauréguiberry, ministre de la marine, il disait : « Peut-être aurait-on pu éviter d'en venir à cette extrémité, mais il faut tenir compte dans l'appréciation des faits des entraînements auxquels sont exposés les militaires, dont le principal objectif doit être l'honneur du drapeau et la sécurité des troupes qu'il commandent (1). »

En même temps, pour donner le change à Tu-Duc, M. de Vilers protesta énergiquement à Hué contre les agissements hostiles des mandarins tonkinois, qui avaient amené la prise de la citadelle. L'occupation de cette place aurait demandé un effectif considérable, aussi le gouverneur la fit-il remettre entre les mains des autorités annamites, et Rivière ne conserva-t-il que la Pagode royale dominant tout l'ouvrage.

INTERVENTION DE LA CHINE. — A Paris, l'ambassadeur du Céleste Empire, le marquis de Tseng, avait, dès la fin de l'année 1881, déclaré au ministre des affaires étrangères que son gouvernement ne reconnaissait pas le traité du 15 mars 1874 et l'indépendance du *prince* d'Annam vis-à-vis de la Chine. Gambetta, président du conseil, lui avait répondu, le 1ᵉʳ janvier 1882, que le cabinet de Paris ne pouvait

(1) *Livre Jaune,* Affaires du Tonkin, *passim.*

pas s'arrêter devant une réclamation aussi tardive.

A la nouvelle de la prise de la citadelle de Hanoï, le marquis de Tseng intervint de nouveau et demanda le rappel de nos troupes. M. de Freycinet, ministre des affaires étrangères, répliqua « que nous avions donné l'ordre au gouverneur de la Cochinchine d'assurer l'application complète du traité de 1874, que les suites de l'action que nous entendions exercer dans cette vue concernaient exclusivement les deux États signataires et qu'en conséquence nous n'avions aucune explication à fournir au gouvernement chinois (1). » Cette fin de non-recevoir montrait encore une fois que, « pas plus à Pékin qu'à Paris, nous ne devions permettre à la Chine de s'ingérer dans la politique que nous suivions dans l'Indo-Chine (2) ». Mais le Tsong-li-Yamen avait brûlé ses vaisseaux et il était décidé à la guerre. Seulement au lieu de rompre les relations diplomatiques avec la France et de jeter le masque, il se contenta d'abord de faire passer secrètement des hommes, des armes et des munitions aux Annamites et aux Pavillons noirs.

La situation se tendant de plus en plus, M. Bourée, ministre de France à Pékin, pensa à prévenir le conflit entre les deux pays et communiqua au gouvernement un projet de traité débattu avec la cour impériale. Une zone neutre aurait été créée entre la Chine et le Tonkin, la ville de Laokay, sur le fleuve Rouge,

---

(1) *Livre Jaune,* Affaires du Tonkin, *passim.*
(2) *Ibid.*

aurait été cédée au Céleste Empire et la France aurait pris l'engagement de respecter la souveraineté territoriale du roi d'Annam. Ce projet ne pouvait être accepté, car il était en opposition avec la politique constamment suivie par le cabinet de Paris. D'autre part, la constitution d'une zone neutre aurait amené d'incessants conflits entre les autorités françaises et les autorités chinoises. M. Bourée fut rappelé.

Pendant ces négociations, Tu-Duc s'efforçait de nouer des intrigues dans notre colonie avec le petit nombre d'Annamites encore disposés à accueillir ses avances. M. le Myre de Vilers, qui allait transmettre ses pouvoirs de gouverneur à M. Thomson, coupa court à ces agissements en faisant arrêter et interner à Poulo-Condore 150 individus suspects.

Au Tonkin, le commandant Rivière avait fait occuper Hong-Gay, localité située sur le golfe, importante à cause de ses gisements de houille : il craignait que le gouvernement de Hué n'en donnât la concession à une compagnie anglaise. Il marcha ensuite sur Nam-Dinh où les Annamites préparaient des barrages pour couper ses communications avec la mer par la voie fluviale. Le 25 mars, une flottille débarqua devant cette place le lieutenant-colonel Carreau. Le gouverneur refusa de rendre la place, qui fut reconnue le 26. Le lendemain à sept heures du matin, les canonnières et les pièces débarquées commencèrent le feu. L'ennemi riposta énergiquement. Le lieutenant-colonel Carreau fut mortellement blessé pendant qu'il rectifiait le tir. Le commandant

Badens donna l'assaut à la porte de l'est. Les Annamites s'enfuirent : pour la première fois on reconnut parmi eux des soldats réguliers de l'armée du Yunnan. Ce fait important ne pouvait passer inaperçu, car il était gros de conséquences et faisait prévoir une énergique résistance à nos entreprises.

On reconnut d'ailleurs, pendant cette marche sur Nam-Dinh, l'action d'un ennemi toujours bien renseigné sur tous nos mouvements. Il profita du départ de notre petite colonne expéditionnaire pour attaquer à Hanoï le chef de bataillon Berthe de Villers. Dans la nuit du 26 au 27 mars les Pavillons noirs s'élancèrent sur la pagode royale de la citadelle. Vigoureusement reçus, ils furent dispersés et rejetés vers Bac-Ninh.

Le gouvernement français, ne voulant pas s'engager à fond, recommanda au commandant Rivière de se borner à conserver les positions acquises et de ne combattre que dans le cas où le salut de ses troupes l'exigerait impérieusement. M. Thomson, gouverneur de la Cochinchine, était d'ailleurs autorisé à mettre à sa disposition les troupes dont il pourrait disposer, sans nuire à la sécurité de la colonie.

Mort du commandant Rivière. — Le 2 avril, Rivière rentra à Hanoï. Pendant tout le mois, les Pavillons noirs, dont le nombre grossissait sans cesse, se rapprochaient de Hanoï, occupaient toutes les routes et cherchaient à nous assiéger.

Le commandant Rivière concentra ses forces pour tenter une sortie et se débarrasser de ce voisinage dangereux. Il appela à lui une partie de la garnison de Haïphong et les compagnies de débarquement de la division navale des mers de Chine.

Le 19 mai, à quatre heures du matin, deux compagnies d'infanterie de marine, les matelots du *Villars* et de la *Victorieuse* et trois pièces de campagne quittèrent Hanoï, dans la direction de Phu-Hoaï, sur la route de Sontay, sous le commandement direct du chef de bataillon Berthe de Villers. Rivière accompagnait la colonne. A six heures du matin nos troupes étaient arrivées sur un petit arroyo, près du marché de Can-Giay et occupèrent le Pont de Papier. Il fallait ensuite enlever les villages de Tien-Tong, de Ha-Yenkhé et de Trung-Thong, occupés par les Pavillons. L'attaque fut préparée par l'artillerie et les marins furent lancés en avant. Berthe de Villers tomba alors mortellement frappé et Rivière prit le commandement des troupes. Nous nous avancions, chassant les Pavillons noirs devant nous ; mais ceux-ci, supérieurs en nombre, dessinèrent un double mouvement tournant à droite et à gauche et tentèrent de reprendre le Pont de Papier pour nous couper de Hanoï. Les matelots de la *Victorieuse*, engagés dans le village de Trung-Thong furent rappelés, pendant que le lieutenant de vaisseau de Marolles, adjudant de la division navale, organisait au pont un échelon de retraite avec les soldats de l'infanterie de marine. Nos troupes rétrogradèrent sous un feu d'une extrême intensité. Le canon du *Villars*, presque enveloppé, tombe de la digue-chemin dans la rizière. Rivière, pour le sauver, pousse lui-même aux roues avec l'aspirant Moulun. Celui-ci est tué raide ; le commandant est frappé d'une balle. Les Chinois se précipitent et lui coupent la tête ; ils ne s'arrêtent que devant le feu de l'échelon de retraite, qui sauva le canon. La retraite continua péniblement et nos derniers combattants ne rentrèrent à Hanoï qu'à neuf heures et demie du matin.

Commandement du général Bouet. Mission de M. Harmand. — La mort du commandant Rivière rendait inévitable une expédition militaire et engageait la République dans une lutte ouverte contre l'Annam et son allié le Céleste Empire. L'honneur du drapeau était menacé et, sous peine de perdre tout prestige aux yeux des Orientaux, il fallait venger le chef égorgé. D'un autre côté nous n'étions plus aux jours de 1874, alors que la situation de l'Europe nous commandait encore impérieusement la politique de recueillement. La France, cette noble mutilée, désormais maîtresse de ses destinées, était en état de châtier ses ennemis. Le gouvernement déposa sur le bureau des deux Chambres une demande de crédits qui fut votée à l'unanimité. Le général Bouët, commandant supérieur des troupes en Cochinchine, alla prendre la direction des opérations et reçut les renforts disponibles en Cochinchine, en Nouvelle-Calédonie et à Toulon. Une escadre nouvelle, la division navale du Tonkin, fut créée, et placée sous les ordres du contre-amiral Courbet. M. Harmand reçut la direction politique et administrative de l'expédition avec le titre de commissaire général civil de la République. La campagne du Tonkin était commencée.

La tâche du général Bouët était difficile au lendemain d'un revers, en présence d'un ennemi exalté par le succès. Il fallait rendre aux soldats la confiance et préparer soigneusement l'offensive avec des moyens insuffisants. Dès les premiers jours du commandement du général Bouët, les attaques des Pavillons noirs contre Hanoï et contre Nam-Dinh et des Annamites contre Haïphong, notre port de débarquement, furent vivement repoussées. Les renforts expédiés de France portèrent l'effectif du corps expéditionnaire à 3,700 hommes environ, y compris les tirailleurs annamites de Cochinchine.

Le commissaire général civil décida, d'accord avec le général Bouet et l'amiral Courbet, que le général s'efforcerait de reprendre l'offensive sur la route de Sontay pendant que l'escadre s'emparerait des forts de Thuan-An, qui défendent l'entrée de la rivière de Hué, et qu'un corps de débarquement remonterait ce cours d'eau jusqu'à la capitale, pour imposer à la cour la signature d'un traité rectificatif de celui du 15 mars 1874.

Nous ne devions plus rencontrer devant nous le vieux roi Tu-Duc. Ce prince, notre ennemi acharné, venait de mourir après trente-six ans de règne. Nous allions avoir à traiter avec un conseil de régence présidé par l'ancien plénipotentiaire du traité Philastre, Nguyen-Van-Tuong.

HISTOIRE.

Prise des forts de Thuan-An. — L'amiral Courbet arriva devant Thuan-An avec une escadre de sept bâtiments; le bombardement des positions commença le 18 à quatre heures de l'après-midi, et prépara le débarquement, retardé jusqu'au matin du 20 à cause de l'état de la mer. Les compagnies de débarquement, deux compagnies d'infanterie de marine, une compagnie de tirailleurs annamites et deux batteries d'artillerie de marine, mises à terre, enlevèrent avec la plus grande bravoure les retranchements des Annamites.

Le régent Nguyen-Van-Tuong sollicita aussitôt un armistice, qui fut accordé à condition que les forts et les barrages établis sur la rivière de Hué seraient immédiatement détruits et que les approches de la capitale seraient libres. M. Harmand, assisté de M. de Champeaux, administrateur des affaires indigènes, se rendit au palais royal et imposa les conditions de paix. Elles furent acceptées le 25 août. Le traité reconnaissait complètement notre protectorat sur l'Annam et le Tonkin, annexait la province du Binh-Thuan à la Cochinchine, nous permettait d'occuper à titre permanent les forts de Thuan-An et plusieurs autres positions, ouvrait au commerce européen les ports de Tourane et de Xuanday. Un résident de France, installé à Hué, obtenait, fait sans précédent, le droit de voir le roi en audience personnelle. L'administration des douanes devait être remise entre nos mains et un traité de commerce spécial devait compléter les avantages consentis à la France par le traité politique.

OPÉRATIONS AU TONKIN. — Au Tonkin, le 15 août, le général Bouët s'était avancé en trois colonnes sur la route de Sontay et avait rencontré l'ennemi fortement retranché au village de Vong, et à 10 kilomètres de Hanoï, et dans les villages avoisinants. La colonne de droite, commandée par le colonel Bichot, soutenue par la flottille, tourna la gauche de l'ennemi. Au centre, le commandant Coronnat, chef d'état-major, s'avança de Phu-Hoaï sur la pagode de Noï et s'y maintint jusqu'au lendemain. La colonne de gauche, sous la direction du lieutenant-colonel Révillon, de l'artillerie de marine, attaqua les retranchements qui couvraient la gauche de l'ennemi, mais elle ne put les enlever. Le colonel ordonna alors la retraite et rétrograda jusqu'au Pont de Papier, d'où le général Bouet avait dirigé l'ensemble des opérations.

La presse a considéré la journée du 15 août comme un insuccès. Cependant si l'on considère les résultats, il faut reconnaître que nous avions obtenu, un sérieux résultat stratégique. En effet, la colonne de droite avait rempli la plus grande partie de sa mission et avait fortement menacé la gauche de l'ennemi ; la colonne du centre occupait à la nuit tombante une position favorable pour continuer les opérations ; quant à la colonne de gauche, elle pouvait être ramenée en ligne. Il n'en fut pas besoin. Les Pavillons noirs se considérèrent comme vaincus et pendant la nuit ils évacuèrent leurs lignes pour les reporter à 14 kilomètres plus loin, sur la route de

Sontay, au village de Phung. La ville de Hanoï se trouva ainsi mise à l'abri des insultes de l'ennemi.

Quatre jours plus tard, le 19, le lieutenant-colonel Brionval marcha sur Haï-Dzuong, une des clefs du Delta. La citadelle fut occupée après une escarmouche d'avant-garde. Les Chinois, comprenant l'importance stratégique de Haï-Dzuong, se disposaient à s'y établir.

La résistance des Pavillons noirs fit penser au général Bouët que le corps expéditionnaire du Tonkin devait être porté à l'effectif d'une division sur pied de guerre avec tous les services auxiliaires. Le département de la marine envoya un bataillon d'infanterie de marine et un bataillon de fusiliers-marins et le département de la guerre un régiment de marche, composé de deux bataillons de tirailleurs algériens et d'un bataillon de la légion étrangère, empruntés au 19ᵉ corps d'armée. Nos auxiliaires indigènes, qui formèrent le noyau des régiments de tirailleurs tonkinois, furent armés, et l'amiral Courbet autorisé à mettre les compagnies de débarquement de l'escadre à la disposition du corps expéditionnaire.

Avant l'arrivée des renforts, le 1ᵉʳ septembre, le général Bouët attaqua les positions situées en avant de Phung, occupées par Luu-Vinh-Phuoc. Des reconnaissances, dirigées par le commandant Coronnat, chef d'état-major du corps expéditionnaire, avaient permis de se rendre compte des dispositions de l'ennemi, fortement retranché derrière des ouvrages disposés en arc de cercle, précédés de rizières inondées et flanqués de batteries à feux croisés, surtout vers la digue-chemin de Phung, seul point accessible aux troupes européennes.

A sept heures du matin les troupes s'ébranlèrent sur deux colonnes, soutenues à l'extrême droite par le feu des canonnières criblant d'obus les réserves des Pavillons noirs. On combattit tout le jour dans la rizière, avec de l'eau jusqu'à la ceinture. Enfin les tirailleurs annamites et les auxiliaires tonkinois, appuyés par une compagnie d'infanterie de marine sous le chef de bataillon Berger, enlevèrent une pagode fortifiée située au centre de la ligne de bataille et le village de Tanh-Teune. Les Pavillons noirs se retirèrent pendant la nuit. Le lendemain le feu des canonnières amena l'évacuation de Phung. Les retranchements furent détruits et nos soldats rentrèrent à Hanoï, laissant à Ba-Giang ou Palan, sur le fleuve Rouge, près de la naissance du Day, un poste fortifié pour dominer le cours d'eau et surveiller la route de Sontay (1).

Entre les deux combats de Vong et de Phung, l'amiral Courbet avait enlevé les forts de Thuan-An, le 20 août; le commissaire général de la République, M. Harmand, était retourné au Tonkin après avoir signé le traité du 25 août. Il s'efforça d'organiser le pays, mais de sérieux dissentiments ne tardèrent pas

(1) Pendant toute cette période, l'état-major et les chrétiens de la mission recherchaient les dépouilles mortelles de Rivière. Elles furent retrouvées le 8 octobre et reconnues par M. le docteur Cl. Mondon.

à naître entre l'autorité civile et le pouvoir militaire. L'entente devint impossible et le général Bouët rentra en France. Il laissait le commandement aux mains du colonel Bichot, de l'infanterie de marine (18 septembre).

Commandement de l'amiral Courbet. — Au moment du départ du général Bouët et jusqu'à l'arrivée des nouveaux renforts qu'ils allaient recevoir, nos soldats n'étaient maîtres que dans leurs garnisons. Les forces annamites du prince Hoang-Ké-Viem et les Pavillons noirs de Luu-Vinh-Phuoc parcouraient le pays ; les Chinois se décidaient à lever le masque et faisaient passer dans le Delta les troupes régulières du Yunnan et du Kouang-Si. On les rencontrait à Sontay, à Bac-Ninh, à Hong-Hoa. Néanmoins le colonel Bichot fit enlever Ninh-Binh.

Peu après le contre-amiral Courbet prit la direction des opérations militaires (25 octobre 1883). Le commissaire général civil, M. Harmand, s'entendit avec lui pour faire occuper Quang-Yen ; cette place paraissait à M. Harmand devoir devenir le principal port de commerce du Tonkin. Il pensait aussi à établir une garnison aux lignes de Vung-Chuoa, dans le Tonkin méridional, sans attendre la ratification du traité du 25 août 1883, afin d'empêcher les Annamites de Hué de faire passer des renforts ou du matériel dans le Delta. Cette sage mesure aurait rendu de réels services ; la faiblesse des effectifs ne permit pas de la prendre pendant la période active des opérations.

L'intervention de la Chine dans la campagne du Tonkin rendait momentanément impossible l'action efficace d'un organisateur civil. Toutes les responsabilités, mais aussi tous les pouvoirs, devaient être concentrés entre les mains du commandement. Pendant longtemps encore cette nécessité devait s'imposer ; M. Harmand le comprit et demanda à rentrer en France. L'amiral Courbet demeura seul chef dans le Delta. Presque au même moment, l'ambassadeur chinois à Paris, le marquis de Tseng, notifiait officiellement au ministre des affaires étrangères la présence des forces impériales sur le Song-Koï (17 novembre 1883).

Les Chinois, comprenant toute l'importance militaire de Haï-Dzuong, firent deux tentatives pour la reprendre. La première eut lieu le 12 novembre sans qu'ils s'engageassent sérieusement, mais la seconde, celle du 17, fut conduite avec acharnement. Elle fut repoussée par le capitaine d'infanterie de marine Bertin, secondé par l'adjudant Geschwind, qui commandait le réduit de la citadelle. Les deux canonnières *la Carabine* et *le Lynx* prirent la part la plus brillante à la défense.

Prise de Sontay. — L'amiral Courbet, ayant enfin reçu les renforts envoyés de France et d'Algérie, disposa de 9,000 hommes environ et put alors prendre l'offensive contre Sontay, où se tenaient Hoang-Ké-Viem et Luu-Vinh-Phuoc.

Deux colonnes furent constituées. La première

(3,300 hommes environ) était sous le commandement du lieutenant-colonel Belin. La seconde (environ 2,600 hommes) était dirigée par le colonel Bichot, commandant supérieur des troupes. La flottille devait appuyer les opérations et se composait de neuf canonnières.

Depuis l'arrivée du commandant Rivière au Tonkin, l'ennemi n'avait pas cessé d'accumuler les travaux autour de la citadelle de Sontay. Celle-ci, située à deux kilomètres environ du fleuve, formait un carré de 300 mètres de côté, entouré d'un mur en briques de 5 mètres de hauteur, lequel était couronné de fraises en saillie rendant l'escalade difficile. Chaque face du carré était flanquée par une demi-tour circulaire, percée d'une porte donnant accès dans l'intérieur, s'ouvrant sur un pont qui traversait le fossé, large de 20 mètres, profond de 3 et rempli d'eau.

La ville, construite en briques et en paillottes autour de la citadelle, était entourée d'une enceinte extérieure en terre de 4 à 5 mètres de hauteur, fort bien disposée pour la défense et précédée d'un fossé de 5 mètres, rempli d'eau. Entre le fossé et le parapet, une berme de 3 à 4 mètres de largeur était couverte d'une haie de bambous vivants, très serrés, de 8 à 10 mètres de haut, cachant complètement la ville aux vues de l'extérieur et formant un obstacle infranchissable.

Au dehors, des villages et des pagodes, fortifiés par des haies et des parapets précédés de fossés, défendaient les approches de la ville. Deux digues, reliées par une palissade terrassée, constituaient un ouvrage avancé qu'on appela les branches de Phu-Sa et formaient le point d'appui oriental des défenses dirigées vers le fleuve, voie par laquelle nous étions attendus.

Le 14 décembre, l'amiral Courbet reconnut les positions de l'ennemi avec le colonel Bichot, commandant supérieur des troupes, le lieutenant-colonel Belin et le lieutenant-colonel Révillon, commandant de l'artillerie. Aussitôt ses dispositions furent arrêtées; il résolut de prendre comme base d'opérations le fleuve Rouge, où se tenaient les canonnières et par où pouvaient parvenir les munitions et les vivres.

Vers neuf heures et demie, le commandant en chef fit avancer vers la branche sud des lignes de Phu-Sa les bataillons Dulieu et Reygasse (infanterie de marine), vers la branche nord les bataillons Roux et Chevallier (infanterie de marine). Ces troupes nettoyèrent les abords de la place, enlevèrent les avant-postes et les premières défenses et s'établirent au village et à la pagode de Linh-Chien, à 5 ou 600 mètres des lignes de Phu-Sa. Il était alors dix heures et demie. L'artillerie de la flottille avait protégé cette première partie de l'opération.

Les canons du corps expéditionnaire se joignirent alors à ceux de la marine pour battre les forts de Phu-Sa, dont le feu était très vif et dont les projectiles avaient atteint la *Fanfare* et l'*Éclair*.

Les Chinois tentèrent alors une contre-attaque sur notre gauche et sortirent en bon ordre de leurs retranchements. L'infanterie de marine des commandants Dulieu et Reygasse, soutenue par le bataillon Donnier, de la légion étrangère, envoyé comme renfort, les obligea à battre en retraite derrière leurs abris et les empêcha pendant toute la journée de reprendre l'offensive.

L'action principale se passait à notre droite. Là, au nord de Linh-Chien, le bataillon Jouneau, des tirailleurs algériens, d'abord placé en réserve, s'engagea à droite de l'infanterie de marine, des bataillons Roux et Chevallier reliés à leur gauche au bataillon Dulieu. Les tirailleurs algériens s'avancèrent jusqu'à 400 mètres de la digue de Phu-Sa et s'embusquèrent derrière une haie de bambous pendant que l'artillerie couvrait d'obus les positions ennemies. Vers quatre heures de l'après-midi, le lieutenant-colonel Belin jugea que le moment de l'assaut était arrivé. Il lança les tirailleurs algériens, qu'il fit appuyer par l'infanterie de marine. Les Chinois furent délogés de la digue par une vigoureuse charge à la baïonnette. Ils se retirèrent derrière une barricade que ne purent faire tomber deux attaques successives. L'approche de la nuit vint mettre un terme au combat. Le lieutenant-colonel Belin, après avoir conféré avec le colonel Bichot, commandant supérieur des troupes, et l'amiral Courbet, ordonna de retourner les ouvrages conquis et attendit le lendemain.

Le bataillon Letellier, des tirailleurs algériens, avait été déployé au sud de Thien-Loc, où le bataillon de fusiliers-marins du capitaine de frégate Laguerre demeurait en réserve pour garder nos derrières.

Pendant la nuit, le colonel Bichot fit distribuer des vivres aux troupes, qui n'avaient pas mangé depuis le matin, et des munitions pour remplacer les cartouches tirées. Ces sages mesures furent troublées par les attaques incessantes des Pavillons noirs. Repoussés sur toute la ligne, les Chinois se décidèrent enfin à abandonner au matin les forts de Phu-Sa et se retirèrent dans l'enceinte intérieure de Sontay.

La journée du 15 fut employée à occuper les retranchements abandonnés par l'ennemi. Au soir nos troupes étaient échelonnées au nord-est de Sontay dans l'ordre suivant, de l'est à l'ouest : à notre extrême gauche, dans le fort de Phu-Sa le bataillon Reygasse, le bataillon Chevallier (infanterie de marine), le bataillon Laguerre (fusiliers-marins) et derrière lui le quartier général avec le bataillon Roux, le bataillon Dulieu (infanterie de marine), le bataillon Letellier (tirailleurs algériens), le bataillon Donnier (légion étrangère), à l'extrême droite. A gauche, au quartier général se trouvaient en seconde ligne les tirailleurs algériens du commandant Jouneau, qui avaient le plus souffert pendant l'attaque de Phu-Sa.

Le 16, au jour, la légion étrangère et les tirailleurs algériens du commandant Letellier firent une reconnaissance à notre extrême droite. Puis la légion, désignée pour prendre la tête de l'attaque principale, se rapprocha de notre centre et des fusiliers-marins qui devaient la seconder. Notre droite demeura protégée pendant toute la journée par les bataillons, Letellier et Jouneau. Ces deux bataillons aidés par quelques obus de la flottille, repoussèrent un mouvement tournant dessiné par les Pavillons noirs.

L'amiral, accompagné des colonels Bichot, Belin, Badens et Revillon, reconnut les défenses de la ville et résolut de diriger une fausse attaque vers la porte nord de la citadelle, ou les Chinois avaient accumulé leurs plus puissants moyens de défense, et de diriger le principal assaut contre la porte de l'ouest. Les bataillons Dulieu, Chevallier et Raygasse (infanterie de marine), avec les bataillons Jouneau et Roux en réserve, furent chargés de la fausse attaque.

La flottille et l'artillerie de marine furent chargées de préparer la principale attaque par un bombardement lent et méthodique de la porte ouest et de la ville. Vers dix heures du matin, le commandant Donnier et le bataillon de la légion étrangère s'établirent au hameau de Ha-Tray et s'abritèrent dans des paillottes situées à 300 mètres environ de la porte à enlever. Pendant toute la journée, les légionnaires, soutenus par les fusiliers-marins du commandant Laguerre, s'avancèrent peu à peu vers les remparts. A cinq heures la chaîne de tirailleurs était arrivée à cent mètres du fossé. L'amiral commande alors l'assaut. Les légionnaires s'élancent sur la porte, les fusiliers-marins et la compagnie Bauche, de l'infanterie de marine, sur la poterne de droite. En arrière, la réserve brûlait du désir de charger l'ennemi : il fallut toute l'énergie du colonel Bichot pour empêcher nos impatients soldats de suivre leurs camarades engagés. Malgré le feu de l'ennemi, malgré le fossé et les défenses accessoires, on voit bientôt paraître sur le parapet le légionnaire Minnaert, le quartier-maître Le Guirizec et le caporal d'infanterie de marine Mouriaux, puis la masse des assaillants. A cinq heures et demie l'amiral Courbet et son état-major faisaient leur entrée à Sontay. L'ennemi était en déroute et abandonnait la citadelle, qui fut occupée le lendemain. Il laissait entre nos mains une centaine de canons, des armes, des munitions, sa correspondance et plus de mille cadavres. Nous avions 83 tués, dont 4 officiers, et 319 blessés, dont 22 officiers.

Le succès de l'amiral Courbet à Sontay, malgré son importance, ne pouvait pas encore mettre fin aux hostilités. Les Chinois venaient à peine de tirer l'épée et un revers n'était pas suffisant pour les réduire à l'impuissance. Ils étaient encore maîtres de la plus grande partie du Delta avec les places de Bac-Ninh et de Hong-Hoa, des contrées montagneuses et forestières avec Langson et Caobang, et ils dominaient à Laokay le cours du haut fleuve Rouge, sur la frontière du Yunnan. Il fallait encore de grands efforts pour convaincre le Céleste Empire de son impuissance.

D'un autre côté, la cour de Hué, encouragée par

l'attitude de la Chine, confiante dans le secours de cette puissance, s'ingéniait pour nous créer toutes les difficultés possibles.

Le parti militaire, représenté par le second régent Thuyet, et l'oligarchie des lettrés, dirigée par le premier régent Nguyen-Van-Tuong, faisaient taire leurs rivalités intestines pour unir toutes leurs forces contre nous. L'infortuné successeur de Tu-Duc, Hiep-Hoa, qui avait dû signer le traité Harmand et avait cru trouver un appui dans nos armes, paya cette illusion de sa vie. Il fut empoisonné et remplacé par son parent Kien-Phuoc, appelé au trône sans la participation de notre résident à Hué, M. de Champeaux (2 décembre 1883). Celui-ci était menacé dans la légation française et avait dû rompre les relations avec le *comat* ou conseil secret. La garnison de Thuan-An fut alors renforcée et M. Tricou, ambassadeur à Pékin, se rendit à Hué. Les régents parurent disposés à la soumission et une tranquillité apparente régna dans la capitale.

COMMANDEMENT DU GÉNÉRAL MILLOT. — PRISE DE BAC-NINH. — Les projets de l'amiral Courbet comprenaient une marche immédiate sur Hong-Hoa. Il espérait ainsi frapper l'imagination des Chinois et produire un grand effet moral. Malheureusement la baisse des eaux arrêta nos troupes, qui durent se borner à faire quelques petites expéditions pour châtier les bandes de pillards. D'un autre côté, les forces du corps expéditionnaire n'étaient pas encore suffisantes pour

4.

assurer le succès définitif de la campagne. Une nouvelle brigade fut envoyée par le département de la guerre, qui réclama le commandement pour un de ses divisionnaires, le général Millot. L'armée du Tonkin, dont l'effectif s'éleva à 16,000 hommes environ, dont 470 officiers, fut alors divisée en deux brigades, commandées par les généraux Brière de l'Isle et de Négrier.

L'amiral Courbet fut obligé d'abandonner en plein succès, non sans amertume, le commandement en chef des troupes. Il remit la direction au général Millot, le 12 février 1884, et lui laissa les compagnies de débarquement de ses bâtiments. L'escadre restait sous ses ordres directs. La résistance de la Chine allait fournir au vaillant amiral l'occasion de nouveaux succès.

Aussitôt que le général Millot eut organisé les forces dont il disposait, il prit ses mesures pour s'emparer de Bac-Ninh, centre stratégique situé à 35 kilomètres de Hanoï, près du Song-Cau et du canal des Rapides, au nœud des routes de Thaï-Nguyen, Langson et Haï-Dzuong. Un bataillon de la légion étrangère fut d'abord envoyé aux sept Pagodes, dans l'angle formé par les deux cours d'eau. Les Chinois se rendirent compte des avantages qu'assurait ce poste à nos canonnières pour pénétrer dans le Song-Cau. Ils tentèrent deux attaques infructueuses contre cette position.

La première brigade (général Brière de l'Isle) se concentra à Hanoï, la seconde (général de Négrier) à Haï-Dzuong. En prévision de notre marche offensive, les troupes impériales avaient multiplié les forts autour de Bac-Ninh, sur la route de Hanoï et sur le cours du Song-Cau, voies par lesquelles ils attendaient nos soldats. Dans ces conditions il était à craindre qu'une marche directe sur la place n'entraînât de grands sacrifices d'hommes. Aussi le général en chef prit-il la résolution de tromper l'ennemi, de tourner ses lignes et de menacer ses derrières par un mouvement combiné de ses deux brigades et de la flottille.

Les opérations commencèrent le 7 mars. La canonnière le *Mousqueton* prit le contact avec l'ennemi et la première brigade, venue de Hanoï, passa sur la rive gauche du fleuve Rouge. Pendant que les troupes se dirigeaient vers le marché du Chu, pour y rencontrer la brigade de Négrier, partie de Haï-Dzuong, le commandant Morel-Beaulieu, avec plusieurs canonnières, nous assura la possession des voies fluviales et fit évacuer aux Célestes les positions du canal des Rapides. Ces différents résultats étaient acquis le 10 mars au soir. Le 11, les deux brigades, réunies sur la rive gauche du canal des Rapides, obligèrent les Impériaux à se retirer sur le massif du Trung-Son, d'une altitude de 350 mètres, au sud-est de Bac-Ninh, et s'emparèrent successivement de toutes les positions ennemies. La flottille, sur notre droite, détruisait les barrages et s'avançait sur Bac-Ninh par le Song-Cau. Le Trung-Son tomba entre les mains de la première brigade pendant que le général de Négrier et la flottille s'emparaient de Dap-Cau, sur la rivière, et coupaient aux Chinois la route de Bac-Ninh. La prise du fort de Dap-Cau, le plus important des quatre ouvrages qui protégeaient les abords de Bac-Ninh, amena l'évacuation des autres retranchements et même celle de la ville. L'ennemi débandé était en pleine déroute et ses fuyards se dirigeaient, par un détour, sur les routes de Langson et de Thaï-Nguyen. Deux bataillons, se portant rapidement en avant, plantaient, le 12, le drapeau français sur la place de Bac-Ninh, où nous trouvâmes une centaine de canons, dont plusieurs batteries Krupp, des fusils à tir rapide et de nombreux étendards. Pendant la marche sur Bac-Ninh nous avions eu huit tués et trente-neuf blessés.

Après la prise de Bac-Ninh, le général de Négrier poussa une pointe sur la route de Langson, chassant devant lui les réguliers du Kouang-Si et les battant à Phu-Lang-Giang et à Lang-Kep. De son côté, le général Brière de l'Isle s'empara de Yen-Thé et de Thaï-Nguyen. Le corps expéditionnaire rentra alors à Hanoï pour préparer la marche sur Hong-Hoa.

Occupation de Hong-Hoa. — Suivant les instructions du général en chef, les deux brigades devaient se réunir le 10 avril sur la rivière Noire et être rejointes par la flottille, au confluent de ce cours d'eau et du Song-Koï. La deuxième brigade devait prendre position au nord de la route directe de Sontay à Hong-Hoa, la première brigade au sud de cette route. La concentration terminée, le général en chef voulait faire remonter la rive droite de la rivière Noire par la première brigade jusqu'à Bat-Bac, jeter cette brigade sur la rive gauche au moyen de jonques et de radeaux, et lui faire prendre la route des montagnes tournant toutes les positions de Hong-Hoa. La deuxième brigade, maintenue d'abord au point de concentration, devait faciliter par un feu intense d'artillerie sur Hong-Hoa et ses abords le passage de la rivière Noire par la brigade Brière de l'Isle. La brigade de Négrier devait alors franchir le cours d'eau et se diriger directement sur Hong-Hoa, quand le général Brière de l'Isle aurait bien accentué son mouvement tournant, et occuper les ouvrages de l'ennemi à mesure qu'ils tomberaient par le fait de la marche de la première brigade.

Ces dispositions eurent tout l'effet qu'on en attendait. Chassés de retranchement en retranchement, les Célestes abandonnèrent Hong-Hoa et prirent la fuite après avoir incendié la ville. Le 13 avril, à une heure de l'après-midi, un bataillon entrait dans la citadelle où nous trouvâmes une trentaine de canons. L'ennemi avait fui devant le mouvement de la brigade Brière de l'Isle et devant le bombardement lent et précis de nos canons; il n'avait pas songé à défendre la ville, qui est cependant très forte. Nous avions un tirailleur algérien blessé, cinq hommes dont trois artilleurs et onze coolies noyés.

Deux colonnes légères poursuivirent les Chinois. Le commandant Coronnat rasa la citadelle de Dong-Van évacuée par nos adversaires. La place de Phu-Lam-Tao tomba également entre nos mains.

La période active de la conquête paraissait terminée. Le général Millot s'attacha alors à l'organisation du pays et à la création de deux régiments de tirailleurs tonkinois. Quant aux troupes, elles procédèrent à une série d'opérations de détail dont la plus importante fut l'occupation de Tuyen-Quan, place qui domine le cours de la rivière Claire, affluent du fleuve Rouge. Le 18 mai, à la suite d'une reconnaissance faite par la canonnière le *Yatagan*, une escadrille composée de la *Trombe*, de l'*Éclair*, du *Yatagan*, de la *Mitrailleuse* et du *Revolver*, et un petit corps formé d'un bataillon de la légion étrangère et de trois compagnies de tirailleurs algériens, se mirent en mouvement sous les ordres respectifs du lieutenant de vaisseau Cappeter et du lieutenant-colonel Duchesne. Le général en chef accompagna l'expédition. Les difficultés de marche n'arrêtèrent pas la colonne, qui entra le 1er juin 1884 à Tuyen-Quan. Deux compagnies de la légion étrangère et une compagnie de tirailleurs tonkinois y furent laissées en garnison.

Le traité Fournier. — On put croire bientôt que la Chine allait se décider à la paix. Un peu avant que nous nous établissions à Tuyen-Quan, le grand mandarin Li-Hung-Chang, vice-roi du Pé-tché-Li, avait engagé des négociations officieuses avec le capitaine de frégate Fournier. Il venait de signer le 11 mai, avec l'autorisation de la cour de Pékin, le premier traité de Tien-Tsin. Ce traité portait que la France respecterait et protégerait contre toute agression d'une nation quelconque et en toutes circonstances, les provinces méridionales de la Chine limitrophes du Tonkin. De son côté le Céleste Empire s'engageait à retirer immédiatement sur les frontières les garnisons chinoises du Tonkin ; il promettait de respecter, dans le présent et dans l'avenir, les traités directement intervenus ou à intervenir entre la France et la cour de Hué. C'était, en fait, la renonciation à la suzeraineté sur l'Annam, cause première du conflit entre les cabinets de Paris et de Pékin. Le principe d'une indemnité de guerre, due par le Céleste Empire, était admis, mais la France déclarait en faire remise à cause de l'attitude conciliante du gouvernement chinois et de son plénipotentiaire. En retour, la Chine devait accorder des facilités particulières au commerce français sur les frontières du Tonkin. Par un dernier article le gouvernement français s'engageait à n'employer aucune expression de nature à porter atteinte au prestige du Céleste Empire dans la rédaction du traité définitif qu'il allait signer avec l'Annam et qui remplacerait les instruments diplomatiques antérieurs.

La paix paraissait assurée. Des dates pour l'évacuation du Tonkin par les forces impériales avaient été arrêtées et notifiées par les gouvernements respectifs au général Millot et aux commandements chinois. On comptait malheureusement sans le vieux parti chinois, favorable à la continuation de la lutte; il parvint à ressaisir l'influence à Pékin et fit révoquer les ordres donnés par Li-Hung-Chang. Bientôt un conflit allait éclater à Bac-Lé, sur la route de Langson, entre les réguliers du Kouang-Si et une faible colonne française. Les hostilités allaient reprendre avec plus d'acharnement que jamais.

Le guet-apens de Bac-Lé. — Confiant dans la signature du traité Fournier, le gouvernement français avait envoyé le bataillon de fusiliers-marins à Madagascar et fait rentrer à Saïgon le bataillon de tirailleurs annamites. En même temps le général Millot avait pris ses dispositions pour occuper aux dates fixées les places qui devaient être évacuées par les Impériaux. Dans ce but, il avait envoyé le lieutenant-colonel Dugenne sur Langson avec 800 hommes environ.

Le 23 juin 1884, le détachement, qui suivait la route mandarine, était arrivé au delà du village de Bac-Lé quand il fut accueilli à coups de fusils par les réguliers du Kouang-Si, qui étaient plus de 4,000. La colonne s'arrêta et des pourparlers s'engagèrent entre des officiers chinois et le commandant Crétin, chef d'état-major de la colonne. Sans nier l'existence du traité de Tien-Tsin, les Impériaux déclaraient ne pouvoir évacuer Langson sans en avoir reçu l'ordre. L'entrevue n'eut donc aucun résultat et le colonel Dugenne reprit sa marche.

A quatre heures de l'après-midi un vif combat s'engagea et dura jusqu'au soir. Le lendemain il recommença à huit heures du matin et le colonel, en présence de l'énorme supériorité numérique de l'ennemi, ordonna la retraite sur Bac-Lé, où il passa la nuit. Le 23, il occupa au sud de ce village une forte position défensive. Il attendit là les renforts conduits par le général de Négrier. Cet officier dégagea la colonne et la ramena à Hanoï.

Dans cette malheureuse affaire, sur laquelle la lumière n'a pas été faite complètement, nous eûmes 30 tués, dont 2 officiers, et 49 blessés, dont 4 officiers. Les chasseurs d'Afrique se couvrirent de gloire; le lieutenant d'infanterie de marine Bailly, par son intrépide dévouement assura le salut de la colonne. Tous, officiers et soldats, y compris les tirailleurs tonkinois, firent preuve d'une indomptable énergie.

La paix avec la Chine était déchirée. Le gouvernement français chargea son ambassadeur en Chine, M. Patenôtre, de demander satisfaction à la Chine et donna l'ordre à l'amiral Courbet de prendre le commandement supérieur de nos deux divisions navales de l'extrême Orient, dont l'une avait pour chef le contre-amiral Lespès. L'amiral Courbet devait menacer les côtes de l'Empire et se tenir prêt à bombarder ou à bloquer les ports ennemis.

Le traité du 6 juin 1884. — Pendant ces événements la cour de Hué continuait ses machinations contre l'autorité française. Le cabinet de Paris, qui n'avait pas cru devoir ratifier complètement le traité du 25 août 1883, avait chargé M. Patenôtre, ministre à Pékin, de s'arrêter à Hué pour en modifier quelques articles. Les régents refusèrent de négocier et il fallut adresser un ultimatum pour les décider à signer le 6 juin 1884, une nouvelle convention. Les modifications apportées par le traité Patenôtre au traité Harmand étaient assez profondes. Le Binh-Thuan était rétrocédé à l'Annam, les trois provinces méridionales du Tonkin, celles de Thanh-Hoa, du Nhgé-An et de Ha-Tinh, rattachées à l'Annam. Nous regrettons cette concession, car ces dernières provinces ont toujours fait partie du Tonkin; elles sont habitées par des populations remuantes, dévouées à l'oligarchie des lettrés et ont besoin d'être surveillées. Nous ne regrettons pas moins la rétrocession du Binh-Thuan, parce que cette province est riche malgré les affirmations contraires; son climat est excellent; de plus elle est habitée par de nombreux Chams, hostiles aux mandarins annamites, très disposés à accepter notre domination. Par contre le nouveau traité donnait au résident français et à son escorte le droit de séjour dans l'enceinte de la citadelle de Hué (1).

A peine M. Patenôtre avait-il quitté l'Annam, après s'être fait remettre et avoir détruit le sceau impérial, signe matériel de la suzeraineté de la Chine, donné à Tu-Duc, lors de son investiture, que le roi Kien-Phuoc mourait prématurément le 31 juillet 1884, comme son malheureux prédécesseur Hiep-

---

(1) Les ratifications du traité ont été échangées à Hué le 23 février 1886.

Hoa. Pour conserver leurs pouvoirs les régents s'empressèrent d'appeler au trône un autre enfant Ung-Lich à peine âgé de quatorze ans, frère du monarque défunt. En vain M. le lieutenant-colonel d'infanterie de marine Rheinart, notre résident, fit-il remarquer au premier régent Nguyen-Van-Tuong, que l'agrément du gouvernement de la République était indispensable pour la nomination du nouveau roi. Ses avertissements ne furent pas écoutés. M. Rheinart rompit aussitôt les relations diplomatiques et demanda des instructions au général Millot. Celui-ci envoya immédiatement à Hué le lieutenant-colonel Guerrier, son chef d'état-major, avec un bataillon et une batterie. Un ultimatum fut envoyé le 12 août au conseil de régence, exigeant une demande pour élever au trône Ung-Lich. Grâce à la fermeté des colonels Rheinart et Guerrier, la cour fit sa soumission, et le 17 août, la mission française se rendit à la première réception du nouveau souverain. Elle pénétra dans le palais par la porte du milieu, détail d'étiquette qui avait une importance capitale aux yeux d'un peuple aussi formaliste que les Annamites. Il était ainsi démontré que la suzeraineté de la France avait remplacé celle de la Chine, dont les ambassadeurs avaient seuls, jusqu'à ce jour, joui de cet honneur quand ils apportaient au roi d'Annam l'investiture du Fils du Ciel.

Peu de temps après le général Millot rentra en France et le commandement en chef passa au général Brière de l'Isle.

Traité avec le Cambodge. — L'obligation de suivre pas à pas le développement de la question sino-annamite nous a fait détourner les yeux du Cambodge. Nous avons abandonné, pour la clarté de notre exposé historique, le récit de notre action sur cet ancien royaume des Khmers au moment où le roi Norodon venait de signer le traité du 11 août 1863, constitutif de notre protectorat.

Le souverain cambodgien avait transporté sa capitale de Oudong à Phnum-Penh. Il craignait toujours pour sa couronne. En dépit de l'appui que nous lui avons toujours loyalement donné quand son pouvoir fut contesté, il tendit souvent, pendant les premières années de son règne, à se rapprocher de la cour de Bangkok. Quand il eut compris l'inutilité de son double jeu, il accepta enfin notre suprématie, mais il ne se montra pas toujours réservé dans le choix de ses relations privées, dont quelques-unes pouvaient à bon droit nous paraître, sinon hostiles, au moins singulières chez un protégé de la France.

Le gouvernement royal ne s'inspirait guère des idées de l'administration française. Il ne considérait en toutes choses que l'intérêt personnel du prince et ne semblait pas se douter que les rois sont faits pour les peuples et non les peuples pour les rois. Aussi les dépenses de la cour augmentaient-elles chaque année, le monarque ajoutant au luxe asiatique le bien-être de l'Europe : la magnifique contrée soumise à notre protégé souffrait de cet état de choses et aucune réforme ne lui était appliquée. Nos gouverneurs de la Cochinchine insistaient vainement pour obtenir quelques modifications heureuses dans la direction des affaires. Norodon promettait, signait des traités, mais ces actes restaient à l'état de lettre morte. Une ordonnance royale, signée le 1er mai 1877, prononçait l'abolition de l'esclavage, et n'était pas appliquée. Il fallut imposer plus d'une fois notre volonté pour empêcher la contrebande des armes de guerre et de l'opium, obtenir l'extradition de malfaiteurs, etc. Enfin, la situation devint intolérable. Devant un dernier refus du roi de consentir à l'établissement d'une union douanière entre le Cambodge et les autres parties de l'Indo-Chine française, M. Thomson, gouverneur de la Cochinchine, se transporta à Phnum-Penh avec quelques troupes et obligea, le 17 juin 1884, Norodon, à signer un dernier traité. Par l'article 1er le roi s'engagea à accepter toutes les réformes administratives, judiciaires, financières et commerciales que la République française jugerait utile de proposer pour faciliter l'exercice du protectorat français. Le résident de Phnum-Penh a pris le titre de résident général ; il établit les comptes de chaque exercice et est chef de tous les services. Il a la surveillance des mandarins cambodgiens. Les finances sont placées sous la direction de nos agents

Enfin l'abolition de l'esclavage est de nouveau prononcée et la propriété individuelle est constituée, la terre cessant d'être la propriété exclusive du roi. La convention du 17 juin 1884 est une véritable révolution qu'il nous appartiendra de diriger pour en faire sortir tous les heureux résultats. Nous y arriverons en agissant avec prudence et en amenant chaque réforme à son heure. Le roi Norodon, sous la pression de quelques individus de son entourage, lésés dans leurs intérêts particuliers par l'intervention de plus en plus directe de la France dans le gouvernement du Cambodge, essaya d'empêcher par des protestations la ratification de la convention du 17 juin. Il ne fut point écouté et cet acte, ratifié par le Parlement, est devenu obligatoire pour les deux parties contractantes.

Ainsi donc, au moment où nous sommes arrivés dans ce récit, c'est-à-dire vers le milieu de l'année 1884, nous trouvons que la Chine, après avoir signé le traité de Tien-Tsin, manque à sa parole sous la pression du parti militaire et oblige la France à continuer la guerre pour obtenir réparation du guet-apens de Bac-Lé. L'Annam, après une vaine tentative d'affranchissement, marquée par l'intronisation à demi secrète du nouveau roi Ung-Lich, est contraint de reconnaître le protectorat et d'obtenir l'autorisation du général Millot pour régulariser la situation de son souverain. Enfin le Cambodge est forcé de consentir à l'extension de notre action sur les bords du Mékong.

L'application au Cambodge des réformes prévues par le traité du 17 juin 1884 nous a entraînés dans une guerre de colonnes mobiles extrêmement pénible pour nos troupes et onéreuse pour le trésor. Elle ne prendra fin que lorsque les Cambodgiens, fatigués de nous résister, comprendront, comme autrefois les Annamites des provinces méridionales, l'intérêt qu'ils ont à accepter ces réformes. Nous hâterons la pacification si nous savons être prudents dans la mise en œuvre du nouveau régime et si nous sommes bienveillants pour un peuple soumis jusqu'à ce jour à un gouvernement autocratique, centralisateur à l'excès, bien moins susceptible que l'administration annamite à se plier à l'exercice de notre protectorat.

CAMPAGNE CONTRE LA CHINE. — Les négociations engagées avec le Céleste Empire pour obtenir réparation du guet-apens de Bac-Lé n'aboutirent pas. L'amiral Courbet fut alors chargé d'une double mission : 1° de s'établir dans la partie septentrionale de l'île de Formose et d'y occuper à titre de gages les ports de Kélung et de Tamsui, le premier important à cause de ses mines de houille; 2° de détruire l'arsenal maritime de Fou-Tchéou, à l'embouchure de la rivière Min, de rechercher la flotte chinoise pour la couler et au besoin d'attaquer de nouveaux points du littoral du Pacifique.

Courbet, laissant à son lieutenant, l'amiral Lespès, le soin d'occuper le nord de Formose, se tint du 16 juillet au 22 août devant Fou-Tchéou, attendant avec impatience la fin des négociations.

Le plan de l'amiral était d'une hardiesse extrême. Dès le moment de son arrivée, il avait pénétré dans le Min et dépassé les défenses construites pour empêcher l'accès du fleuve. Néanmoins cette audace même lui donnait une chance nouvelle de succès en lui permettant de prendre à revers des fortifications élevées surtout contre un assaillant venant de la haute mer. Jamais opération navale ne fut mieux conçue, mieux étudiée, avec plus de science et de méthode. Jamais non plus aucune action ne fut conduite avec plus de calme et de vigueur.

Le 22 août, après la réception des ordres de combat, Courbet fit amener le pavillon du consulat français et prévint les autorités chinoises et les consuls étrangers de l'ouverture des hostilités. Il disposait, dans le Min, du *Volta*, portant son pavillon, du *Du Guay-Trouin*, du *d'Estaing*, du *Lynx*, de la *Vipère*, de l'*Aspic*, et des torpilleurs 45 et 46 ; à l'entrée du fleuve, où ces navires ne pouvaient pénétrer à cause de leur tirant d'eau, du *Villars* et de la *Triomphante*, et au mouillage de Quantao, du *Château-Renaud* et de la *Saône*.

Les Chinois avaient 23 bâtiments et 12 grandes jonques de guerre.

Le 23 août, les opérations commencèrent avec le flot, vers deux heures de l'après-midi. Dès le début les torpilleurs 45 et 46 s'élancèrent sur le *Fou-Po* et le *Yang-Ou* et coulèrent ces bâtiments. En même temps l'*Aspic*, la *Vipère*, le *Lynx* attaquèrent les vaisseaux qui se trouvaient devant l'arsenal, tandis que le *Du Guay-Trouin*, le *Villars* et le *d'Estaing* réduisaient les trois derniers navires chinois et battaient les jonques de guerre et les batteries de terre qui dominaient l'arsenal : une demi-heure plus tard il ne restait plus que les débris de la flotte chinoise. Elle avait perdu 22 navires, en y comprenant les jonques de guerre, montés par 2,000 officiers et matelots. Les bateaux torpilles chinois, qui paradaient les jours précédents autour de nos cuirassés, avaient disparu avant l'action et s'étaient retirés les uns dans le haut fleuve, où le tirant d'eau de nos canots à vapeur ne permettait pas de les poursuivre, les autres dans l'arroyo de la douane où ils furent rejoints et détruits. Le feu des batteries de l'arsenal et de la pagode de l'île Losing était éteint également.

La nuit, l'amiral prit ses dispositions pour éviter les surprises et l'approche des brûlots ennemis.

Le 24, après avoir achevé la destruction des jonques, des épaves en ignition et des brûlots, le commandant en chef poursuivit le bombardement de l'arsenal et bouleversa la fonderie, l'ajustage, l'atelier de dessin, un croiseur en construction. Si la *Triomphante* et le *Du Guay-Trouin*, avec leurs pièces de 19 centimètres, avaient pu entrer dans le Min, la destruction de l'établissement aurait été complète.

La première partie de l'opération était heureusement accomplie et un grand résultat était déjà obtenu par la destruction de la flotte chinoise. Il restait à démanteler les ouvrages ennemis, construits, sur un parcours de 12 milles, le long du fleuve jusqu'à son embouchure. Cette partie du plan de l'amiral n'était pas la moins périlleuse, car sur deux points, aux passes de Mingan et de Kimpaï, le Min se resserre et sa largeur est réduite à 4 ou 500 mètres. Il fallait descendre sous le feu des Célestes.

Le 25 au matin, les compagnies de débarquement du *Du Guay-Trouin*, de la *Triomphante*, du d'*Estaing* et du *Villars* furent mises à terre pour détruire les batteries chinoises pendant que les bâtiments continuaient le bombardement des forts.

Le 26 on bouleversa les batteries de la passe Mingan et, le 27, à deux heures et demie, tous les navires avaient rallié la *Saône* et le *Château-Renaud* demeurés en dehors de la passe de Kimpaï. Ces deux derniers vaisseaux avaient fait abandonner le camp de Quan-Tao aux Impériaux et avaient, avec l'assistance de la *Vipère* et de l'*Aspic*, empêché l'établissement d'un barrage dans la passe. Les opérations continuèrent avec un égal succès le 28; plusieurs ouvrages ennemis furent détruits, la flotte franchit la passe de l'île Salamis et enfin le 29 les bâtiments sortirent du Min, sous la protection du *Du Guay-Trouin* et de la *Triomphante*, et rallièrent le mouillage de Matsou.

Nous n'avions perdu que dix hommes tués, dont un officier, le lieutenant de vaisseau Bouët-Willaumez, fils de l'amiral qui commanda autrefois à Sébastopol, et quarante-cinq blessés, dont six officiers.

Les calculs les plus modérés permettent d'évaluer les pertes matérielles subies par les Chinois à 25 ou 30 millions de francs.

Opérations contre l'île de Formose. — Courbet victorieux se rendit aussitôt à Formose, où l'amiral

Lespès, son lieutenant, avait tenté de s'emparer de Kélung et de Tamsui. Dès le 5 août 1884, l'amiral Lespès avait bombardé Kélung avec le *Bayard*, le *Villars*, le *La Galissonnière* et la canonnière *le Lutin*. L'amiral Courbet arriva devant le port avec sa division navale et un corps de débarquement formé d'un régiment de marche d'infanterie de marine et de trois batteries. Le 2 octobre, les troupes débarquées sous la protection de l'escadre, occupèrent le morne Saint-Clément et, les jours suivants, les forts qui dominent la ville. Les ouvrages furent aussitôt retournés.

L'amiral Lespès avait été envoyé à Tamsui pour combiner ses opérations avec celles dirigées contre Kélung et partager ainsi les forces de l'ennemi. Le 2 octobre il attaqua le port, mais notre tentative de débarquement échoua. La faiblesse du corps expéditionnaire ne permit pas de renouveler l'attaque de Tamsui. Nos soldats suffisaient à peine à la garde de Kélung. Les Chinois tentèrent plusieurs attaques de vive force contre nos lignes. Malgré l'arrivée de renforts, notre corps de débarquement, très éprouvé par le mauvais temps et les maladies, fut presque toujours réduit à la défensive.

Pendant que les troupes, sous le commandement du colonel Duchesne, s'efforçaient de s'avancer, par une suite de sorties heureuses, sur la route de Tamsui, les amiraux faisaient le blocus de l'île, rendu fort difficile par la mousson de nord-est et par l'obligation, où se trouvait le commandant en chef, d'envoyer des bâtiments de guerre jusqu'à Singapour,

pour escorter les transports portant des troupes et du matériel au Tonkin.

D'un autre côté, l'Angleterre, en présence de la prolongation des hostilités, promulgua le *Foreign enlistment act,* loi qui interdit aux belligérants de se fournir de vivres, de munitions et de charbon dans les possessions britanniques. Cette mesure nous était beaucoup plus préjudiciable qu'aux Chinois : elle changeait à peine pour ceux-ci les conditions de la guerre, tandis que les ports d'Aden, de Singapour et de Hong-Kong nous étaient fermés. Pour parer aux difficultés créées à notre marine par la promulgation de cet acte, le gouvernement français établit des dépôts de charbon à Obock, à Mahé et à Pondichéry. C'est une excellente mesure que nous devons maintenir en vue de certaines éventualités pour l'avenir : elle sera surtout efficace si nous savons mettre Obock à l'abri de toute insulte.

Le blocus de Formose ne paraissait pas suffisant à l'amiral Courbet pour amener le Céleste Empire à implorer la paix. Il demandait instamment l'autorisation de bloquer le Pé-tché-li et de considérer le riz comme contrebande de guerre. Il pensait ainsi affamer la Chine septentrionale et empêcher l'arrivée à Pékin de cette céréale qui, constituant la plus grande partie de l'impôt, permet à la cour de payer ses fonctionnaires et ses troupes.

En attendant l'autorisation qu'il sollicitait, Courbet, laissant l'amiral Lespès chargé du blocus de Formose, se mit à la recherche d'une division chinoise de cinq navires sortis de Yang-tsé-Kiang, soit pour attaquer notre croisière, soit pour troubler nos transports au Tonkin. Les bâtiments ennemis furent en vue le 13 janvier. Ils prirent immédiatement la chasse; trois réussirent à s'échapper; deux autres, sur le point d'être atteints, cherchèrent un refuge dans le port de Sheipou. Mais la nuit suivante, ils furent coulés par deux canots-torpilles du *Bayard*.

L'amiral Courbet reçut enfin l'autorisation de commencer le blocus du Pé-tché-li et de prendre comme base d'opérations contre Formose les îles Pescadores, situées à l'ouest de cette terre, dans une situation plus favorable que Kélung et Tamsui. Il dirigea aussitôt une partie de la flotte et du corps de débarquement contre ce nouvel objectif. L'amiral se transporta de sa personne aux Pescadores et prit les mesures nécessaires pour l'occupation. L'escadre bombarda les forts ennemis qui furent occupés par les compagnies de débarquement et l'infanterie de marine sous les ordres du commandant Lange. Les préliminaires de la paix arrêtèrent l'amiral et amenèrent la levée du blocus le 16 avril et bientôt après l'évacuation complète de Formose et des Pescadores.

COMMANDEMENT DU GÉNÉRAL BRIÈRE DE L'ISLE. — Au Tonkin, le général Brière de l'Isle, successeur du général Millot, avait trouvé une situation assez difficile. Les régents de Hué continuaient leurs agissements secrets; ils nous suscitaient des embarras et armaient contre nous des bandes de pirates qui parcouraient le pays. Quelques colonnes mobiles, composées surtout de tirailleurs tonkinois, appuyées par nos canonnières eurent raison de ces troupes irrégulières et leur infligèrent de sévères leçons.

Les Chinois du Kouang-Si préparaient une action plus sérieuse. Vers le mois de septembre ils parurent en masses profondes sur le Loch-Nan. Le général en chef envoya contre eux le général de Négrier et le colonel Donnier. Ceux-ci s'emparèrent des importantes positions de Kep et de Chu (6-12 octobre 1884). Les canonnières *la Hache*, *la Massue* et *le Mousqueton* avaient pris une part importante aux opérations du Loch-Nan où nous nous étions heurtés à un corps de 4,000 Chinois. Les deux sanglantes défaites infligées aux Célestes à Chu par le colonel Donnier avaient consolidé notre établissement sur le Loch-Nan et éventé l'invasion chinoise, pendant que la brillante affaire du général de Négrier à Kep, qui nous coûta 36 tués, dont 1 officier, et 59 blessés, dont 3 officiers, assurait sur la gauche le front des positions qui commandent le nord du Delta. Ces succès fermaient ainsi à l'armée impériale sa route d'invasion par le nord et nous donnaient d'excellents points d'appui pour la marche sur Langson.

Dans le bassin du haut fleuve Rouge, les réguliers du Yunnan, combinant leurs mouvements avec les forces du Kouang-Si, s'avançaient par la rivière Claire sur Tuyen-Quan d'où ils furent repoussés. Une colonne, dirigée par le colonel Duchesne, nettoya le pays. Le plan des Chinois, fort bien combiné, avait échoué : ils ne devaient pas tarder à le reprendre.

Dès le milieu de décembre ils reprirent le contact sur le Song-Koï et vers le Loch-Nan. Partout ils furent repoussés, en particulier à Nui-Bop et à Anchau, par le général de Négrier (3 janvier 1885). A Anchau, Négrier, avec cinq bataillons, détruisit un rassemblement de 12 à 15,000 Chinois qui nous laissèrent 600 morts et deux batteries Krupp. De notre côté nous avions perdu 18 tués et 65 blessés, dont 3 officiers.

Pendant ce temps, le général Brière de l'Isle, remarquablement secondé par le colonel Borgnis-Desbordes, préparait avec un soin minutieux la marche sur Langson. La plus grande difficulté consistait dans le transport des convois de vivres et de munitions dans un pays inconnu, couvert de mamelons boisés, coupé de torrents et de fondrières et où n'existait aucune route praticable à l'artillerie ou aux voitures; les rares sentiers qu'on y rencontrait étaient pénibles même pour l'infanterie.

La nécessité de fortifier le commandement et de lui donner tous les pouvoirs venait de faire passer les fonctionnaires civils sous les ordres du général en chef (31 décembre 1884). En même temps, de nouveaux renforts, fournis presque exclusivement par l'armée de terre, étant envoyés au Tonkin, le département de la guerre prit la direction de l'expédition (7 janvier 1885).

Avant de quitter ses cantonnements pour marcher vers le nord, le général Brière de l'Isle, prévoyant une attaque de l'armée du Yunnan sur le fleuve Rouge et la rivière Claire, avait fait compléter les travaux de la place de Tuyen-Quan, et en avait confié la défense au chef de bataillon Dominé.

Les forces destinées à l'expédition de Langson comprenaient environ 7,000 hommes divisés en deux brigades, placées, la première sous le commandement du colonel Giovanninelli et la seconde sous les ordres du général de Négrier.

LA MARCHE SUR LANGSON. — Les Chinois attendaient le corps expéditionnaire sur la route mandarine, suivie au mois de juin précédent par la colonne Dugenne, avant le guet-apens de Bac-Lé. Ils y avaient établi des retranchements formidables. Le commandant en chef, bien renseigné par son service d'informations, préféra suivre une route de montagne, plus difficile pour la marche, mais moins bien défendue, et tourner les principaux travaux de l'ennemi.

Toutes les dispositions prises, le général en chef commença son mouvement le 3 février, enleva les 4, 5 et 6 février les redoutables positions de Tay-Hoa, Hao-Ha et Dong-Song; puis, après avoir préparé nos vaillantes troupes à de nouveaux efforts par un repos de trois jours, refoula les 10, 11 et 12 les masses chinoises à Déo-Quan et à Pho-Vi, les culbuta sur les positions qui couvraient Langson et arriva le 13 devant Langson, que les Célestes évacuèrent pour essayer de se rallier au marché de Ki-Lua, situé à 1,500 mètres de distance de la place.

Dans cette belle marche sur Langson nous avions eu 71 tués et 299 hommes blessés grièvement. Le sous-lieutenant d'infanterie de marine Bossant avait été glorieusement tué aux côtés du général en chef, dont il était l'officier d'ordonnance. Le chef d'escadron d'artillerie de marine Levrard était tombé mortellement frappé; de nombreux officiers des armées de terre et de mer avaient été grièvement blessés. Les pertes de l'ennemi étaient énormes.

A peine Langson était-il entre nos mains que le général en chef, laissant à la seconde brigade et au général de Négrier le soin de compléter la victoire et de poursuivre l'armée du Kouang-Si, se dirigea à marches forcées avec la première brigade sur Tuyen-Quan, où le commandant Dominé était assiégé par 15,000 Chinois, depuis le 20 novembre 1884.

TUYEN-QUAN. — LE COMMANDANT DOMINÉ. — La garnison de la place ne comprenait que deux compagnies de la légion étrangère et une compagnie de tirailleurs tonkinois, quelques artilleurs et sapeurs du génie et la canonnière la *Mitrailleuse,* soit environ 600 hommes.

La défense de Tuyen-Quan demeurera toujours un des plus beaux faits d'armes de notre jeune armée. Nos soldats ont su, dans cette citadelle, dominée de toutes parts par des collines que notre faible effectif nous interdisait d'occuper, se rendre dignes des vieux soldats de Badajoz, de Huningue ou de Mazagran.

Suivant les prescriptions du décret sur le service des places, le chef de bataillon Dominé avait constitué un conseil de défense où figurait, comme membre, un simple sous-officier, le sergent Bobillot, commandant du génie.

L'audace des Chinois, leur acharnement furent remarquables; ils ne craignirent pas de tenter plusieurs assauts. La science militaire déployée dans le tracé des parallèles, dans la construction des batteries, dans le choix de leur emplacement ont permis de supposer que les opérations du siège étaient conduites par des officiers européens. Les Célestes eurent recours aux procédés de la guerre de mine et poussèrent leurs travaux jusque sous l'escarpe de la place, où ils pratiquèrent plusieurs brèches. Le sergent Bobillot fut mortellement blessé en dirigeant les travaux de défense. Le tiers de la garnison (33 tués dont 2 officiers, 76 hommes blessés grièvement, 188 légèrement touchés) fut atteint par le feu de l'ennemi. Plusieurs sorties furent faites par les légionnaires ou par les tirailleurs tonkinois. Enfin le 28 février 1885, l'héroïque garnison aperçut les fusées tricolores tirées par l'artillerie de la première brigade, qui annonçait ainsi l'approche du général en chef.

Combat de Hoa-Moc. — La première brigade, dirigée par le vaillant colonel Giovanninelli, se concentra le 27 février à Phu-Doan et commença son mouvement le lendemain. Luu-Vinh-Phuoc, chef des Pavillons noirs, avait prévu l'arrivée des secours, et pour s'opposer à leur marche, il avait fait fortifier les passages. Le général Brière de l'Isle avait pensé pouvoir utiliser les canonnières de la flottille, engagées dans la rivière Claire, pour tourner la droite de l'ennemi. Malheureusement la baisse des eaux rendit impossible l'action de ces bâtiments et il fallut aborder de front les retranchements défendus par les Pavillons noirs et les réguliers du Yunnan.

Le 2 mars, à Hoa-Moc, la première brigade s'avança, les tirailleurs algériens à droite et l'infanterie de marine à gauche, sur les formidables retranchements que Luu-Vinh-Phuoc avait élevés sur cette position. En avant marchaient en éclaireurs les tirailleurs tonkinois. Arrivés à 60 mètres des ouvrages chinois, ces derniers sont arrêtés par un feu roulant. L'assaut est préparé par l'artillerie, qui produit peu d'effet sur les défenses ennemies soigneusement dissimulées à la vue. Nos soldats s'élançent la baïonnette en avant. Une mine, creusée en avant d'un ouvrage abordé par les tirailleurs algériens, saute en mettant de nombreux soldats hors de combat. L'infanterie de marine, plus heureuse, réussit à s'emparer de plusieurs retranchements. La nuit mit fin au combat : nuit terrible pendant laquelle on ne pouvait allumer une lumière sans être aussitôt criblé de balles par l'ennemi demeuré à quelques mètres devant nous; mais le colonel Giovanninelli, le lendemain 3 mars recommença l'attaque au point du jour par un furieux assaut de l'infanterie de marine, et les Pavillons noirs se dispersèrent. A deux heures de l'après-midi, le général Brière de l'Isle arriva à Tuyen-Quan.

Le combat de Hoa-Moc nous avait coûté 76 tués, dont 6 officiers, et 408 blessés, dont 21 officiers.

La retraite de Langson. — Le général de Négrier, laissé à Langson, avait de son côté poussé sans trêve ni merci l'armée du Kouang-Si et l'avait battue dans plusieurs rencontres. Il avait pénétré jusqu'à la porte de Chine, située au point où la route mandarine franchit la frontière. Il fit sauter les murailles pour frapper l'imagination des Impériaux (1). Il s'avança ensuite sur Dong-Bo ou Bang-Bo qu'il enleva le 24 mars. Mais vers trois heures de l'après-midi les Chinois reprirent l'offensive et, après une résistance acharnée, le général, en présence des forces écrasantes de l'ennemi, ordonna la retraite sur Dong-Dang.

Le 25, le général de Négrier attendit vainement les Célestes à la porte de Chine, et le 26 il revint à Ki-Lua et à Langson.

La matinée du 27 fut calme. Quelques renforts, répartis entre les bataillons, portèrent l'effectif de la deuxième brigade à 3,500 hommes. L'ennemi reprit le contact dans l'après-midi.

Le 28, dès le commencement de la journée, les réguliers du Kouang-Si s'avancèrent. Leur grande

(1) La porte de Chine est reconstruite en pierres de taille et reliée aux forts contruits sur les montagnes, qui la flanquent par un mur crénelé.

supériorité numérique leur permit de dessiner un double mouvement tournant. Le général de Négrier résista jusqu'au moment où il fut blessé, vers trois heures de l'après-midi. Le commandement revint alors au lieutenant-colonel Herbinger, qui commanda la retraite à cinq heures du soir.

La deuxième brigade rétrograda sans être inquiétée jusqu'à Kep et à Chu, où elle fut recueillie par le colonel Borgnis-Desbordes, commandant de l'artillerie, chargé de la commander en attendant l'arrivée du général Giovanninelli et du général Brière de l'Isle. Le général en chef ordonna immédiatement de réoccuper une partie des positions abandonnées. A ce moment les opérations furent arrêtées par l'armistice et la paix.

Les événements de Langson furent connus à Paris par une dépêche télégraphique arrivée le dimanche 29 mars. Le lendemain, le ministère fut mis en minorité à la Chambre des députés et se retira. La direction des affaires passa à M. Brisson. Des renforts furent envoyés au Tonkin où le général de Courcy se rendit pour prendre le commandement en chef du corps du Tonkin porté à 30,000 hommes, conservant sous ses ordres, comme divisionnaires, les généraux Brière de l'Isle et de Négrier. En même temps on constituait en France une division de réserve au Pas-des-Lanciers.

Traité de paix avec la Chine. — Sur l'annonce des succès antérieurs de Langson, M. Jules

Ferry avait renoué des négociations avec le Tsongli-Yamen pour conclure la paix sur les bases de la convention Fournier. Ni la chute du cabinet ni l'insuccès passager de nos troupes n'empêchèrent la signature des préliminaires de la paix. Le 4 avril, M. Billot, directeur des affaires politiques au ministère des affaires étrangères, et M. Campbell, représentant du gouvernement chinois, signèrent l'acte qui mit fin au conflit entre la France et le Céleste Empire. L'évacuation du Tonkin par les forces impériales commença immédiatement.

Les négociations pour la paix eurent lieu à Tien-Tsin entre M. Patenôtre au nom de la France, et Li-Hung-Chang au nom du Céleste empire. Le traité fut signé le 9 juin. La Chine, malgré l'incident de Langson, qui aurait pu l'encourager à la résistance, se trouvait dans la nécessité de céder. Les événements dont la Corée avait été récemment le théâtre mettaient le Tonkin au second rang des préoccupations des conseillers de l'impératrice-régente. Le blocus éventuel du Pé-tché-Li par la flotte de l'amiral Courbet aurait empêché l'arrivée dans le nord, c'est-à-dire vers la capitale, des envois de riz. Or, le riz est indispensable à la consommation des Asiatiques et représente la valeur de l'impôt, payé en nature pour la plus grande partie de sa quotité. La disette de riz pouvait entraîner la révolte de certaines provinces et ne permettait pas de payer les troupes, qui reçoivent en nourriture leur solde presque entière. L'armée du Yunnan était décimée par la maladie. D'un autre côté nous savions que le Céleste Empire voyait ses finances épuisées par les dépenses de la guerre et ne pouvait faire appel au crédit international. Pour lui, la paix s'imposait dans le plus bref délai.

Le nouveau traité de Tien-Tsin relève le Tonkin et l'Annam de l'antique suzeraineté chinoise ; il règle les rapports de bon voisinage de la France et du Céleste Empire, la délimitation des frontières, ouvre à notre commerce deux points situés au delà de Laokay et de Langson, prévoit l'installation de consuls des hautes puissances contractantes sur le territoire de leur voisine, l'ouverture de voies de communication ; spécifie que, si la cour de Pékin juge à propos de faire de grands travaux publics, elle demandera de préférence le concours d'ingénieurs français, enfin il remet à des commissaires le soin d'élaborer les conditions dans lesquelles s'effectuera le commerce par terre entre le Tonkin et les provinces méridionales de la Chine.

Ce règlement spécial, annexe de celui de Tien-Tsin, constitue, comme nous le verrons plus loin, un véritable traité de commerce avec la Chine. Il a été arrêté à Tien-Tsin, le 25 avril 1886, entre MM. G. Cogordan et E. Bruwaert, d'une part, et Son Excellence Li-Hung-Tchang, d'autre part, et a été déposé à la fin du mois de juin sur le bureau de la Chambre des députés.

Les Chinois exécutèrent fidèlement leurs engagements et envoyèrent de Hong-Kong à Haïphong, sur le *Nam-Viam*, une commission impériale composée de deux commissaires européens des douanes et de quatre mandarins. Cette commission remonta le fleuve Rouge et fut rejointe à Hong-Hoa par M. Rocher, commissaire français des douanes. Elle avait pour but de hâter l'évacuation du haut fleuve Rouge par les troupes impériales. Divers incidents et l'état sanitaire du corps expéditionnaire ne nous permirent pas d'occuper immédiatement le cours supérieur du fleuve.

Mort de l'amiral Courbet. — La joie de la paix fut troublée par la nouvelle de la mort du vaillant amiral Courbet.

Il était décédé, des suites des fatigues de la campagne, le 9 juin 1885, sur le *Bayard,* qui ramena en France ses dépouilles mortelles. Le gouvernement fit faire à l'amiral des funérailles nationales aux Invalides, dernier hommage bien dû à de si éclatants services et à tant d'héroïsme.

Commandement du général de Courcy. — Attentat de Hué. — La signature de la paix avec la Chine ne découragea pas la cour de Hué. Incorrigible dans son mauvais vouloir, elle continua ses menées au Tonkin et tenta un coup de force dans la capitale de l'Annam. Nous avons déjà dit que la nécessité de concentrer tous les pouvoirs entre les mains du commandement avait fait donner au général en chef la direction des affaires civiles et diplomatiques. Le général de Courcy, placé à la tête du corps expéditionnaire, décida qu'il présenterait au roi les lettres de créance qui l'accréditaient en qualité de ministre plénipotentiaire. Il avertit de sa résolution M. de Champeaux, notre chargé d'affaires à Hué, et celui-ci commença avec les régents les négociations pour régler le cérémonial de la réception, affaire d'une importance de premier ordre chez les Orientaux. La cour parut d'abord accepter de bonne grâce les ouvertures de M. de Champeaux. Elle offrit d'envoyer deux hauts mandarins recevoir à Thuan-An le général en chef et de le faire escorter par un détachement de troupes annamites. Le chargé d'affaires français, craignant toujours un guet-apens des autorités indigènes, refusa l'escorte. Le général de Courcy, pour être prêt à tout événement, se faisait d'ailleurs accompagner par un bataillon de zouaves et par deux compagnies du 11ᵉ chasseurs à pied. Il arriva à Hué, qui était sous la garde de l'infanterie de marine, commandée par le lieutenant-colonel Pernot, le 2 juillet; et fut salué par l'artillerie française et par les canons de la citadelle annamite. Les jours suivants furent consacrés aux négociations. Les régents refusaient d'accorder au général, représentant de la République française, les honneurs demandés par M. de Champeaux. Les affaires paraissaient cependant pouvoir être arrangées à notre satisfaction, quand, dans la nuit du 4 au 5 juillet, au signal donné par un coup de canon tiré de la citadelle, les soldats annamites se précipitèrent à l'attaque des positions occupées par nos troupes. L'hôtel de la légation où se trouvaient le général en chef et le chargé d'affaires avec un petit détachement fut un moment très menacé tandis que les forces prin-

6

cipales de l'ennemi se portaient en grande masse sur la partie de la citadelle occupée par le colonel Pernot et la plus grande partie de notre garnison. L'ennemi fut vigoureusement repoussé; nos troupes, dirigées au milieu du dédale des rues de la ville par l'infanterie de marine, prirent ensuite l'offensive et s'emparèrent du reste de la citadelle. Des lingots d'or, d'argent, des espèces monnayées, des bijoux et des pierres précieuses, d'une valeur de 14 à 15 millions de francs, tombèrent en notre pouvoir. Nous n'avions pas eu affaire à moins de trente mille Annamites. Les rebelles perdirent de 12 à 1,500 hommes. Nous eûmes 85 hommes hors de combat. Momentanément séparé du général de Courcy, le colonel Pernot eut à commander, dans les circonstances les plus critiques, le gros de nos forces et fit preuve des plus brillantes qualités militaires. Le corps expéditionnaire tout entier a rendu hommage à sa valeureuse attitude.

Le 5 juillet, à 7 heures du matin, le roi Ung-Lich et le régent Thuyet, chef du parti militaire, instigateur de l'attentat, voyant la partie perdue, prenaient la fuite et se réfugiaient par la route des montagnes dans la citadelle de Cam-Lo. Cette place avait été construite par les Annamites pour leur servir d'asile depuis qu'ils ne se trouvaient plus à l'abri de nos coups dans la capitale occupée par nos soldats. Le premier régent Nguyen-Van-Tuong, chef du parti des lettrés, plus habile que son collègue, resta à Hué et essaya de faire croire qu'il était étranger au guet-apens. Il consentit à signer une proclamation avec le général de Courcy pour rappeler à Hué le monarque fugitif et engager les Annamites à se soumettre à la domination française. La reine douairière, mère de Tu-Duc, rentra dans son palais.

Le général de Courcy appela aussitôt à Hué le régiment de marche d'infanterie de marine qui tenait garnison au Tonkin. Cette mesure était urgente, car à l'instigation des mandarins, des troubles se produisaient dans le Thanh-Hoa, au nord du royaume, et dans le Binh-Dinh et le Phu-Yen au sud de Hué, où plusieurs missionnaires et de nombreux chrétiens furent massacrés ou réduits à se réfugier à Quin-nhon. Bientôt le commandant en chef fit occuper par des garnisons françaises les places de Thanh-Hoa, Dong-Hoï, Feï-Fo ou Quang-Nam et Binh-Dinh, qui avec Thuan-An, Hué, Quin-nhon et Tourane nous assuraient la possession du pays et interceptaient les communications des rebelles des différentes provinces.

La conduite du régent Nguyen-Van-Tuong ayant donné lieu à de nouvelles plaintes, on saisit des lettres qu'il envoyait, malgré ses promesses, aux mandarins fugitifs; il fut déposé le 10 septembre 1885 et interné à Taïti (1). Le roi Ung-Lich, ayant refusé de

(1) De bons esprits, fort au courant des affaires annamites, ont souvent regretté les services qu'aurait pu nous rendre Nguyen-Van-Tuong. Mis dans l'impossibilité de nous nuire, ce haut mandarin, doué d'un esprit supérieur, aurait rapidement compris que l'Annam est impuissant à résister indéfiniment à nos armes, et son autorité sur les lettrés, employée pour notre cause, aurait pu contribuer puissamment à la pacification du royaume. Il mourra sans profit pour nous dans l'exil.

revenir dans sa capitale, fut détrôné. Le 14 septembre 1885, il fut remplacé par Métrieu, prince Chanh-Mong, fils adoptif de Tu-Duc, couronné le 19, sous le nom de Khau-Ky (bonheur extraordinaire) ou de Dong-Khanh (union de deux nations). Le tong-doc de Hanoï, Nguyen-Huu-Do, proscrit autrefois pour son attachement à la cause française, fut nommé premier régent. Malheureusement, la fuite de Thuyet et de Ung-Lich, que les événements précipités ne nous avaient pas permis de prévenir, devait nous susciter par la suite de nombreux embarras.

Progrès de notre occupation. — Nous n'avons point l'intention de suivre dans leurs opérations les diverses colonnes qui ont parcouru le Tonkin et l'Annam pendant la période qui s'étend de la prise de commandement de M. le général de Courcy jusqu'à l'arrivée de M. Paul Bert à Hanoï en qualité de résident général. Un tel travail sort des limites de notre cadre et, tout en reconnaissant hautement qu'au Tonkin, comme au Cambodge, les périls et les fatigues ne furent point épargnés à nos soldats, que les colonnes mobiles furent souvent plus pénibles que les grands mouvements de troupes, nous devons savoir nous borner. Reprenons donc le cours de notre récit en le dégageant des questions de détail.

Au Tonkin, les manœuvres de la cour de Hué, si souvent reconnues et trop longtemps tolérées, avaient perpétué l'agitation. Il fallait, de temps à autre, malgré la saison chaude, envoyer des colonnes pour châtier les rebelles. Si le chef des Pavillons noirs, Luu-Vinh-Phuoc, avait abandonné le haut fleuve Rouge, la plus grande partie de ses bandes, occupait encore la partie supérieure du Song-Koï. Le général Jamont, commandant de la première division, en remplacement du général Brière de l'Isle, qui rentrait en France, reçut l'ordre de se porter sur Thanh-Maï où il fit son entrée le 24 octobre. La ville est située au milieu d'une presqu'île formée par le fleuve Rouge et la rivière Claire : c'est une position très fortifiée et un centre de résistance des plus sérieux. Trois colonnes avaient été organisées par le général Jamont, celle du colonel Mourlan (1,800 hommes), celle du général Munier (2,300 hommes) et celle du général Jamais (2,000 hommes). L'importance des forces déployées à Thanh-Maï épargna de notre côté une effusion de sang inutile, qui aurait été d'autant plus sensible qu'à ce moment nos troupes étaient fort éprouvées par le choléra.

Sur notre gauche le colonel Mourlan prit le premier l'offensive et, dès le premier jour, culbuta les rebelles et les mit en fuite malgré leur vigoureuse résistance.

Vers la même époque un certain nombre des principaux chefs de la rébellion tombèrent entre nos mains, et l'un des plus compromis, le général annamite Lan-Binh-Nhu, l'ancien défenseur du fort de Phu-Sa en 1883, fut décapité à Hanoï au mois de novembre.

Les débats de la chambre sur la question du Tonkin

faillirent être fatals à notre domination. Le 30 novembre 1885, le général de Courcy dut intercepter un télégramme annonçant l'évacuation du pays et, avec l'autorisation du gouvernement, faire afficher une proclamation énergique affirmant notre intention formelle de garder notre conquête.

Pendant les derniers mois de l'année, les opérations de détails continuèrent, au nord et à l'ouest du Delta, contre les rebelles, qui cherchaient par tous les moyens possibles, mais sans y parvenir toutefois, d'obtenir de nouveau l'appui de la Chine. Le général Sam, commandant des forces impériales au Yunnan, ne permit pas à leurs émissaires de dépasser la ville de Daï-Mong. Parmi ces opérations nous signalerons principalement celles du général Munier entre le Thai-Binh et le Cua-Dien-Ho et celles du colonel Mourlan sur le Song-Calo et dans la région de Thai-Nguyen ; celles du général de Négrier dans le Delta, vers Haï-Dzuong et dans les montagnes de Marbre au nord de cette ville. Dans l'Annam le lieutenant-colonel Mignot, parti au mois de novembre de Ninh-Binh, faisait sa jonction à Vinh avec le lieutenant-colonel Chaumont, et marchait sur Hué où il arriva le 20 mars 1886 après avoir laissé des postes à Vinh, Hatinh et Ky-Anh, et repoussé les partisans de Thuyet, que le commandant d'infanterie de marine Pelletier faillit capturer.

Dans le golfe du Tonkin, nos croiseurs donnaient la chasse aux pirates et faisaient respecter nos droits sur les îles.

COMMANDEMENT DU GÉNÉRAL WARNET. — OCCUPATION DE LAOKAY. — Le 19 janvier 1886, M. le général de Courcy rentra en France et, en attendant l'arrivée au Tonkin du nouveau résident général M. Paul Bert, le commandement du corps expéditionnaire et les pouvoirs de résident général passèrent au général Warnet, qui reçut à Saïgon, au moment où il revenait en France, l'invitation de retourner à Hanoï. Ancien chef d'état-major du général de Courcy, il connaissait admirablement la situation du Tonkin et il allait appliquer le système de l'occupation progressive du pays par un ensemble de petits postes reliés entre eux et servant d'appuis aux milices indigènes, et laisser aux autorités civiles l'initiative qui doit leur appartenir.

En même temps, le gouvernement s'occupait de ramener à une division de 15,000 hommes, non compris les troupes indigènes, l'effectif des troupes de France et d'Algérie présentes dans l'Annam et le Tonkin.

Le commandement du général Warnet a été marqué par un fait militaire très important, l'occupation de Laokay, précédée de la prise de Than-Quan, ancien poste des douanes des Pavillons noirs, sur le Song-Koï, et ancien quartier général de Luu-Vinh-Phuoc.

Cette opération fut effectuée par M. le général Jamont, qui disposait d'environ 3,500 hommes et d'une flottille de jonques et de sampans pour le transport des vivres et des munitions. Le général avait formé quatre colonnes : la colonne du général Jamais avec les tirailleurs algériens du commandant Gaudon, sur la rive gauche du fleuve Rouge; la colonne du colonel de Maussion, de l'infanterie de la marine, et celle du commandant Bérenger, sur la rive droite, et la colonne du commandant de Mibielle entre Phu-An-Binh et Than-Quan.

A la suite des mouvements combinés de ces colonnes, qui commencèrent le 1ᵉʳ février 1886, le commandant de Mibielle planta, le 4 du même mois, le drapeau français à Than-Quan, qu'il avait visité le premier quelques mois auparavant, au cours de ses reconnaissances à l'ouest de Phu-An-Binh.

Ces opérations, sagement conduites, ne nous coûtèrent que quatre blessés, et nous avions, à plusieurs reprises, infligé de sanglants échecs aux bandes de Bo-Giap, chef pirate très redouté dans la région.

Aussitôt après l'occupation de Than-Quan, de nouveaux postes furent installés sur le fleuve Rouge, à Thu-My, à 13 kilomètres de Hong-Hoa, à Bat-Khé à 46 kilomètres de la même place. Nous avions ainsi, dans un pays rempli de ressources, pittoresque et sain, une base nouvelle pour l'occupation de Laokay, étudiée et préparée par le général Warnet avec cet esprit méthodique qui a caractérisé son commandement au Tonkin.

Après la prise Than-Quan, le colonel de Maussion reçut l'ordre de remonter le fleuve Rouge jusqu'à Laokay et d'installer dans ce poste-frontière une garnison de deux compagnies, dont une de tirailleurs tonkinois et une section d'artillerie. Le mouvement, longtemps retardé par la difficulté de former le convoi, commença le 25 mars. Une colonne, sous les ordres directs du colonel, suivit la rive gauche; une autre, commandée par le chef de bataillon Berquant, du 2ᵉ étranger, la rive droite. Le petit corps d'occupation ne comprenait que deux compagnies de la légion, deux compagnies de tirailleurs tonkinois, une section d'artillerie et des miliciens indigènes. Le convoi formait deux escadrilles. Sur la rive droite le commandant Berquant rencontra des pirates chinois qu'il bouscula. Nous eûmes un caporal tué et un sergent légèrement blessé.

Le 29 mars 1886, le détachement du colonel de Maussion fit flotter notre drapeau sur Laokay. Les indigènes s'attachaient de leur propre mouvement à la cordelle pour faire avancer la flottille. M. Getten, ingénieur en chef des travaux publics, avait précédé la colonne, monté sur un *panier*, accompagné d'un chef muong et de quatre bateliers indigènes. Il communiqua d'utiles renseignements au colonel. Les marchands chinois de la ville avaient informé le général Warnet qu'ils occuperaient la citadelle pour la remettre aux autorités françaises. L'attitude du général Sam, dont les troupes impériales étaient cantonnées sur la frontière, avait été correcte et courtoise.

L'installation d'une garnison arabe à Laokay donnerait sans doute de bons résultats à cause du voisinage des Musulmans du Yunnan. Deux jonques armées en guerre ou mieux deux canonnières d'un type spécial au Song-Koï, circulant entre Laokay et Hanoï, suffiront sans doute à assurer la police du fleuve.

Dans le courant du mois de mars, le général Warnet envoya à Hué, comme commandant supérieur des troupes de terre et de mer, le général Munier, pour succéder au général Prudhomme, appelé à servir en France. Presque au même moment, le 9 mars, le corps expéditionnaire du Tonkin fut disloqué ; la plus grande partie des troupes fut rappelée dans la métropole ou en Algérie. Une division à trois brigades (généraux Munier, Jamais, Mensier) fut seule maintenue dans l'Annam et le Tonkin, sous le commandement du général de division Jamont, qui eut également sous ses ordres la division navale et la flottille du Delta.

Les Muongs des environs de Laokay se présentèrent au colonel de Maussion ; ils se félicitèrent de notre arrivée et lui demandèrent des armes pour assurer eux-mêmes la tranquillité de leur territoire.

Le général Warnet partit le 25 avril 1886 pour la France. Pendant les deux mois et demi de son commandement, il avait consolidé l'occupation des frontières vers Langson, That-Khé, mis garnison à Laokay, installé de nouveaux postes, ouvert un réseau routier de plus de 3,000 kilomètres dans l'Annam et le Tonkin, d'une largeur minima de 2 mètres, praticable à nos pièces de 80 millimètres de montagne et à leurs caissons, construit de nombreuses lignes télégraphiques, allant jusqu'à Dong-Dang, réglementé le recrutement des troupes tonkinoises, organisé les gardes civiles provinciales. La nomination de cet officier général à la dignité de grand officier dans la Légion d'honneur est une récompense justement acquise.

La commission de délimitation des frontières. — Pendant que tous ces événements se produisaient, il s'accomplissait, dans le nord-est du Tonkin, une autre manifestation de notre expansion que nous allons suivre, vu son importance, avec quelques détails : c'est l'établissement de la commission de délimitation dans la région de Langson et le travail qu'elle y accomplit.

Toutes les opérations de délimitation de frontières sont délicates et, pour prendre en dehors du sujet qui nous occupe spécialement un exemple, nous pouvons nous reporter aux opérations de la commission turco-monténégrine, instituée par le traité de Berlin. Il n'a pas fallu moins de cinq ans pour mettre théoriquement le prince Nikita en possession des territoires qui lui revenaient. Cette commission a eu à lutter contre les obstacles naturels, contre la rigueur des saisons, contre les tergiversations de la Porte, enfin contre les dispositions hostiles des populations frontières. Ces difficultés sont celles que l'on rencontre dans toutes les délimitations, et il faut bien se garder de confondre le moment où, *en théorie,* une délimitation est faite de celui où ces limites sont effectivement respectées et où les populations, ayant pris leur parti du fait accompli, offrent, par leur stabilité et par leur soumission, toute sécurité sur la frontière. On n'arrive à ce dernier résultat qu'avec le temps. Il en sera surtout ainsi sur les frontières méridionales de la Chine, avant que les peuplades indépendantes des confins ne cherchent à échapper à l'englobement par la résistance ou par l'émigration temporaire ou que les pirates ne cessent une lutte dont ils vivent, pour se fixer définitivement au sol et se livrer paisiblement au travail des champs.

Conformément à l'art. 3 du traité de paix conclu entre la France et la Chine le 9 juin 1885, à Tien-Tsin, des commissaires furent désignés par les hautes parties contractantes pour se rendre sur la frontière du Tonkin et la reconnaître. Les commissaires français étaient : MM. Bourcier Saint-Chaffray, consul général, président de la délégation française; Scherzer, consul de France à Canton; Tisseyre, lieutenant-colonel d'infanterie, représentant du ministère de la guerre; Bouinais, capitaine d'infanterie de la marine, représentant du ministère de la marine et des colonies; le docteur Néis, médecin de la marine; M. Haïtce, vice-consul. Les commissaires chinois étaient, pour les provinces de Canton et du Kouang-Si, Teng-Tcheng-Sieou, membre du Tsong-Li-Yamen, l'un des signataires du traité de Tien-Tsin, directeur à Pékin du cérémonial d'État, Tchang-Tche-Tong, vice-roi des deux Kouangs, Ni-Weng-Yu, gouverneur des deux Kouangs, Li-Ping-Heng, gouverneur du Kouang-Si, p. i., Wang-tche-tch'ouen, taotai des grains de la province de Canton, chargé des rapports avec les consuls étrangers, Li-Hing-Jouei, ancien directeur de l'arsenal de Shang Hai (1882-1883); pour la province du Yunnan : Tchéou-To-joun, directeur au grand secrétariat d'État, membre du Tsong-Li-Yamen en 1882, président de la délégation chinoise, Tsen-Yu-Ying, vice-roi du Yunnan, Tchang-Kai-Song, gouverneur du Yunnan, Tang-King-Song, Ye-Ting-Kiuan, mandarins civils.

Les Chinois avaient donc deux commissions, les Français une seule. Indépendamment de leurs interprètes respectifs et des Européens qui assistaient les Chinois en qualité de *conseils* (1), les deux commissions avaient leurs topographes : du côté de la France, les lieutenants Bohin, Privé, de l'infanterie de marine, Vernet du 23e de ligne; du côté des Chinois, une dizaine de dessinateurs, jeunes gens ayant fait leurs études en Amérique, ou à l'arsenal de Fou-Tchéou.

La délégation française était à Hanoï au commencement de novembre 1883. Elle y fut maintenue par le commandement jusqu'au 10 décembre, date à laquelle elle se mit en route sur le *Moulun* et le *Jacquin*, pour Lam, port de Chu, où une colonne, soigneusement organisée par les soins du général Warnet, placée sous les ordres de l'énergique commandant Servière, devait la conduire sur la frontière.

L'opération ne laissait pas que de présenter quelques difficultés, car il s'agissait non seulement de mener la délégation française à la frontière, mais encore de réoccuper Langson et la région du nord,

(1) Pour le Canton et le Kouang-Si, M. Hart, frère de sir Robert Hart, et M. Happer, tous les deux fonctionnaires des douanes impériales.

nos postes extrêmes ne dépassant point alors Than-Moi sur le Song-Thuong.

Arrivées à Chu le 13 décembre, la commission et la colonne en repartaient le 14 pour Pho-Cam où elles couchaient, parvenaient le 15 à Dong-Sung et atteignaient Than-Moi le 16 décembre.

De Than-Moi, la commission et la colonne Servière, forte de 570 combattants, franchirent en deux jours, le 17 et le 18 décembre, en passant par le col de Cut, la distance qui sépare Than-Moi de Langson où le drapeau français fut de nouveau arboré sans incidents, le 18, à cinq heures du soir.

Le 19 et le 20, le commandant Servière reconnut le marché de Kilua et Dong-Dang, où les Chinois avaient quelques réguliers ; le 21 la délégation française s'installa à Dong-Dang, qui fut évacué de bonne grâce, le jour même, par les Chinois et se mit immédiatement en rapport avec les commissaires impériaux qui, prévenus à Long-Tcheou de son arrivée, se rendirent à la porte de Chine, à 2 kilomètres de Dong-Dang.

Le commandant Servière compléta aussitôt notre occupation du nord, en mettant une garnison à That-Khé à trois journées de marche de Langson, pendant que le lieutenant-colonel Crétin, sous-chef d'état-major, et d'après les ordres de M. le général de Courcy, commandant du corps expéditionnaire, organisait solidement la ligne d'étapes dont il prenait le commandement, de Lam à la frontières.

De la fin de décembre au 22 mars, la commission franco-chinoise régla différentes questions de détail toujours longues à traiter avec les Asiatiques, fort méticuleux, peu habitués aux opérations de délimitation et avec lesquels il faut d'interminables pourparlers pour résoudre la moindre difficulté. Le télégraphe joua plus d'une fois entre Dong-Dang, la Porte de Chine, Paris et Pékin, et il ne fallut pas moins que la ferme attitude de M. de Freycinet, le concours dévoué que prêta de Pékin M. Cogordan à la délégation française, et les bons offices de Li-Hung-Chang, pour permettre à M. Saint-Chaffray d'amener les délégués impériaux à l'exécution stricte de l'article 3.

Le président de la délégation française sut faire preuve de la plus grande ténacité et déploya dans des conditions fort délicates des qualités de toute nature. Il mit à profit le temps des pourparlers et sous son impulsion et la direction du colonel Tisseyre et du capitaine Bouinais, les officiers topographes de la commission, accompagnés de petites escortes, firent sur la frontière des levés qui permirent de mener rapidement les travaux quand ils commencèrent.

Nous devons ajouter que les sages mesures prises par le commandement assurèrent sur la frontière la sécurité de la délégation française et lui donnèrent vis-à-vis des commissaires impériaux une attitude qui ne contribua pas peu au succès de ses opérations.

Du 22 mars au 1er avril, la commission franco-chinoise, se dirigeant à l'est de la porte de Chine, reconnut la frontière de ce point à la porte de Chi-Ma, signa trois procès-verbaux et dressa contradictoirement quatre cartes de la région parcourue; du 6 avril au 15 avril, prenant, cette fois-ci, la direction de l'ouest, où l'appelaient la résolution de diverses questions, les deux délégations parcoururent le territoire, entre la porte de Chine et Binhi, et signèrent conjointement un quatrième procès-verbal et une cinquième carte.

130 kilom. de frontière avaient été relevés dans ces deux reconnaissances.

Les deux délégations ajournèrent la reprise de leurs travaux dans l'*est* au 1er novembre 1886, la mauvaise saison étant commencée.

Le 22 avril la délégation française rentra à Hanoï. Elle ne devait point y séjourner longtemps, sa présence était bientôt réclamée à Laokay par la commission chinoise du Yunnan et par le colonel de Maussion qui venait d'occuper ce point. Elle y arriva le 22 juin 1886 après un voyage de cinq semaines qui fut très fatigant. Ses travaux ont commencé le 17 juillet 1886 dans cette région, sous la présidence de M. le consul général Dillon, remplaçant M. Saint-Chaffray obligé de revenir en France pour rétablir sa santé (1).

Nous devons insister ici sur les travaux de délimitation. Conduits avec vigueur, dans un pays sans routes où l'on est obligé de marcher précédé de pionniers qui tracent les sentiers, sous un ciel souvent inclément, au milieu de populations remuantes depuis

---

(1) Au mois de mars 1886, M. Saint-Chaffray a été nommé ministre plénipotentiaire en récompense de ses éminents services.

longtemps troublées, sans autre moyen de transport que les coolies, sans autre abri que la tente ou de mauvaises paillottes menacées d'incendie par la moindre étincelle, ils démontrent admirablement ce que nous pouvons faire en extrême Orient, quand l'esprit de suite s'allie chez les gouvernants à une grande énergie chez les agents qu'ils emploient, quand tous ont sans cesse présent le but et y contribuent de toutes leurs forces.

Au point de vue politique, ces travaux ont une influence capitale. Les difficultés que nous rencontrons en Annam, celles que nous avons tous les jours à résoudre au Tonkin s'aplaniront avec le temps; mais il importe au plus haut degré que nous montrions au Céleste Empire notre ferme intention de poursuivre la stricte exécution du traité de Tien-Tsin; que, par une reconnaissance méthodique de la frontière nous en déterminions nettement le tracé de manière à rendre chacun responsable de tous les actes venant à s'y produire; que par de sages mesures prises vis-à-vis des populations indépendantes des districts limitrophes, nous respections à la fois leur séculaire *modus vivendi* et nous l'harmonisions avec les nécessités de nos droits.

Tout cela n'est point chose aisée, mais le génie de notre race a facilement raison des obstacles de cette nature, quand le pays fait crédit à ses gouvernants du temps nécessaire à de semblables opérations (1).

---

(1) M. Scherzer, membre de la commission, moins avare de ses

Le département des affaires étrangères a fourni un bel exemple de ce que nous pouvons faire dans cet ordre d'idées, il sera bon de ne pas oublier que malgré les discussions passionnées auxquelles ont donné lieu la question du Tonkin, la commission de délimitation a non seulement poursuivi son œuvre, mais encore, que par sa présence sur la frontière, elle a permis de jeter en arrière de la ligne qu'elle a parcourue, les bases d'une occupation qui s'étendra et se consolidera progressivement.

M. Paul Bert résident général. — Le gouvernement français, comprenant qu'il ne suffit pas, pour être maître d'un pays, de l'avoir conquis par les armes, mais qu'il faut encore, par des mesures politiques et administratives, nous rallier les populations et leur faire accepter notre domination, confia à M. Paul Bert, député, membre de l'Institut et ancien ministre, le soin de continuer les efforts de ses prédécesseurs pour affermir notre occupation et organiser définitivement notre protectorat.

Le résident général de France, nommé par décret du 31 janvier 1886, arriva à Hanoï le 8 avril et prit aussitôt la direction des services.

Les fonctions de notre nouveau résident général ont été définies par le décret du 27 janvier 1886, qui fait suite au décret du 7 janvier portant distraction

---

forces que de son dévouement, est mort en mer le 15 mars 1886, à son retour en France, des suites de ses fatigues.

du ministère de la marine et des colonies et rattachement au ministère des affaires étrangères des pays placés sous le protectorat de la France.

A son débarquement à Hanoï, M. Paul Bert lança une proclamation aux Français de l'Annam et du Tonkin, au corps expéditionnaire et aux populations indigènes. « Les vertus guerrières de nos soldats ont ouvert à notre commerce et à notre industrie un magnifique champ d'action, disait aux premiers le résident général, c'est à vous qu'il appartient de l'exploiter, pour le plus grand bien de la France et de l'Annam, dont les intérêts sont désormais intimement et indissolublement unis. La bienveillance du gouvernement royal et l'appui de mon administration sont acquis à vos entreprises... A vous de faire, en vous aidant vous-mêmes, que tant de sacrifices consentis par la Patrie portent enfin leurs fruits, et que la France récolte la moisson qu'elle a fécondée de son or et de son sang. » Aux officiers et aux soldats, M. Paul Bert s'adressait en ces termes : « Je vous apporte le salut affectueux et reconnaissant de la Patrie. Elle a souffert et triomphé avec vous. Votre constance et votre courage, que n'ont pu ébranler, à 4,000 lieues du sol sacré, ni les fatigues, ni les combats, ni la maladie, l'ont émue et enorgueillie. Elle a mis en vous sa confiance, car vous vous êtes montrés et elle sait que vous vous montrerez à la hauteur de tous les devoirs... Par ma sollicitude et mon dévouement pour vous, je veux me rendre digne de l'honneur que m'a fait le gouvernement de la République, honneur le plus grand que j'aie reçu dans ma vie, en me donnant le droit de vous parler au nom de la France et de vous dire que vous avez bien mérité de la Patrie. » Enfin, aux Tonkinois, M. Paul Bert promit le respect de leurs mœurs, de leurs coutumes, de leurs propriétés, la protection de la France. « De même que les Chinois autrefois ont amélioré votre état social en vous initiant aux travaux de leurs législateurs, de leurs philosophes et de leurs littérateurs, de même les Français qui viennent aujourd'hui chez vous, amélioreront votre situation agricole, industrielle et économique et élèveront encore votre niveau intellectuel par l'instruction. » Enfin le résident général terminait par la promesse de réunir à Hanoï un conseil de notables.

Depuis son arrivée au Tonkin, M. Paul Bert a pris, pour l'organisation du protectorat, de nombreux arrêtés et décisions qui témoignent d'une grande activité et d'une grande largeur de vues, sur l'organisation des affaires civiles et politiques, la direction du contrôle du service financier, la perception des impôts, les douanes, l'organisation des écoles, des milices, des municipalités, des chambres de commerce, des voies fluviales, la police des Européens, la création d'un conseil du protectorat, de la commission consultative des notables indigènes au Tonkin, l'organisation des Muongs de la rivière Noire, etc.

Avant le départ du roi pour les provinces septentrionales de l'Annam, le résident général a fait déléguer au kinh-luoc, ou vice-roi du Tonkin, les pouvoirs souverains qui lui permettent, sous notre contrôle, d'avoir une action directe dans les provinces du Delta. M. Paul Bert a créé dans chaque canton un conseil consultatif tonkinois recruté parmi les notables à l'exclusion des mandarins. Tout en faisant un large appel au concours des indigènes, le résident général entend laisser la plus grande initiative aux résidents qui, dans chaque province, donneront l'impulsion initiale à tous les services.

Enfin, dans un ordre d'idées différent, M. Paul Bert a, par un arrêté, constitué une académie tonkinoise, le *Bac-Ki-Han-Lam-Vien*, institut national pour l'étude de la littérature et des antiquités nationales et la conservation des monuments historiques.

Avec l'institution du pouvoir civil nous sommes entrés dans l'organisation du pays qu'il s'agit de mettre en valeur et nous avons dans le traité de commerce avec la Chine un instrument qui doit rendre les plus grands services à nos nationaux dans ces lointains pays.

Nous n'en avons évidemment point fini avec les pirates. Les attaques du premier semestre 1886 entre Than-Quan et Hong-Hoa par les bandes du Bo-Giap le démontrent, mais leurs entreprises deviennent chaque jour plus périlleuses, grâce aux mesures énergiques du général Jamont et aux sévères leçons qu'ils reçoivent, pour n'en citer qu'un exemple, la chasse que leur a donnée, en les rejetant vers les montagnes, le capitaine Lebigot, commandant à Kam-Khé. Pour protéger le commerce jusqu'à

Laokay, le général Jamont, d'accord avec le résident général, M. Paul Bert, décida, qu'à certains jours déterminés, des jonques armées en guerre escorteraient les convois de négociants ; c'est étendre l'habitude prise pour le ravitaillement et la correspondance des autres postes.

Du côté du Kouang-Si, le chef de bataillon Servière n'a pas manqué de besogne dans le courant du mois de mai 1886 et avec le 2ᵉ bataillon d'Afrique et les tirailleurs tonkinois a mis en fuite des bandes de pirates bien armées aux environs de Dong-Dang, de Thanh-Moï et de Dong-But. Mais c'est surtout le poste de Na-Cham, entre Dong-Dang et That-Khé, qui a eu à subir les plus rudes assauts : 67 hommes du bataillon d'Afrique et 50 Tonkinois, commandés par MM. les sous-lieutenants Cabasse et Joseph, attaqués par 800 pirates, soldats réguliers licenciés, armés de fusils à tir rapide, les mirent en déroute.

L'ennemi perdit plus de 100 hommes ; nous n'avons eu que 4 tués et 19 blessés.

On ne peut avoir la prétention d'éteindre en quelques mois la piraterie qui désole le Tonkin depuis des siècles ; c'est une œuvre de longue haleine qui semble, étant donnés les résultats acquis en peu de temps, devoir marcher plus rapidement qu'on ne le croit en général.

Quant aux réguliers chinois qu'on rencontre dans ces bandes, on peut évidemment en demander compte au Céleste Empire, sans oublier toutefois que, dans les provinces méridionales, ce pays a de grandes difficultés à maintenir son autorité et que son bon vouloir est souvent trahi par la connivence des mandarins inférieurs. Ces derniers, en effet, ne conservent leur action sur les populations qu'en se montrant fort indulgents pour les pirates ou les soldats licenciés qui passent alternativement de la Chine au Tonkin.

Dans l'Annam, centre de la résistance des lettrés, la situation est plus compliquée qu'au Tonkin, car notre action y est moins directe. M. Paul Bert, qui a visité le souverain à Hué (mai 1886), attend les meilleurs résultats d'une marche militaire solennelle du roi Dong-Khan escorté par des mandarins et des tirailleurs annamites. Depuis Minh-Mang, aucun souverain annamite ne s'est jamais montré en public et l'isolement mystérieux dans lequel se sont complu Trieu-Tri et Tu-Duc servait le prestige du prince, représentant du ciel sur la terre. Ce fait exceptionnel dans l'histoire de l'Annam indiquera nettement s'il nous est véritablement possible de faire respecter le souverain qui a reçu notre investiture.

Les provinces du sud de l'Annam, le Khanh-Hoa et le Binh-Thuan avaient été troublées comme le reste du royaume. La proximité de ces territoires de la Cochinchine amena la garnison de notre colonie à se charger de la répression des bandes de pirates. Dans le mois de juillet une colonne expéditionnaire, sous le commandement du chef de bataillon d'infanterie de marine de Lorme, forte d'une compagnie d'infanterie de marine, de deux compagnies de tirailleurs annamites et d'une section d'artillerie de montagne, a été dirigée sur le Binh-Thuan pour y rétablir l'ordre troublé par les lettrés et y installer notre nouveau résident M. le capitaine d'infanterie de marine Aymonier. Cette expédition permettra de faire cesser une agitation inquiétante sur les frontières de la Cochinchine. Les frais doivent en être supportés par le Binh-Thuan et le Khanh-Hoa.

La présence des Chams, autrefois dépossédés par les Annamites dans le Binh-Thuan, nous assurera des auxiliaires dans cette province. La nécessité de faire intervenir le gouvernement de la Cochinchine dans le Binh-Thuan prouve une fois de plus la sagesse du traité Harmand, qui réunissait cette province à notre colonie. Maîtres des passages stratégiques, maîtres de la Basse-Cochinchine et du Tonkin, ces deux greniers de l'Annam, nous pourrons sans doute réduire les rebelles par la famine.

L'œuvre de la pacification de l'Annam et du Tonkin suit son cours normal. Sans doute nous apprenons quelquefois l'attaque d'un de nos postes, la formation d'une colonne mobile destinée à pourchasser les pirates. L'opinion publique, trop nerveuse, s'émeut de ces nouvelles. Il convient de la calmer en lui rappelant les souvenirs du début de la conquête de la Basse-Cochinchine. Il nous a fallu dix années d'efforts pour assurer la tranquillité des six provinces du bas Mékong; pouvons-nous donc espérer faire régner la paix du jour au lendemain dans un pays plus vaste, quand les rebelles se recrutent surtout, au Tonkin, de réguliers chinois licenciés ou déserteurs et, dans l'Annam, de gens inféodés à l'aristocratie des lettrés? Le point capital est la soumission du peuple tonkinois et cette soumission est assurée. Un autre exemple peut encore être donné à l'appui de notre thèse : c'est celui de l'Algérie. Pendant combien de temps ne pouvait-on pas s'aventurer sans escorte hors des villes! combien n'avons-nous pas eu à réprimer de révoltes, tantôt générales, tantôt locales, dirigées par un homme comme Abd-el-Kader? Ces luttes héroïques, où se sont illustrés les Bugeaud, les Lamoricière, les Changarnier, les Bedeau, les Cavaignac, les Saint-Arnaud, les Pélissier, pour ne parler que des disparus de la scène militaire, sont aujourd'hui de l'histoire; nous les connaissons par l'étude, elles sont pour nous enveloppées du voile du passé tandis que nous suivons au jour le jour les mouvements de nos troupes dans l'extrême Orient. Nous vivons de leur vie, nous partageons leur bonne et leur mauvaise fortune et nous sommes impressionnés de tous les incidents qui peuvent se produire. Que les leçons de l'Algérie et de la Cochinchine ne soient pas perdues pour nous : la pacificacation de l'Annam, du Tonkin et du Cambodge est aujourd'hui une œuvre de gendarmerie; elle sera favorisée par l'ouverture de routes, par une bonne administration et un bon gouvernement (1).

(1) M. Paul Leyret, architecte, a été chargé d'établir des projets de monuments commémoratifs à édifier sur les principaux champs de bataille du Tonkin.

III.

LES HABITANTS.

I.

POPULATION.

Cochinchine. — La population de la Cochinchine française est évaluée, en 1886, à 1,744,637 habitants, non compris les troupes de terre et de mer, parmi lesquels on distingue 1,982 Français, 189 étrangers, 1,567,520 Annamites, 102,708 Cambodgiens, 55,296 Chinois, 6,000 Asiatiques étrangers et quelques tribus de Moïs et de Chams.

La répartition de ces habitants dans les provinces est excessivement variable, d'après le caractère géologique du pays.

Le sol du bassin du Donnaï ne convient, en effet, qu'à des cultures industrielles nécessitant des capitaux considérables de premier établissement, et le riz, base de l'alimentation des Asiatiques, n'y pousse guère. Il n'y a donc rien d'étonnant à ce que la population se soit entassée sur le bord des grands cours d'eau, où les transactions sont faciles, délaissant les immenses espaces conquis sur la forêt par le procédé barbare de l'incendie périodique.

Le bassin du Mékong, au contraire, est immédiatement cultivable partout où il n'est pas recouvert par les eaux. Si l'on tient compte que la Cochinchine est une colonie annamite, dont le peuplement est à peine commencé depuis un siècle avec les émigrants des provinces centrales, on comprendra aisément que les cultivateurs, presque tous sans ressources, se soient portés là où, dès la première heure, ils étaient assurés de trouver des moyens d'existence.

Aussi les rives du Mékong et de ses bras sont-elles couvertes d'habitations, et la densité de la population y atteint-elle le chiffre moyen de 120 habitants par kilomètre carré, presque le double de celui de la France, qui n'est que de 68.

Annam. — La population de l'Annam est évaluée à trois ou quatre millions d'âmes. Très dense dans les provinces centrales, aux environs de Hué et dans les vallées où pousse le riz, elle est clairsemée dans les parties montageuses et sur les dunes qui avoisinent la mer; là, on ne rencontre que quelques villages de pêcheurs.

Tonkin. — « C'est du simple au quadruple, dit Élisée Reclus, de 7 millions à 30 millions d'hommes, que varient les nombres d'habitants indiqués pour le Tonkin par les missionnaires et les voyageurs. Mais il est facile de comprendre comment on se laisse aller à des exagérations involontaires. Les explorateurs qui pénètrent dans les territoires montueux de l'intérieur, non encore défrichés et presque déserts, sont rares en comparaison de ceux qui visitent les ports du littoral, alimentés par la pêche, et les pays d'alluvions couverts de rivières. Dans cette région que des frontières naturelles ne séparent que partiellement de l'empire chinois, on pourrait se croire dans la Fleur du Milieu, à la vue des cités populeuses et des villages qui se pressent dans les campagnes. »

Nous pensons que le chiffre de 12 millions est celui qui se rapproche le plus de la vérité.

Les populations sont clairsemées dans les parties montagneuses couvertes de forêts, sillonnées de torrents qui ne sauraient porter aucune embarcation, sans autres routes que des sentiers frayés par les animaux sauvages.

Instinctivement l'Annamite, le Tonkinois et le Cambodgien ont horreur de la montagne; ils s'établissent surtout au bord de la mer ou sur les rives des fleuves, où ils trouvent du poisson en abondance et un sol d'alluvions fertiles. La grande chaîne est d'ailleurs malsaine, on y contracte facilement la fièvre des bois.

Dans le Tonkin méridional, la population est compacte et elle émigre, dès que la sécurité est assurée, soit sur les plateaux de la chaîne côtière, soit dans le Laos, soit jusque dans la Cochinchine française.

Cambodge. — La population, de 1,500,000 habitants environ, est très inégalement répartie sur le sol du Cambodge. C'est sur les terrains de hauteur moyenne, couverts annuellement par la crue du Mékong, sur le bord du fleuve et des arroyos, dans les iles, là où l'agriculture trouve des terrains fertiles et où la pêche fournit des ressources considérables à l'alimentation publique, que sa densité est le plus considérable. Au contraire, les forêts et les plateaux élevés sont peu peuplés.

La race cambodgienne au nord habite d'ailleurs les provinces aujourd'hui siamoises de Battambang, Angkor, Tonlé-Repou, Melu-Prey, Souren, Koukan jusqu'à Karat et au sud en Cochinchine, on compte 100,000 habitants d'origine cambodgienne parlant la langue khmer.

Les nombreuses invasions des Siamois ont contribué à dépeupler le Cambodge. « Des deux côtés du lac, dit M. de Lagrée, les populations ont presque disparu. La province de Kâmpong-Soai a moins souffert, étant plus éloignée des centres de guerre. » Mais la contrée de Pursat, route habituelle de l'invasion, a été complètement épuisée, et cette malheureuse province, quoique fort étendue, renferme à peine quelques milliers d'âmes. Par la violence ou la ruse, les peuples ont été transportés à Battambang, et plus loin, sur la route de Bangkok.

Résumé. — La Cochinchine et les protectorats du Cambodge, de l'Annam et du Tonkin ont donc une population d'environ 19 millions d'habitants pour une superficie approximative de 460,000 kilomètres, soit en moyenne un peu plus de 41 habitants par kilomètre carré.

Nous croyons ces chiffres inférieurs à la réalité, et ce qui fortifie notre conviction, c'est l'étonnement qu'on éprouve, quand on parcourt la frontière du Tonkin, de voir le pays si peuplé dans les localités qui semblent désertes à première vue. Il est aussi bien évident qu'au fur et à mesure des progrès de notre occupation dans le nord, toute une population, nomade depuis la retraite des armées chinoises, se fixera définitivement sur le sol.

II.

LES ANNAMITES.

Caractères physiques. — Les Annamites appartiennent à la race jaune, au rameau indo-chinois et à la famille annamite. Leur taille est petite, surtout dans la Basse-Cochinchine. Ils sont nerveux, mais d'une apparence faible, et souvent maigres. Leurs membres inférieurs sont bien constitués : le premier orteil est assez séparé des autres doigts et presque opposable à ceux-ci, aussi les Chinois surnomment-ils les Annamites *giao chi* ou doigts bifurqués. On les voit fréquemment accroupis, la pointe du pied appuyée sur le sol et le torse reposant sur les talons. Leur démarche est disgracieuse et ils portent les pieds en dehors. Le bassin est peu développé, le buste long et maigre. Les muscles du cou sont accentués, les épaules larges, les mains longues et étroites avec les phalanges des doigts noueuses. Ils laissent très longs leurs ongles minces et effilés; les femmes les teignent souvent en rose. Il ne faut pas moins de sept ou huit ans pour donner à un ongle le degré de croissance que les délicats tiennent en estime (1). Leur force musculaire est peu considérable, mais ils jouissent du privilège de braver impunément un climat brûlant et de pouvoir ramer jusqu'à dix heures de suite au soleil.

Le crâne est arrondi, brachycéphale, son indice horizontal est compris entre 0,83 et 0,85; sa capacité est évaluée à 1,418 centimètres cubes chez l'homme, à 1,383 chez la femme, le poids du cerveau d'un Annamite est, d'après Broca, de 1,233 grammes; de 1,341 d'après le docteur Néis, celui de l'Européen étant de 1,375. L'ovale de la figure est plus large que celui de nos compatriotes, presque en losange chez le sexe masculin; le front est bas, l'angle externe des yeux plus haut que l'angle interne; les paupières à demi closes couvrent des prunelles noires. La myopie paraît rare; la vision des Annamites est d'une portée exceptionnelle, un léger strabisme est au contraire fréquent. Les joues sont relevées vers les tempes, le nez est épaté, trop large vers le front, la bouche moyenne, les lèvres assez épaisses, le menton court, les oreilles grandes et détachées de la tête. Les dents sont larges, droites, teintes en noir par la mastication du bétel ou par le laquage avec cer-

(1) L'ongle est alors enfermé dans une sorte de gant en bois.

taines drogues solides ou liquides; à une courte distance, les plus jeunes indigènes paraissent édentés, et, vers la vieillesse, les dents sont usées jusqu'au collet.

L'angle facial de Camper est de 76° 24' chez l'homme, de 77° 4' chez la femme; l'angle facial alvéolaire de Cloquet est de 73° 46' chez l'homme, de 76° 2' chez la femme. La barbe ne croit que vers l'âge de trente ans et demeure toujours rare, elle ne se montre qu'au menton et sur les lèvres. Les cheveux, noirs et longs, blanchissent relativement tard. La peau paraît épaisse. Le teint varie beaucoup, suivant le rang et les occupations, depuis la couleur de la cire jusqu'à celle de l'acajou et de la feuille morte : les Annamites établissent, sous ce rapport, une transition entre les Malais et les Chinois. Ils sont plus foncés que les Chinois et les Laotiens, plus clairs que les Cambodgiens.

Les Annamites sont, en général, moins obèses que les Célestes. Les femmes ont de jolis traits, des mains et des pieds très petits et une grande finesse d'attaches. Les Annamites vieillissent vite; un homme de cinquante ans est déjà cassé par l'âge; néanmoins, la longévité n'est guère moindre qu'en Europe; on rencontre des octogénaires et, dit-on, quelques centenaires.

La mortalité des nouveau-nés est très considérable, surtout dans les classes pauvres. Les nourrices mercenaires ne se voient guère que chez les mandarins et chez les gens riches. L'enfant croit rapidement jusqu'à trois ans, puis, après un léger arrêt, la croissance reprend sa marche jusqu'à sept ou huit ans, date des premiers travaux dans la campagne. Les petits enfants se montrent curieux et familiers; ils paraissent plus intelligents que les adultes, mais cette supériorité disparaît avec l'âge.

L'Annamite du nord est plus grand, mieux proportionné et surtout plus élancé que l'habitant du bas Mékong. Le cou est moins trapu que chez l'indigène du Gia-Dinh, la tête moins grosse, les molaires moins saillantes, le prognathisme moins accusé. Le front est bas, la poitrine développée et les membres grêles. Dans les provinces de Hong-Hoa et de Bac-Ninh la race est plus belle et plus blanche que dans le Delta. Les montagnards du Quang-Yen, qui ont peut-être du sang muong dans les veines, sont plus virils, plus francs et moins craintifs que les habitants des basses terres.

CARACTÈRES MORAUX. — Les Annamites sont doux et dociles, capables cependant de résistance, réfléchis, timides, gais, dépensant rapidement leur salaire et se distinguant ainsi des Chinois, économes et âpres au gain. Cependant ils sont très attachés aux terrains qu'ils possèdent; ils abandonnent difficilement le village où ils sont nés, où habite leur famille et où sont les tombeaux de leurs ancêtres. Ils aiment le plaisir : on voit parfois des hommes s'amuser à enlever des cerfs-volants aux formes bizarres, représentant des navires, des poissons, des oiseaux; ils fréquentent les représentations théâtrales. Les jeux de hasard, les combats de coqs et de poissons sont une source fréquente de querelles et de rixes, parfois de meurtres. Le code de Gia-Long punissait le jeu avec rigueur. Un arrêté du 1er janvier 1875 a supprimé dans la Cochinchine française la ferme et les maisons de jeux. Les Annamites sont généralement sobres, toutefois les gens riches s'adonnent à l'usage de l'opium.

Sous les dehors d'une bonhomie naïve, les Annamites ont une certaine facilité d'esprit, beaucoup de bon sens et un grand talent d'imitation; ils se familiarisent rapidement avec les coutumes de la civilisation et sont avides d'apprendre, afin d'être considérés comme des lettrés, et d'entrer dans la classe des fonctionnaires. Il faut, toutefois, reconnaître qu'au début d'un établissement, l'Asiatique considérera toujours l'Européen comme un adversaire, parce que les deux races ont des mœurs basées sur des principes absolument contraires. D'un côté, l'amour de la liberté individuelle, l'égalité entre les époux, des droits formellement reconnus aux enfants, fils ou filles; de l'autre, l'habitude, consacrée par vingt siècles, de la domination arbitraire des mandarins, de la puissance maritale et paternelle la plus absolue. Tout notable, tout propriétaire, disait un ancien gouverneur, voit d'abord les privilèges qui lui sont enlevés s'il se range sous nos lois, il ignore les avantages qu'il retirera de sa soumission. Aussi, dans les premières années de la conquête de la Cochinchine, les chrétiens indigènes, qui se sentaient protégés par nos troupes contre la persécution des mandarins, furent-ils nos seuls partisans. Plus tard seulement, les habitants notables, fatigués des exactions du gouvernement de Hué, s'attachèrent à notre fortune, quand ils furent convaincus que nous saurions respecter leurs biens, leurs lois et leurs coutumes. Aujourd'hui quelques-uns montrent un certain esprit d'initiative, certains dirigent des exploitations agricoles comparables à certaines de nos bonnes fermes de la Bretagne et du Maine.

Les Annamites sont courageux. On les a vus se faire tuer bravement et ne prendre la fuite que devant la marche offensive de nos colonnes; aux lignes de Ki-hoa, ils tentèrent même une attaque de nuit, et, à l'assaut, il y eut une lutte corps à corps. Les miliciens et les tirailleurs entrés à notre service ont très bien combattu. Tous les hommes regardent la mort sans crainte. Leur courage, surtout passif, devient aisément actif : les tirailleurs annamites et tonkinois nous en ont fourni la preuve, quand se trouvaient à leur tête des cadres européens. On les a vus, en plusieurs circonstances, charger audacieusement à baïonnette.

Les Annamites ne sourcillent pas devant la mort et la subissent avec une tranquillité étonnante, ne se laissant même pas impressionner par les apprêts ignominieux du supplice.

Un de nos officiers, M. le général Prud'homme, alors lieutenant au 102ᵉ de ligne, au début de notre établissement à Saïgon, fît prisonniers deux rebelles assassins et pirates. Un conseil de guerre prononça une condamnation capitale. « La population des environs, prévenue de l'exécution, accourut en foule. La sentence, lue à haute voix par l'interprète, dit le général, je lui ordonnai de demander aux condamnés, qui attendaient, mornes mais calmes, l'exécution de l'arrêt, s'ils désiraient, avant de mourir, quelque chose qu'on pût leur accorder; ils prièrent simplement de laisser approcher ceux de leurs parents qui étaient venus les assister dans leurs derniers moments, pour les embrasser et les remercier. Touché, plus que je n'aurais voulu le paraître, j'obtempérai à leurs vœux, et je leur promis en outre que, malgré l'énormité du crime, leurs cadavres seraient respectés et remis à leurs familles. Puis la justice suivit son cours. Les parents des suppliciés enveloppèrent leurs dépouilles dans des nattes et les emportèrent aussitôt, toutes sanglantes, pour les inhumer. Ces pauvres gens qui pleuraient, tandis que les patients affrontaient et subissaient leur peine avec un calme inaltérable, me témoignèrent, avant de partir, leur gratitude pour la dernière grâce faite à leurs proches. »

Les Annamites sont très jaloux de se distinguer aux yeux de leurs semblables et d'acquérir de la réputation. On a souvent vu dans les villages des particuliers se charger de la dépense de monuments dispendieux, de travaux d'utilité publique, pour perpétuer leur souvenir dans la mémoire de la postérité. Par contre, certains maraudeurs ou pirates d'arroyos voulaient se faire craindre de toute une province et ne réussissaient que trop à acquérir une honteuse renommée par l'audace de leurs coups de main et la cruauté de leur conduite. Ne nous étonnons pas de cette vanité, elle est commune à toute la race humaine. Dans l'antiquité, des personnages devenaient protecteurs des collèges d'artisans des cités, ils faisaient de grands sacrifices afin d'avoir leur nom inscrit sur l'*album* des corporations.

Les principaux défauts des indigènes sont, en grande partie, la conséquence du despotisme de leurs anciens maîtres. Ils sont ignorants, mais jamais ils n'avaient reçu d'instruction; ils sont craintifs, mais toujours ils étaient sous le coup de la bastonnade ou d'atroces supplices infligés par les mandarins; ils sont dissipateurs, mais pour qui auraient-ils amassé, alors que la fortune était l'occasion de rapines et de persécutions? Ils sont menteurs, mais leurs chefs étaient passés maîtres en fait de duplicité. Un défaut plus grave est leur inconstance : ils commencent facilement un travail, mais ils se rebutent à la première difficulté; ils sont aussi ingrats et oublient rapidement le bienfait reçu. On ne peut nier cependant que les Annamites ne soient hospitaliers; leurs festins sont abondants et on ne voit guère de mendiants. Le code annamite mettait, d'ailleurs, les infirmes, sans parenté, à la charge de leur commune et chargeait celle-ci de leur nourriture et de leur entretien.

Les Annamites aiment le luxe, les vêtements aux couleurs voyantes, les cérémonies, la parade. Les hommes du peuple portent une pièce d'étoffe appelée *can-chian*, relevée par une ceinture où se placent le tabac et la boîte à bétel. La couleur blanche et les étoffes de coton sont spéciales au deuil. Les riches portent un pantalon chinois, une blouse boutonnée sur le côté droit et des sandales de cuir rouge. Les classes inférieures faisaient peu usage de chaussures avant notre occupation. Depuis, le goût s'en est répandu. A la campagne dominent les souliers chinois aux semelles épaisses, au bout pointu et relevé; mais, à Saïgon, on voit la chaussette et le soulier verni européen. Les bas et les chaussettes étaient complètement inconnus avant notre domination. Les indigènes portent souvent un parasol, surtout depuis la conquête, car cet ustensile, outre son utilité, a pour eux l'attrait d'un fruit longtemps défendu. Sous la domination annamite, il était réservé aux mandarins. Aussi les ouvriers du port de Saïgon emportent-ils leur parasol jusque sur les chantiers.

Le costume des femmes diffère peu de celui des hommes. Le goût de la parure est général. Les femmes portent des boucles d'oreilles; elles ont aussi des colliers et des bracelets en verroterie. Dans les jours de gala, elles mettent jusqu'à cinq ou six paires de bracelets en or ciselé.

Quand les Cochinchinois sortent de leurs habitations, ils portent un chapeau de paille ou de feuilles de palmier verni, de deux pieds au moins de diamètre, attaché sous le menton, d'un aspect disgracieux, mais fort utile : c'est le *salaco*, la coiffure nationale.

Les Annamites gardent leurs cheveux longs ; les artisans marchent souvent nu-tête, les riches enveloppent leur chignon avec un crêpe de Chine qui rappelle la forme d'un turban. De temps à autre, ils lissent leurs cheveux avec de l'huile de coco. Jamais ils ne les coupent, excepté dans la jeunesse où ils les rasent, mais en laissant jusqu'à l'âge de dix ans une petite houppe sur le haut de la tête. Les femmes portent quelquefois une ou deux tresses de faux cheveux rattachés à la chevelure naturelle par de longues épingles d'or.

On peut reprocher aux indigènes une grande malpropreté. Ils ne quittent leurs vêtements que lorsque ceux-ci tombent en lambeaux : leur toilette de cérémonie consiste simplement à passer une robe neuve sur les anciens vêtements sales et déchirés.

Les Annamites des deux sexes mâchent le bétel. Ils roulent un morceau de noix d'arec dans une feuille de bétel, légèrement recouverte d'un peu de chaux vive. Entre Annamites, après les salutations d'usage, on s'offre réciproquement le tabac et le bétel ; c'est de rigueur, et on ne saurait y manquer sans violer les bienséances. Les ingrédients qui composent le bétel sont toujours disposés dans des boîtes basses et carrées, près desquelles se trouve le petit pot de chaux vive, teinte en rose chez les plus raffinés. Il faut, dans cette habitude, laisser une large part à la mode, mais elle a aussi un côté sérieux qu'on ne doit pas perdre de vue. Ce bétel remplace, pour les gens du pays, les mille et un toniques dont nous autres Européens nous usons pour combattre l'action énervante du climat.

Tous les Annamites fument la cigarette ou des pipes à longs tuyaux et à petits foyers. Les riches emploient une sorte de narguilé très court. Le réservoir d'eau est une petite boîte cylindrique recouverte de bambou sculpté ou d'écaille. L'usage de l'opium est beaucoup moins répandu qu'en Chine.

En dehors des Chinois, la plupart des fumeurs appartiennent à une classe relativement supérieure : la contagion n'a pas atteint les populations rurales; les riches fument chez eux et les pauvres fréquentent des fumeries spéciales, ouvertes dans les grands centres. Un dixième de l'opium environ est acheté à l'occasion de fêtes publiques ou privées par des gens qui ne sont pas des fumeurs constants.

Nous avons déjà dit que les Annamites sont joueurs et perdent en un jour leur salaire et jusqu'à leurs vêtements. Ils aiment aussi les représentations scéniques, mêlées de chœurs, et qui sont empruntées aux souvenirs légendaires de la Chine. Les rôles de femmes sont remplis, comme chez les Grecs et les Romains, par des jeunes gens. Le théâtre est souvent installé dans une pagode. La musique y joue un grand rôle, ainsi que dans toutes les cérémonies, soit religieuses, soit privées.

La femme annamite travaille beaucoup; elle se livre aux occupations du ménage, et, de plus, elle garde les boutiques, égrène le coton, tisse les étoffes, repique et décortique le riz, et conduit les sampans comme les hommes, avec une habileté remarquable. Presque tous les jours, elle se rend au marché central, allant nu-pieds, chargée d'un double panier. Aussi la femme a-t-elle, dans les affaires de la famille, un rôle très considérable. Le mari, d'après la coutume, ne peut faire aucune transaction, aucun emprunt, ni consentir aucune aliénation intéressant les biens de la communauté, sans le concours de son épouse.

Le Tonkinois diffère peu des Annamites de la Basse-Cochinchine; il est doux, craintif, se désintéresse des affaires politiques, mais il a toujours son aversion pour le gouvernement de Hué et s'est montré attaché à la race nationale des Lé; une des provinces, celle de Haï-Dzuong, a mérité d'être surnommée la *Vendée tonkinoise*, à cause de ses fréquentes séditions contre la dynastie des Nguyen. La population est laborieuse et surtout agricole, bien qu'on rencontre des pêcheurs, des potiers et des briquetiers de profession.

NOURRITURE, HABITATIONS — La base de la nourriture est le riz bouilli, le poisson et les légumes. Les Annamites mangent peu de viande, seulement du porc et des poules : parfois, le bœuf, le buffle font apparition sur les tables, mais seulement lorsqu'un accident oblige à abattre ces animaux. Les sauces sont très variées et très épicées; une des plus employées est le *nuoc-man*, fait avec de l'eau de mer, des petits poissons écrasés et des épices. Le goût du peuple est peu délicat; les indigènes n'apprécient les œufs que lorsqu'ils sont conservés à la chinoise. Tout est comestible pour eux, les chiens, les chats, les rats, les chauves-souris, les serpents, les vers à soie, les nids de l'hirondelle salangane, etc. Cependant l'Annamite est généralement sobre et boit rarement le thé et l'eau-de-vie de riz ou *choum-choum*, au goût empyreumatique et désagréable. Les grands excès se font aux repas de cérémonie, qui durent souvent deux jours et sont servis avec abondance. On y trouve de la viande de buffle, de porc et de crocodile, des pâtisseries faites avec des fruits, du sucre, de la farine de riz et de la graisse de porc. Cette nourriture est peu réparatrice; elle ne soutient les forces de l'indigène qu'à la condition pour lui de faire des repas multiples. Aussi l'Annamite mange-t-il très souvent. Mais, d'un autre côté, le peu d'excès alcooliques des indigènes les met à l'abri des affections vasculaires et de la goutte. Il faut reconnaître que le manque de délicatesse des Annamites pour la nourriture s'explique en partie par la rapide altération des viandes et des légumes sous leur climat.

Les maisons sont généralement groupées par hameaux dans des bosquets touffus, semés çà et là dans les rizières et sur le bord des arroyos, surtout dans la plaine au sud de Saïgon, Cholon, Hué, Hanoï; il n'existe pas de villes proprement dites : les centres de l'intérieur ne sont que des agglomérations de villages. Les habitations sont entourées par des haies de bambous, percées de portes sans serrure qu'on tient ouvertes pendant le jour au moyen d'un bâton et qu'on laisse retomber à la nuit. Autour des cases s'étendent de petits jardins, assez mal entretenus, mais dont les arbres dissimulent les constructions. Celles-ci sont peu solides et ressemblent à des hangars; nos soldats, en 1858, leur ont donné le nom significatif de *paillottes*. Quelques bambous et quelques troncs plantés en terre figurent des pilotis à demi cachés dans l'eau, à demi dans la boue; quelquefois, à la marée haute, le fleuve envahit le plancher, toute la famille se réfugie alors sur les grandes tables en bois qui servent à la fois de siège et de lit; les murailles sont garnies de limon séché au soleil et ressemblent aux maisons en pisé des anciens Assyriens; les toitures, formées de roseaux couverts de feuilles de palmier, rappellent nos toits de chaume. Souvent il faut se baisser pour entrer dans les paillottes, mais au milieu, le toit, soutenu par des colonnes de bois, s'élève en voûte; les fermes des maisons sont ajustées avec des chevilles, jamais avec des clous. Quelques heures suffisent à l'édification d'une semblable demeure, basse et malsaine, ne laissant échapper la fumée que par les portes et les fenêtres. Le sol est recouvert d'une sorte de mastic fait, soit avec de la chaux délayée dans une infusion de branches et de feuilles de cay-hocouc, soit avec un composé de chaux et de cassonade. Les maisons sont divisées par des cloisons en nattes pour former les différentes pièces. Aussi mal tenues, aussi malpropres que leurs habitants, les paillottes servent à la fois aux hommes, aux chiens, aux porcs et à la volaille. Les détritus sont jetés pêle-mêle dans les rues étroites, qui forment autant de cloaques infects et stagnants qui, en temps d'épidémie, reçoivent même les déjections des cholériques ou des varioleux. Les animaux domestiques et les oiseaux de proie se chargent seuls de l'enlèvement des immondices. On ne peut se faire une idée exacte de l'incurie des habitants et de la malpropreté de la plupart des villages, que lorsqu'on les a constatées par soi-même. Il faudra longtemps pour faire comprendre à l'indigène quel intérêt majeur il y aurait pour lui à suivre les règles de l'hygiène des habitations, à exhausser le sol de ses villages, à faciliter l'écoulement de toutes les eaux, à combler les cloaques que creusent près de lui les pluies torrentielles, à construire des cases plus larges, plus élevées de toiture pour donner plus d'air aux membres de la famille souvent si nombreux dans même case. La race annamite se multiplierait considérablement, au grand profit du pays, sans les causes de destruction au milieu desquelles elle vit.

Aussi les Annamites ne s'attachent-ils guère à leur domicile et ils le quittent sans peine pour échapper à l'administration tracassière et tyrannique des mandarins. Un trait montrera le peu de valeur des demeures annamites. Un missionnaire poursuivi par les satellites de Tu-Duc, habitait une maison indigène avec quelques prêtres ou catéchistes indigènes. Il pouvait disposer de quelques heures avant l'arrivée des persécuteurs, et pour dépister ceux-ci, il démolit sa paillotte. Les murs de bambous formèrent des fagots que l'on cacha, avec les meubles, chez les chrétiens du voisinage. Les pieux qui portaient l'habitation furent arrachés et on les transporta dans les jungles ou fourrés; on fit passer la charrue sur l'emplacement devenu libre, et lorsque les mandarins arrivèrent, ils trouvèrent un champ là où on leur avait annoncé une habitation de douze ou quinze personnes. Convaincus que le dénonciateur les avait mystifiés, ils le condamnèrent immédiatement à cinquante coups de rotin qu'il reçut et dont il faillit mourir. Comme tout le village était chrétien, le missionnaire put y rentrer derrière ses persécuteurs, et, deux jours plus tard, la case était reconstruite; les frais n'avaient pas dépassé une trentaine de francs.

Nous ne possédons pas en Cochinchine et il n'existe pas au Tonkin un seul monument se rapprochant, même de loin, des merveilles de l'architecture des Khmers. Les Chinois, dont les Annamites sont les élèves, construisent rarement des bâtiments à plusieurs étages; ils aiment mieux occuper un grand espace où ils édifient des kiosques, des petites pagodes, des hangars aux poutres sculptées. Le bois est la matière le plus généralement employée; la construction est facile et rapide, mais la ruine arrive aussi promptement, quand le caprice du propriétaire se détourne de ces frêles édifices.

Les riches Annamites possèdent seuls des maisons en briques, couvertes en tuiles, avec la charpente faite souvent en bois de prix, sculpté avec patience. Depuis la domination française, surtout dans ces derniers temps, on voit à Hanoï et à Haïphong, à Saïgon et à Cholon, un certain nombre de Chinois et d'indigènes habiter des maisons à étages, faites sur des modèles européens. Il sera nécessaire d'imposer à la race conquise des règlements de police pour l'obliger peu à peu à améliorer ses constructions rurales. Nous avons dû procéder ainsi en France pour proscrire l'emploi du chaume dans nos villages et prévenir les incendies autrefois si fréquents. Il y a là une question d'une importance capitale sur laquelle, en Cochinchine, le gouvernement colonial a déjà porté son attention dans les grandes agglomérations.

L'ameublement est très simple : des planches et des claies servant de lits, une table boiteuse, quelques escabeaux, des nattes, un fourneau de terre mal cuite, quelques ustensiles de cuisine, parfois un grand coffre à roues renfermant des sapèques ; quelquefois aussi le cercueil de famille complète le mobilier, auprès duquel les pénates d'argile de Philémon et de Baucis auraient été d'un luxe raffiné. Chez les riches, on voit des armoires portées sur de grosses roulettes et quelques tableaux religieux. Les claies sont remplacées par d'épaisses planches de bois dur d'espèce rare. Ces planches ou plateaux ont de 6 à 8 centimètres d'épaisseur, elles sont polies, lustrées et se réunissent au nombre de deux à quatre, suivant leur largeur. La nuit, elles servent de lit, et, le jour, on y joue, on s'y établit pour la conversation, pour les repas, pour les rafraîchissements, on y cause en fumant ou en chiquant le bétel. Plus les plateaux sont nombreux, plus la famille est réputée à son aise. Chez les notables, les plateaux, groupés dans les salles d'entrée, servent de sièges pour les personnes appelées à délibérer sur les intérêts communs du village. On voit quelques chaises sculptées garnies d'incrustations de nacre, mais d'un fort mauvais goût, des rouleaux de sentences, quelques tableaux d'exécution grossière, et des brûle-parfums en cuivre. Partout se trouve l'autel des ancêtres, chez les pauvres comme chez les notables : c'est là le point caractéristique du bouddhisme. Les chrétiens ont remplacé les signes de l'ancien culte par une petite chapelle avec des statuettes données par les missionnaires. Ils ont remplacé les sentences chinoises par des textes évangéliques.

La malpropreté, l'insouciance des soins hygiéniques les plus élémentaires, favorisent chez les Annamites le développement des maladies, filles d'un climat équatorial et paludéen. Pour se soigner, les indigènes ont recours à des médecins, véritables charlatans ou sorciers, dont les remèdes consistent surtout en incantations et en pratiques magiques.

Les Annamites emploient comme médicaments, outre certaines drogues mal définies, venues de Chine, le safran, la cannelle, le datura stramonium, le cardamome ; ils connaissent les emplâtres de chaux, les ventouses, etc. Les soins des médecins européens sont très prisés par les indigènes. Longtemps, les missionnaires ont réussi à pénétrer dans les paillottes, sous le prétexte de donner des soins aux malades : tel fut le point de départ de plus d'une conversion au catholicisme.

C'est au paysan tonkinois qu'il faudrait appliquer les beaux vers de la Fontaine :

> Quel plaisir a-t-il eu depuis qu'il est au monde ?
> En est-il un plus pauvre dans la machine ronde ?
> Point de pain quelquefois, et jamais de repos :
> Sa femme, ses enfants, les soldats, les impôts,
> Le créancier et la corvée,
> Lui font d'un malheureux la peinture achevée.

« La vie d'un paysan n'est qu'une longue inquiétude, dit moins poétiquement, mais non moins vigoureusement, M. Harmand : d'un côté les mandarins, de l'autre les pirates : l'enclume et le marteau. » Les villages sont tous entourés d'un double système de défense, digues contre l'inondation, haies de bambous contre les pirates ; mais contre ceux-ci les habitants ne possèdent que quelques lances en bambou durci au feu et des pierres conservées dans des filets de rotin. Ils mettent un veilleur sur un arbre élevé, transformé en mirador : c'est là le beffroi de la commune annamite. A la première alerte, tous se barricadent derrière leurs bambous. On se croirait dans l'Europe du moyen âge quand Jacques Bonhomme se défendait contre les *Grandes Compagnies*. Malheureusement le Tonkinois n'a pas, comme celui-ci, ce respect de la dignité personnelle, cette haine de l'oppression qui caractérisaient nos pères et qui ont inspiré de si belles pages à notre grand historien Augustin Thierry.

La forme des villages est généralement rectangulaire, rarement arrondie ; quand l'ensemble est irrégulier, des angles saillants en retour d'équerre sont pratiqués pour la facilité de la défense. Ils sont entourés d'une levée de terre de $1^m,50$ à 2 mètres de hauteur et de $0^m,60$ à $0^m,80$ d'épaisseur. Une haie vive de bambous, de cactus et de lianes est plantée sur cette levée et forme une haie impénétrable même à la vue. A l'intérieur un large fossé d'eau croupissante suit le pied de la haie. La plupart des villages contiennent trois étangs ; l'un sert de vivier, l'autre d'abreuvoir pour les buffles, le troisième fournit l'eau nécessaire aux habitants. Ainsi fortifiés et approvisionnés, quelques-uns de ces villages pourraient soutenir un long siège contre les Asiatiques ; attaqués par des troupes européennes, ils pourraient faire subir à celles-ci des pertes sérieuses.

La famille et la propriété. — Les Annamites se marient, en général, de bonne heure. Le code n'indique pas l'âge minimum exigé pour les alliances, mais le *Lé-Ky,* ou Livre des rites, fixe seize ans pour l'homme et quatorze pour la femme. Quand un jeune homme a choisi son épouse, il la demande à ses propres parents, ou, à leur défaut, à ses grands-parents ou à ses parents plus éloignés, de qui dépendent les mariages. Ceux-ci s'adressent, par un intermédiaire ou *mai-dong,* à la famille de la jeune fille.

Les questions d'intérêt sont d'abord traitées. On offre des sacrifices aux ancêtres, et le futur fait des présents en bijoux et en étoffes, tandis que les parents de la fiancée lui donnent, en retour, une boîte à bétel et à cigarettes, un pot à tabac et divers ustensiles. Viennent alors les fiançailles, pendant lesquelles un plateau de bétel, apporté par la famille du jeune homme, est déposé sur l'autel des ancêtres de la jeune fille. Le jour de l'union arrivé, les deux familles invitent les notables du village, le fiancé exprime le désir d'épouser la jeune fille; le maire s'assure du consentement respectif des parties. Le nouvel époux se prosterne devant les autels des ancêtres et salue les parents de l'épousée. Après la signature de l'acte commence un festin. Enfin, le mari offre un sacrifice aux divinités protectrices du mariage et tout le monde se retire, sauf un vieillard qui joue un rôle religieux dans la cérémonie.

Ce vieillard entre dans la chambre nuptiale et dispose sur la table-autel des présents. Les époux, guidés par celui-ci, saluent les ancêtres du mari, et entrent dans cette pièce dont ils referment la porte sur eux. Le vieillard allume les bougies et les baguettes d'encens, verse du vin de riz qu'il a apporté dans les tasses destinées à cette libation. Il prononce ensuite une invocation au génie des fils rouges et à la dame de la lune; il appelle leurs faveurs sur le nouveau couple prosterné, le mari à droite, la femme à gauche. Il prend alors une tasse et y verse du vin de riz. Il ordonne à la femme de présenter cette tasse

à son mari, ce qu'elle fait en disant : « Buvons ce vin
« pour que notre union dure cent ans; en tout, je
« dois vous obéir et n'oserai jamais vous contredire. »
Le mari, après avoir bu, dit à sa femme : « Bois ce
« vin ; je fais le vœu que notre union dure cent ans. »

Les visites de cérémonie commencent trois jours après, et les invités font des présents comme retour de noces.

L'administration française a essayé en Cochinchine de régulariser la tenue des actes de mariage comme celle des actes de naissance et de décès, afin d'assurer la filiation, la possession d'état, les héritages, et de prévenir les procès.

A côté de l'union de premier ordre, caractérisée, comme la confarréation des Romains, par la pratique des cérémonies religieuses, le code annamite fait souvent mention des mariages de second ordre, qui se font sans formalité, bien qu'ils confèrent aux enfants qui en sont issus les mêmes droits qu'aux enfants de la première femme.

La loi punissait avec la dernière rigueur les crimes commis contre les ascendants; le fils qui frappait son père, sa mère ou un grand-parent devait être décapité. Les enfants parvenus à l'âge de majorité pouvaient posséder et administrer un petit pécule, et, s'ils étaient obligés d'attendre la mort de leurs père et mère pour disposer des biens de la famille, il n'était pas rare de voir ceux-ci abandonner, de leur vivant, une part d'héritage pour favoriser l'établissement des jeunes gens.

La loi annamite admet que le père, durant le mariage, a l'administration des biens personnels de ses enfants non établis; que cette administration passe à sa veuve, à la condition, toutefois, qu'elle observe son veuvage. A défaut du père et de la mère, l'administration appartient à l'aïeul ou à l'aïeule paternels : à défaut de ceux-ci enfin, c'est le conseil de famille, présidé par le *truong-toc* (1) qui a charge de désigner, parmi les parents aptes à cette fonction, un tuteur aux enfants mineurs ou non émancipés.

Quand les enfants marchent seuls, on les laisse courir libres, se couvrir de poussière ou se plonger dans les ruisseaux vaseux. Vers douze ans, ils travaillent, gardent les troupeaux de buffles, cultivent les rizières, deviennent conducteurs de sampans, pêcheurs ou constructeurs de jonques.

Les funérailles sont une grande affaire, pour les Annamites comme pour les Chinois; elles se ratta-

---

(1) Le truong-tòc est le chef de la parenté. « Si l'on considère les différentes branches de la famille à quatre ou cinq générations de l'auteur commun, dit M. Luro dans son cours d'administration annamite, chaque famille particlle a pour chef immédiat son père et pour chef général l'ascendant commun. A défaut de l'ascendant commun à tous, c'est le plus âgé de ses fils survivants, et, à défaut de fils survivants, c'est le plus âgé des petits-fils, et ainsi de suite, qui est le truong-tòc. » Le truong-tòc a pour mission de surveiller les partages d'héritages dans les différentes branches de la famille; il est témoin obligé de tous les actes importants, et même le conciliateur légal de toutes les contestations entre parents; il prend soin des intérêts communs des mineurs; il veille enfin à l'accomplissement des cérémonies rituelles de la famille.

chent au culte des ancêtres. Souvent un homme achète un cercueil de son vivant ; il arrive quelquefois que les enfants se cotisent pour offrir ce meuble à leurs parents, et que le jour où ils font ce cadeau est un jour de fête pour la famille. Cependant cette coutume n'est pas aussi générale qu'en Chine, et plusieurs même voient un mauvais présage dans la possession anticipée du cercueil. Parfois aussi l'Annamite fait préparer son tombeau dans un site déterminé par un prêtre : cet usage nous paraît moins singulier et se rapproche de nos achats de concessions perpétuelles et de caveaux de famille.

La constatation de la mort se fait au moyen d'un flocon de coton que l'on suspend devant les narines et que le moindre souffle ferait osciller. Quand la mort est constatée, on couvre le visage du défunt de trois feuilles superposées de papier ordinaire, que l'on recouvre elles-mêmes d'un mouchoir rouge ou d'une étoffe de soie ou de coton. L'on met ensuite dans la bouche du mort trois grains de riz, ce qui rappelle l'obole placée dans la bouche des Grecs pour payer le passage au nocher des enfers.

L'ensevelissement a lieu ensuite ; le corps est lavé et habillé richement avec les insignes de ses dignités, les cheveux peignés. Lorsque le cadavre est mis en bière, il faut enduire celle-ci de certains vernis pour la mettre à l'abri des insectes. Cette opération dure plusieurs jours.

Pendant ce temps, les femmes préparent les habits de deuil, en toile ou en étoffe de coton blanche d'autant plus grossière que le défunt était un parent plus proche. Lorsque les vêtements de deuil sont prêts, parents et amis se réunissent, les mettent et prennent part aux sacrifices que l'on fait aux ancêtres et au défunt lui-même.

La coutume annamite est de garder le cercueil dans la maison un temps plus ou moins long, près d'un petit autel où l'on place trois tasses de riz, divers autres mets, un brasero d'encens, deux bougies. Cette coutume permet de donner tous ses soins à la préparation d'une magnifique cérémonie funèbre. C'est alors que le fils pieux doit montrer sa tendresse filiale, et cette considération conduit trop souvent à faire pour l'inhumation des dépenses exagérées qui ruinent une famille.

Le jour de l'enterrement, le cercueil, porté sur un brancard richement orné, est accompagné par un nombreux cortège. En tête marchent les *phủỏng-tủóng*, chassant de leurs baguettes les mauvais esprits qui rôdent autour des âmes des morts. Des serviteurs en deuil portent des tablettes où sont gravés l'âge et le nom du défunt, d'autres une sorte de cage en bambous qui représente sa maison. Les fils et les plus proches parents poussent des lamentations. Au milieu du cortège, les bonzes chantent des cantiques, accompagnés par des musiciens.

La fosse a été creusée au milieu des champs; les porteurs descendent le cercueil sur lequel on place des papiers amulettes; chaque assistant prend une poignée de terre et la jette dans la fosse qui est aussitôt comblée. On fait alors des sacrifices funèbres.

Le deuil est très rigoureux; il est censé durer trois ans pour les ascendants, mais en réalité il n'est que de deux ans. Il interdit aux hommes des familles supérieures tout emploi public, il empêche les mariages et les réjouissances. A chacun des deux premiers anniversaires de la mort a lieu un sacrifice; au second, on brûle la maison infernale, les vêtements de deuil et tout ce qui reste des objets funèbres.

Le code annamite punissait avec la dernière rigueur la violation des sépultures, même de celles qui ne renfermaient pas les dépouilles mortelles d'un défunt, mais où l'on avait placé son esprit évoqué. Quelquefois des monuments en pierre sont construits pour les riches. Ce sont les sépultures qui donnent un aspect particulier à la partie de la plaine qui s'étend entre Saïgon et Cholon, et à laquelle on a donné le nom de *plaine des Tombeaux*.

Sur la surface antérieure des sépultures se trouve une épitaphe multicolore sur une dalle de granit. Elle porte le nom, la patrie et la date de la mort du défunt, et mentionne celui qui lui a élevé le tombeau.

Quelques-uns des innombrables monuments funèbres de la plaine des Tombeaux sont magnifiques; ceux des Chinois sont généralement en forme de fer à cheval; ceux des Annamites sont ou des pyramides élancées, ou de jolies petites pagodes en miniature, ou enfin de modestes tombes affectant la forme grossière d'un cheval couché tout sellé. Tous ces petits édifices de la ville des morts sont construits en briques ou en terre, puis recouverts d'une couche épaisse d'une sorte de plâtre délayé dans une sève visqueuse que l'on obtient en faisant infuser dans l'eau les branches et les feuilles d'un arbre appelé *cay haïouc*, par les indigènes. Ce plâtre, facile à mouler et auquel on donne une couleur brune, devient en séchant aussi dur que la brique, et imite la pierre au point de tromper à première vue.

Comme partout, les pauvres ont des monuments très simples qui consistent en *tumuli* affectant la forme de pyramides tronquées, sur lesquelles on simule une ou plusieurs tombes, suivant que ces tumuli recouvrent les restes d'une ou de plusieurs personnes.

Cet immense cimetière est très renommé et c'est un honneur d'y être enterré; il reçoit non seulement les morts de la contrée, mais encore ceux des provinces voisines, qui ont choisi ce lieu de sépulture.

Esclavage. — L'esclavage existait dans l'empire d'Annam et par suite dans la Basse-Cochinchine avant la domination française. Toutefois, l'esclavage était peu répandu et mitigé par le caractère généreux des habitants et les prescriptions de la loi, en général très douces, et les seuls esclaves étaient, soit les personnes frappées par une condamnation judiciaire, même comme parents de coupables, soit les prisonniers de guerre, soit les gens enlevés dans les forêts du Laos, soit enfin les gens endettés qui donnaient pour gage leur personne ou celle de leurs enfants et payaient ainsi l'intérêt de la dette et parfois même le capital. Le mariage de première classe était interdit entre un homme de condition honorable et une fille esclave, mais il pouvait exister entre eux une alliance de second ordre. L'esclave coupable d'un crime contre le maître ou une personne libre était en général puni d'une peine plus forte que celle qui aurait été encourue pour le même fait par un homme libre. Comme autrefois à Rome, l'affranchi était lié à son patron par *un lien de devoir et de reconnaissance*. Il ne pouvait, sous aucun prétexte, porter une plainte contre le chef de famille ou les proches parents de celui-ci. Le maître n'avait pas le droit de vie et de mort, mais il avait le droit de châtiment et ce droit était partagé par les parents jusqu'au cinquième degré. L'esclave était une personne en ce sens qu'il pouvait être rendu à la liberté, que la loi lui imposait des obligations et lui accordait quelques droits; mais il était surtout considéré comme une chose, car il ne pouvait figurer dans un acte juridique, s'obliger civilement pour ses délits; il était inapte à posséder et ne jouissait que d'une façon fort incomplète des droits du père sur ses enfants. L'esclave était transmis par héritage ou par donation; il pouvait être vendu ou échangé.

Le plagiat était sévèrement puni par le code annamite, qu'il fût fait par dol ou par violence, ou par un accord entre le vendeur et la personne vendue, et la vente était déclarée nulle. Il n'y avait donc que le commerce des esclaves de la peine qui fût permis.

Il existait dans la loi une sorte d'esclavage connue sous le nom de servitude militaire ; les condamnés étaient exilés dans des lieux déterminés et étaient soumis là, à perpétuité, aux charges du service militaire.

Cependant les esclaves par jugement formaient la minorité, sauf dans les temps de persécution religieuse, par exemple à l'époque où Minh-Mang résolut de proscrire d'une manière absolue le catholicisme de l'Annam. En temps ordinaire, la majorité des esclaves comprenait des Moïs achetés, et surtout des débiteurs insolvables ; quant aux prisonniers de guerre, ils étaient devenus extrêmement rares après la conquête du Ciampa, les Annamites ne faisant pas, comme les Siamois, des troupeaux de prisonniers de guerre pour les implanter dans leurs provinces.

Depuis la domination française, l'esclavage a complètement disparu de la Cochinchine. A l'origine, le gouvernement ne s'aperçut pas de l'existence d'esclaves, soit que le nombre en fût si minime qu'ils disparussent perdus dans la masse de la population ; soit que ces esclaves, bien traités dans les familles, se confondissent avec les domestiques ; soit, enfin, que les magistrats indigènes eussent caché leur existence aux autorités françaises, de connivence avec les maîtres, et profitant de ce que les esclaves ne se plaignaient pas de leur sort. A mesure que nos fonctionnaires ont occupé les emplois, que nous avons pénétré jusque dans les régions forestières les plus éloignées, nous avons pu reconnaître des restes du honteux trafic que nous nous étions réjouis d'abord de voir s'arrêter à nos frontières. L'esclavage a été combattu avec succès : d'ailleurs, les esclaves qui ont été découverts sur le sol de la colonie, étaient généralement dans cette situation depuis une époque antérieure à la conquête, ou ils étaient nés, dans la maison du maître, de parents en esclavage. On a vu parfois des esclaves, émancipés par nos administrateurs, protester contre cet acte, mal interprété par eux, et solliciter, comme une grâce, de continuer à demeurer auprès du maître, devenu leur père de famille. Quant à la coutume des débiteurs de s'acquitter envers leurs créanciers en travaillant pour eux, elle existe encore ; mais, restreinte dans certaines limites, elle peut être aussi bien admise qu'en France, sous le bénéfice de l'article 1780 de notre Code civil.

La vente des enfants peut encore exister, dissimulée par une apparence d'adoption. Les enfants sont généralement cédés en bas âge ; ils entrent dans la famille de l'adoptant, ils y sont élevés, soignés, mariés, ils prennent le nom de la famille d'adoption et participent aux biens de la maison ; néanmoins ces sortes de transactions, punies par le code annamite comme par le code français, sont irrégulières : les indigènes le savent bien : ils s'abstiennent de les faire sanctionner par l'apposition du sceau du village et, à plus forte raison, ils se gardent bien de les présenter à l'enregistrement.

La piraterie est la dernière cause de l'esclavage. Elle a toujours désolé le golfe du Tonkin. La situation du golfe sur la route de l'Inde à la Chine, la proximité d'un pays dont les habitants sont incapables de se défendre par eux-mêmes, la difficulté de la navigation pour les croiseurs, tout favorisait les pillards. D'ailleurs chez les peuples orientaux la piraterie et la traite ne sont pas jugées comme en Europe et sont considérées comme l'exercice très légitime du droit du plus fort. Il arrive que des jonques, parties des ports de la Chine et du Tonkin dans un but de commerce, rançonnent les embarcations plus faibles si leurs opérations n'ont pas réussi, sauf à être piratées à leur tour par des forbans de profession.

L'action répressive de la croisière française a souvent été gênée par la complicité évidente des mandarins de l'Annam; les villages de la côte trouvaient dans la piraterie une occasion d'exporter leur riz malgré la défense des pouvoirs publics. Toutefois un châtiment infligé produisait de bons résultats. En 1875, on ne voyait aucun pêcheur annamite en dehors de l'embouchure des fleuves; aussitôt qu'une barque du pays s'aventurait au large, elle était arrêtée par quelque pirate chinois qui prenait les filets et s'emparait des femmes et des enfants. Les villages situés sur les bords de la mer étaient aussi mis fréquemment à contribution. Dès avant l'ouverture de la campagne par le commandant Rivière, les pirates n'osèrent plus descendre à terre que dans les îles du golfe ou sur la côte à peu près inhabitée qui s'étend entre Haïphong et la frontière de Chine; les Annamites allèrent pêcher sans crainte et aussi loin qu'ils voulaient.

Langue, écriture, littérature, sciences, arts. — L'annamite, comme la plupart des idiomes de l'Asie orientale, est une langue monosyllabique, composée de mots séparés, inflexibles et invariables. Les voyelles, principalement les voyelles brèves et les diphtongues y sont nombreuses. Chaque mot est une racine ayant à la fois le caractère du substantif et celui du verbe; la manière dont on le place dans la phrase, l'intonation dans la prononciation marquent seules son sens catégorique et sa fonction grammaticale. La grammaire est une véritable syntaxe. La langue annamite n'a pas de patois et on remarque à peine une différence de prononciation de certaines voyelles entre les provinces du midi et celles du centre et du nord.

Les lettrés se servaient du chinois qui, devenu la langue officielle, avait fourni à l'annamite, comme au japonais et au coréen, les termes pour exprimer les idées abstraites. Cette langue avait ainsi joué le même rôle que l'arabe dans le persan et le malais. Les caractères idéographiques employés dans l'Annam, depuis le troisième siècle de notre ère au moins, sont d'origine chinoise. Un Chinois peut s'entendre avec un Annamite par l'intelligence des caractères représentant une même idée exprimée dans les deux idiomes par des vocables différents.

L'écriture chinoise fut introduite dans l'Annam pour la rédaction des pièces officielles et judiciaires. Elle représente chaque idée par un signe spécial, et ignore le procédé, plus abstrait, mais plus pratique, qui consiste à figurer le son des mots avec un nombre restreint de signes, divisés en voyelles et en consonnes. En d'autres termes, l'écriture chinoise est idéographique et non phonétique, et quel que soit le sens grammatical dans lequel le mot est pris, le signe reste le même, sa position dans la phrase indiquant l'acception qu'il faut lui attribuer. Chez nous on écrit la parole, en Chine on représente la pensée.

Les Annamites se servent aussi, en dehors de la correspondance officielle, de caractères appelés *chu-nom*, dérivés d'une façon très simple des caractères chinois. Celui qui connaît les caractères chinois et la langue annamite peut rapidement lire une pièce écrite en chu-nom. Dans le Céleste Empire, cette écriture cursive est aussi connue sous le nom de *thsao*. Le chu-nom présente ainsi une modification des caractères idéographiques analogue à celle de l'écriture hiératique et de l'écriture démotique par rapport aux anciens hiéroglyphes égyptiens.

Lorsque les missionnaires portugais parurent dans la Cochinchine, ils appliquèrent les caractères de l'alphabet latin à l'écriture de la langue annamite. L'écriture nouvelle s'appela *quoc-ngu*. C'était faciliter singulièrement l'étude de cet idiome et beaucoup l'apprirent ainsi rapidement. Pour indiquer l'intonation des mots de cette langue chantante, ils ont employé des accents, des tildes, et ont modifié certains caractères de notre alphabet et leur ont donné une valeur conventionnelle, facile à retenir.

L'emploi des caractères latins a été généralisé et régularisé en Cochinchine depuis notre conquête, par les amiraux Ohier et Lafont, et il est enseigné dans toutes les écoles de la colonie. L'amiral Ohier avait accordé des exemptions d'impôts aux fonctionnaires annamites capables de correspondre en quoc-ngu. M. le Myre de Vilers comprit l'importance de cette prescription. Il attribua des primes aux administrateurs européens, des subventions aux notables des villages susceptibles d'établir les pièces officielles dans ce mode d'écriture. Les avantages de cette mesure sont considérables. Les indigènes sont ainsi dispensés d'avoir recours à une langue étrangère pour la rédaction de leurs contrats et de leurs conventions; nous sommes affranchis des interprètes et des anciens lettrés hostiles à notre domination. La langue vulgaire, ainsi fixée par nos caractères latins, nous ouvre une voie facile pour faire pénétrer nos idées civilisatrices, pour vulgariser les sciences de l'Europe ignorées dans l'extrême Orient. L'introduction de notre alphabet est peut-être le plus grand des bienfaits apportés en Cochinchine par notre domination, comme dans l'antiquité, l'introduction des caractères phéniciens chez les peuples du bassin méditerranéen, fut l'instrument le plus rapide de la civilisation de l'Europe primitive.

L'usage du quoc-ngu doit être vulgarisé au Tonkin comme dans la Basse-Cochinchine et pour les mêmes motifs. Les Prussiens, en Alsace-Lorraine, n'ont que trop rapidement compris l'importance de l'emploi d'une langue pour l'assimilation des habitants d'un pays et ont rendu obligatoire l'usage de l'allemand pour les pièces officielles.

Les mots des Annamites, comme ceux des Chinois et des Siamois, sont susceptibles de plusieurs tons ou inflexions de voix, de telle sorte que le même mot, à des tons différents, exprime toute une série de choses souvent fort différentes les unes des autres.

Il est important de remarquer que ces tons persistent de la manière la plus absolue dans le langage, en parlant à haute voix comme en chuchotant, dans le style vulgaire comme dans la prière et dans le chant, dans les imprécations de colère ou dans les paroles de mansuétude. Chez les enfants et chez les individus illettrés, surtout dans les petites villes éloignées des grands centres, les intonations sont très fortement indiquées dans le langage, qui devient une sorte de chant perpétuel, bizarre et inimitable pour un Européen qui ne s'y est pas habitué par une certaine pratique. Dans les villes fréquentées par les Européens, il s'est formé, comme en Algérie et dans les Échelles du Levant, un « sabir » monstrueux composé de mots chinois et annamites, français et provençaux, espagnols et portugais, anglais, latins, malais, juxtaposés sans aucune flexion.

Quant à la littérature annamite, ses œuvres sont peu nombreuses. Quelques poèmes, des poésies et des chants populaires, des proverbes, des dictons font toute sa richesse.

Tous les Annamites savent par cœur le poème *Luc-Van-Tiêu*, et il n'est pas de chaumière où chaque soir les habitants n'en psalmodient quelques passages, même les enfants qui n'en comprennent pas encore le sens. Son auteur est inconnu. C'est une belle épopée, digne de sa réputation; elle représente un homme du peuple, qui n'a d'autre ambition que de s'élever, par l'étude de la philosophie, au-dessus de ses semblables. Ce sage passe, dès le début de sa vie, par toutes les épreuves physiques et morales qu'il soit donné à un être humain de subir; il lutte contre tous les maux, toutes les passions, sans jamais se laisser abattre; il arrive, après de longues années de souffrances et de tribulations, à l'immortalité, et gagne, par sa vertu et ses mérites, la couronne royale, c'est-à-dire le mandat du ciel.

Les proverbes sont nombreux; on les appelle *côngu* ou paroles des anciens. Nous en citerons quelques-uns :

« Cent hommes, cent langues.

« On connaît les hommes et leur visage, mais qui connaît leur cœur ?

« Bien qu'il n'ait qu'un filet très délié, le pêcheur habile attrape de gros poissons.

« Allumez un flambeau pour chercher la richesse,

vous ne la verrez pas; prenez une épée pour tuer la pauvreté, la pauvreté vous suivra quand même.

« Mieux vaut n'avoir à manger que du maïs que d'être riche et orphelin.

« En réunissant leurs moyens, des fourmis arrivent à traîner un bœuf.

« Rassasié on perd le goût, en colère on perd la prudence.

« Ce n'est qu'en travaillant qu'on devient habile.

« Donnez des éloges et vous serez considéré; critiquez et vous serez haï.

« Qui aime bien châtie bien. »

Les Annamites ont emprunté aux Chinois leur philosophie et leurs connaissances scientifiques. Les lettrés ont quelques traités de mathématiques; ils cultivent l'astronomie, mais ils n'ont aucune notion de la chimie. Quant au peuple, son ignorance le livre aux rêveries de l'astrologie, exploitées par les sorciers qui se flattent de prédire l'avenir et de tirer l'horoscope des individus par l'examen des plantes et des étoiles. Les éclipses de soleil et de lune portent la consternation dans la multitude. Les Annamites croient que ces astres sont poursuivis par un dragon; dès le commencement du phénomène, tous, grands et petits, font un grand bruit de voix et de gong pour effrayer l'infernale bête et l'obliger à abandonner sa proie. Chose singulière, une semblable croyance était répandue chez les anciens Germains et les anciens Scandinaves, qui, dans le cas d'éclipse, s'imaginaient que les astres étaient poursuivis par des loups et employaient les mêmes moyens pour écarter les animaux ravisseurs, tant les croyances des peuples enfants se ressemblent (1).

Comme les Chinois, les marchands annamites font usage, pour leurs comptes commerciaux, d'un *tableau à calcul*. C'est un petit cadre en bois qu'une traverse partage dans le sens de la longueur; il porte dix tiges de fer dans chacune desquelles sont enfilées sept boules de bois; celles du dessus valent chacune deux de celles du dessous qui figurent les unités. Les indigènes écartent les boules avec les doigts et représentent ainsi les nombres qu'ils ont calculés.

L'année chinoise, adoptée par les Annamites, est une année lunaire, ramenée en harmonie plus ou moins exacte avec l'année solaire au moyen de mois intercalés.

Les incrustations de nacre, quelques peintures sur pierre ou sur nattes, destinées à l'ornementation des pagodes, représentant des dragons entourant des génies, sont à peu près les seuls ouvrages d'art des Annamites.

La musique est fort aimée par les indigènes. Elle est bruyante; le tam-tam, une espèce de violon à trois cordes, une sorte de harpe éolienne, la flûte de Pan, des baguettes sonores, des cymbales et des tambourins composent l'orchestre. On remarque aussi un instrument à cordes présentant la forme de la sec-

---

(1) Rappelons que M. Paul Bert vient d'instituer une académie nationale pour la conservation des monuments littéraires.

tion longitudinale d'une poire. Les Annamites chantent passablement, mais leur voix, très nasillarde, donne à leur chant une langueur et une monotonie qui lassent bientôt. Ce défaut est moins prononcé chez les femmes, dont la voix, balancée seulement sur trois ou quatre notes, a un certain éclat qui n'est pas sans agrément. Le soir des beaux jours, elles chantent souvent dans leurs bateaux.

III.

POPULATIONS INDIGÉNES.

Moïs. — Les Moïs habitent surtout l'arrondissement de Baria. Quelques villages possèdent des rizières cultivées à la manière annamite ; leurs habitants sont sédentaires, ceux des autres groupes sont à demi nomades sur leur territoire particulier. Tous paient un léger tribut ; les habitations, qui renferment chacune de 15 à 20 habitants, sont groupées par trois ou quatre, élevées sur de forts piquets de $3^m,50$ à 5 mètres de hauteur ; elles forment de véritables cages rectangulaires de 30 à 40 mètres de longueur sur 15 de largeur, tressées en bambous ; le toit est en chaume de tranh et souvent les parois sont doublées de paillottes. Le mobilier est des plus simples, quelques foyers, des claies servant à contenir les provisions : venaison, pains de riz, poisson salé, maïs vert, patates douces, vases de vin, de riz, arcs et flèches. Le costume des Moïs se compose d'une bande d'étoffe à laquelle les jeunes femmes ajoutent un carré d'étoffe suspendu au cou; quand elles sortent, elles prennent le costume annamite. Tous, hommes et femmes, ont les oreilles percées; ils y portent des anneaux d'argent, de cuivre ou même simplement de petites ficelles; les plus riches portent au cou des colliers d'ambre.

Leur principale industrie est la culture du riz dans des *rays*, espaces de terrain déboisés par le feu; ils font des cordes en écorce d'arbre, de l'huile de bois, des torches, de la cire; ils vont vendre ces produits et leur chasse au marché de Baria contre du sel, du tabac, de la noix d'arec et des ustensiles de ménage.

La plupart des hommes et quelques femmes comprennent l'annamite, mais tous se servent habituellement d'une langue spéciale, qu'ils appellent la langue *trao*. Cette langue, presque entièrement monosyllabique, n'a pas les différentes accentuations qui rendent si difficile l'étude de l'annamite; on y trouve des aspirations rudes et fréquentes. Le système de numération est décimal.

L'esprit de famille est très développé chez les Moïs; leur tendresse pour leurs enfants est remarquable.

La religion des Moïs est très rudimentaire; on ne trouve chez eux ni idoles, ni pagodes, ni fétiches; ils ne portent pas d'amulettes; ils croient cependant que l'omission de certaines pratiques traditionnelles peut porter malheur. Ils ont un certain culte pour les morts.

Les Moïs étrangers sont en relations suivies avec

les Annamites depuis de longues années et n'en ont rien appris. Leur nombre est en décroissance et leur race probablement destinée à s'éteindre, comme toute race inférieure, rebelle à la civilisation en présence d'un peuple supérieur.

Chams. — Les Chams paraissent être d'origine malaise et provenir des débris de l'ancien royaume du Ciampa, conquis autrefois par les Annamites. On ne les rencontre dans notre colonie que dans quelques villages de la frontière septentrionale, vers Tayninh et surtout vers Chaudoc.

D'après le P. Leserteur les Ciampois ont perdu leur nationalité au commencement du dix-huitième siècle sous les coups des Annamites. La race et la langue ne disparaissent pas. Dans les provinces du nord et du centre la population se mêle avec les conquérants. Elle subsiste dans le Binh-Thuan, dans les montagnes voisines et dans le Cambodge.

Les sauvages qui occupent les frontières de l'Annam paient une certaine redevance. Ils n'ont aucune ressemblance avec les Annamites. Leurs tribus portent différents noms et parlent différents dialectes, dont quelques-uns sont polysyllabiques et paraissent se rapprocher du sanscrit. Grands, agiles, la poitrine bien développée, ils ont les yeux droits et la peau basanée.

La population des montagnes est presque entièrement composée de sauvages. Hommes et femmes parlent une langue spéciale ; ils portent un pagne, une étoffe à couleurs vives jetée sur l'épaule et une calotte bigarrée de rouge et de bleu. La plupart appartiennent à la race laotienne.

Muongs. — Dans le nord du Tonkin se trouvent les Muongs, qu'on rencontre dans les régions de Langson, That-Khé, Caobang Laokay, et au nord-ouest sur la rivière Noire. Ils empêchent en partie l'infiltration chinoise. Les Muongs paraissent être les représentants de la race autochtone et sont plus forts et plus intelligents que les Moïs de la Cochinchine. Ils se livrent à la chasse, à l'élève du bétail et à l'exploitation des forêts.

Les femmes muongs rappellent par leur type et leur coiffure les belles Juives mauresques du Caire. Quelques tribus muongs sont sous la direction d'un chef nommé par la cour de Hué. A certaines époques déterminées, il se rend au milieu de ses administrés pour recueillir les plaintes et juger les différends. Les Muongs, très courageux, sont impatients de cette domination qui les oblige à payer l'impôt en nature.

Avant les guerres dirigées par Minh-Mang contre les Muongs, l'organisation du pays était toute féodale : chaque village avait une famille noble dont les membres ne pouvaient se mésallier et jouissaient du pouvoir de haute et basse justice.

Plus beaux et d'un aspect plus mâle que l'Annamite, les Muongs restaient la plupart du temps à l'état d'indépendance, en luttes continuelles entre eux ou avec les soldats de Hué. Les Muongs, très habiles à la chasse, se servent d'une arbalète courte qui lance de petites flèches (souvent empoisonnées et renfermées dans des carquois de forme bizarre) à une assez belle portée; ils ont aussi l'arc en corne de buffle, et quelquefois un fusil incrusté qu'ils appuient sur la joue. Ceux des chefs, montés en ivoire gravé et en argent, souvent enrichis de pierres précieuses, sont très beaux, d'une ornementation originale. Les vêtements et les parures des femmes sont riches et de forme élégante. Les Muongs tissent le coton et la soie; ils connaissent l'art de la teinture, et leurs étoffes, par l'agencement ingénieux des couleurs et par le soin qu'ils mettent à former des dessins géométriques, rappellent les tissus persans.

Leur écriture est syllabique; leur numération comprend neuf caractères; ils ignorent l'usage du zéro.

IV.

LES CAMBODGIENS.

Caractères physiques. — Le Cambodgien est plus grand, mieux proportionné et surtout plus robuste que l'Annamite; c'est le plus vigoureux des Indo-Chinois. Son corps est carré, ses épaules sont larges, son système musculaire est bien développé; cependant on ne voit que très rarement ses muscles se dessiner à l'extérieur par des contours arrêtés, comme chez les Européens. Son crâne est allongé, dolichocéphale, son front plat ou bombé, fuyant sur les côtés; les bosses frontales sont peu développées, ses yeux sont très peu ou à peine obliques; l'iris est foncé, la sclérotique ictérique, les sourcils légèrement arqués, fins et déliés, la paupière supérieure est toujours bridée dans l'angle interne de l'œil, son nez épaté est un peu plus éminent et ses narines moins écartées et moins béantes que celles de l'Annamite. La bouche est moyenne, les dents petites et déchaussées, noires et projetées en avant par l'usage du bétel; le menton est rond, fuyant; les oreilles souvent un peu basses et trop écartées des parois osseuses. Ses pommettes sont moyennement saillantes et moins élevées que chez le peuple précédent. Ses cheveux ne présentent pas une coloration bien franche; châtains chez l'enfant, ils deviennent rarement très noirs; ils sont abondants et serrés, tantôt plats, tantôt légèrement ondulés; leur implantation descend très bas sur les tempes et le front; elle se fait chez les uns suivant une ligne assez régulière; chez les autres, par une série de points qui donnent naissance à de petites touffes droites et disgracieuses. Le système pileux est peu développé sur le reste du corps : point ou peu de barbe qu'ils épilent; quelques villosités ornées de deux ou trois poils très longs et très soignés par celui qui les possède. Le cou est normal, les épaules horizontales et larges; la poitrine bombée, les pectoraux saillants, les bras forts, la main large et osseuse, les doigts longs, les attaches grossières, contrairement à l'Annamite et au Chinois. Le bassin est également moins élargi transversalement ; aussi les jambes sont-elles bien droites et parfaitement articulées sur le bassin. Les mollets sont bien placés et très développés, et, sous ce rapport, le Cambodgien est le mieux doté des Indo-Chinois. Son teint est jaunâtre comme celui de tous les rameaux de la race mongole; après celui du Birman, c'est le plus caractéristique, et il rappelle souvent de beaucoup celui du Malais, race avec laquelle le Cambodgien a beaucoup d'autres points de ressemblance dus au voisinage de la presqu'île de Malacca et à l'établissement au Cambodge à une époque déjà ancienne d'un certain nombre de Malais. La couleur jaune, plus ou moins accentuée, sans doute à cause des métissages, varie avec les diverses parties du corps; le Cambodgien est généralement vêtu, il ne travaille pas le corps nu comme l'Annamite de l'intérieur ; néanmoins il s'expose au soleil. Les parties découvertes, le visage, la face dorsale, les mains et les jambes sont plus noires.

Nous croyons qu'en outre de cette légère infusion de sang malais, les Cambodgiens possèdent aussi une notable proportion de sang sauvage, qui a également contribué à foncer leur teint, et qui se décèle fréquemment par quelques autres indices physiologiques. Les Kambojas des livres sanscrits, venus de l'Inde en petit nombre, fixés depuis des siècles dans le delta du Cambodge, se sont mélangés peut-être plus que les peuples voisins aux aborigènes, les Kong, les Samré, les Kouys, les Stiengs, grâce surtout à l'habitude ancienne qu'ils ont conservée de les prendre comme esclaves. Faut-il attribuer à cette infusion graduelle de sang sauvage chez les Cambodgiens une part d'influence dans l'état de décadence dans lequel ils sont tombés, et qui tend à les ramener à l'état sauvage? C'est fort possible, et la facilité avec laquelle les Cambodgiens vont se réfugier et vivre dans les forêts à la façon des sauvages, semble justifier cette manière de voir.

Les Cambodgiens, au nombre de 102,708, au 1er janvier 1886, dans la Cochinchine, sont, nous l'avons déjà dit, les premiers possesseurs du pays. Ils occupaient tout le delta du Mékong lorsque les Annamites, s'installant par la force le long des arroyos, les refoulèrent sur les *giong*. Ils émigrèrent alors vers les provinces du royaume des Khmers restées indépendantes. Notre établissement arrêta ce mouvement de retraite, en assurant à tous nos sujets une égale protection et la reconnaissance de leurs droits de propriété. Ils habitent surtout dans les arrondissements de Chaudoc, Longxuyen, Hatien, Rachgia, Cantho et surtout Soctrang et Travinh. Depuis notre domination, nous voyons s'éteindre progressivement l'inimitié sourde et la haine traditionnelle des Cambodgiens et des Annamites. La constitution de la propriété et l'établissement de voies vicinales ont favorisé beaucoup cette fusion.

Les Portugais, qui s'étaient établis au Cambodge au seizième siècle, ont laissé des descendants qui gardent leur nom patronymique, mais aucun d'eux ne parle plus la langue portugaise. Ils sont au nombre d'une centaine d'individus des deux sexes.

Coutumes. — Les Cambodgiens sont doux, indolents et très portés au jeu; ils aiment beaucoup les courses de bateaux et engagent de forts paris, les parties de balle creuse, de balle en rotin, les concours de cerfs-volants, etc. Les embarcations destinées aux jeux sont ornées de sculptures dorées et portent, à l'avant, un œil entouré d'un feuillage d'or. Les plus grandes mesurent de 40 à 50 mètres de longueur et elles sont le plus souvent creusées dans un seul tronc d'arbre; elles sont montées par une quarantaine d'hommes.

L'équipage manœuvre en cadence d'après le rythme d'un chant national, qui est accueilli dans le pays avec la plus grande faveur. Les Cambodgiens, comme les Siamois, se passionnent pour les combats des insectes appelés courterolles. Ils choisissent deux mâles, distingués par leurs ailes rayées et rugueuses, et les placent sous une cloche de verre. Les insectes se battent jusqu'à s'arracher les pattes, les yeux et la tête. Des paris sont engagés en faveur des champions.

Les Cambodgiens sont très désintéressés et se prêtent mutuellement assistance pour les travaux des champs. L'orgueil indomptable qui caractérise cette race, jadis si puissante, aujourd'hui si dégénérée, observe Francis Garnier, se joint au sentiment de solidarité pour faire repousser à un Cambodgien tout salaire régulier en échange d'une quantité déterminée de travail. Cette répugnance est si forte qu'il préfère devenir esclave pour dettes que de se mettre aux gages d'un patron quel qu'il soit. Les indigènes savent combattre avec courage et ils ne dédaignent pas de prendre pour armes de grands bâtons en bois dur, longs de 3 mètres environ, qu'ils manient avec une grande habileté et qu'ils savent rendre redoutables à leurs adversaires. Nous avons d'ailleurs un exemple de leur tenacité et de leurs qualités guerrières dans les troubles qui ont suivi, dans le royaume, la convention du 17 juin 1884.

Les habitations sont des paillottes bâties sur les berges du fleuve qui forment bourrelet. Ces cases, bâties sur pilotis, ont un ameublement peu compliqué; le plancher, en clayonnage, est élevé à mesure que l'inondation monte. Il arrive quelquefois que les Cambodgiens sont obligés de se réfugier, avec leurs porcs et leurs poules, qui habitent la paillotte, pêle-mêle avec les enfants, sur le toit de leur misérable demeure.

Le Code cambodgien exige que les habitants d'une même localité se prêtent un appui mutuel contre les voleurs, les pirates ou l'incendie. Dans chaque maison on doit tenir disponibles des gourdins, des bâtons, des crocs de fer, des aspersoirs à long manche, des instruments à puiser l'eau. Les habitations distantes des fleuves et des cours d'eau doivent avoir des puits pour porter secours contre le feu. Les gens éloignés du théâtre de l'incendie doivent s'y rendre au premier appel; il en est de même dans le cas d'attaque de pirates. Il ont toutefois le droit de laisser une sauvegarde dans leurs propres demeures.

L'habillement des hommes se compose d'une veste courte et étroite, avec des boutons d'or, d'argent ou de verre suivant la fortune. Les femmes ont en général une longue robe, ouverte vers la poitrine et serrée à la taille. Les individus des deux sexes portent le langouti. Les vêtements des mandarins sont généralement en soie, les femmes des fonctionnaires remplacent la veste par une longue écharpe en soie aux couleurs voyantes, enroulée avec grâce autour du buste. Les Cambodgiennes portent dans le lobe de l'oreille un disgracieux ornement formé d'un petit cylindre d'ivoire ou de bois. Quelques-unes portent des boucles en forme d'un S. Les jeunes filles ont une longue chevelure, généralement noire, mais, à l'époque du mariage, elles sont rasées comme les hommes.

Comme l'Annamite, le Cambodgien mange beaucoup et souvent, ce qui tient à la composition de ses aliments, riz, poisson frais, sec ou salé, patates, racines, tiges et fleurs du nénuphar, feuilles du damrang et du dam-con-doc, courges, pastèques et fruits. Il boit l'eau des arroyos sans autre précaution que celle de la passer à travers un linge qui ne saurait arrêter les matières organiques en décomposition. Les plus délicats mettent un morceau d'alun dans le creux d'un bambou percé de plusieurs trous et remuent l'eau du vase pour précipiter les corps étrangers. Certains infusent du thé ou d'autres végétaux. Les Cambodgiens connaissent l'eau-de-vie de riz, mais ils en usent avec modération.

Le salut entre égaux consiste dans l'action de joindre les mains, en les élevant à la hauteur du front et à prononcer les mots « chéa-té », qui répondent à peu près à notre : « Comment vous portez-vous? » Le respect de l'autorité porte le Cambodgien à saluer le pavillon ou le palais du roi.

Les Cambodgiens des deux sexes ont les dents laquées et noircies par l'usage du bétel. Le laquage des dents comme le percement des oreilles constituent d'importantes cérémonies qui se font avec le concours des bonzes, des parents et des amis.

On rencontre au Cambodge, comme dans tout l'extrême Orient, des fumeurs d'opium. Quelques-uns fument le chanvre indien mélangé avec du tabac, dans des pipes dont le fourneau est souvent une noix d'arec creusée, le tuyau en bambou rempli d'eau que la fumée est obligée de traverser. L'usage de cette drogue, appelée *kanchha*, procure d'abord la somnolence et facilite les fonctions digestives, mais cette coutume finit par devenir aussi et même plus dangereuse que l'abus de l'opium ; c'est à peu près le haschik de l'Asie Mineure.

La nourriture habituelle des habitants est le riz que les gens du peuple prennent avec leurs doigts; les bâtonnets dont l'usage est si répandu en Chine ne sont employés que par les riches et les grands. Une curieuse coutume défend au futur gendre de se servir de ces bâtonnets dans la famille de sa fiancée ou lorsque ses beaux-parents viennent dans sa demeure. On a vu des mariages rompus pour cette cause.

Les cérémonies du mariage, longues et compliquées, sont précédées par les fiançailles. Des entremetteuses sondent d'abord les intentions de la famille de la jeune fille; vient ensuite la demande officielle faite par trois autres intermédiaires qui apportent les cadeaux et sont accompagnés par des gens de la famille du fiancé. La main étant accordée, le jeune homme vient *faire le serviteur*, apporter de l'eau et du bois à la maison.

Si le fiancé ne convient pas, on trouve toujours un prétexte pour l'évincer, mais on s'expose à une demande de dommages-intérêts.

Dans les familles aisées, la durée du stage est très courte, un ou deux mois, quinze ou vingt jours même. Quelquefois le mariage est retardé d'un an, de plusieurs années.

La polygamie est en usage, mais seulement dans les classes riches. Elle reconnaît la supériorité des femmes de premier rang.

Le code cambodgien, admet trois femmes légitimes. La première, considérée comme la plus grande, est celle qui a été demandée à son père et à sa mère avec les cérémonies légales; la seconde, appelée épouse du milieu, dans le langage usuel, est demandée aux parents sans que le futur observe les rites traditionnels; la troisième est souvent une esclave rachetée pour cause de mariage.

La loi ne veut pas que la femme qui a pris la fuite et s'est réfugiée chez ses parents soit gardée chez ceux-ci plus d'un mois. Elle doit être reconduite à son mari sous peine d'amende. Mais les injures, les coups du conjoint sont punis.

Le divorce est admis au Cambodge. La première cause est le consentement mutuel des époux, « parce qu'ils ne trouvent plus le bonheur ensemble et que leur destinée n'est point d'être unis ».

Les mauvais traitements sont pour la femme une deuxième cause de rupture du lien conjugal, surtout s'ils se produisent quand le mari contracte un deuxième mariage.

Dans le Cambdoge les morts sont enterrés, mais plus tard ils sont exhumés et on procède à la crémation des dépouilles. On place dans la bouche du défunt un *bat*, pièce d'argent valant trois francs, pour qu'il puisse l'offrir aux démons tortionnaires des enfers. Les coupables sont punis, les hommes justes vont au ciel. La croyance aux revenants est générale et, par certaines pratiques, les sorciers les obligent à se mettre à leur service. Le dernier jour de la lune de septembre a lieu la fête des morts. La population se réunit dans les pagodes et offre aux ancêtres du riz, des sauces, des gâteaux, des fruits. Les bonzes consomment les offrandes après la récitation de longues prières. Une punition terrible est le refus de la sépulture. Les cadavres des voleurs tués en flagrant délit sont abandonnés aux corbeaux.

Esclavage. — Quand le protectorat français s'est établi au Cambodge nous y avons trouvé la coutume de l'esclavage. Cet usage, fort ancien, se trouve mentionné dans un récit d'un ambassadeur chinois de la fin du douzième siècle de notre ère. Les Khmers de cette époque réduisaient en servitude les habitants des montagnes, c'est-à-dire les hommes des tribus sauvages. C'est là encore une des sources de l'esclavage, la plus barbare, car c'est la chasse à l'homme.

La seconde cause d'esclavage est plus singulière ; ainsi les enfants jumeaux, ceux dont la naissance présente quelque anomalie, les albinos, les bossus, appartiennent au roi. A plusieurs reprises, et en particulier en 1880, à la suite de réclamations portées au protectorat, le roi Norodon a aboli ces coutumes, mais ces abus invétérés se sont difficilement déracinés. D'ailleurs les jumeaux seuls essaient de réclamer. Les autres, marqués d'un signe indélébile, qui, d'après les doctrines bouddhistes, passe pour le châtiment de fautes commises dans une vie antérieure, se soumettent à une condition qui leur donne au moins la nourriture et le logement.

La naissance est une troisième cause d'esclavage. Comme dans l'antiquité grecque et romaine, les enfants des esclaves sont esclaves eux-mêmes.

La quatrième cause de l'esclavage se trouve dans les dettes contractées envers un créancier. C'est une des plus importantes. Le débiteur insolvable, sa femme et ses enfants peuvent être saisis par le créancier. En principe, l'esclave pour dettes a toujours le droit de se racheter en payant le capital et les intérêts, ou de changer de maître en entrant au service d'un nouveau propriétaire qui solde l'ancien.

En fait, l'affranchissement est rare parce, que le maître augmente chaque jour la somme due par le prix de la nourriture et de l'entretien de l'esclave. La servitude est assez douce chez les Cambodgiens.

Une cinquième cause d'esclavage est la condamnation des coupables d'attentats contre la puissance royale, ou de rébellions contre l'autorité des mandarins. Les familles de ces individus étaient souvent entraînées dans la condition du condamné et la situation de ces esclaves ou *néak ngear* était héréditaire. La plupart des néak ngear sont au service du prince. Cette disposition, quelque extraordinaire qu'elle paraisse, n'a rien de surprenant dans un pays où l'unité sociale est la famille. Toutefois nous ne pouvions l'admettre, car, si le gouvernement doit être armé contre les malfaiteurs, on ne saurait rendre leurs proches solidaires de crimes auxquels ils n'ont pas participé.

L'abolition de l'esclavage au Cambodge, pour ne pas produire une dangereuse révolution économique et sociale, se fera utilement par une série de mesures transitoires, apportées à la situation respective et à la responsabilité familiale du débiteur et du créancier.

LANGUE. — SCIENCES. — ARTS. — Le cambodgien est un idiome à tendance monosyllabique sans flexions. Il établit une transition entre la langue polysyllabique des îles de la Sonde et les langues monosyllabiques de la péninsule indo-chinoise. On y retrouve un certain nombre de mots venus du malais et contractés par ce procédé que le cambodgien applique à tous les mots étrangers pour les plier à son génie qui est monosyllabique. La langue cambodgienne n'a rien de commun, à l'exception de quelques mots annamites, avec les langues mongoles de l'intérieur. Celles-ci sont toutes des langues *vario tono*. Le cambodgien se parle au contraire *recto tono*. La langue pali, de source aryenne, a fourni aux Khmers une grande partie des vocables relatifs à la religion, à la politique, à l'administration que le peuple ne comprend guère et qui forment une sorte de langage officiel, apanage d'un nombre restreint de prêtres et de grands personnages. Ces mots semblent être arrivés jusqu'au cambodgien par l'intermédiaire du malais. Francis Garnier croit qu'on retrouverait, dans le langage des nombreuses tribus qui habitent encore dans la partie montagneuse du Cambodge, les sources mêmes de la langue primitive des autochtones.

Pour les livres on emploie, comme au Siam et au Laos, la feuille du palmier, sur laquelle on écrit au poinçon. On emploie aussi le papier de feuilles de mûrier.

L'alphabet cambodgien dérive de celui des anciennes inscriptions khmers et se rapproche de l'alphabet ancien de Java : tous deux sont d'origine indienne.

Les fresques des pagodes modernes, comme les bas-reliefs des monuments des vieux Khmers représentent des sujets empruntés aux livres de l'antiquité hindoue.

Les Cambodgiens aiment beaucoup l'art musical. Le roi et les mandarins entretiennent des troupes de chanteurs qui, pour la plupart, viennent du Siam.

« Malgré la monotonie du rythme et la voix tremblottante des chanteuses, dit M. Brossard de Corbigny, en rendant compte d'une fête offerte à des Français par Sa Majesté, on sent dans la musique cambodgienne une certaine inspiration primitive, un sentiment de l'harmonie, difficile peut-être à rapprocher de nos idées musicales, mais qui semble bien d'accord avec la vie calme et les mœurs insouciantes de l'auditoire. Quelques instruments à cordes, des espèces de guitares de différents tons, soutiennent le chant dominant d'une série de timbres argentins disposés en cercle autour du principal artiste. Un ou deux gros tams-tams ponctuent sourdement la mesure et des claquettes de bois dur leur répondent presque continuellement. Il y a aussi des espèces d'harmonicas dont les lames de bois et de fer résonnent deux à deux sous les marteaux voltigeant sans cesse au-dessus de leur table d'harmonie. »

La gamme se compose de sept notes et de sept intervalles, mais sans demi-tons. La sixième note correspond à notre *la,* mais le *fa* et le *si* diffèrent sensiblement de nos notes similaires. La gamme cambodgienne et siamoise doit être considérée comme une gamme mineure ; d'ailleurs tous les airs paraissent se ramener au mode mineur.

Le roi Norodon a un corps de danseuses qu'il aime à montrer aux Européens qui vont le visiter. La coutume de la danse, comme le costume des bayadères, paraît provenir de l'Inde, car la danse n'est guère appréciée de la race mongole. En général, les peuples de civilisation chinoise préfèrent les drames historiques où les héros viennent déclamer et mimer l'interminable récit de leurs hauts faits. Les sujets des ballets de la cour de S. M. Cambodgienne sont presque toujours empruntés aux épopées indiennes et aux traditions du bouddhisme; la scène se passe généralement à Ceylan. M. de Corbigny compare ces représentations aux *mystères* du moyen âge : tous, ou à peu près tous, se rapportent à des faits de l'histoire religieuse.

L'ère vulgaire, employée par les Cambodgiens, a son point de départ à l'année 638 après Jésus-Christ. Elle est usitée dans plusieurs documents historiques et on l'emploie actuellement dans les pièces diplomatiques et dans les transactions. Le calendrier est le même que celui du Siam et doit provenir, comme celui-ci, de Ceylan. L'année a douze mois lunaires auxquels on ajoute un treizième tous les trois ans. Leur coïncidence avec les nôtres ne peut donc pas être précisée. Les années sont groupées par cycles de douze ans, formant ce qu'on appelle une corde d'années. Dans ce cycle chaque année porte un nom d'animal qui se répète de douze en douze ans.

V.

ASIATIQUES ÉTRANGERS.

Chinois. — Les Chinois, au nombre de 55,896 au 1er janvier 1886, dans notre colonie cochinchinoise, voient leur nombre s'accroître tous les jours au Tonkin; ils constituent le groupe le plus important des Asiatiques étrangers. Les Chinois sont groupés, d'après leur idiome, en congrégations dont les chefs sont responsables de la conduite de leurs administrés. Ils se soutiennent mutuellement, comme les Israélites en Europe, comme les marchands phéniciens dans l'antiquité.

Les chefs des congrégations sont nommés à l'élection. Ils sont, pour leurs nationaux, ce que les notables sont pour la population du village annamite. Ils certifient les actes authentiques, les testaments de leurs électeurs; ils ont le droit de régler à l'amiable leurs contestations.

Les Célestes sont des commerçants habiles, des travailleurs adroits, âpres au gain, mais sachant néanmoins se contenter à l'occasion d'un faible bénéfice. Tout le petit et une partie du grand commerce sont entre leurs mains : dès qu'un négociant français de Saïgon a reçu une commande, il se rend à la bourse de Cholon pour s'adresser aux acheteurs chinois qui, familiers avec la langue vulgaire, se mettent en relation avec les producteurs indigènes. Ils savent aussi bien que les colons se procurer directement les marchandises de l'Occident dans les pays d'origine; quelques Chinois de Cholon frètent directement des navires européens pour les Indes, la Réunion et la Chine.

Lors de la conquête française, les négociants chinois, inquiets pour leur fortune et pour leur vie, furent sur le point d'abandonner Cholon pour rentrer dans leur pays. Ils reconnurent bientôt que notre domination assurait à tous la sécurité, ils restèrent en masse et ceux qui étaient partis revinrent presque aussitôt.

Les Chinois nous ont ainsi rendu des services incontestables. Il n'en est plus toujours ainsi aujourd'hui. Leur caractère égoïste, envahisseur, accapareur, leur attachement à leurs coutumes, à leur langue, à leur religion constituent des obstacles à leur fusion avec les autres classes de la population, et entravent quelquefois notre action sur la race annamite. Ils sont parfois redoutables par leurs associations secrètes, dont la principale est celle du *Ciel et de la Terre;* son centre est, en Cochinchine, à Bac-Lieu, dans les plaines inondées de la presqu'île de Camau. Tel est, du moins, l'avis d'un certain nombre de colons de la Cochinchine : ce qui est certain, c'est qu'on se priverait bien difficilement de leur concours.

On rencontre un grand nombre de Chinois dans le nord du Tonkin. Vers la frontière du nord-ouest, le changement rapide du climat entre le plateau du Yunnan et les vallées situées à une altitude bien inférieure empêche une émigration rapide des Célestes. Mais vers le littoral, les fils de l'Empire du Milieu descendent en grand nombre de la province du Kouang-Toun. En bien des endroits, dans les îles de la côte par exemple, la population annamite ne forme qu'un rideau. Les villes de Langson, Caobang, Laokay sont en réalité chinoises. Dans tous ces lieux, c'est le fils du Céleste Empire qui domine : il règne sur les populations en maître absolu. Il s'unit à des femmes annamites, mais les maris savent imposer à leurs compagnes les pratiques religieuses, les mœurs, les coutumes, jusqu'à la nourriture et l'habillement des Chinois. Les enfants suivent les exemples des pères et dédaignent les compatriotes de leurs mères. Au contraire des Northmans, établis en Neustrie, qui se laissèrent absorber par les vaincus, les Célestes, grâce à leur nombre et à leur incontestable supériorité, envahissent le pays et le transforment par une conquête lente mais continue. La langue chinoise se substitue peu à peu à l'annamite. Là, comme partout ailleurs, les Chinois sont arbitres du commerce. Leur présence assure la richesse du pays. Mais il faudra savoir les plier à notre domination. C'est là un des points capitaux de la question tonkinoise. Ces hommes, qui ont fourni autrefois de nombreuses recrues aux Pavillons noirs, se perdront au milieu de la masse tonkinoise, comme tant d'autres bandes qui les ont précédés, car à chaque page des annales de ce pays, il est question d'invasions chinoises.

Malais et Malabars. — On trouve aussi en Cochinchine des Malais et des Malabars, soumis aux mêmes taxes que les Chinois. En 1886, les premiers étaient au nombre de 2,350, les seconds au nombre de 774. Les Malais sont surtout domestiques ou cochers; les Indiens exercent le commerce de détail, et prêtent à la petite semaine.

VI.

FRANÇAIS ET EUROPÉENS.

Il y a en Cochinchine environ 2,000 Français, non compris les troupes de terre et de mer, consommant annuellement pour 8 ou 9 millions de produits français; la plupart sont des fonctionnaires de l'administration, un petit nombre de véritables colons.

Nous devons cependant noter un heureux symptôme pour l'avenir. Sur 516 émigrants reçus par nos colonies de 1877 à 1884, la Cochinchine et le Tonkin en ont reçu 252. L'Indo-Chine est donc, après la Nouvelle-Calédonie, la contrée où viennent le plus volontiers se fixer nos compatriotes. Ce mouvement s'accroîtra quand les concessions de passage seront faciles à obtenir.

Le commerce français n'a pas encore dans l'extrême Orient, même dans notre colonie, la place qui devrait lui appartenir légitimement. Notre pavillon n'est pas suffisamment représenté dans le mouvement du port de Saïgon, nos nationaux ne vont pas assez fonder d'établissements durables en Indo-Chine. Et cependant, nos manufactures trouveraient de faciles débouchés dans ces contrées lointaines. C'est notre population métropolitaine qui doit comprendre la nécessité d'un grand effort vers la colonisation. Nos qualités, pour être différentes de celles des Anglais, des Américains ou des Allemands, qui tous réussissent dans leurs entreprises d'outre-mer, ne sont pas moins réelles, et, dans l'extrême Orient, notre race est sympathique à la population indigène et aurait plus de chances de succès que nos heureux rivaux.

La France, dit-on, n'a pas d'exubérance de population et c'est un obstacle insurmontable à la fondation des colonies. Mais l'objection n'est pas décisive. On ne trouve pas 120,000 Anglais aux Indes et il n'y a pas plus de 35,000 Hollandais aux îles de la Sonde. Une colonie d'exploitation comme la Cochinchine ou le Tonkin n'a pas besoin d'une grande immigration.

Le véritable nerf de la colonisation, c'est plus encore l'argent que les émigrants. La France possède des capitaux à foison; elle les fait volontiers voyager; sa main confiante les dissémine aux quatre coins de l'univers. Elle en déjà pour 20 ou 25 milliards de par le monde, et chaque année ce chiffre s'accroît d'un milliard au moins. Si le tiers ou la moitié de cette somme, si même le quart se portait vers nos entreprises coloniales, quels splendides résultats nous obtiendrions en vingt-cinq ou trente ans ! (Paul Leroy-Beaulieu.)

Souvent les Français qui vont aux colonies y arrivent sans fonds, s'imaginant que l'administration *doit* leur octroyer des concessions de terrain et mille faveurs diverses. C'est une erreur qui n'a été que trop encouragée au début de notre occupation de l'Algérie ; c'est comme un vague souvenir des théories fausses sur un prétendu droit au travail. La concession gratuite de terres aux Européens ne peut et ne doit être qu'un cas exceptionnel, surtout dans un pays où la propriété des indigènes et des communes est fondée depuis des siècles.

La plupart des personnes qui sont allées en Cochinchine s'y sont bien trouvées et, au bout d'un certain temps de séjour en France, nécessaire au rétablissement de leur santé, elles ont eu la nostalgie de la colonie. Sans doute, le climat est rude, mais, grâce aux traitements élevés, les Européens jouissent d'un bien-être et d'un confortable qu'ils ne pourraient se donner en France.

Tous les trois ans, les fonctionnaires peuvent aller en France ; au bout de six ans de service, ils ont droit à un capital servi par la caisse de prévoyance de la colonie.

Autrefois, les femmes européennes allaient rarement en Cochinchine. L'amiral de la Grandière fut un des premiers à y conduire sa famille. Depuis ce moment, nos magistrats, nos fonctionnaires, nos officiers ont suivi cet exemple ; le nombre des femmes européennes augmente tous les jours. Au Tonkin, la société féminine est déjà représentée à Hanoï et à Haïphong. M. Paul Bert s'est rendu dans le pays avec tous les siens. Dès que l'on aura construit le nombre suffisant de maisons de type européen, tous les fonctionnaires et tous les colons pourront vivre en famille.

Rien n'est plus charmant à Saïgon que la promenade du soir, au coucher du soleil.

Tout le monde fait en voiture le tour de l'inspection de Binh-hoa, passant sur les trois ponts de l'arroyo de l'Avalanche. Il en sera de même à Hanoï sur la magnifique route qui fait le tour du grand lac (une quinzaine de kilomètres), le jour où il y aura des voitures dans la capitale tonkinoise.

Le dimanche, en Cochinchine, le rendez-vous est au Jardin de la ville, où joue la musique de l'infanterie de marine. Les voitures font le tour du rond-point : la fanfare se tient, le jeudi, au mess des officiers, le mardi, au square Charner. Le mois de janvier voit venir les bals et les concerts. Au Tonkin, où les mois d'hiver sont froids, on peut prédire un grand succès aux réunions de cette saison, dès qu'il y aura des installations appropriées.

Une des choses qui vous frappent le plus en Cochinchine, est la manière dont on vit dans son intérieur. Tous les domestiques sont des hommes. Quelques femmes annamites ou chinoises sont bien à l'occasion femmes de chambre ou nourrices, mais elles goûtent peu ces emplois.

Votre cuisinier, chinois ou annamite, touche des

appointements comme un fonctionnaire, et vient chez vous, à certaines heures, avec la ponctualité d'un bureaucrate. Le soir, il vous demande de l'argent, et s'en va coucher chez lui. Avec l'allocation journalière que vous lui faites, il va de bonne heure au marché. Quatre plats le matin, quatre le soir, tel est l'ordinaire. Immédiatement après le déjeuner, votre chef part pour ne revenir qu'au moment de préparer le dîner. Bien entendu il ne mange pas des mets qu'il sert : son riz lui suffit. Cela n'empêche pas sa cuisine d'être excellente. Le Chinois, — et l'Annamite participe sur ce point de ses aptitudes, — est le premier cuisinier et le meilleur droguiste du monde. Sa table est toujours abondante et bien variée. Il a ses fournisseurs attitrés, et il trouve facilement, sur place, un confrère qui partage avec lui le morceau trop considérable pour votre appétit.

Si, sortant de l'ordinaire journalier, vous recevez, il faut largement ouvrir votre bourse. La chair vous coûte peu, mais les vins, la glace sont hors de prix, et, pour traiter six personnes, vous dépensez facilement une centaine de francs.

Au Tonkin, nous avons trouvé la vie moins confortable, bien que le pays offrît plus de ressources, parce que nous ne sommes qu'au lendemain de l'occupation. Les Tonkinois se mettront rapidement au courant du service européen et on ne sera plus obligé de faire venir des cuisiniers de la Basse-Cochinchine.

A Saïgon, ville de fonctionnaires par excellence,

il n'y a pas d'appartements meublés, mais des hôtels garnis pour les célibataires, et des maisons vides pour les autres. Aussi beaucoup de garçons vivent-ils de la vie d'hôtel, comme le font un grand nombre d'Américains.

Pour les gens mariés, c'est une autre affaire : il faut s'installer, ce qui n'est pas une petite besogne. Il y a bien des marchands de meubles, des carrossiers, des marchands de porcelaine, etc., mais il y a surtout l'*auction*, l'encan, la salle des ventes, l'hôtel Drouot de Saïgon. Cet utile établissement est ouvert tous les jours, mais il fonctionne surtout le dimanche, où il est, toute la matinée, le rendez-vous de la population européenne.

Ce qu'on trouve là est véritablement extraordinaire : voitures de luxe, chevaux annamites, manillais et français; meubles de toutes provenances, chinois, européens, annamites; bronzes, porcelaines, bibliothèques complètes ou bouquins à mettre au pilon; ustensiles variés; armes de chasse, de tir; paravents chinois; comptoirs de café, etc.

Les fonctionnaires changeant tous les deux ou trois ans, allant et venant dans la colonie, leurs mobiliers paraissent aux mêmes époques à la salle des ventes. Généralement, on perd un tiers sur les mobiliers revendus.

Les colons, qui s'installent plus sérieusement que les fonctionnaires, font chez eux leur vente quand ils quittent la Cochinchine.

A Haïphong, on commence à pouvoir se loger. Le

grand mouvement commercial du port fait que, malgré l'insalubrité relative de la ville, les progrès sont plus rapides qu'à Hanoï. Les hôtels, les restaurants, les maisons à louer commencent à devenir nombreux. Haïphong nous paraît appelé à un bel avenir et nous ne doutons pas que son développement ne soit très rapide, si on y fait les travaux d'assainissement nécessaires.

Hanoï est resté fort en retard au point de vue du logement et l'on y a peu construit, chacun logeant pendant la conquête dans la citadelle ou dans la Concession.

Mais le moment est proche où chacun, devant chercher à se pourvoir d'une maison en dehors d'édifices qui seront réservés à l'administration et recevant, comme en Cochinchine, une indemnité, aimeront à habiter la rue des Incrusteurs ou les bords si pittoresques du petit lac. Dès lors nous ne doutons pas que les maisons européennes ne surgissent de tous les côtés : le séjour de cette ville, si bien située, sera fort agréable.

VII.

HYGIÈNE.

Principales maladies. — Les restes de la végétation tropicale, soumis à une température élevée, dans des terrains inondés, ne tardent pas à se décomposer, en donnant naissance à des miasmes putrides et en favorisant l'éclosion de parasites microscopiques qui sont autant de causes de maladie. Certaines affections semblent surtout frapper les Européens, d'autres les Annamites, comme les maladies de la peau, la variole, le choléra, etc.; elles sont dues spécialement au manque de soins hygiéniques les plus élémentaires et à la mauvaise disposition des maisons. D'autres enfin font payer un douloureux tribut aux deux races, la dysenterie, la diarrhée chronique, la fièvre intermittente, les maladies du foie, la phtisie et les maladies des yeux dues au refroidissement des nuits. Le séjour des forêts est pernicieux et le voyageur qui se baignerait dans leurs frais cours d'eau contracterait la fièvre des bois, persistante même sous un autre climat.

La dysenterie est, de toutes les maladies sévissant en Cochinchine, la plus grave et la plus redoutable pour les Européens; ainsi l'indique le chiffre de la mortalité causée par cette affection qui atteint près des 2/5 de la mortalité totale. Cette maladie est particulièrement fréquente à la fin de la saison des pluies.

La fièvre pernicieuse est, après la dysenterie, l'affection qui donne le plus grand nombre de décès.

De même que le choléra, la fièvre typhoïde exerça surtout ses ravages pendant les premières années de l'occupation; les nombreux décès qui se manifestèrent alors et qui diminuèrent progressivement eurent probablement pour cause principale l'encombrement, dont on finit par ne plus sentir les funestes conséquences, quand les troupes furent convenablement installées. Il en sera de même au Tonkin et il faut même noter que l'épidémie de choléra, qui s'est déclarée pendant la dernière expédition, avait été apportée de Formose.

On compte des décès qui peuvent être rapportés à toutes les espèces connues d'anémie. L'anémie tropicale ou météorologique est celle à laquelle l'Européen échappe le plus difficilement, car elle est une des conséquences mêmes de son séjour dans le pays.

On a relevé un certain nombre de décès dus à des insolations; peut-être pourrait-on ajouter à ce nombre la plupart des morts par méningite; à coup sûr, un grand nombre d'individus qui sont portés décédés à la suite d'accès pernicieux, ont succombé à une véritable insolation. Tout le monde est exposé à mourir ainsi et une imprudence peut coûter la vie. Lalluyaux d'Ormay cite le cas d'un vieillard, jardinier de sa profession, parti de Bordeaux depuis une trentaine d'années, ayant travaillé pendant très longtemps aux Antilles, à la Réunion et dans d'autres contrées intertropicales sans prendre de précautions contre le soleil, qui fut atteint d'insolation en Cochinchine, alors qu'il dirigeait les plantations d'arbres que l'on voit aujourd'hui ombrager les diverses rues de Saïgon.

Les Européens doivent faire la plus grande attention aux plaies les plus insignifiantes en apparence, aux écorchures, aux piqûres de moustiques qui peuvent dégénérer en *plaies annamites*, très dangereuses et très longues à guérir.

Les deux grands ennemis de la race annamite sont la variole et le choléra. La variole, qui n'a occasionné que peu de décès d'Européens, est endémique dans le pays et devient souvent épidémique par suite de la promiscuité dans laquelle vivent les indigènes. Ces mauvaises conditions hygiéniques préparent à la contagion de terribles auxiliaires. D'après les notables de la Cochinchine, la mortalité, en temps d'épidémie, dépasse 50 0/0 des sujets atteints.

La variole a été attribuée par les indigènes à l'invasion des mauvais esprits (*con-ma-dau*). Les con-ma-dau sont les âmes des personnes mortes de cette maladie et qui attirent à elles les âmes des vivants. La médecine annamite ne considère comme de son ressort que les attaques bénignes de variole; dès que la maladie dépasse douze jours, les médecins s'avouent impuissants et les malades ont alors recours aux sorciers (*thay-phap*), qui, seuls, ont la puissance de dompter les esprits par des amulettes ou des incantations. Les remèdes employés sont singuliers et empruntés à la médecine du midi (*thuôc nam*), composée de vrais remèdes de bonne femme, et non à la médecine du nord ou médecine classique (*thuôc bac*). Ils sont quelquefois singulièrement répugnants, et l'urine de cheval blanc n'est pas le plus difficile à nommer. Pendant la maladie on garde sous le lit un poisson à peau verte, sans écailles, qui est censé attirer sur lui le venin à mesure que son corps se durcit. Pendant la desquamation, on doit s'abstenir de manger des poissons à écailles qui la gêneraient, en revanche l'on mange des crabes et des crevettes, afin de faire passer la rougeur qui reste à la place des pustules. Une des interdictions les plus curieuses est celle du vermicelle, qui pénétrerait, sous la forme de vers, dans tous les viscères ramollis par la maladie, et causerait la mort. Il ne faut pas aller non plus pieds nus, de peur de marcher sur la fiente de poule, ce qui occasionnerait une rechute; ces deux interdictions doivent être observées le plus longtemps possible et au moins pendant trois mois et dix jours.

Contre un fléau aussi redoutable que la variole il fallait agir avec vigueur, et surtout par le remède préventif de l'inoculation. En Cochinchine, les médecins de la marine, chefs du service de santé dans l'intérieur, furent d'abord chargés de la vaccination, mais leur nombre était trop restreint, ils étaient absorbés par leurs devoirs auprès de nos malades et ils eurent à lutter contre le mauvais vouloir d'une population défiante, excitée par les sorciers, notables, hostiles à notre domination. Aujourd'hui l'arrêté du 31 mars 1878, légèrement modifié, réglemente le service de la vaccine.

Les médecins détachés dans les postes inoculent, une fois par semaine, les enfants provenant des villages les plus voisins; deux médecins vaccinateurs sont chargés de parcourir la colonie, de manière à se présenter deux fois par an, dans chaque arrondissement, à des centres désignés par l'administration. La culture de la vaccine se fait dans les chefs-lieux d'arrondissement où réside un médecin à poste fixe. Les administrateurs des affaires indigènes se sont prêtés de tout leur pouvoir à la propagation de la vaccine et, dans les arrondissements où ils ont accompagné le médecin, le nombre des inoculations a été le plus considérable. Nous avons aussi organisé le service de la vaccine au Tonkin par l'arrêté du 27 février 1884.

Le choléra tient le troisième rang parmi les causes des décès des Européens en Cochinchine, mais avec un chiffre bien inférieur à ceux fournis par la dysenterie et les fièvres pernicieuses.

Le choléra n'effraie pas beaucoup l'Européen. D'ailleurs il en est de même dans l'Inde. Dans cette dernière contrée on cite comme exceptionnels les Européens atteints de cette maladie, mais les Hindous, comme les Annamites, sont dans les conditions les plus favorables à l'extension du mal : à Calcutta, la ville noire ou des natifs est une véritable fourmilière où les hommes, les femmes, les enfants, les animaux de toutes sortes vivent comme entassés.

Mais le choléra frappe surtout les indigènes. Ceux-ci attribuent à cette maladie, comme à la variole, une origine surnaturelle et la combattent par des pratiques superstitieuses. Pendant l'épidémie, les rivières sont sillonnées de bateaux en papier montés sur des radeaux qui doivent porter les philtres meurtriers à la mer; comme au Siam, les bonzes et les sorciers font des incantations, les autels domestiques sont exposés hors des maisons et des processions parcourent les villages avec l'accompagnement obligé du bruit du gong, du tam-tam et des pétards.

On a remarqué, pendant les dernières épidémies, que les villes de Saïgon et de Cholon, situées au milieu de foyers d'infection, ont eu peu de malades à cause des conditions de salubrité imposées par l'administration. Il importe de faire pénétrer les bienfaits de l'hygiène dans les campagnes, d'obliger les indigènes à détruire les effets d'habillement ou de literie des cholériques, à enterrer leurs déjections, etc. C'est là, comme pour la vaccination, une tâche qui incombe aux administrateurs et aux inspecteurs.

Le personnel médical est insuffisant pour parer à toutes les éventualités. Aussi serait-il bon de créer à Saïgon et à Hanoï, comme à Pondichéry, une école d'officiers de santé indigènes sortis du collège Chasseloup-Laubat et initiés à leurs fonctions par des médecins de la marine.

Les embarras gastriques et surtout la dyspepsie sont fréquents chez les Annamites, à cause de leur régime alimentaire composé d'aliments pauvres en principes nutritifs, ce qui les oblige à surcharger leur estomac, et à cause de l'usage fréquent de crudités indigestes comme les concombres, de mets composés de saumures de poisson, de crustacés et de poisson salé. L'usage de l'opium est aussi une cause de troubles stomacaux. Les vers intestinaux sont fréquents, surtout le *tænia solium* et l'*ascaride lombricoïde*. Le premier provient de la viande du porc, car dans toute la vallée du Mékong, la moitié des porcs est infestée d'échinocoques. L'ascaride lombricoïde provient des eaux ; au début de la conquête, il était presque aussi commun chez les Européens que chez les indigènes, aujourd'hui il est très rare chez nos soldats à cause de l'usage des filtres. Les fièvres sont générales et les indigènes ont souvent recours aux soins des médecins de la marine pour ces sortes d'affection. Les maladies des yeux sont fort répandues. Les causes principales sont la variole, dont les pustules cornéennes occasionnent souvent la perte d'un ou des deux yeux, l'humidité, les poussières atmosphériques, la fumée, à laquelle sont forcés de recourir les habitants de l'ouest, notamment à Chaudoc, pour se défendre des moustiques, la scrofule et le grand soleil.

En résumé, malgré la gravité des affections, malgré le nombre des décès, l'Indo-Chine n'est pas plus redoutable que certaines autres contrées intertropicales où se sont établis les Européens.

La Cochinchine, comparée souvent au Sénégal, est donc, malgré le préjugé contraire, aussi saine que nos possessions du golfe du Mexique ; seules nos colonies l'Océanie lui sont supérieures pour le climat. Elle est, en tout cas, bien préférable au Bengale et aux colonies néerlandaises de l'archipel de la Sonde. Les travaux exécutés depuis la conquête ont encore assaini le pays.

La mortalité des premières années de la conquête, au temps des expéditions, avait effrayé l'opinion publique. Mais nos marins et nos soldats se trouvaient dans des conditions spéciales, et il ne faut pas oublier qu'au début de notre occupation en Algérie, la mortalité de l'armée d'Afrique atteignit jusqu'à 8 0/0.

Comme toutes les autres contrées tropicales, la Cochinchine présente des localités salubres à côté d'endroits inondés et malsains. M. de Quatrefages, dans son beau livre sur l'*Espèce humaine*, recommande aux immigrants de choisir avec soin ces localités privilégiées où, dit-il, l'acclimatation se fait presque d'emblée. Il convient d'établir des *sanitaria* analogues au Camp Jacob et au Matouba, à la Guadeloupe, aux collines de Cabinda, au Congo, à certaines localités de Java, du Bengale et de la Jamaïque. Malheureusement, nous ne possédons en Cochinchine aucun point d'une altitude de 2.000 à 2.200 mètres, reconnue indispensable aux Indes pour l'établissement de ces stations. Le plateau des Boloyens, d'un accès relativement facile, situé entre le Mékong et l'Annam, pourra dans l'avenir être choisi. Il présente les conditions d'existence de l'Italie; on y trouve des pins, des chênes, des châtaigniers et des plaines mamelonnées permettant l'établissement de grandes exploitations agricoles.

Il appartient au gouvernement de la Cochinchine et à celui du Tonkin de choisir les points les plus salubres de nos possessions pour y établir les troupes coloniales ou françaises. Si des considérations politiques ou stratégiques ne permettent pas d'évacuer des positions évidemment malsaines, il conviendra d'y entretenir, autant que possible, des garnisons de tirailleurs, habitués au climat, moins soumis aux épidémies que les soldats nouvellement arrivés de France. Contraintes par la discipline à des soins de propreté, dans un casernement mieux conçu que les cases annamites, les troupes indigènes ont déjà diminué leur coefficient de mortalité. Pour ce qui est des Européens, des progrès ont été faits, les hommes ne peuvent quitter le quartier pendant la grande chaleur, de dix heures du matin à quatre heures du soir. Les mouvements du port militaire sont suspendus pendant ce temps. Les casernes ont été soigneusement construites, orientées de façon à recevoir également la brise des deux moussons, préservées du soleil par de larges vérandahs servant de promenoirs, de salles d'exercices et de réfectoires; elles sont largement pourvues d'eau alimentant des piscines, d'appareils à douches et de lavoirs; on y a annexé une infirmerie régimentaire; elles sont entourées de cours plantées d'arbres.

La réduction à deux ans du temps normal de séjour dans la colonie, les progrès de l'hygiène publique et privée, et surtout la substitution des indigènes aux Européens pour les factions et les services de jour, tout contribue à diminuer la mortalité.

L'assainissement du pays se fera, d'ailleurs, avec le temps et le travail. C'est la condition de tout triomphe de l'homme sur la nature. Il ne faut pas oublier qu'il y a eu en France une Sologne malsaine, des Dombes ravagées par la maladie; en Italie, des Marais Pontins, où les travaux récents ont complètement modifié la constitution sanitaire. On a essayé d'acclimater en Cochinchine l'eucalyptus, dont on a tant vanté les services dans d'autres contrées marécageuses, mais jusqu'ici les essais n'ont réussi qu'imparfaitement.

Nous devons insister sur les précautions hygiéniques qui sont à prendre ici comme partout ailleurs; il faut évidemment faire disparaître les déjections des typhoïques, des cholériques, des dysentériques, etc., établir de vrais cimetières et des fosses étanches, empêcher les Annamites pauvres d'enterrer leurs morts en les couvrant à peine de quelques pelletées de terre, ce qui facilite trop l'exhumation par les bêtes fauves ou les oiseaux de proie. Des règlements de simple police, variables avec les localités, peuvent, sans entraîner des frais considérables pour le gouvernement colonial, forcer les habitants, quelle que soit leur origine, à prendre des mesures radicales contre les épidémies et leur diffusion. Du reste, il est facile de constater que partout où des Européens, en petit nombre, mais jouissant d'une influence suffisante, ont pu obliger les indigènes à prendre des soins préventifs, le choléra a disparu : la ville de Cholon en est un exemple absolument probant.

Les rapports de Tissanier en 1658, de Daniel Tavernier, de Dumas en 1737, de Saint-Phalles en 1753, conservés aux archives de la Marine, insistent sur la salubrité du climat du Tonkin. Le climat est, en effet, moins énervant que celui de la Cochinchine à cause des variations de la température. Des missionnaires habitant le pays depuis quinze et vingt ans sont en excellente santé. Le Tonkin doit être considéré, de décembre à avril, comme un excellent *sanitarium* où pourront être évacués les anémiques et les dysentériques de Saïgon et des postes de notre colonie des bouches du Mékong. Certains points peuvent être comparés aux stations hivernales de la Provence, à Nice et à Cannes.

Malgré l'inondation le paludisme est relativement bénin au Tonkin, surtout si l'on ne fait pas de grandes levées de terre. Cette immunité s'explique par la culture intensive du sol qui utilise toute la matière organique sans rien laisser aux fermentations nuisibles.

Hygiène des Européens. — On peut résumer de la manière suivante les prescriptions hygiéniques auxquelles doivent obéir les Européens : repas fréquents et peu copieux, peu fournis en viande et autres aliments musculaires, usage du café; modérément employé, cet aliment de réserve par excellence est très utile dans les pays chauds et y acquiert une importance capitale. Les condiments employés avec ménagement sont utiles. La sieste est plutôt nuisible que propice, c'est une habitude à laquelle les Européens actifs et énergiques peuvent se soustraire avec avantage.

Les boissons ont une importance capitale dans le régime hygiénique des pays chauds. Prises en trop grande quantité, quelle que soit leur nature, elles activent la sécrétion sudorale, favorisent ainsi directement la production du *lichen tropicus* et ne parviennent pas à modérer la soif. Ce sont les affusions froides et vinaigrées sur le corps et les infusions chaudes toniques qui la calment le mieux. Les boissons glacées, vulgarisées par l'industrie dans les pays chauds, sont généralement satisfaisantes pour le goût et pour l'hygiène; leur usage excessif est seul à craindre.

Il ne faut pas se contenter de purifier par le filtrage les eaux des fleuves, des sources, ou même les eaux de pluie, toutes chargées, à peu près au même degré, de matières organiques.

L'eau du Tonkin est généralement plus saine et beaucoup plus potable que celle de la Cochinchine. On peut boire sans inconvénient celle dont font usage les indigènes, très scrupuleux pour son choix.

La ceinture de flanelle, et en général tous les vêtements de laine, qui sont parfaitement poreux, sont très utiles pour éviter les refroidissements subits.

Il faut dans l'Indo-Chine des appartements bien orientés de l'ouest à l'est, pour obtenir le maximum d'aération favorable des moussons et à l'abri du soleil : c'est la meilleure précaution contre la fièvre intermittente, surtout s'ils sont entourés d'une galerie extérieure et élevés de trois ou quatre mètres au-dessus du sol et garantis des vents soufflant des marais et des rizières. Les logements au levant sont les plus agréables pendant l'été. Il faut empêcher la végétation de dépasser le niveau des soubassements. Avant de se mettre en marche on doit prendre quelque nourriture, car les miasmes sont plus absorbables quand l'organisme est à jeun que lorsqu'il est en état de pléthore. Une dose de 10 à 20 centigrammes de sulfate de quinine avec l'extrait de quinquina comme excipient doit être absorbée avant de s'engager dans les terrains marécageux. La préparation vineuse du quinquina est moins bonne dans ces climats. Il faut, en suivant le régime quinique, user de préparations acides, limonades, etc., qui en augmentent l'activité. Nos soldats se rappelleront avec fruit le mot d'un capitaine de disciplinaires occupés à construire une jetée à Grand-Bassam, dans une contrée encore plus insalubre que la Cochinchine : « Un dimanche me met plus d'hommes à l'hôpital que trois jours de travail en plein soleil. » Ils éviteront tous les excès, la fréquentation des cabarets, où ils ne trouveront guère, comme dans la métropole, que des boissons frelatées.

Des conseils de santé établis en Cochinchine et au Tonkin donnent leur avis sur toutes les questions d'hygiène et peuvent provoquer des arrêtés du gouvernement.

VIII.

VILLES.

« Dans l'Indo-Chine, à part les capitales, il n'y a guère de villes au sens européen du mot. Autour d'un centre administratif, installé dans une forteresse ou dans une simple enceinte, et placé le plus ordinairement sur le bord d'un cours d'eau, s'agglomèrent des communes distinctes en plus ou moins grande quantité, suivant l'importance administrative et surtout commerciale du lieu. Là, pas de rues, pas de maisons à étages, peu de maisons couvertes en tuiles. La population, très dense, dépassant quelquefois plusieurs milliers d'âmes, habite des maisons généralement en paille qui ont reçu de nos soldats la dénomination pittoresque et caractérisque de *paillottes*. Cachées le plus souvent au milieu des vergers, entourées de haies de bambous ou de cactus, elles sont disséminées au hasard et reliées l'une à l'autre par d'étroits et tortueux sentiers. Sur la berge du fleuve ou du canal, qui avoisine la citadelle, la vie commerciale devient plus intense, les paillottes et les maisons s'alignent presque et s'amoncellent au point de se toucher. Ici pas de quai : l'habitation, bâtie partie à terre, partie sur pilotis, empiète sur le cours du fleuve. Un étroit sentier circule le long des habitations, du côté opposé à la berge, et aboutit généralement, en aval et en amont, à une place rectangulaire où se trouve le marché, grand hangar couvert en tuiles ou en paille, dans lequel la population se presse bruyamment tous les matins. Il faut un guide indigène pour se diriger dans de pareils dédales. La citadelle elle-même, quand il s'agit d'une enceinte de cette importance, à part les portes et quelques pagodes ou édifices administratifs d'architecture bien modeste, ne frappe nullement l'Européen. On comprend qu'on ne peut donner le nom de villes à de pareils centres de population qu'après avoir prévenu du sens qui doit y être attaché. » (Luro.)

Cochinchine. — *Saïgon*, capitale de notre colonie, est située sur la rive droite du fleuve.

Sous la domination annamite, Saïgon était la capitale de la Basse-Cochinchine. La ville avait été fortifiée par le colonel Ollivier, qui y avait construit une citadelle au nord et deux ouvrages au sud. Ces retranchements furent détruits par des rebelles en 1836. Les souverains les firent rétablir peu après, et il fallut que le corps expéditionnaire de l'amiral de Genouilly les emportât en 1858. A cette époque, la ville n'était qu'un ensemble de huttes bâties sur pilotis et formant des agglomérations plus ou moins considérables sur le bord de nombreux arroyos fangeux.

La ville annamite fut presque détruite à l'époque de la conquête. Il ne resta debout que le quartier chinois. L'administration française dut dessiner largement le plan d'une nouvelle ville. Aujourd'hui, Saïgon présente de belles rues, des boulevards établis sur l'emplacement des arroyos comblés, des squares, de belles habitations et de grands édifices publics.

C'est par les soins de l'administration coloniale qu'ont été construites et empierrées les diverses rues et places de la ville ; mais, depuis leur achèvement, l'entretien en est confié à la municipalité, qui est pour cela obligée de s'imposer de lourdes charges. Le conseil colonial a pris une partie de ces frais à son compte. Des réverbères nombreux bordent les rues de chaque côté ; l'éclairage se fait à l'huile (1).

On remarque, à Saïgon, le palais du gouverneur, le palais de justice, la cathédrale, le jardin botanique, le jardin de la ville, la statue de Rigault de Genouilly, celle de Francis Garnier, le monument de Doudart de Lagrée, le square Charner, l'arsenal, le Dock, la Sainte-Enfance, l'hôpital indigène de Choquan, etc.

Les rues de Saïgon sont larges, rectilignes, se coupant presque à angle droit. Leur chaussée, parfaitement ferrée avec la pierre de Bien-hoa, est bordée de vastes trottoirs ombragés d'arbres d'espèces variées fournissant un épais ombrage, très utile sous un ciel de feu. Le développement des boulevards, des rues et des quais de Saïgon est de 36 kilomètres. Les maisons sont en général peu élevées, la plupart sans étage, entourées de jardins. Construites en bois, avec un toit de paille de riz ou de feuilles de palmier, elles ressemblent souvent à des chaumières ou à des cottages anglais.

Jusqu'à ces derniers temps, Saïgon avait été alimenté d'eau par des puits. Cette eau, peu satisfaisante au point de vue de l'hygiène, est remplacée maintenant par celle d'une source. Un bassin filtrant

---

(1) Il faut espérer que la possession des mines de houille du Tonkin permettra bientôt d'adopter à Saïgon l'éclairage au gaz.

fournit, par des tuyaux souterrains, l'eau à toute la ville.

Les égouts (15,000 mètres de développement) sont constitués par un réseau de canaux souterrains, destinés à conduire dans la rivière de Saïgon les eaux de pluie, les eaux ménagères et les résidus liquides de diverses industries.

L'animation du port de Saïgon est remarquable. Sauf Singapour et Hong-Kong, aucun établissement européen dans l'extrême Orient ne peut être comparé à cette ville toute moderne. Tantôt, c'est un bâtiment de l'État, avec son équipage discipliné, composé de matelots de l'inscription maritime, donnés à la France par le génie de Colbert, fils de la vieille Bretagne ou de la riche Provence, modestes héritiers des grandes traditions de notre flotte, toujours disposés à affronter les périls journaliers de la vie de bord : tempêtes, chasse des pirates, débarquements imprévus, ou à coopérer avec leurs camarades de l'infanterie de marine à des expéditions lointaines. Tantôt, c'est un de ces magnifiques paquebots des Messageries maritimes. Viennent ensuite les bâtiments de commerce de toutes les nationalités européennes, les jonques chinoises, lourdes et massives, les barques pontées des Annamites et une multitude de sampans.

Un des plus curieux spectacles était jadis celui de l'arrivée de la jonque d'un grand mandarin, envoyé par la cour de Hué en mission près du gouverneur. Tout le luxe asiatique se donnait carrière sur ces embarcations d'un autre âge, vieux vestiges d'un passé attaqué sur tous les points par la civilisation occidentale. Les mâts, aux voiles de bambou, étaient ornés des indescriptibles pavillons de l'extrême Orient; les servants portaient les multiples parasols, insignes autrefois révérés dans notre possession d'un passé à jamais disparu; le son cadencé du tam-tam annonçait la présence du haut fonctionnaire; les gardes étaient armés de leurs vieilles hallebardes à forme bizarre, de tridents inoffensifs, et le drapeau des successeurs de Gia-Long saluait l'étendard tricolore, dont les plis ont abrité jadis les Rigault de Genouilly, les Charner, les Bonard, les de La Grandière, les de Vilers, les de Lagrée, les Garnier, les Luro, vrais régénérateurs de l'Indo-Chine française.

De nombreux sampans font le service de chargement et de déchargement des navires. Ces embarcations, enfoncées dans l'eau jusqu'au bordage, sont souvent creusées dans des troncs d'arbre. Au milieu s'élève une cabane au toit de feuilles de palmier : c'est l'habitation du patron et de sa famille.

L'étendue de la ville est considérable : elle couvre 400 hectares. Dans son état actuel, la cité occupe un espace capable de contenir 500,000 âmes dans une ville européenne.

Saïgon est la résidence du gouverneur et de l'administration centrale, du commandant des troupes; des directions de l'artillerie, de l'enseignement, de l'enregistrement et des domaines, des contributions indirectes, des postes et télégraphes; du trésor, du procureur général, du vicariat apostolique, de la chambre de commerce et des consuls étrangers. Il y siège une cour d'appel.

Un bureau des postes et télégraphes centralise le service de ce ministère. L'instruction publique est assurée par le collège Chasseloup-Laubat, le collège d'Adran, l'institution Taberd (école congréganiste) pour les garçons; par l'orphelinat de la Sainte-Enfance et une école municipale pour les filles. Le séminaire reçoit les aspirants à la prêtrise.

Saïgon renferme en outre l'imprimerie du Gouvernement, une prison centrale, un hôpital, un jardin botanique, deux mosquées, une pagode, un temple brahmanique, un observatoire, un théâtre.

Parmi les établissements d'utilité publique, il convient de citer encore la Banque de l'Indo-Chine, les Messageries maritimes et les Messageries fluviales de Cochinchine.

Le budget de Saïgon s'élevait, pour 1886, à 291,613 piastres (1).

Au 1er janvier 1886, la population de Saïgon était de 16,600 habitants se décomposant ainsi : 1,108 Français, 54 Anglais, 51 Allemands, 13 Espagnols, 17 Portugais, 12 Suisses, 3 Hollandais, 25 Italiens, 4 Russes, 7 Belges, 366 Indiens, 5 Africains, sujets français, 19 Chinois naturalisés, 4 Américains, 7,988 Anna-

---

(1) Le taux de la piastre baisse incessament depuis cinq ou six ans. Sa valeur moyenne pour les six premiers mois de l'année 1886 a été de 4 fr. 20.

mites, 6,210 Chinois, 410 Indiens, 44 Cambodgiens, 43 Tagals, 210 Malais, 7 Arabes. Pour 8,055 hommes il y avait 3,900 femmes et 4,645 enfants. La population n'était que de 13,348 habitants le 1er janvier 1884.

Cholon est établi à 6 kilomètres de Saïgon. Cette ville fut construite vers 1778, par des Chinois émigrés. La vie commerciale de la cité est concentrée sur les quais, d'un développement de plusieurs kilomètres, bordés de maisons à un étage et de pagodes de très belle apparence. Le long de ces quais, de nombreuses barques, chargées et déchargées par des coolies chinois, importent et exportent des marchandises.

Un service spécial de tramways porte les voyageurs, les marchandises et leurs denrées de Cholon à Saïgon.

« Dans l'intérieur de Cholon sont les magasins des détaillants, tenus par des Chinois, si le commerce est important; par des femmes annamites, s'il s'agit de petit commerce. L'étalage est habilement fait. Grainetier, marchand de comestibles, restaurateur, pharmacien, tailleur, cordonnier, orfèvre, quincaillier, marchand de coffrets, pâtissier, chacun a son nom sur la porte en beaux caractères chinois, artistement peints en noir, en rouge, en bleu, en or, suivant la fortune ou le caprice du maître de l'établissement. Les chalands entrent, sortent; c'est un mouvement continuel. Le soir, les boutiques restent ouvertes; les rues, éclairées par la municipalité, sont en outre illuminées par des lanternes vénitiennes, aux formes et aux couleurs les plus variées et les plus gracieuses, qui portent en lettres transparentes l'enseigne du marchand. (Luro.) »

Cholon a eu, pour 1886, un budget de 112,345 piastres.

Les villes les plus importantes, après Saïgon et Cholon, sont Mytho, Vinh-Long et, par sa situation sur le golfe de Siam et l'avenir qui lui est réservé, le port de Hatien.

Mytho est à 72 kilom. de Saïgon, sur la rive gauche de la branche orientale du Mékong, au confluent de l'arroyo de la Poste, qui conduit à Saïgon par le Vaïco. La ville fut autrefois fortifiée par le colonel du génie Ollivier. Mytho est la seconde ville de la colonie, bien qu'elle ait perdu une partie de son importance depuis l'occupation des provinces occidentales, et l'entrepôt du commerce avec le Cambodge. Le chemin de fer de Saïgon à Mytho donnera très certainement une nouvelle animation à cette ville, dont la position centrale doit prendre rapidement une très grande importance et devenir l'un des marchés les plus suivis de l'Indo-Chine.

Vinh-Long est à 120 kilomètres de Saïgon, sur la rive droite du bras oriental du Mékong, et en amont de Mytho. La province de Vinh-Long produit du paddy, du riz, des noix d'arec, des fruits, etc. La ville présente un aspect pittoresque; ses rues sont propres et ombragées.

Hatien est située à l'entrée d'une anse profonde sur le golfe de Siam, séparée de la mer par une ligne d'écueils infranchissable pour les gros navires. Ce port fait un commerce de cabotage important avec le Siam. Cette ville, située à 240 kilom. de la capitale, a joué un rôle important dans l'histoire de la Cochinchine, à cause de sa position militaire sur le golfe. Elle reçoit les productions de la côte du Cambodge et de l'île de Phu-quoc.

ANNAM. — *Hué*, capitale de l'Annam, à douze milles environ de l'embouchure de la rivière qui l'arrose, se compose de deux parties, la ville intérieure, forteresse bastionnée construite vers 1795 par le colonel Ollivier, résidence de la cour royale, et la ville extérieure où, dans de misérables paillottes, habite la masse de la population, forte de 30,000 âmes, dont 800 marchands chinois.

Quin-nhon offre un point de relâche facile aux bâtiments qui font la traversée de Saïgon à Haïphong ou qui se dirigent vers le Céleste Empire.

Tourane, à 85 kilom. de Hué, est le port de la capitale. La ville est située à côté de rizières et de champs bien cultivés. La citadelle a été enlevée le 31 août 1858 par l'amiral Rigault de Genouilly. Le port est ouvert au commerce étranger.

Faï-fo, port ouvert au commerce européen, ville de 10,000 âmes, est en partie peuplée de Chinois. Elle est située au centre d'un riche bassin minier où l'on rencontre de la houille de bonne qualité. L'entrée de la rivière, assez difficile, peut toutefois recevoir de grandes jonques de mer.

TONKIN. — *Hanoï*, à 556 kilomètres de Hué, par la

route royale, ou *Kécho* (chinois, *grand marché*). La ville indigène, avec ses faubourgs, compte 130,000 âmes. Avant notre occupation, une colonie de 4,000 Cantonais environ habitait Hanoï. Ils ont quitté la ville pendant les opérations, mais ils y reviennent tous les jours. Ils seront plus nombreux dans un avenir peu éloigné dès que le fleuve Rouge sera parcouru par leurs jonques.

La ville est située sur la rive droite du Song-Koï et est accessible aux jonques chinoises et à nos bateaux de deux mètres de tirant d'eau. Elle a la forme d'un triangle isocèle dont la base appuyée au fleuve a trois kilomètres, et chacun des deux autres côtés deux kilomètres et demi. Les rues sont larges, pavées de larges dalles; les levées de défense contre les inondations sont restées intactes ou ont été réparées. La plupart de habitants sont revenus dans leurs habitations, et sous nos auspices la population indigène de la province apporte les produits agricoles, les meubles sculptés ou laqués, ornés d'incrustations, et les échange contre les marchandises européennes. Le sol de la ville est à un niveau inférieur à celui des crues du fleuve, ce qui nécessitera l'entretien de digues ou mieux un remblaiement général.

La cité redevient, comme autrefois, une grande agglomération industrielle et l'un des principaux marchés de l'Indo-Chine. Un tramway a été établi entre la concession et la citadelle.

Hanoï possède de fort jolies pagodes. Il y a dans

l'intérieur de la ville un petit lac charmant et à l'extérieur un lac immense autour duquel M. Parreau, chef de bataillon d'infanterie de marine, a fait un magnifique boulevard qui servira de lieu de promenade. Tout, dans la situation de cette ville, se prête à de nombreux embellissements. Le séjour de Hanoï sera toujours fort recherché des Européens, mais il importe de mettre au plus tôt la capitale en communication rapide avec Haïphong : un chemin de fer est indispensable, car le trajet par les bras secondaires, les arroyos et le Song-Koï est véritablement fastidieux.

Outre Hanoï, les villes du Tonkin sont Bac-Ninh, Langson, Hong-Hoa, Thai-Nguyen, Sontay au sommet du Delta; Nam-Dinh, une des villes les plus curieuses du pays, Hong-Yen et Haï-Dzuong au centre, Ninh-Binh au sud, Haïphong et Quang-Yen près de la mer; Laokay près de la frontière du Yunnan.

Vers la mer, *Haïphong* est un port ouvert depuis le traité du 15 mars 1874, entre le Cua-Cam et le Song-Tam-Bac, sur des terrains d'alluvion constamment noyés par la marée ou par les pluies. Il est à 85 kilomètres de Hanoï par le canal des Rapides et à 115 par le passage des Bambous.

La situation de Haïphong est amoindrie par la barre du Cua-Cam, infranchissable aux navires de plus de 6 mètres de tirant d'eau, par l'impossibilité pour la ville de s'étendre au milieu des marais et par le manque d'eau potable dans le voisinage. On est obligé de la faire venir de Quang-Yen par des jonques. On a agité la question de savoir si l'on n'abandonnerait pas l'emplacement de cette ville pour transporter notre établissement à *Quang-Yen*, capitale de la province de même nom sur le Cua-Nam-Trieu.

Quang-Yen paraît préférable à Haïphong ou à un point de la baie d'Along pour les raisons suivantes : on trouve près de Quang-Yen, dans le Cua-Nam-Trieu, un bon mouillage, vaste et profond, d'une défense facile dans toutes les hypothèses. La ville elle-même, entourée d'eau dans trois directions, est reliée à l'intérieur par une ligne de collines où il serait possible d'élever des fortifications. Du côté de la mer, des canonnières et des torpilles compléteraient la défense. Le Cua-Nam-Trieu est d'une navigation facile, avec 8 mètres d'eau à marée basse, sauf une longueur d'environ deux milles où l'on trouve une barre n'ayant guère plus de 3 mètres 80 à basse mer, 6 mètres à hauteur moyenne des plus faibles marées. L'ouverture d'un chenal de 8 mètres de profondeur sur une largeur de 100 mètres, par un dragage de 2 mètres environ, permettrait aux bâtiments de 7 mètres 50 de calaison, les seuls qui puissent franchir le canal de Suez, d'aborder à toute époque à Quan-Yen. Sur la rive du Cua-Nam-Trieu il serait facile de construire des appontements et des bâtiments en solide maçonnerie. Pour éviter de passer par le Vong-Chau, arroyo d'une navigation laborieuse, et communiquer avec Haïphong et le Delta, il faudrait seulement creuser un petit canal de 8 mètres de profondeur sur 50 mètres de largeur dans la langue de terre vaseuse qui sépare le Cua-Nam-Trieu du Cua-Cam. Une somme de 3 millions de francs suffirait pour mener à bien tous ces travaux. Quang-Yen possède de nombreux puits et l'eau y est excellente, avantage que ne possèdent ni Haïphong ni la baie d'Along. D'un autre côté, les travaux à faire pour corriger le Cua-Cam seraient fort onéreux. Enfin la défense d'un port ouvert sur la baie d'Along serait moins facile que celle de la position de Quang-Yen. Quoi qu'il en soit du choix d'un port administratif sur le bord de la mer, nous estimons que Haïphong, malgré les inconvénients qu'il offre, sera difficilement détrôné, et qu'en présence de l'importance qu'il prend chaque jour, le mieux serait, sans doute, d'améliorer le port et la ville et de se contenter d'avoir nos établissements militaires à Hong-Gay ou à la baie d'Along.

M. Renaud, ingénieur hydrographe de la marine, à publié dans la *Revue maritime et coloniale* une très intéressante étude sur les ports du Tonkin, dans laquelle il expose les motifs qui militent en faveur de Hong-Gay, récemment appelé *Port-Courbet*, pour l'établissement du port militaire du Tonkin. M. le lieutenant de vaisseau Gouin, résident à Nam-Diuh, cite également ce mouillage pour son importance maritime.

CAMBODGE. — Au Cambodge on remarque les villes

de Phnum-Penh, capitale du royaume, Kampot sur le golfe de Siam, Oudong, ancienne capitale, dans une île du Mékong, et Kampong-Luong, sur le bras du Grand-Lac.

Phnum-Penh est située dans une excellente position commerciale au confluent du Mékong et du bras du Tonlé-Sap. La population est une des plus mêlées de tout le delta du Cambodge. On y coudoie tour à tour des Annamites, des Khmers, des Siamois, des Malais, des Indiens et des Chinois.

Kampot, près de la côte sur une petite rivière, exporte du poivre. Le port a beaucoup perdu de son importance depuis que Saïgon et Cholon ont accaparé presque tout le commerce du Cambodge. Quelques travaux pour corriger la barre de la rivière, et surtout la reprise des travaux agricoles dans la partie occidentale du royaume, pourront le rendre prospère.

IX.

RELIGIONS.

ANNAMITES. — Les lettrés ont adopté la doctrine de Confucius. La morale enseignée par le philosophe chinois est pure, fondée sur la raison. Le but du législateur est de faire des hommes parfaits dans les relations de la vie de la famille et de la vie sociale.

Il recommande la concorde entre les époux, le respect des parents, des vieillards, des supérieurs hiérarchiques, la déférence pour les aînés, etc.

Beaucoup de familles, qui ne peuvent, pour des causes diverses, aller aux pagodes, dressent dans leurs cases un petit autel qui symbolise, la plupart du temps, leur seul culte extérieur. Sur le fond de la muraille de la chambre principale, on lit, écrites en gros caractères, une ou plusieurs sentences chinoises, qui constituent toute la morale domestique.

En Cochinchine, il n'existe pas d'Église établie; l'isolement et l'ignorance des populations agricoles ont amené de nombreuses superstitions. Bouddha est appelé Phât; il personnifie le ciel sous le nom de Ong-Troi (Monsieur le ciel). On rencontre quelques pagodes, mais elles sont généralement misérables et mal entretenues; les seules qui soient bien construites ont été édifiées par les Chinois et les Cambodgiens.

Au Tonkin au contraire, les pagodes sont très nombreuses et fort belles. Il semble que ce pays étant plus rapproché de la Chine, la foi des fidèles s'y soit montrée moins indifférente, et cela malgré la présence des missionnaires français et espagnols.

On voit peu de bonzes. Les ministres du culte sont surtout des sorciers qui exploitent indignement la crédulité publique, et persuadent au peuple qu'ils ont une grande influence sur les génies supérieurs. Ils prétendent découvrir les voleurs, les choses cachées, les trésors enfouis; guérir les maladies réputées incurables. Ce sont des escrocs et des imposteurs qu'il faudra démasquer et punir sévèrement toutes les fois que l'occasion s'en présentera.

La crainte du tigre a décidé les Annamites à rendre un culte à cet animal et à lui faire des présents, religieusement déposés près des bois, pour apaiser sa fureur. Dans les parties du pays fréquentées par les félins, les indigènes placardent en dehors de leurs maisons des papiers de couleur où sont écrites les louanges de *monsieur le tigre;* ils portent, comme amulettes, une de ses dents ou une de ses griffes richement montée en or; ils font griller le cœur de ces animaux tués par les chasseurs, et le réduisent en poussière fine pour la faire avaler aux enfants, afin de leur donner du courage. La baleine, le dauphin passent pour sauver sur leur dos les naufragés ; aussi leur rend-on également un culte. Les bateliers jettent dans les fleuves des papiers enflammés avec des conjurations écrites pour se rendre favorables les esprits des eaux.

Culte des ancêtres et du foyer. — Mais la véritable religion est le culte du foyer et des ancêtres divinisés, qui ont, dans chaque demeure, un autel analogue à celui des lares et des pénates de la mythologie classique. On offre aux ancêtres des sacrifices, des repas, du bétel, des papiers d'or et d'argent, des habits, des piastres et des sapèques, etc. : il y a là évidemment, comme dans l'antiquité gréco-romaine, une croyance confuse à la persistance de la vie au delà de la tombe, et à la continuation, dans une existence future, des conditions de la vie terrestre. Maudire les ancêtres d'une famille est une sanglante insulte pour les membres vivants de cette lignée.

Les ombres des ancêtres aiment, disent les indigènes, à errer dans de beaux bocages, soigneusement entretenus par les soins du chef de la famille, qui reçoit, pour assurer cet entretien, une sorte de majorat appelé *huong-hoa*. Les mots huong-hoa signifient « encens » et « feu » ; ce sont les parfums qui brûlent sur l'autel de la famille. Le huong-hoa est inaliénable et se transmet de mâle en mâle par ordre de primogéniture. Le code annamite de Gia-Long s'attache d'une manière toute spéciale à garantir sa conservation.

Il importe, pour assurer le culte des ancêtres, que les hommes dont on ne peut retrouver les cadavres, aient au moins une sépulture figurée, où leurs âmes pourront se reposer sans devenir des esprits malfaisants. L'on a recours pour cela à une cérémonie appelée évocation de l'âme pour lui construire un tombeau. Cette cérémonie comprend deux parties : dans la première, on refait un corps qui sera désormais celui de la personne disparue, c'est une sorte de mannequin habillé qu'on place dans un cercueil ; dans la seconde, on saisit son âme pour la lier à ce corps factice, et l'on en fait les funérailles.

Les Annamites s'inquiètent même des esprits des anciens possesseurs du sol, dont la postérité est éteinte et qui doivent errer affamés dans les airs, puisqu'on ne leur fait plus de sacrifices. Aussi les bonzes, les sorciers et même les particuliers leur adressent à certains jours des offrandes pour détourner leur colère. Il en est de même pour les esprits des individus qui ont péri de mort violente ou prématurée, qui n'ont pas reçu de sépulture ou dont les tombeaux ont été abandonnés. Dans la pensée des mandarins, une des peines les plus terribles qu'ils pouvaient infliger aux missionnaires chrétiens, était de faire jeter leurs corps dans les cours d'eau, afin que leurs disciples ne pussent leur donner une tombe. Les âmes des missionnaires devaient errer à perpétuité, sans trouver de repos, dans les contrées qu'ils avaient évangélisées, et devenir des esprits malfaisants.

La principale fête religieuse est le *Tét*, ou premier jour de l'an ; elle est marquée par une visite aux tombeaux qu'on orne de fleurs, par des présents aux amis les plus intimes, par un repas des membres de la famille à côté de l'autel domestique, et par des réjouissances qui durent un certain temps. Les parents se réunissent chez celui qui tient de la naissance le droit de rendre le culte aux ancêtres, et c'est dans ces réunions privées ou dans le repas qui les termine, que s'échangent ces confidences intimes, où l'un trouve un conseil et l'autre une consolation. C'est en présence des autels des aïeux communs, que s'évanouissent ces haines et ces rivalités qui divisent si souvent les familles, et que se resserrent les liens qui les unissent. C'est en entendant rappeler les vertus de ceux qui les ont précédés dans la vie, que chacun se sent porté à les imiter et prend des résolutions salutaires pour l'avenir. Pendant les trois premiers jours de la fête, toutes les affaires sont suspendues et les marchés déserts. Chaque village a, de plus, sa fête patronale, fête à la fois civile et religieuse, pendant laquelle on honore le génie protecteur de la bourgade, et on rend les comptes de la commune aux anciens.

Les pagodes, protégées contre les déprédations des mandarins et des pillards par leur caractère sacré, sont souvent riches et belles. « Des dragons convulsivement crispés et plus hérissés de barbes, d'arêtes d'aiguillons et de piquants qu'un monstre marin, tordant sur le faîte et sur les bords recourbés leurs corps écaillés de tessons de faïence bleue ou rehaussés de couleurs vives, donnent de loin à leurs grands toits de tuile des aspects décoratifs d'une agréable baroquerie. Il n'est point de village qui n'en ait plusieurs et souvent de meilleure mine que nos églises de campagne. Les plus belles sont entourées d'un mur percé d'une porte monumentale accompagnée de plusieurs colonnes portant en guise de chapiteaux des espèces de lanternes aux profils broussailleux comme le dos des dragons. Des bas-reliefs en stuc, presque de grandeur naturelle, représentent tantôt d'un côté un cheval harnaché et de l'autre un éléphant chargé de son palanquin, tantôt des guerriers d'une physionomie rébarbative.

« Après une grande cour s'élèvent des espèces de vastes hangars fort propres à servir soit d'entrepôts, soit de lieux de réunion, et, derrière ces hangars, la pagode proprement dite. La partie des poutres qui soutient l'avant-toit est toujours fouillée en plein bois d'après ces motifs chinois où les animaux chimériques et les plantes s'entremêlent dans un fouillis inextricable pour l'œil d'un étranger. L'autel, laqué de rouge, est sculpté à jour et les principaux ornements en sont relevés d'or. Devant l'autel une table des sacrifices très basse et décorée dans le même goût : laque rouge et dorure sur les nervures ; des panneaux sur la laque desquels des sentences se détachent également en se pendant aux colonnes de bois du temple. Sur une plaque de marbre maçonnée dans un des murs, sont gravés le texte du décret qui a autorisé l'érection de la pagode et les noms des généreux fondateurs qui en ont fait les frais. (P. Bourde.) »

Souvent, dans les campagnes, on rencontre des *tu-van*, analogues aux petites chapelles catholiques qu'on voit dans les champs dans notre département du Nord. Un tu-van se compose en général d'une sorte de chaise curule en maçonnerie élevée sur un socle et précédée d'un cube formant table ou autel ; il est parfois surmonté de la statue de Bouddha. Les offrandes déposées sur l'autel par les indigènes se composent de fleurs, d'allumettes parfumées et de figures en papier.

De chaque côté du tu-van se trouvent des bornes en pierre appelées *ha-ma* portant des caractères chinois qui engagent les voyageurs à cheval à descendre de leur monture devant l'autel par respect pour le lieu consacré. Les pagodes sont aussi précédées de ha-ma. L'usage des tu-van, celui des offrandes de fleurs se retrouvent chez tous les peuples, les anciens Gaulois ornaient de guirlandes les monuments mégalithiques, et Tibulle nous a conservé le souvenir des offrandes faites par les paysans romains aux autels rustiques.

Chez les Annamites, le dauphin est réputé, comme chez les Grecs, l'ami de l'homme, et son sauveur dans les naufrages. Quelquefois même, c'est une barque entière qu'il prend sur son dos et qu'il amène au rivage. Aussi se sert-on, pour le désigner, par respect du nom de *ông*, monsieur ou grand-père, et il a reçu le titre de génie aux écailles de jade, grand poisson des mers du Sud. Quand un bateau trouve en mer le cadavre d'un dauphin, ce qui est un gage de bonheur, l'équipage le ramène à terre pour faire ses funérailles en grande pompe ; ensuite ses os sont exhumés et déposés dans un sanctuaire où l'on va se prosterner et offrir des sacrifices pour obtenir une bonne pêche.

La croyance aux sorciers, aux présages, aux sorts et mille autres qui rappellent nos superstitions du moyen âge, sont excessivement répandues.

Le sorcier porte le nom de *thay-phap*, titre que l'on peut assez rendre par celui de docteur ès sciences magiques. Les thay-phap reconnaissent Lao-tseu pour patron ou auteur. Chaque maître a son titre, ses élèves : ils ne se réunissent ordinairement que lorsqu'ils sont appelés à participer ensemble aux cérémonies chez quelque riche particulier, et la cérémonie est alors présidée par le thay-phap qui a été appelé par la famille et a convoqué les autres comme en consultation.

La fonction par excellence du thay-phap est la guérison des maladies ou, pour parler d'une manière plus exacte, des possessions. Comme ils sont tous plus ou moins ignorants, on ne peut tirer d'eux aucun renseignement sur la nature, le rôle et l'histoire des esprits; c'est dans les livres chinois des maîtres de la secte qu'il faudrait aller chercher ces explications; peut-être aussi ne veulent-ils pas révéler les arcanes de leur profession toujours immorale et dont les actes tombent trop souvent sous la sanction de la loi pénale.

Le fanatisme religieux n'existe pas en Cochinchine. Jamais une insurrection du bas Mékong n'a été présentée aux populations comme une guerre sainte. Le Bouddha Çakyamouni n'est pas, comme Mahomet, un prophète jaloux de régner sans partage sur le pays habité par ses adeptes. Les persécutions des missionnaires et des chrétiens indigènes ne démentent pas cette affirmation. La cour de Hué voyait dans les premiers des ennemis de l'empire et, dans les seconds, des alliés de l'étranger.

Religion des Cambodgiens. Bouddhisme. — La religion des Cambodgiens est le bouddhisme, mais un bouddhisme défiguré par de nombreuses superstitions étrangères à la doctrine philosophique de Çakyamouni, par des vestiges de l'ancien brahmanisme et par le culte des ancêtres, commun à tous les peuples de la Chine et de l'Indo-Chine.

Les bonzes, appelés *luc-sang* (seigneurs prêtres) ne forment pas une caste, car il leur est permis de quitter les ordres après un temps plus ou moins long de séjour dans la bonzerie. Ce sont les talapoins des Siamois. Les bonzes se recrutent dans toutes les classes de la société à partir de vingt ans, parmi les postulants, ou *Nén*, admis dans les bonzeries dès l'âge de sept ans. Le consentement des parents, celui des maîtres s'ils sont de condition servile, celui du roi s'ils appartiennent au palais, leur est nécessaire. Aux esclaves le titre de bonze donne la liberté. Leurs vœux ne sont pas perpétuels : ils se retirent, dès que la vocation vient à leur manquer. Avant de s'adonner aux fonctions publiques les jeunes gens qui aspirent à servir l'État font généralement un stage d'un an dans une bonzerie ; cela leur donne un certain prestige dont ils sont très jaloux.

Leur costume est jaune, orné de broderies, en soie ou en coton suivant leur rang. La piété des fidèles en fait les frais. Levés au point du jour, les bonzes commencent la journée par leurs ablutions, puis circulent dans les villes et les villages jusqu'à midi, mendiant le riz, le poisson, les fruits, le tabac, le bétel, l'arec, le thé, etc. A huit heures et à midi ils prennent leur repas dans les bonzeries et jeûnent le soir.

Ils ne se livrent à aucun travail manuel et toute leur occupation, en dehors du service religieux et de la récolte des aumônes, consiste à faire la classe aux postulants dans la journée.

Leur instruction est fort médiocre et se borne, pour les plus instruits, à la lecture des livres sacrés, pour quelques-uns seulement à des connaissances géographiques sommaires.

Les talapoins se piquent quelquefois de connaissances médicales et donnent des consultations dans leurs couvents; un certain nombre prétendent lire dans les astres.

Ils se confessent facultativement les uns aux autres, deux par deux et à haute voix tous les jours, obligatoirement toutes les quinzaines. C'est quelque chose comme la coulpe usitée dans certains ordres religieux du catholicisme.

Ce qui distingue surtout les bonzes, c'est leur détachement complet de tout ce qui a trait aux choses purement temporelles. La politique, par exemple, les laisse complètement indifférents. C'est là un trait essentiel à noter. Sous notre protectorat, les bonzes, si nous avons le soin de respecter leurs croyances, ne tenteront rien contre nous. Nous le savons par l'expérience acquise dans l'arrondissement français de Soctrang. Leurs pagodes sont généralement de style chinois et de style hindou mélangés, et rien, ni dans leur proportion ni dans leur architecture, ne vient rappeler les splendeurs d'Angkor-Wat.

A chaque bonzerie sont attachés un certain nombre

de fidèles des deux sexes, sortes de frères lais ou de sœurs converses qui vaquent aux emplois de la domesticité.

Les fêtes religieuses sont nombreuses chez les Khmers. Nous citerons le *Chol-Chhnam* (entrer dans l'année), fête du nouvel an, comparable au Tet annamite, et célébré comme celui-ci par des sacrifices, par des réjouissances publiques et, de plus, par des offrandes faites aux bonzes pour eux et pour l'entretien des pagodes. Cette fête dure trois jours ; de l'eau parfumée est projetée sur les statues de Bouddha et est recueillie ensuite comme eau lustrale. Dans les familles qui ont conservé les traditions antiques, les enfants offrent l'eau à leurs parents et les esclaves lavent le corps de leur maître.

A chaque changement de lune un jour est férié et célébré par le repos et la prière. Le thngay-sel de la nouvelle et de la pleine lune sont plus solennels que ceux du premier et du dernier quartier. Pendant les jours de fête, les Cambodgiens visitent les pagodes, et font l'aumône aux pauvres et aux bonzes.

Quelques-uns même étendent leur charité jusque sur les animaux domestiques, conduits au marché pour l'alimentation publique ; ils les achètent pour leur rendre la liberté.

Le jour de la pleine lune du mois de pisac ou mai, anniversaire de la mort de Bouddha et de son entrée dans le Nirvana, est célébré avec une grande pompe dans les pagodes. A cette occasion des festins sont servis dans les familles et les bonzes y sont conviés ;

les religieux sont en effet de toutes les réjouissances publiques ou privées.

Au mois de février, au moment de la moisson du riz, les bonzes font des processions dans les champs pour attirer la bénédiction du ciel sur les fruits de la terre. Ces sortes de *rogations* sont suivies de banquets offerts aux prêtres par les laboureurs.

Les religieux bouddhistes célèbrent une espèce de carême d'août en octobre, pendant les mois pluvieux de l'année : c'est le *Prasa* (sanscrit *wasa*) en souvenir du repos annuel de Çakyamouni qui, cessant ses voyages dans l'Inde, consacrait ce temps à l'instruction de ses disciples. Pendant le Prasa, chaque pagode est constamment éclairée par le *Tien-Prasa*, grand cierge qui rappelle le cierge pascal des églises catholiques. C'est dans la première quinzaine de ce saint temps que les Cambodgiens font leurs sacrifices aux ancêtres. Les bonzes ne se joignent pas à ces cérémonies qui ne font point partie de leur rituel.

Les Khmers rendent hommage aux *Neac-ta*, analogues aux dieux lares et aux dieux pénates des Romains et aux génies des Annamites. Ces divinités locales sont chargées par Prea-In (Indra) du soin des villages, des îles, des arbres, etc.

Les Neac-ta sont surtout invoqués dans le cas de maladies, surtout de maladies épidémiques et de calamités publiques, comme les inondations ou la sécheresse prolongée. Des vases d'eau sont exposés sur les autels domestiques et servent à des ablutions générales ou localisées aux parties malades.

Les Cambodgiens admettent l'existence des génies diables ou démons, et des revenants. Ces personnages mystérieux et puissants attaquent l'homme dans son corps ou dans ses biens, ils l'induisent en tentation. Si une maladie résiste au traitement du médecin indigène on invoque les ancêtres ou *don-ta* et surtout l'*arac,* ancien ami mort qui s'est constitué le protecteur de la famille et qui séjourne dans les arbres ou dans les maisons. Certains Cambodgiens n'ont d'autre culte que celui de l'arac à qui l'on offre les fleurs du frangipanier. Le ministère d'une sorcière (*mi-chong-arac,* la femme dans laquelle l'arac s'incarne), le bruit des instruments, les exorcismes avec de l'eau, de l'huile, de l'eau-de-vie de riz sont indispensables pour la guérison du patient. Les invocations ont lieu à la fête spéciale des aracs, de janvier à mars, ou en cas de maladie à une époque quelconque de l'année. Dans le premier cas, l'invocation, faite d'une manière générale, est le *lieng roung,* dans les seconds, c'est le *lieng arak* ou festin des génies. Les jours où les *mi-chong-arak*, nommées *grou,* quand elles ne sont pas inspirées par l'esprit prophétique, font leurs incantations, leurs élèves ou *soes,* comprenant les malades guéris par leurs secours, se réunissent près d'elles. Un festin est servi, des lumières allumées près de l'autel domestique et aux accents d'un orchestre commandé, la cérémonie commence. La *mi-chong-arak* est livrée à des convulsions semblables à celles du diacre Paris et de ses adeptes jansénistes. Un jour viendra où nous serons obligés d'intervenir et d'écrire au sens sérieux les mots d'un mauvais plaisant du siècle dernier :

> De par le roi, défense à Dieu
> De faire miracle en ce lieu.

Parfois, dans le cas de maladie, le médecin fait l'office de sorcier : il façonne alors une statuette et la dépose dans un endroit écarté où le démon quittant le corps du malade, va s'incarner. C'est le contraire de l'envoultement du moyen âge. Les revenants affamés sont très redoutés, pour les calmer on jette à terre du riz et on prépare des aliments qu'on dépose dans les haies voisines. Ils peuvent communiquer des maladies et prendre la forme d'animaux pour effrayer les hommes.

Le chat-huant et un autre oiseau de nuit, le khleng srac, passent pour porter malheur aux malades et annoncer leur mort prochaine. La tourterelle *raloc-pras*, l'oiseau *oula*, font naître des épidémies dans les localités qu'ils traversent ; le loup, le serpent *crai* et le serpent des forêts sont aussi des animaux de mauvais augure. L'usage des talismans est général, leur trafic constitue un des plus clairs bénéfices des sorciers. Les amulettes sont de toute espèce et produisent les résultats les plus merveilleux. Ainsi un morceau de corne de khting-pos porté au cou préserve de la mo sure des serpents. Les défenses avortées des éléphants rendent un individu invulnérable aux balles. Les défenses de sanglier portées sur soi ont le pouvoir de faire rater les armes à feu d'un ennemi. Les moustaches de tigre sont considérées comme un poison violent. Les griffes et les dents du tigre, ainsi que les dents de chien et de caïman, éloignent les revenants. Un amalgame, dont la composition est aujourd'hui inconnue, assure-t-on, pressé en boules, permettait à celui qui pouvait se le procurer de prendre le vol et de se rendre dans la forêt de délices. Les grands colliers en or qui ornent le cou des enfants et des dames du monde portent écrits, sur une bande de papier roulée dans une feuille d'or, des commandements qu'il faut observer, si l'on veut être préservé des maléfices des sorciers.

Les Cambodgiens croient aux augures, à la divination par les songes et se rendent parfois dans les cimetières, où ils dorment sur le tombeau de certains morts qui passent pour être d'excellents inspirateurs.

Au dernier jour de la lune de septembre a lieu la fête des morts. Les Cambodgiens se réunissent dans les pagodes où ils apportent des offrandes de vivres pour les ancêtres qui, ce jour-là, ont l'autorisation de quitter les enfers. Les morts arrivent en masse, ils bénissent leurs descendants fidèles à la coutume ou maudissent ceux qui ont été négligents. Les offrandes comprennent du riz, des gâteaux, des pois, du sésame. La fête dure trois jours. Au dernier on congédie les esprits des anciens en disant : « Allez au pays, aux champs que vous habitez; aux montagnes, sous les pierres qui vous servent de résidence. Allez, retournez! Au mois, à la saison, au temps, à l'époque ultérieure, vos fils et vos petit-fils penseront à vous. Vous reviendrez alors! »

Les Cambodgiens sont très attachés à la célébration de deux cérémonies fort anciennes, sans doute d'origine brahmanique, la tonte du toupet des enfants ou *cat-sac* (couper la chevelure) et la bénédiction des eaux.

Le cat-sac a lieu entre onze et treize ans. De nos jours les Khmers rasent les cheveux aux enfants dans le premier mois de leur naissance, en choisissant un jour et un moment propices. On fait, à cette occasion, une petite fête d'intérieur à laquelle on convie quelques bonzes, qui récitent des prières et donnent leur bénédiction. Cette première cérémonie porte le nom de *cat-sac-prey* (la coupe des cheveux sauvages). On donne alors à l'enfant son premier nom. A partir de ce moment les cheveux sont rasés une fois le mois, afin sans doute d'en fortifier la racine. A deux ou trois ans, on laisse pousser sur le sommet de la tête un toupet de forme circulaire; et lorsque les cheveux ont atteint, à cet endroit, une certaine longueur, on les tortille, on les noue et on les arrête au moyen d'une grande épingle en or, en argent ou en cuivre, suivant le rang et le degré de fortune des parents. L'autre partie de la tête est rasée tous les mois régulièrement, et c'est dans la coupe de ce petit toupet que consiste le cat-sac. Les cheveux sont rasés en cérémonie, avec des pratiques minutieuses qui rappellent la nomination de M. Jourdain à la dignité de mamamouchi ou celle du Malade imaginaire au grade de docteur. Le néophyte revêt alors un costume léger pour le rite de l'eau. Il est aspergé, essuyé, oint d'huile consacrée et parfumée. Enfin, on fait avaler au jeune homme quelques cuillerées d'eau de coco et de riz.

BRAHMANISME. — Le bouddhisme a été précédé par le brahmanisme, qui a laissé après lui mille superstitions encore vivaces. Le vicaire apostolique Mgr Miche rapporte l'introduction du bouddhisme à l'an 78 de Jésus-Christ, au commencement de l'ère de Prome. Francis Garnier et Bouillevaux parlent du troisième siècle avant l'ère chrétienne, la *chronique royale des vieux rois du Cambodge* et Doudart de Lagrée, du septième siècle de l'ère chrétienne. Les doctrines bouddhiques eurent à lutter longtemps contre l'ancien culte avant d'être adoptées par les indigènes. Elles ne triomphèrent complètement que vers 1400. Aujourd'hui encore les 800 ou 1.000 membres de la corporation des *Bakou*, qui conservent l'épée royale, prétendent appartenir à la race des brahmanes dont ils ont gardé quelques usages. Ils portent les cheveux longs et sont dispensés de l'impôt et de la corvée. L'épée royale remise au prince au moment de son couronnement porte, assez finement gravés, plusieurs sujets, tous brahmaniques. Les sculptures des grands sanctuaires d'Angkor-Vat représentent les divinités du paradis brahmanique et des grandes épopées indiennes, le Ramayana, le Mahà-Bhàrata, comme le font connaître les inscriptions déchiffrées jusqu'à ce jour, conçues en sanscrit ou contenant de nombreux mots sanscrits.

CHRISTIANISME. — Quand les Européens pénétrèrent dans l'extrême Orient, ils tentèrent de convertir ses habitants à leurs croyances. Le christianisme fut donc prêché dans l'Indo-Chine au commencement du dix-septième siècle. Le P. de Rhodes séjourna en Cochinchine de 1624 à 1627 et y retourna en 1640. La persécution ne tarda pas à éclater et, en 1644, le catéchiste annamite André fut la première victime. Depuis cette époque, jusqu'aux victoires de la France et de l'Espagne, le christianisme a presque toujours été proscrit dans l'Annam. Cependant sa vitalité fut toujours grande. En 1658, la Cochinchine et le Tonkin furent érigés en vicariats apostoliques par le pape Alexandre VII et confiés aux soins des Missions étrangères. Pigneau de Béhaine, dont nous avons raconté le rôle politique et civilisateur à la cour de Gia-Long, est le plus illustre des vicaires apostoliques.

Les jésuites, qui prêchaient dans l'extrême Orient depuis saint François-Xavier, avaient sagement toléré, chez les convertis, les honneurs rendus à la mémoire de Confucius et certaines cérémonies du culte des ancêtres. Ce culte, d'ailleurs, donne une grande force aux liens de famille et à la piété filiale. Mais, en 1774, un an après la suppression de la Compagnie de Jésus, un décret du pape Clément XIV condamna le culte des ancêtres et les honneurs rendus à Confucius. Cette condamnation fut fatale à la propagation du christianisme.

Le nombre des chrétiens en Cochinchine, comme

dans le Tonkin, ne dépasse guère la vingtième partie de la population. Le fond des idées religieuses du peuple est le collectivisme familial et s'oppose à la diffusion de l'individualisme chétien. L'Indo-Chine est restée, comme la Guyane et la Nouvelle-Calédonie, un pays de mission, non soumis au Concordat.

Le christianisme fut prêché dans le Cambodge au seizième siècle par Luis Cardozo et Juan Madiera (1551). En 1610, un souverain demanda à la maison de Saint-François de Malacca des religieux. Deux prêtres furent envoyés. Le roi donna la liberté de la religion ; nul propriétaire ne put s'opposer au baptême de ses esclaves. En imitation des canons de certains conciles de l'époque gallo-romaine, il fut décidé qu'en cas d'opposition du propriétaire, on pourrait libérer l'esclave par les voies judiciaires et l'acheter à un prix fixé par le prêtre et un mandarin. Mais quelques années plus tard la mission fut détruite par le roi de Siam, qui emmena les religieux prisonniers.

Jamais les souverains khmers ne furent persécuteurs et de nos jours une ordonnance prescrit que le serment en justice, prêté par un étranger, doit être conforme à sa religion. La mission du Cambodge est dirigée par un vicaire apostolique.

Les missions étrangères, chargées du service religieux dans la plus grande partie de l'Indo-Chine, sont une congrégation autorisée par lettres patentes de Louis XIV, et par des décrets des 7 prairial an XII et du 7 février 1813. Au Tonkin, il existe des missions desservies par des dominicains espagnols. Il sera bon de négocier avec le Vatican et avec l'Espagne le remplacement de ces religieux par des prêtres français, parce qu'aux yeux des Annanistes il est nécessaire de faire disparaître tout ce qui pourrait ressembler à l'ingérence d'une autre nation que la France dans les affaires locales, même au point de vue spirituel.

Mahométisme. — En Cochinchine, le mahométisme est professé par les Malais et les Chams; le brahmanisme par les émigrants indiens.

IV.

LES PRODUCTIONS ET LES DÉBOUCHÉS.

I.

MINÉRAUX.

La basse Cochinchine et le delta du fleuve Rouge, à part certains pointements de granit, ne présentent que des alluvions modernes et des amas d'argile. Sous la double influence de la chaleur et de l'humidité, des dépôts de tourbe et d'humus se sont formés rapidement à la surface du sol et constituent une riche terre végétale. Au sud de nos possessions, les roches calcaires ne se montrent qu'au delà de la frontière cambodgienne, vers la *chaîne de l'Éléphant;* au delà elles forment la plupart des sommets.

Les montagnes de l'Annam sont généralement granitiques et renferment des minerais pour la plupart non exploités, zinc, cuivre, fer, or et argent. Les marbres blancs de Tourane sont forts beaux et peuvent être polis.

Le Tonkin est riche dans ses parties montagneuses, en produits minéraux. On y trouve de l'or, de l'argent, du mercure, du cuivre, de l'étain, du zinc, du plomb, du fer, de l'arsenic, du soufre, du kaolin, du sel, de l'alun, de la houille, du pétrole, du marbre et des eaux minérales.

Dans l'Annam on signale le terrain houiller dans le Thanh-Hoa et dans la vallée de Tourane.

Le bassin houiller du Tonkin, d'une surface d'un millier de kilomètres carrés, doit s'étendre sur les deux anneaux d'une chaîne plus ou moins continue qui forme la ligne de partage des eaux entre le Mékong d'une part, le fleuve Rouge et les rivières de l'Annam d'autre part.

« Les charbons du Tonkin, tant par leur composition chimique que par les résultats qu'ils donnent à l'essai industriel, nous paraissent aptes à entrer pour une petite part très importante dans l'approvisionnement des marchés maritimes à l'extrême Orient. Ils soutiennent notamment très bien la comparaison avec les charbons d'Australie, qui sont souvent impurs, et ils sont supérieurs aux lignites pyriteux du Japon, dont on fait une si grande consommation à Hong-Kong et à Shang-Haï. Enfin, ils se rapprochent tellement des houilles françaises, qu'ils pourront prendre, soit en roche, soit en briquettes, sur le marché de Saïgon, une importance comparable à celle qu'y ont actuellement les produits de la Grand' Combe. » (FUCHS.)

On a remarqué que les pays éloignés des centres de l'industrie, quelque riches qu'ils soient en productions minérales, tiraient difficilement parti de ces présents de la nature. La cause de ce fait est simple, les frais de transports sont une charge trop lourde pour les consommateurs. Les minerais, la houille de ces pays demeurent une réserve pour un avenir plus ou moins éloigné. Un jour viendra où l'épuisement des mines actuellement utilisées, où l'ouverture de voies de communication, où la diminution des frais de transport, facilitera l'exploitation de gisements aujourd'hui connus mais encore délaissés. Dès maintenant, les houillères du Tonkin sont destinées à être livrées aux travailleurs : la marine de toutes les nations sera heureuse de trouver dans l'extrême Orient l'alimentation de ses machines et cessera de payer un lourd tribut aux fournisseurs des contrées éloignées. Quant à la flotte militaire française, elle aura, sur une terre soumise à notre action, les moyens de renouveler ses approvisionnements sans avoir à craindre, en cas de guerre, la fermeture des ports neutres.

Le minerai de fer se rencontre dans le bassin de Song-Gianh, dans les montagnes de Tanh-Hoa et du Lac-Tho et surtout sur les bords du Song-Thao, dans les provinces de Bac-Ninh, Thai-Nguyen, Sontay, Tuyen-Quang, Langson et Caobang, dans le Tonkin; dans la province de Kampong-Soaï au Cambodge, à la montagne du Phnum Deck, qui peut donner, dans les meilleures conditions possibles, d'excellents aciers Bessemer.

La pierre de Bien-hoa renferme des fragments plus ou moins gros de roches diverses, et surtout de quartz, des fragments de peroxyde de fer de plus en plus hydratés du centre à la circonférence, et un ciment argilo-ferrugineux.

Elle a autrefois été traitée comme minerai de fer par les indigènes. Elle est très répandue dans toute la Cochinchine et est propre aux constructions. Toutefois, son usage est restreint aux murs de clôture ou aux ouvrages de moyen appareil. On l'emploie aussi pour l'empierrement des routes. Dans la carrière, la pierre de Bien-hoa est tendre et se coupe aisément en blocs réguliers.

Les marais salants sont beaucoup moins nombreux dans l'Annam qu'aux bouches du Mékong et du Song-Koï. On les exploite dans la baie de Quin-nhon et dans celle de Nuoc-Ngot. Les sauniers tonkinois sont très habiles. L'exportation du sel vers le Yunnan et le Laos peut donner de beaux bénéfices au commerce et à la douane. Les exploitations cochinchinoises sont situées dans les arrondissements de Baria et de Soctrang.

II.

VÉGÉTAUX. — AGRICULTURE.

L'Indo-Chine possède la chaleur et l'eau, si nécessaires à la végétation; son sol est en grande partie composé du limon fécondant apporté par les fleuves. Comme l'Égypte, la Mésopotamie, le Bengale, elle réunit toutes les conditions favorables à l'agriculture, et donne de magnifiques récoltes. Outre de belles forêts, on voit les graminées, les fougères, les joncs et les plantes fourragères s'élever à une hauteur inconnue en d'autres climats.

L'Annam proprement dit est la partie la moins fertile. Le delta du Mékong et celui du fleuve Rouge fournissent les vivres à l'armée et à la population. En 1862, la cessation des envois de riz du sud à Hué fut une des causes qui contraignirent à la paix Tu-Duc, menacé de voir également les produits du Tonkin arrêtés par une révolte (1). La nécessité obligea le souverain à imposer de nouvelles charges à ce pays pour réparer la perte des contributions en nature des provinces méridionales. Le mauvais gouvernement du pays, la prohibition du commerce du riz, les douanes intérieures s'opposaient d'ailleurs au développement de l'agriculture. Les hautes contrées du Tonkin ne sont pas, comme on l'a dit autrefois, le pays de la faim : la vallée du Song-Ki-Kung est belle; elle peut produire les plantes les plus variées, orge, avoine, légumes, salades, etc. La commission de délimitation, qui a séjourné cinq mois dans la région de Langson, Dong-Dang et That-Dhé (de décembre 1885 à avril 1886) en a fait l'expérience.

L'Indo-Chine ne saurait être considérée comme une colonie de peuplement. Les travaux agricoles y seront toujours interdits à la race européenne.

(1) Le jour où nous voudrons avoir complètement raison de l'Annam, nous n'aurons qu'à mettre l'embargo sur les riz du Tonkin qui y sont exportés : le moyen est héroïque mais infaillible pour réduire l'hostilité des lettrés.

Les emplois de contre-maîtres, d'ingénieurs, de directeurs des gisements métallifères ou de grandes exploitations agricoles peuvent seuls convenir à nos nationaux. Il serait possible que quelques industriels entreprenants réussissent à établir des filatures de coton et des ateliers mécaniques pour la fabrication de cotonnades indigènes et pour le tissage des soies. Les carrières commerciales, la fondation de banques coloniales, les opérations de l'armateur se présentent sous un jour très favorable.

Les capitalistes français qui ont semé tant d'argent dans le monde, notre puissante épargne qui s'est parfois engagée, sur la foi de fallacieuses promesses, dans des entreprises chimériques, doivent trouver dans la création des lignes de navigation, ou de chemins de fer, ou de télégraphes, de sérieux bénéfices dans l'extrême Orient. Or, il ne faut pas l'oublier, la colonisation demande non seulement des bras, mais aussi et surtout des capitaux.

L'exemple de la Cochinchine montre que nos financiers sont quelquefois timides quand il s'agit de cette contrée. Plus d'une fois le Gouvernement ou le Conseil colonial ont dû, pour faire de grands travaux publics, pour créer des établissements de crédit, garantir un minimum d'intérêts ou assurer une subvention annuelle prise sur le budget local.

En général, le régime agricole de la petite propriété et de la petite culture domine dans l'Indo-Chine. Chaque propriétaire exploite son champ, dont il vend la plus-value aux Chinois, qui se sont emparés du petit commerce. Le régime de la culture est favorisé parce que les terres des deux grands deltas se prêtent parfaitement à la culture maraîchère.

Au point de vue politique, l'extrême division du pays est une garantie contre les troubles et les révoltes. L'homme qui cultive sa terre pour nourrir sa famille ne demande au gouvernement que la tranquillité et la sécurité personnelle. L'expérience des premiers temps de notre domination, tant sur le Mékong que sur le Song-Koï, a prouvé que les chefs de rebelles et les pirates d'arroyos se recrutaient surtout parmi les vagabonds sans attache au sol.

Les empereurs d'Annam avaient compris la nécessité de développer le nombre des propriétaires. Non seulement ils garantissaient la possession des terres à ceux qui se faisaient inscrire sur le registre-terrier des villages, mais ils accordaient de nombreuses concessions de terres domaniales ou de terres incultes, susceptibles d'être cultivées par le premier occupant. Nous avons suivi ces vues judicieuses en Cochinchine et nous ferons de même au Tonkin.

Dans la basse Cochinchine, l'administration française s'est attachée à prouver aux indigènes son respect de la propriété privée en renonçant à appliquer la confiscation prononcée comme peine accessoire par le code annamite et l'expropriation sans indemnité pour cause d'utilité publique (1). Le respect absolu de

(1) Un arrêté sur l'expropriation pour cause d'utilité publique vient d'être pris au Tonkin par M. Paul Bert, d'accord avec le pouvoir royal.

ces principes a déjà donné aux Annamites la confiance nécessaire à l'agriculture et à l'industrie, pour défricher des terres encore incultes et couvrir d'abondantes moissons des plaines marécageuses qui n'avaient jamais produit que la contagion et la mort. Les terres ont acquis une valeur qu'elles n'avaient jamais eue avant la conquête. Les constructions, qui étaient si légères qu'elles pouvaient être enlevées et reconstruites, commencent à faire place à des constructions en maçonnerie d'une certaine importance. Peu à peu, la tuile remplace la paillotte, le mur en brique la clôture en pisé. De nombreuses maisonnettes avec soubassement en maçonnerie se construisent aux environs de Saïgon.

Les mêmes résultats seront rapidement acquis au Cambodge. Quant au Tonkin, les maisons en maçonnerie abondent, et leur nombre s'accroîtra encore avec la prospérité du pays.

A côté de ces appréciations, favorables pour l'avenir, il faut noter qu'un certain nombre de propriétaires indigènes peuvent être ruinés par l'usure, la plaie la plus terrible que nous ayons à combattre dans le pays. Aussi la création d'un crédit foncier nous paraît-elle chose indispensable en Indo-Chine.

La prédominance de la petite culture rendra peut-être difficile, faute de capitaux, les progrès agricoles dans notre colonie, malgré les efforts de l'administration française qui, dans ce but, a créé à Saïgon et à Hanoï des jardins botaniques.

La production agricole du Tonkin se développera

encore quand une ligne de navigation intérieure reliera tous les deux jours les centres de la population à Hanoï, la capitale administrative, et à Haïphong, le port d'exportation. La piraterie disparaîtra d'autant plus rapidement que le mouvement des bateaux sera plus fréquent, et les postes militaires seront réduits, parce qu'ils auront moins souvent à intervenir. Il ne faut pas se dissimuler qu'au début, il conviendra d'accorder de larges subventions aux lignes à vapeur, car elles reviendront d'abord fort cher à leurs créateurs, avant que le pays puisse, par l'abondance des frets, payer et amortir leurs dépenses, et leur donner un intérêt rémunérateur de leurs avances et de leur travail. Nous n'insistons pas sur ce point; les recettes, sans cesse plus considérables, des *Messageries fluviales* de la Cochinchine ont démontré la sagesse du Conseil colonial, qui a consenti à des sacrifices; la richesse publique de notre établissement s'est accrue rapidement et dans une forte proportion, par suite de l'établissement du service. Les mêmes causes produiront les mêmes effets dans le delta du Song-Koï. M. Paul Bert, pénétré de ces idées, vient de mettre en adjudication le service des voies fluviales.

Plantes alimentaires. — Les espèces alimentaires sont le riz, le maïs, l'igname, l'igname-patate, la patate, le millet, le kou ou khoaï, l'ananas, le chinchou, la canne à sucre, l'arbre à thé; les bourgeons d'aréquier, de palmier, de bananier, de rotang; les jeunes pousses de bambous et de plusieurs graminées; le melon, la pastèque, la citrouille, la tomate, l'aubergine, le manioc, le haricot et les plantes importées d'Europe : chou, navet, radis, persil, carotte, betterave, oseille, etc.

Les épices sont représentées par le poivre, la muscade, le girofle, la cannelle; les arbres fruitiers sont nombreux : le cocotier, le grenadier, le citronnier, le prunier malgache, le manguier, le bananier, l'oranger, le caféier, le letchi, le pamplemousse, le limon, le cacaoyer, la vigne, le carambolier, le cœur de bœuf, la pomme cannelle, le corossol, le caï-mitte, le jujubier, le jamrose, les eugenia, etc.

Plantes industrielles. — Les plantes industrielles, non moins variées, sont : le tabac, le mûrier, le bétel, l'arékier, le chanvre, le coton, le ouatier, le mûrier à papier, l'arrow-root, l'ortie de Chine, l'arachide, le sésame, le curcuma, l'indigo, le safran, le guttier cambodgia, l'arbre à gomme laque, le carthame, le rocouyer, le cardamone.

Flore pharmaceutique. — La flore pharmaceutique ne le cède, en importance, à celle d'aucune contrée tropicale; on rencontre dans l'Indo-Chine : l'aloès, le gingembre, le ricin, la noix vomique, la fève de Saint-Ignace, le benjoin, le camphrier, le traï, la mélisse, la salsepareille, le souchet, le croton, l'acanthe, la gentiane, le datura stramonium, la saponaire, le mussanda, le hylang-hylang, etc.

Plantes d'ornementation. — Les plantes d'ornementation fournissent le cactus le épineux, papayer, le lotus, le rosier, le laurier, le nymphea, le nelombium, les aroïdées, les tabernamontana, les gardenia, les ixora, les acanthes, les rubiacées, les malvacées, les cimmaroubées, les rutacées, les pandanées, les amarantacées, etc.

Riz. — Le riz est la principale richesse de l'Indo-Chine. Le riz commun est la nourriture habituelle des habitants. Les rizières occupent plus des trois quarts des terres cultivables.

Le riz est la nourriture habituelle des indigènes, qui tirent aussi de ce végétal une liqueur fermentée. L'exportation de cette denrée est assurée en Chine et dans les pays voisins, où 400 millions d'habitants font du riz la base de leur alimentation. Il importe donc à la prospérité de nos établissements de favoriser la culture de cette plante. Le sol est assez riche, le travail assez facile pour accroître la production actuelle.

Le riz cultivé dans l'Indo-Chine appartient à deux espèces principales : le riz gras ou gélatineux et le riz ordinaire; les variétés sont assez nombreuses.

Dans toute l'Indo-Chine, pour chaque rizière, inondée ou non, il faut faire un semis préalable, qu'on appelle *ma,* sur un terrain à proximité de l'eau, afin de pouvoir l'arroser à volonté. La jeune plante est bonne à repiquer au bout de quarante à cinquante jours.

Dans les provinces montagneuses, les rizières sont quelquefois étagées sur les collines où sont établies de petites digues dont le profil ressemble à celui des tranchées-abris. Les rizières de cette nature portent le nom de *son-dien* ou de *rays;* elles sont rares et irriguées péniblement par les ruisseaux supérieurs.

Canne à sucre. — La canne à sucre est surtout cultivée en Cochinchine dans les arrondissements de Bien-Hoa, Baria, Tay-ninh et Thu-dau-mot. Bien qu'on connaisse cinq variétés, la rouge, la blanche, la verte, la rouge et blanche, et l'éléphant, c'est presque exclusivement la canne blanche qui est cultivée par les Annamites. Malheureusement, elle est dégénérée, contient beaucoup de fibres ligneuses; elle fournit peu de jus et l'abandonne difficilement.

Le mode de culture de la canne à sucre laisse beaucoup à désirer par suite de l'absence d'engrais, du groupement trop serré des cannes et de leur abandon à elles-mêmes jusqu'à la récolte; toutefois la terre est convenablement préparée par trois ou quatre labours successifs.

L'administration française a fait de nombreux essais d'acclimatation d'espèces étrangères, et paraît avoir réussi à introduire la variété appelée canne violette de Java. Elle fournit aux indigènes des boutures pour régénérer cette culture pleine d'avenir. La canne violette de Java peut donner 60 à 70 tonnes de cannes effeuillées à l'hectare, plus du double que celle fournie par la variété blanche. L'introduction de la canne violette, l'application d'un meilleur mode de culture, l'emploi des engrais, permettront sans doute de fournir à l'exportation d'excellents produits.

Au Tonkin, la canne à sucre se voit partout; presque tous les jardins en ont quelques pieds. Mais la culture industrielle se fait dans des champs assez étendus, surtout dans la province de Nam-Dinh et dans l'île fluviale de Nam-Xang, au sud de la province de Hanoï. L'espèce des jardins est très effilée, les nœuds espacés, le jus savoureux, l'écorce rouge tirant sur le brun foncé. On préfère à cette espèce, qui est trop sèche et dont le rapport serait insuffisant, une variété blanche, haute, forte et juteuse. Les plus belles cannes industrielles se plaisent dans les alluvions, à l'embouchure des cours d'eau. La canne du Tonkin est supérieure en valeur saccharine à celle de l'Inde et peut nous assurer un débit sur le marché de Hong-Kong, si sa culture est intelligemment améliorée, les espèces bien choisies, et si on montre aux Tonkinois à utiliser les engrais.

Manioc. — Chaque Annamite a, dans la haie de son jardin, le nombre de pieds nécessaires à sa consommation. Le manioc fournit la fécule ou l'arrow-root employée pour l'alimentation, après avoir été granulée par une légère torréfaction.

Arbre à thé. — Cet arbre, à l'état sauvage, atteint jusqu'à 10 mètres de hauteur; mais, à l'état cultivé, on ne lui laisse jamais dépasser 3 mètres, et il n'a fréquemment que de 1 mètre à $1^m,50$. Sa culture réussit surtout dans les terrains légers et un peu humides. Ce sont les feuilles qui sont exploitées, et leur enlèvement prive l'arbre des moyens de respiration; aussi sa vie ne dépasse-t-elle guère une dizaine d'années. La graine est d'abord semée dans des pépinières, et les jeunes pousses sont ensuite transportées en pleine terre. Les feuilles sont plus grandes mais moins parfumées qu'en Chine. La cueillette des feuilles commence à la troisième année, et se renouvelle trois ou quatre fois l'an. Le produit moyen d'un arbre est de 5 à 600 grammes de feuilles, qui sont soumises, à l'ombre, à une dessiccation plus ou moins complète. Le thé cochinchinois est inférieur au thé de la Chine, et n'est employé que par les pauvres; on lui reproche ses qualités diurétiques. Il se trouve surtout dans les provinces de Saïgon, de Bien-Hoa et de Thu-dau-mot.

Les Annamites cultivent aussi le trarung ou faux théier. Le thé tonkinois est le même que celui de la Chine, mais il est préparé d'une façon différente et simplement séché au soleil. Les montagnards des frontières du Yunnan, les Muongs et les habitants de la province de Ninh-Binh cultivent un excellent thé vert. Le thé est à peu près cultivé comme la vigne, mais il ne demande ni taille ni fréquents labours. On utilise les bourgeons comme les feuilles. La population riche fait usage des thés chinois.

Coton. — Le coton cochinchinois appartient à l'espèce « courte soie ». Il est doux, soyeux, fin au toucher, d'un beau blanc. On peut le comparer au coton de la Nouvelle-Orléans. Les fleurs, jaunes ou rouges, donnent naissance à des capsules de la grosseur d'une noix, qui s'ouvrent et fournissent trois ou quatre petites houppes de coton. La culture cotonnière peut être faite dans toutes les provinces, mais elle réussit surtout dans les terrains un peu élevés, dans les arrondissements de Baria et de Bien-hoa. Elle ne craint pas les gelées qui, parfois, saisissent le coton aux

États-Unis. La production est assez considérable. Il faut encourager cette culture, car il serait à craindre que l'Annamite ne l'abandonnât s'il n'était pas stimulé par l'espoir d'écouler ses produits par l'exportation, et celle-ci est contrariée par l'introduction des cotonnades européennes. La récolte se fait au moyen de deux rouleaux rapprochés, qui séparent le coton de la graine. La culture du coton est beaucoup plus répandue au Cambodge, dont le sol convient mieux à cette plante. Dans ces derniers temps, des essais du coton longue soie d'Égypte ont été faits avec plein succès.

Le coton pousse surtout dans les terres profondes, de consistance moyenne, ni trop sèches ni trop humides. Dans les terres argilo-calcaires, contenant quelques pierres et reposant sur un sous-sol perméable, ses tiges atteignent jusqu'à 1 mètre et $1^m,50$ d'élévation. La plantation doit toujours être tenue très propre, pour soustraire les cotonniers à l'influence nuisible des plantes parasites et des insectes qui pullulent dans les herbes. La récolte s'opère quand les capsules ont une teinte jaunâtre et que le duvet en sort facilement.

Le coton réussit parfaitement au Tonkin, et sa production est susceptible d'un grand développement, à cause de la proximité du marché chinois. Depuis le traité de 1874, les trois ports ouverts en ont exporté une certaine quantité. A Pakhoï et au Kouang-Si, le coton tonkinois est préféré à tous les produits similaires du Céleste-Empire, du Cambodge et de Bombay; il y obtient 30 0/0 de prime sur ces derniers. On fabrique avec le coton indigène les vêtements de la classe pauvre. Les étoffes n'ont que 0^m,30 de largeur. Le cotonnier atteint la taille du chardon d'Europe et est très rustique. La récolte, qui se fait en juin et juillet, est abondante et presque toujours assurée. Le cotonnier fournit aussi une huile tirée de la graine qui est employée dans la savonnerie et qui fournit de 8 à 10 0/0 du poids des graines. Avec de meilleurs procédés d'extraction, le rendement pourrait atteindre de 20 à 22 0/0.

Ortie de Chine. — Fabrication des filets. Les tiges de la ramie se composent d'un tuyau creux recouvert d'une couche de filasse et enveloppé d'une couche résineuse brunâtre qu'on appelle son épiderme. La nature des fibres de la filasse de la ramie est très variée. Il y a des parties de cette matière qui ont les qualités du lin ou du chanvre; d'autres donnent des fibres ayant la nature de la laine; il y en a qui donnent une matière ayant la finesse et le brillant de la soie. Ces différences dépendent de la nature du sol qui a produit la plante, ainsi que des soins donnés à la culture et à l'extraction de la filasse. Une des qualités les plus extraordinaires de cette filasse est sa grande force de résistance. Cette propriété lui fera donner la préférence pour la production des produits exigeant une grande résistance à la traction, tels que les ficelles, les fils pour la cordonnerie, les filets de pêche, la toile à voile, les tuyaux pour pompes à incendie, les courroies, etc.

Arachide. — L'arachide ou noix de terre couvre de grands champs dans les arrondissements de Saïgon, de Baria, de Bien-Hoa, de Thu-dau-mot et de Tayninh. Sa culture est assez facile. Son rendement en huile est considérable et suffit à l'exportation qui se fait sur la Chine, mais qui est fort restreinte et bien inférieure encore à celle du royaume de Siam pour l'Europe. L'huile est claire, inodore, moins grasse que l'huile d'olive et se rancit peu. L'arachide fraîche sert à composer des gâteaux. Les tourteaux sont employés comme engrais. Il en est importé une assez grande quantité de l'Annam pour la culture du tabac.

Indigo. — L'indigo est une des richesses du delta du Mékong, des plaines de Bien-hoa et de Baria. Il fournit trois coupes par an, mais la plante dégénère rapidement et ne dure pas plus d'une année, même au Cambodge, dans les bons terrains d'alluvions non arrosés par de l'eau saumâtre. Pour récolter l'indigo, on coupe l'arbuste à 4 ou 5 centimètres du sol, et on réunit les feuilles en bottes qu'on foule dans de grandes cuves, où on les recouvre d'une couche d'eau de 15 centimètres. Après dix à douze heures de fermentation, on précipite la matière colorante avec un lait de chaux et on décante les eaux mères. Le produit égoutté ne renferme que 6 0/0 d'indigo, mais l'application des procédés européens pourra donner des résultats bien supérieurs.

L'hectare peut produire, en quatre coupes, de 60 à 200 kilogrammes d'indigo de belle qualité.

La culture de l'indigo en Cochinchine remonte à une époque très reculée, et la fabrication de la teinture vient des Chinois; mais les Annamites ne réussirent bien, ni dans la culture, ni dans l'exploitation industrielle, et l'on crut longtemps que le sol de notre colonie se refusait à porter cette plante tinctoriale.

L'indigo est très répandu dans la partie méridionale du Tonkin, en particulier dans le Nghé-An et le Thanh-Hoa. Il entre dans presque toutes les teintures indigènes, surtout dans la teinture noire, qui est d'une grande durée et n'est pas altérée par les lavages. La mauvaise fabrication empêche son exportation. Le parti qu'on en tire au Cambodge doit être pour nous un encouragement à perfectionner la manipulation de ce produit industriel.

Tabac. — Le tabac réussit très bien, mais il est incombustible et trop chargé de nicotine. L'amendement des terres et la modification des procédés de culture pourront, peut-être, modifier le tabac indigène; il sera sans doute préférable d'acclimater les plants venus de la Havane, de Manille et de Sumatra, qui ont parfaitement atteint la maturité. La culture du tabac indigène se fait surtout chez les Moïs de Long-Thanh, dans les arrondissements de Baria, de Saïgon et de Vinh-Long. Il y a quelques années, l'administration des tabacs de France envoya un de ses ingénieurs pour faire des essais sur les plants indigènes. Il déclara que le tabac de Cochinchine n'avait point les qualités requises par l'administration, et que l'écoulement de la production annamite resterait local. Depuis cette époque on est un peu revenu sur cette appréciation trop absolue.

Dans les régions tropicales, on cultive surtout le tabac pendant la saison sèche. Le tabac est d'abord semé dans du terreau, puis repiqué dans de petits pots en feuilles de bambou, que les indigènes enlèvent au moment de mettre en terre. Au début de la plantation, la culture nécessite de fréquents arrosages.

Le tabac réussit très bien dans le delta tonkinois. Il est d'un goût âcre et désagréable, et, d'après M. Colquhoun, ressemble à l'insipide produit de la province de Canton. Suivant d'autres écrivains, il est supérieur à celui du Mékong.

Les sauvages du bassin de la rivière Noire cultivent une espèce de qualité supérieure, qu'ils vendent roulée en forme de corne de bœuf. Le plus estimé est celui des provinces de Hong-Hoa et de Tuyen-Quang, malheureusement souvent trempé dans une solution de nitre, ce qui le rend plus combustible, mais lui donne un goût fade.

Badiane. — L'essence de badiane ou huile d'anis étoilé, employée dans la parfumerie, est tirée par distillation des fruits d'une magnoliacée. On trouve la badiane dans la région de Langson, That-Khé et Dong-Dang. Les bois de badiane sont charmants à la vue. La commission de délimitation les a trouvés très rapprochés les uns des autres sur le territoire qu'elle a exploré. La fabrication de l'huile de badiane a besoin de reprendre son activité; la guerre l'a fait cesser, mais les appareils trouvés à Dong-Dang et à That-Khé ont démontré l'importance de ce produit très lucratif.

Bétel et arékier. — Le bétel ou poivrier bétel est un arbrisseau grimpant qu'on soutient par des tuteurs ou des échalas, ou qui s'enroule autour des arékiers. Les champs de bétel rappellent l'aspect des houblonnières. Les feuilles servent à envelopper la noix d'arec, et constituent un masticatoire très usité, dont l'emploi donne une certaine fraîcheur à la bouche et stimule les glandes salivaires, facilite la digestion, mais nuit au développement des facultés intellectuelles, noircit et corrode les dents, qui finissent par se déchausser et disparaître.

Aussi employé au Tonkin qu'en Cochinchine, il ne réussit guère dans le delta du Song-Koï. Cette culture doit être soignée ; elle demande des terrains secs. Dans les villes, les feuilles, venant de loin, sont généralement chiquées sèches.

Mûrier. — Le mûrier est très répandu en Cochinchine ; c'est l'espèce naine qui se multiplie rapidement par boutures. Abandonné à lui-même, le mûrier atteint 4 mètres ; cultivé, il dépasse rarement 2 mètres. Sa culture est très facile et consiste le plus souvent dans l'enlèvement des branches mortes. Il se multiplie par boutures ; la greffe n'est pas usitée. Dans les endroits humides, il donne jusqu'à cinq récoltes de fleurs par an. Il pousse surtout dans la province de Bien-Hoa et dans les alluvions du delta du Mékong.

Le mûrier est une des principales ressources du Tonkin. Les plantations sont renouvelées tous les deux ou trois ans.

La culture du mûrier, qui demande beaucoup de soins, des sarclages et des labours, laisse à désirer et l'arbre est rapidement épuisé par l'enlèvement trop fréquent des feuilles. Le ver à soie ne reçoit pas une nourriture suffisante. Toutefois avec des soins il serait facile de mieux utiliser l'espèce commune.

Caoutchouc. — On a tenté, avec succès, depuis 1874, au Jardin botanique de Saïgon, la culture du *Siphonia elastica* ou *Hevea Guianensis*, qui donne du caoutchouc; il existe quelques espèces indigènes capables de fournir un produit de qualité secondaire.

Gutta-percha. — L'administration de la Marine, sur la demande du ministère des Postes et Télégraphes, a appelé l'attention sur l'acclimatation en Cochinchine des arbres à gutta-percha. Les premiers essais, tentés au Jardin botanique de Saïgon, avec des plants originaires de Singapour et des Indes néerlandaises, ont donné peu de résultats; de nouveaux arrivages, parvenus dans de meilleures conditions, ont permis de les renouveler, et tout porte à croire qu'ils seront couronnés de succès.

Pavot blanc. — Le pavot blanc, dont on extrait l'opium, ne croît pas en Cochinchine; cependant on a obtenu, à Saïgon même, l'épanouissement complet, quoique grêle, de pavots dont la graine avait été envoyée du Bengale. Puisque nous sommes malheureusement obligés d'exploiter le triste impôt sur l'opium, il serait utile d'essayer sérieusement la culture du pavot blanc; 1.500 hectares suffiraient à la production de nos provinces. Le profit réalisé serait de 1.500.000 francs, qu'il est inutile d'abandonner, comme aujourd'hui, au gouvernement britannique.

Forêts. — Il existait autrefois de splendides forêts dans toute la Cochinchine. La déplorable habitude d'incendier les herbes à la fin de la saison sèche a eu pour suite des sinistres qui ont contribué à la destruction des grands bois. Il faut s'avancer aujourd'hui assez loin dans l'intérieur, surtout au nord-est et à l'est, vers la province du Binh-Thuan, pour rencontrer de véritables forêts. Mais alors on voit de magnifiques futaies ou taillis avec des bambous inextricables, des ronces et des hautes herbes; partout une végétation luxuriante, tantôt arborescente, tantôt herbacée, variant avec la plaine, le bois et le marais.

L'exploitation forestière, favorisée par les nombreux cours d'eau qui permettent le flottage, occupe de nombreux ouvriers, bûcherons, scieurs de long, menuisiers, etc. Plus de quarante espèces différentes peuvent être employées à la teinture, d'autres sont réservées pour les constructions navales, d'autres enfin à la charpente et à l'ébénisterie. Des Annamites vont dans le pays des Moïs exploiter des forêts et rentrent dans leurs foyers à la fin de la saison.

Au Tonkin, de grandes forêts se voient hors du Delta, dans les provinces du nord et de l'ouest.

Bambou. — Les bambous, au Tonkin, forment des fourrés épais; ces arbres servent à une foule d'usages : à la construction des maisons, à la confection des meubles, à celle du papier; on en fait des instruments de musique. Les jeunes pousses, tendres comme des raves, sont mangées, soit fraîches, soit confites ou en salade. Le bambou est le géant des graminées dans l'Indo-Chine; sa structure est celle de notre roseau d'Europe. La tige creuse est lisse, brillante, droite, flexible, jaune, verte, panachée de blanc et de tout diamètre, à parois épaisses ou minces, résistantes ou flexibles.

Arbres fruitiers. — Le Tonkin est un des pays les plus favorables pour les arbres fruitiers. Sa température chaude et variée est favorable à la plupart des espèces tropicales, et le peu d'intensité de la saison sèche facilite le développement d'un grand nombre d'espèces des climats tempérés.

Résine, huiles de bois. — La récolte des résines et des huiles de bois a lieu au mois de janvier, l'abattage des arbres en décembre, par suite du ralentissement de la sève ascendante. Le procédé d'extraction des résines consiste à creuser, à un mètre environ au-dessus du sol, une excavation dans le tronc ayant les formes d'un bénitier, c'est-à-dire oblique à la partie supérieure et excavée à sa partie inférieure, de façon à recevoir l'oléo-résine au fur et à mesure qu'elle s'écoule. Cette excavation, qui s'étend au sixième du tronc environ et pénètre jusqu'aux deux tiers de son centre, est unique sur les petits arbres et double sur les gros. Chaque année, à l'approche de la récolte, les Annamites rafraîchissent, avec la hache, la partie supérieure de l'excavation, dans le but d'enlever la couche superficielle du bois dont les pores sont bouchés. Souvent tous les cinq ou six ans, ils creusent de nouvelles excavations, sur le côté ou au-dessus des anciennes, dans le but de les empêcher de devenir trop grandes.

Bois de teck. — Le teck, dont le bois est si recherché pour les constructions navales, tant par sa légèreté, sa flexibilité, que par son incorruptibilité, supérieure même à celle du chêne, n'existe pas réellement en Cochinchine. On pourrait peut-être introduire dans le pays cette essence précieuse, car elle réussit dans les bassins de l'Iraouaddy, de la Salouen et du Meïnam. Le teck existe au Tonkin.

III.

ANIMAUX.

Placée aux confins de trois régions zoologiques distinctes, la région indienne, la région malaise et la région chinoise, la faune de l'Indo-Chine emprunte aux animaux de ces trois régions des caractères qui leur sont propres, et tandis que certaines espèces, paraissant nettement distinctes, s'y trouvent réunies, comme les races humaines du type chinois et du type indien, d'autres espèces, moins bien délimitées, présentent des caractères de transition marquant le passage insensible d'une race à l'autre.

Mammifères. — On trouve en Indo-Chine un assez grand nombre de *quadrumanes,* que les Cambodgiens respectent beaucoup, sans doute en souvenir des traditions qui racontent que les singes prirent parti pour les dieux, c'est-à-dire pour les chefs du brahmanisme contre les infidèles de Ceylan.

Les *chéiroptères* sont représentés par plusieurs espèces fort utiles pour la destruction des insectes, mais dont l'une, la grande roussette, ravage les bananiers dont elle dévore les fruits; les Cambodgiens et les Annamites apprécient beaucoup la chair de cet animal. La taupe, le hérisson représentent l'ordre des *insectivores.*

Parmi les *plantigrades,* il convient de citer le blaireau et une espèce assez rare, l'ours malayanus (ours des cocotiers, ou plus généralement ours à miel), grand amateur d'aliments gras ou sucrés; on l'apprivoise facilement.

Les *digitigrades* présentent la loutre, le chien, le chacal, le tigre, la panthère, le léopard, le chat-tigre, la mangouste. La loutre est quelquefois dressée pour la pêche, mais elle est surtout nuisible à cause de son goût prononcé pour le poisson. Une espèce de chiens est comestible; le chien cochinchinois a la tête du renard et le poil rougeâtre; il chasse les innombrables rats; les chiens de chasse, trapus et bien musclés, courent le cerf, le sanglier, même le bœuf et le buffle sauvages. Ces chiens sont conduits par des piqueurs qui rabattent en même temps par des cris féroces et par le bruit discordant du tam-tam le gibier effarouché dans des filets tendus à l'avance.

Les tigres sont très nombreux dans les forêts marécageuses et sur le bord des fleuves. Leur audace les a rendus fort redoutables pour les indigènes.

Les tigres sont le tigre royal long de deux mètres, à la peau rayée de longues bandes noires et jaunes, et le tigre étoilé, plus petit que le précédent; il a la peau jaunâtre marquée de taches noires.

De nombreuses superstitions ont cours sur le tigre chez les Annamites, surtout chez ceux des villages forestiers menacés chaque jour. Il est interdit de murmurer le nom de cet animal, et l'imprudent qui le prononcerait verrait enlever quelques-uns de ses porcs. Dans les premiers mois de l'année, les villages situés près des bois lui font le sacrifice d'un porc cru qu'ils abandonnent sur un plateau avec un acte d'offrande scellé du cachet des notables. Ce papier, disent les indigènes, est emporté avec l'offrande par le tigre, qui laisse en échange l'acte de l'année précédente. Si l'offrande était dédaignée par le seigneur tigre, ou s'il ne rendait pas l'acte antérieur, ce serait un très mauvais présage pour le village, qui perdrait plusieurs habitants.

Le piège à tigres est un réduit à trappe, à deux compartiments, dans l'un desquels on met un animal vivant. L'endroit où le tigre se trouve pris est tellement étroit que le fauve prisonnier ne peut plus faire aucun usage de ses pattes pour détruire la palissade de forts pieux qui l'entoure. Le lendemain, l'animal est tué à coups de lance ou de fusil.

Pour aborder un tigre acculé, les Annamites s'avancent vers lui, portant à la main gauche une claie de bambou destinée à servir de bouclier et permettre de le frapper à coups de lance. Lorsqu'ils sont plusieurs réunis et exercés à cette chasse, ils attaquent le tigre sans grande appréhension et le tuent une fois sur deux. Ils déploient dans ces occasions un véritable courage, beaucoup de sang-froid et d'adresse.

Les chats-tigres et les mangoustes sont des fléaux pour les basses-cours.

Les *rongeurs* sont nombreux : rats musqués, surmulots, rats noirs, écureuils, rats palmistes et plusieurs espèces non dénommées ravagent les aréquiers et les plantations, ou hantent les maisons où ils se trouvent avec l'inévitable souris. Les rats sont un véritable fléau pour les rizières.

Les Annamites ont des pièges, du même système que nos pièges à loups, destinés à la capture des gros rats et de quelques autres animaux. Une sorte de souricière fermée par un bambou au fond duquel on a mis un appât sert à prendre par le cou les petits rongeurs.

Le pangolin, de l'ordre des *édentés*, revêtu d'une armure écailleuse, détruit une grande quantité de fourmis; c'est un animal à protéger.

Les *pachydermes* sont assez nombreux, ce sont l'éléphant, le rhinocéros, le sanglier, le porc, le cheval.

Le sanglier ravage souvent les plantations de patates et de maïs; sa chasse est moins dangereuse que celle de son congénère d'Europe.

De nombreux porcs, à pattes basses, appartenant à la race du Siam, sont élevés dans toutes les maisons, où ils sont nourris avec les résidus de la distillerie du riz et surtout avec le tronc des bananiers haché menu et mélangé au riz cuit ou à certaines plantes très communes près des cours d'eau. La chair du porc est trop grasse et trop huileuse. Les Annamites de la Cochinchine ont reconnu cet inconvénient et, depuis l'occupation française, ils ont fait des tentatives de croisement avec les grandes races européennes.

Chaque semaine, 5 ou 600 porcs sont exportés de Haïphong. Les propriétaires les apportent au marché soigneusement ficelés; l'expéditeur qui les envoie à Hong-Kong les délivre de leurs amarres et place chacun d'eux dans un panier cylindrique à larges mailles allant à leur taille. Les pattes sortent par les mailles du panier et le nez par une des extrémités. Ils peuvent, pendant toute la traversée, recevoir les soins nécessaires. La solidité des paniers est telle qu'on peut les superposer sans crainte sur le pont.

Les chevaux sont de petite taille (1^m,20 au garrot), ce qui ne permet guère de les employer pour l'armée; ils sont bien faits, énergiques, actifs, forts pour leur taille s'ils sont bien nourris et bien soignés; ils ont le pied sûr et résistent bien à la fatigue; ils ressemblent aux poneys anglais; leur tête est souvent forte. Le petit galop est leur allure familière. Les Annamites n'ont pas l'habitude de ferrer leurs bœufs ni leurs chevaux, ce qui n'empêche pas ces derniers de pouvoir faire 40 à 50 kilomètres par jour pendant une quinzaine au moins. Les selles sont en bois, plus ou moins recouvertes de cuir, garnies de cordons et de glands. Au Tonkin, le cheval se rencontre surtout dans les provinces du nord.

Les éléphants sauvages sont assez communs dans la partie moyenne de l'Indo-Chine, où se trouvent de grandes plaines couvertes d'herbes et des forêts-clairières. On les capture en les attirant, à l'aide d'éléphants apprivoisés, dans des parcs construits dans les pays forestiers où ils ont leur habitat. D'autres éléphants domestiques sont nés de parents captifs.

Les Cambodgiens, comme les Siamois, ont en grande vénération les éléphants blancs. Autrefois leurs souverains, tributaires de l'Annam et du Siam, ne pouvaient conserver aucun de ces animaux dans leurs écuries ; ils devaient les envoyer, en signe de soumission, au chef de l'État suzerain. Aujourd'hui le roi Norodon peut, comme le souverain de Bangkok, se donner le luxe d'un éléphant blanc. Comme le bœuf Apis dans l'antiquité, l'éléphant blanc doit réunir un certain nombre de qualités déterminées par le rituel traditionnel. Les taches qui ont fait donner à l'animal le nom d'*éléphant blanc*, doivent être disposées dans un certain ordre.

Les éléphants sont fort dociles quand les cornacs sont bons pour eux. Il n'est presque aucun exercice qu'ils ne puissent obtenir d'eux, comme des chiens savants les mieux dressés. Nous le savons d'ailleurs par nos cirques d'Europe. Mais, d'un autre côté, les indigènes déclarent que les conducteurs brutaux ont souvent été victimes de la vengeance de ces animaux.

Les éléphants sauvages sont la terreur des paysans, car ils dévastent en une nuit de vastes espaces cultivés. Ils habitent surtout les clairières des forêts marécageuses, où ils trouvent une pâture abondante de joncs, de bambous et d'herbes aquatiques.

Au nombre des *ruminants* les plus répandus, il faut citer le cerf, le bœuf, le buffle, la chèvre.

Il existe dans les forêts plusieurs espèces de cerf qui donnent une excellente venaison.

Le bœuf, petit, bien proportionné, appartient au genre zébu; parqué et bien nourri, il fournit une bonne viande de boucherie dont les Annamites ne font cependant qu'un usage restreint. Aussi, depuis l'arrivée du corps expéditionnaire, doit-on importer ces animaux pour la nourriture des Européens. Dans les pays un peu élevés, les indigènes se servent du bœuf pour le labour et l'attellent à la charrette; dans certains cantons, on trouve des bœufs trotteurs qui pourraient suivre pendant quatre ou cinq heures un cheval au trot. Accouplés et attelés à une voiture légère, ils peuvent faire dix et même quinze lieues par jour, si l'on a la précaution de faire une partie de la route la nuit.

Les bœufs trotteurs sont obtenus par le croisement des espèces domestiques avec les bœufs sauvages pris au piège; on les dresse avec le plus grand soin.

La vache fournit peu de lait, de 3/4 de litre à

1 litre par jour au plus, mais ce lait est de bonne qualité. Les indigènes font peu usage du lait, pour lequel, en général, les Indo-Chinois éprouvent une grande répugnance.

Le buffle vient du Laos. Sa couleur tient du blanc cendré et du gris foncé; ses longues cornes noires sont recourbées en croissant. Il ne sert qu'au labourage et est indispensable pour le travail des rizières. Les Annamites en élèvent une grande quantité, ils achètent les autres aux Cambodgiens. Malheureusement ces animaux sont exposés à des épizooties très dangereuses qui nécessitent des achats fréquents. Le buffle ne peut travailler pendant les heures chaudes de la journée, aussi fait-il relativement peu de besogne, mais sa force et la facilité avec laquelle il peut se mouvoir dans la vase des marécages ou des rizières compensent de beaucoup cet inconvénient.

Le buffle est docile avec les Annamites, mais il devient inquiet à la vue d'un Européen; il est alors dangereux.

Le buffle, attelé à des chars grossiers et solides, fournit le seul moyen de transport possible dans la forêt pour les marchandises échangées entre les Annamites et les Moïs.

On dirige les buffles au moyen d'un anneau en rotin qu'on passe à travers la cloison du nez et auquel on attache des guides à droite et à gauche.

Les cornes et la peau des buffles font l'objet d'un grand commerce. Les cornes, qui peuvent être bien polies sont exportées en Chine.

Les buffles sauvages sont des animaux fort dangereux.

Contrairement à une opinion très répandue, non seulement la colonie cochinchinoise peut nourrir du bétail, mais elle peut devenir un pays d'élevage. Nous possédons, en effet, plus de 200.000 buffles et 150.000 bœufs pour une population de 1.700.000 habitants, soit 100 bêtes de race bovine par 486 habitants; la proportion, en France, en 1852, était de 100 bœufs par 295 habitants. Jusqu'à ce jour, les animaux n'ont été l'objet d'aucun soin de perfectionnement, ils ne reçoivent qu'une nourriture plus ou moins abondante qu'ils recherchent sur les pâturages. Il conviendra de tenter l'amélioration des races, c'est ainsi qu'ont été créées les magnifiques races de boucherie de Durham, en Angleterre, et du Charolais, en France. Au Tonkin, un arrêté du général Brière de l'Isle porte défense d'abattre les génisses et les vaches propres à la propagation de la race. L'exportation des vaches est interdite au Cambodge.

Les moutons sont rares et de petite espèce. L'introduction des moutons d'Aden et de la Chine n'a pas réussi. On a dit que le climat humide de notre colonie ne convenait pas à l'espèce ovine, mais il faut reconnaître que les tentatives d'acclimatation avaient été mal faites; on aurait pu arriver à de bons résultats, comme au Jardin botanique de Saïgon, où il existe quelques moutons d'origine française qui sont à leur septième génération; les essais seraient certainement couronnés de succès si les animaux recevaient les soins d'un berger de profession. On souhaite l'introduction de la race qui vit dans les vallées du Gange et du Brahmapoutre, dont la constitution climatérique et tellurienne a beaucoup de rapport avec celle de la Cochinchine. Cette race est très petite; elle ne donne que 12 ou 15 kilogrammes d'une viande assez dure, mais l'animal vit et résiste dans les pays de rizières, et, une fois acclimaté, il sera possible de l'améliorer par le croisement avec quelques bonnes races françaises.

Les chèvres, importées dans ces dernières années, paraissent devoir se multiplier; malheureusement, elles sont soumises à une terrible affection herpétique, qui les tue en grand nombre et qui se développe surtout par le manque de soins.

Cétacés. — Dans la province de Thanh-Hoa, on rencontre de nombreuses troupes de cachalots qui sont, comme en Cochinchine, l'objet de la vénération des indigènes.

Oiseaux. — L'Indo-Chine présente de nombreuses races d'oiseaux.

Les vautours détruisent les charognes; la cigogne, l'ibis et le faucon chassent les serpents, mais ce dernier est, comme le pélican, un ennemi du poisson; le hibou détruit les rats. L'aigle tacheté est parfois élevé comme oiseau de chasse. Plusieurs sortes de perroquets sont capturées par les indigènes. Les hirondelles salanganes construisent leurs nids comestibles, bruns ou blancs, dans les provinces de l'ouest et dans les îlots du golfe de Siam. Le drongo noir, réduit en captivité, est un oiseau des plus agréables; sa vivacité et son talent d'imitation sont remarquables. L'hirondelle de Cochinchine est presque semblable à l'hirondelle de cheminée de France; elle n'en diffère que par la taille; c'est plutôt une race qu'une espèce différente. Le choat-chue est volontiers appelé rossignol par les Européens; c'est un des plus charmants oiseaux de notre colonie : chanteur fort agréable, il fréquente les jardins et, aussi confiant que beau, il s'approche des maisons habitées. Le moineau à tête grise est le représentant en Asie de notre moineau franc. Le merle mandarin des Européens est un très bel oiseau noir à reflets pourprés et verts. Il est commun dans les grandes forêts. Il parle avec netteté, retient des phrases entières, siffle, rit et éternue. C'est un oiseau plus doux que les perroquets, qu'il égale comme parleur; de plus, il est moins criard. Les Annamites vendent quelquefois ces oiseaux plusieurs centaines de francs, après avoir fait leur éducation vocale. Le pigeon bleu est la souche du pigeon domestique de l'Asie orientale, et diffère par quelques caractères de la colombe bizet. Le pigeon domestique se trouve en Cochinchine dans tous les endroits habités.

La poule, le pigeon, l'oie peuplent la basse-cour, et leur grand nombre fait que leur prix est peu élevé; les canards se voient par milliers dans les rizières; chaque cultivateur en possède une petite bande. De véritables troupeaux de ces palmipèdes errent dans les champs, gardés par des hommes et par des chiens. Le droit de pâture est loué par les propriétaires moyennant une faible redevance. Les indigènes connaissent les procédés de l'incubation artificielle. Le coq sauvage est très commun dans toutes les forêts de la Cochinchine, et dans les villages forestiers on observe souvent des croisements avec la poule domestique. Le héron cendré niche souvent sur les arbres élevés autour des pagodes. Les Annamites et les Cambodgiens respectent les nids du héron et attribuent parfois à leur présence la prospérité du village. Le marabout s'apprivoise facilement et, comme un chien, accompagne son maître dans la rue. Les oiseaux aquatiques pondent près des rizières; les œufs sont souvent enlevés par les indigènes pour être mangés.

La chasse au filet est usitée pour les oiseaux d'eau, les bécassines, les pluviers, les sarcelles. Le filet est traîné la nuit dans les marais par des hommes portant des torches allumées.

Des pièges semblables aux pièges à perdrix sont employés pour les faisans, les coqs et les poules sauvages.

De nombreux oiseaux, dont les plumes servent à faire des éventails, vivent dans les forêts inondées de la partie occidentale du pays.

REPTILES. *Sauriens.* — Parmi les sauriens on remarque le lézard, l'iguane, le gecko, le caméléon et le crocodile.

Le crocodile semble inconnu au Tonkin, mais, en Cochinchine, il est très redoutable; cependant les Chinois le parquent dans des enclos à Saïgon, à Mytho et à Cholon, et sont très friands de sa chair, qu'ils servent dans les repas de noces. A Cholon, le parc aux crocodiles est formé par une barrière de longs et lourds pieux placés sur la berge de la rivière. Dans ce bassin, inondé régulièrement aux grandes marées, se trouvent réunis trente ou quarante individus. Quand on veut en prendre un, on lui jette autour du cou un nœud coulant et on le tire au dehors après avoir soulevé deux pieux de l'enclos. On amarre ensuite la queue le long du corps, on attache les pattes sur le dos avec du rotin et on le tue. La chair est un peu coriace et imprégnée d'une forte odeur de musc.

Le crocodile est long de plusieurs mètres, ses dents sont rapprochées et disposées sur deux lignes parallèles. Il n'a pas d'oreilles; il a quatre pieds et peut aller chercher sa nourriture assez loin du rivage. Il se nourrit de poissons et de débris d'animaux. La femelle pond dans le sable des grands bancs découverts du Mékong, et les œufs éclosent sous l'influence de la chaleur. A peine nés, les petits descendent dans le fleuve. Les Annamites ne font aucun usage de la peau de crocodile.

Ophidiens. — Les ophidiens présentent plusieurs espèces venimeuses, dont le serpent dit *cobra*, le *bungarus annularis,* énorme serpent à larges bandes alternativement noires et jaunes, et deux sortes de serpents, l'un tout vert, l'autre présentant deux bandes noires latérales, qui sont très venimeux, le naja, le serpent vert : leur morsure donne rapidement la mort. Parmi les ophidiens non venimeux se voit le python, qui vient jusque dans les maisons, où il attaque les poules et les canards ; il se suspend aux poutres du toit ou rampe sur le faîte pour faire la guerre aux rats.

Il existe plusieurs serpents d'eau : le herpeton tentaculé ou serpent à barbe, à moitié herbivore, le homalopsis qui se promène avec sa famille et dépeuple les étangs. Il atteint parfois de 4 à 5 mètres de longueur : les indigènes font un grand cas de sa chair et s'emparent souvent des jeunes individus.

Chéloniens et Batraciens. — Les chéloniens sont représentés par la tortue franche et le *trionyx lanicefera*, qui sont comestibles, et par la tortue caret. Cette dernière est recueillie à l'île de Phu-Quoc et dans les îles avoisinantes, dans le groupe de Poulo-Condore et dans la province de Thanh-Hoa. La carapace de cette tortue est formée de belles écailles imbriquées comme les tuiles d'un toit. Les nuances de ces écailles sont le blond, le brun et le noir, toutes transparentes. On soude les écailles entre elles par la chaleur et sans agent intermédiaire ; ensuite on les ramollit à l'eau bouillante pour leur donner la forme que l'on veut. Les batraciens sont la grenouille et le crapaud, qu'il faudrait répandre dans les plantations.

Poissons. — La raie et un squale servent à faire de la saumure. La scie est nuisible, ainsi que le *tetrao-*

don albopunctatus, qui mord les baigneurs en enlevant souvent des lambeaux de chair. Une espèce des plus curieuses est le *còn chiâ ta* ou poisson de combat, long de cinq centimètres environ. Au repos, son corps est d'un gris foncé assez terne, mais quand il est excité, ses couleurs étincellent. Il est d'un caractère fort irascible et les Annamites le font combattre pour leur plaisir. Quand deux individus s'aperçoivent, ils vont à la surface de l'eau pour prendre de l'air, ils gonflent leurs nageoires et exécutent en tournant leur corps des mouvements très rapides; puis ils s'abordent, cherchent à se mordre, ou bien se rangent l'un près de l'autre en se frappant de violents coups de queue. Quand l'un des deux a reconnu la supériorité de son adversaire, il s'enfuit.

Le requins sont nombreux sur certains points de la côte.

INVERTÉBRÉS. — Les insectes utiles sont les cicindèles, les calabres et un grand nombre d'espèces carnassières, qui détruisent les espèces nuisibles, le *mylabris species*, insecte vésicant qui peut remplacer la cantharide, l'abeille, le ver à soie, l'insecte de la gomme-laque et celui de la cire parmi les annelés, les araignées parmi les arachnides. Les espèces nuisibles ne sont pas moins nombreuses : ce sont les bruches, plusieurs variétés de charançons, les hannetons, nuisibles surtout par leurs larves, qui désolent les caféiers, les courtilières, les fourmis, les cancrelats, les termites, les guêpes, les chenilles, les moustiques et les cousins parmi les annelés, la mygale, le scorpion et le pou de bois parmi les arachnides.

De nombreuses abeilles sauvages, plus petites que celles d'Europe, se trouvent dans les forêts de la presqu'île de Camau et dans les parties hautes du Tonkin.

Le riz et la canne à sucre sont attaqués, quand les pluies ne détruisent pas les œufs et la chenille, par le *saû-nach* : c'est le *borer* de Maurice et de la Réunion. Lorsque cet insecte a pénétré dans une plantation, il n'y a plus qu'à arracher et à brûler les cannes.

Les moustiques, répandus sur toute la surface du pays y rendent la vie insupportable, même à l'indigène ; ils sont fort nombreux, mais ils ont un ennemi acharné dans le margouilla, qui a la grosseur du lézard de France et habite les maisons, où il est fort respecté.

Les araignées sont représentées par d'énormes faucheux qui courent sur leurs échasses dans les jardins, par des araignées-loups, qui sautent au soleil, par des épeires dorées qui tissent des toiles assez résistantes pour prendre de gros insectes, et par des mygales aussi grosses que celles de l'Amérique.

Parmi les scorpions, se voit le scorpion noir, dont la taille atteint quinze centimètres.

Les fourmis rouges, qu'on utilise pour protéger les arbres à fruits contre les autres fourmis, les fourmis de feu, habitent les maisons : une espèce, le coukiën bouhot, possède un dard presque aussi redoutable que celui de la guêpe. Les termites font des nids réguliers, de plus de 1^m,50 de haut, ressemblant à des huttes de sauvages. Le corps de ces insectes est diaphane et très mou; mais leur bouche est armée de mandibules puissantes, à l'aide desquelles ils percent le bois et les étoffes.

Le ver à soie est élevé par tous les indigènes. Ses cocons sont petits, de couleur jaune, d'apparence grossière.

Parmi les annélides se remarquent plusieurs espèces de sangsues médicinales, mais deux ou trois sont très incommodes, moins encore par la perte du sang que par les ulcères qui peuvent succéder à leurs piqûres. Elles sont singulièrement nombreuses dans les forêts et sont un fléau pour les chasseurs et les indigènes.

Les zoophytes sont représentés par l'holothurie, très appréciée des indigènes, et par plusieurs madrépores qui ont une véritable importance pour la fabrication de la chaux dans la Cochinchine, dépourvue de calcaire.

IV.

INDUSTRIE.

L'Annamite, presque entièrement adonné aux occupations agricoles, s'est laissé devancer dans les arts industriels par les Chinois établis dans son pays ; ceux-ci, remarque-t-on avec raison, ont accaparé tous les métiers, tous les comptoirs, toutes les transactions ; il n'est pas de village de l'intérieur où le véritable indigène ne soit ainsi, même pour les besoins ordinaires de la vie, le tributaire d'un étranger qui s'enrichit à ses dépens par l'usure. Aussi l'industrie annamite laisse-t-elle beaucoup à désirer.

Les Annamites sont cependant susceptibles d'une éducation professionnelle, et ils arriveront un jour à acquérir l'habileté manuelle qui leur fait encore défaut. Un ingénieur distingué, M. Dausque, qui, pendant deux ans, a conduit de grands travaux publics en Cochinchine et exerce aujourd'hui à Hanoï, le proclame hautement : « Je préfère de beaucoup l'ouvrier annamite à l'ouvrier chinois, dit-il, et je ne doute pas que le premier ne remplace bientôt le second dans tous les corps de métier. Le Chinois, par sa civilisation propre, et surtout par son contact avec les Européens, avait fait avant l'Annamite une sorte d'apprentissage des divers métiers. Aussi avait-il accaparé tous les arts de la construction, dont il ne connaît aucun sérieusement. Le Chinois est persuadé qu'il sait tout et ne veut jamais sortir de la routine de ses idées primitives. Il est complètement opposé à toute espèce de perfectionnement, difficile à gouverner par des Européens, par suite de la solidarité qui unit tous les membres d'une congrégation. L'ouvrier chinois est tout à fait indifférent au travail qu'il exécute, et professe un grand dédain pour ses chefs, Français ou autres. L'Annamite, au premier abord, paraît avoir moins d'aptitudes pour les travaux, mais on ne tarde pas à reconnaître qu'il est facile à conduire, qu'il est intelligent, actif et perfectible; et quand on veut bien le guider et l'instruire, il devient supérieur au Chinois dans tous les métiers. » Ce sont là des observations d'un excellent augure pour l'avenir, confirmées par M. Fuchs, ingénieur en chef des mines, qui reconnaît l'aptitude des Annamites à apprendre un travail délicat et nouveau. Ceux-ci se mettent facilement et vite à la serrurerie, ils apprennent rapidement à manœuvrer les machines, ainsi qu'on l'a pu constater à l'arsenal de Saïgon et dans l'exploitation du petit chemin de fer allant de Saïgon à Cholon. Leur force musculaire est médiocre, mais ils sont capables de donner pendant très longtemps un effort soutenu.

Le Tonkinois est, au point de vue industriel, de beaucoup supérieur à l'Annamite de la Basse-Cochinchine; il égale sans peine les ouvriers de la Chine méridionale, et peut, par suite, faire ce qu'on est obligé de demander aux Célestes à Saïgon. Le Tonkinois se fait volontiers maçon, charpentier, ébéniste, cordonnier, tailleur, brodeur, fondeur en cuivre, etc.

Pêche. — La pêche est une des principales industries de nos sujets de la Cochinchine. Elle s'imposait d'elle-même, dans un pays baigné de deux côtés par la mer, sillonné par des cours d'eau, par des arroyos et couvert en partie par des blancs d'eau où des myriades de poissons se retirent pendant la saison sèche.

On a organisé sur les côtes du delta du Grand-Fleuve, comme au Tonkin, généralement à l'embouchure des fleuves, des pêcheries formées de bambous de 5 à 6 mètres, enfoncés dans le lit des cours d'eau, juxtaposés et solidement reliés entre eux pour résister aux plus forts courants de marée. Quand le poisson a pénétré dans l'espèce de fer de lance que dessine la pêcherie, il lui est impossible d'en sortir et on le prend, soit avec des filets, soit en retirant les nombreuses nasses qui la garnissent. Le droit de pêche appartient à l'État qui s'en dessaisit chaque année, moyennant redevance, au bénéfice d'entrepreneurs privilégiés. En Cochinchine, le poisson est souvent expédié vivant à Saïgon par des barques-viviers d'une contenance de cinq à six tonnes; celui qui ne peut ainsi être transporté est salé sur place et transformé en nuoc-mam.

La pêche a aussi une grande importance dans les fleuves et les arroyos, surtout pendant les basses eaux. Les poissons sont alors si nombreux qu'on n'a guère qu'à les disputer aux reptiles et aux oiseaux pour les entasser dans des bateaux.

La pêche fluviale dans le Mékong dure quatre, six et huit mois, suivant la saison; elle commence au mois de septembre et se termine au mois de mai, jusqu'à ce que la saison des pluies soit définitivement établie.

Pour la pêche des gros poissons, l'époque la plus

productive part du mois de mars, au moment où, les eaux du Grand-Lac commençant à baisser, les poissons descendent le fleuve. Cette pêche dure trois mois, du commencement de mars jusqu'au commencement de juin.

La campagne des pêcheries des marais, étangs et petits cours d'eau commence à la fin de janvier, et se continue jusqu'à la fin du premier mois de la saison des pluies. L'eau des rizières, en s'évaporant ou en s'écoulant, force le poisson qui s'y était réfugié à se retirer dans les rachs, étangs et fosses préparés pour le recevoir.

La pêche du Tonlé-Sap est une des principales industries du Cambodge. On évalue à 12 à 14.000 individus, en y comprenant les femmes et les enfants, le nombre des pêcheurs qui se rendent au lac pour toute la saison de pêche. Outre les Cambodgiens, on y rencontre des Annamites, des Malais et quelques Chinois.

Au mois de novembre, les pêcheurs vont au Grand-Lac, emportant avec eux les cloisons et les toits de paille de l'habitation provisoire ou paillotte où ils demeureront sur les bords de l'eau ; le bois et les bambous nécessaires à la construction sont fournis par les forêts voisines. Les pêcheurs vont ensuite s'établir au point où ils feront leur saison ; les eaux sont encore hautes, mais pour gagner du temps ils enfoncent les pilotis qui supporteront leurs maisons et leurs séchoirs, établis de plain-pied avec les maisons. En avant, plus au large, à un endroit où les barques pourront toujours accoster, sont fixées les palissades destinées au séchage des filets.

Ainsi se forment des villages importants de pêcheurs, qui trouvent, par leur réunion, plus de facilité pour se protéger contre les coups de main de hardis voleurs et pour se prêter une mutuelle assistance lorsque, dans les moments où le poisson abonde, il est nécessaire de mettre en œuvre, et avec ordre, un grand nombre de filets à la fois. Dans ce dernier cas les produits de la pêche sont répartis proportionnellement entre les travailleurs, suivant des règles traditionnelles et spéciales au Grand-Lac. Ce système d'association entre pêcheurs est très pratique, il donne de bons résultats, et presque jamais il n'entraîne de conflits.

La formation des villages provient aussi de ce que certains poissons, le noir surtout, qui est le plus estimé, abondent dans certains endroits plus que dans d'autres. L'importance des villages temporaires qui se forment sur le Grand-Lac pendant la saison de la pêche, a conduit les autorités cambodgiennes à leur donner des chefs.

Les principales espèces employées pour la fabrication du nuoc-mam sont le ca-maï ou mai-ngu, le ca-uôp ou hach-dau-ngu, le ca-nom-biên ou haï-phan-ngu. Le poisson est tassé avec du sel, dans un grand cuvier en bois, et abandonné pendant deux mois à la putréfaction. Il se forme une masse pâteuse, exhalant une odeur infecte, et au milieu de laquelle pullulent des vers blancs, puis un liquide se sépare, offrant l'aspect de l'huile de poisson mal épurée. On recueille ce liquide au moyen d'une ouverture percée latéralement vers le fond du cuvier, on le fait bouillir, puis on le laisse déposer dans des vases de terre cuite. Dans le golfe du Tonkin, la baie de Cac-Ba est le rendez-vous, pendant la saison d'hiver, de plusieurs centaines de jonques annamites et chinoises qui viennent se livrer à la pêche.

Eau-de-vie de riz. — L'eau-de-vie de riz est fabriquée par les indigènes, avec un grain tendre, d'un blanc mat, laiteux, appelé *nép;* il ne se conserve pas longtemps et ne saurait supporter les voyages au long cours. L'huile essentielle qu'il renferme diffère assez sensiblement de celle des autres sortes de riz ; la fermentation s'obtient en mêlant le grain mouillé dans les jarres, avec une certaine quantité de levure indigène ; il est très difficile de réussir dans la fabrication pendant les mois de mars, avril, mai, par suite des chaleurs et des orages secs, à tension électrique considérable. Les mêmes phénomènes se produisent à cette époque quand on applique aux riz ordinaires les procédés de l'industrie européenne ; après avoir décomposé le grain par l'acide sulfurique, puis éliminé le vitriol avec un lait de chaux, on obtient un sirop de glucose qu'il est très difficile de maintenir à la température de 28-29°. Généralement, après quelques heures, une effervescence que rien ne peut maîtriser se produit, puis un affaissement subit, et il est impossible de reprendre la marche régulière de l'opération.

Sucreries. — L'industrie sucrière est loin de donner

les résultats que fourniraient des usines centrales. Il faudra de grands efforts pour faire de notre nouvelle colonie une rivale de ses sœurs aînées, la Guadeloupe et la Martinique. C'est dans l'arrondissement de Bienhoa que les manipulations usinières sont le plus soignées; on y obtient une bonne espèce de sucre serré, à grain ferme et brillant, dont la nuance approche de la bonne quatrième, et une assez bonne qualité de sucre candi. La province de Baria ne fournit encore qu'une sorte de sucre concret. La Cochinchine ne fournit pas encore de sucre pour l'exportation et tous les produits sont consommés dans la colonie. Les mélasses sont employées à la fabrication des confitures.

Les Annamites aiment beaucoup un produit spécial formé du mélange de l'albumine ou blanc d'œuf et du sucre blanc. Le mélange est chauffé et rendu bien homogène; le sucre ainsi obtenu est spongieux, jaunâtre et agréable au goût.

On a essayé d'établir en Cochinchine des usines centrales. Elles n'ont pas répondu aux espérances qu'on avait conçues; néanmoins elles réussiraient parfaitement si les indigènes y apportaient leur récolte de cannes; il convient de s'efforcer d'obtenir ce résultat.

La récolte de la canne et la fabrication du sucre se font à partir de la seconde quinzaine de janvier; le vesou marque alors 9° à l'aréomètre de Baumé; ces opérations se terminent avant la saison des pluies.

Huile de coco. — On fabrique une assez grande quantité d'huile de coco, particulièrement à Mytho. Le phare du cap Saint-Jacques en consomme annuellement

4.000 kilog. environ, obtenus dans les villages voisins. Les procédés qu'on emploie sont des plus grossiers et la perte de matière assez grande. Les cocos mûrs sont dépouillés de leur enveloppe fibreuse. On brise la noix. La chair blanche et solide est enlevée par le frottement à la main sur une râpe consistant en plusieurs rangées de petites pointes fixées sur un banc de bois. La pulpe est recueillie dans un baquet où elle est foulée par le piétinement. Une femme, un enfant même, font cette opération, au fur et à mesure de laquelle on ajoute de l'eau. Après avoir laissé reposer quelques heures, l'huile surnage, blanchâtre et visqueuse. On la transvase dans une cuve en fer où on la fait bouillir pour l'épurer. L'huile est conservée dans de grandes jarres en terre recouvertes d'un disque de bois, ou portée au marché dans des courges ou gourdes contenant de 8 à 10 litres. Le résidu pulpeux sert de nourriture aux animaux domestiques. L'huile de coco se fige à la température de 22°. Elle doit, pour être exportée, être contenue dans des récipients bien clos.

Scieries. Constructions navales. — Les forêts peuvent alimenter des scieries mécaniques, mais en général les bois sont débités par des scieurs de long, Chinois et Annamites, qui ont de nombreux chantiers à Saïgon et à Cholon. Cette industrie semble avoir pris un grand essor dans ces derniers temps par suite de l'entreprise de nombreuses constructions, malgré la concurrence faite aux charpentes de bois par les charpentes en fer importées d'Europe.

Les Annamites construisent rapidement et solidement leurs sampans et leurs barques de mer ; ils les réparent avec non moins d'habileté, car ils sont, dès l'enfance, exercés à ce métier : ce sont des ouvriers annamites qui fabriquent les barques des commerçants cambodgiens et les embarcations de luxe des mandarins. Au Tonkin, l'industrie forestière est encore à créer, mais toute la région du nord du Delta est couverte de bois et nous y trouverons des essences de toute nature que le flottage permettra d'utiliser très facilement à Hanoï et à Haïphong.

Briqueterie. Poterie. — La terre argileuse constitue une des ressources les plus précieuses de la Cochinchine ; elle sert à la production des briques, qui sont les seuls matériaux de construction dont on puisse se servir ; les autres, sauf le granit, faisant absolument défaut. Elle est utilisée pour la production de cette poterie commune, pots, vases et fourneaux, que l'Annamite utilise d'une façon si générale, et qu'on trouve dans la moindre barque comme dans la plus somptueuse maison. Mêlée à la chaux, elle a pu produire du ciment artificiel, et il n'y a pas jusqu'à l'art céramique proprement dit qu'elle n'alimente, art qui, bien qu'encore dans l'enfance, a déjà pris droit de cité en Cochinchine.

Il y a peut-être du kaolin en Cochinchine : dans les contrées de l'est, on a rencontré, dans certaines gorges, une argile blanche qui ressemble beaucoup au kaolin, si ce n'est même cette substance. C'est dans les montagnes de Baria, de Tayninh, dans certaines gorges du pays des Moïs, dans les montagnes de Chaudoc et de Longxuyen, qu'on a le plus de chance de trouver des gisements de terre à porcelaine. Au Cambdoge, sur le haut Mékong, on rencontre le kaolin en grande abondance; malheureusement, il a une teinte bleue qui ne permettrait pas de l'employer en Europe.

La fabrication des produits céramiques dans notre colonie cochinchinoise comprend la fabrication des briques, celle des tuiles et des carreaux, celle des poteries grossières, des poteries fines, et enfin de certains travaux embryonnaires de plastique et de statuaire. La fabrication qui a le plus d'importance est celle des briques. C'est, en effet, avec les matériaux de cette industrie qu'on arrivera à transformer le pays au point de vue du bien-être matériel, à substituer aux paillottes des maisons en briques couvertes de tuiles. Malheureusement, à l'heure actuelle, les briques annamites sont mauvaises, poreuses, se chargent énormément d'eau; elles sont, par suite, sujettes à la pourriture. Ce n'est pas que les indigènes ne soient d'habiles briquetiers; au contraire, ils savent faire des briques mandarines ou royales qui sont appréciées jusqu'en Chine; ils font des briques comprimées et des briques réfractaires. Mais ils veulent faire vite et produire beaucoup, de là une grande négligence dans la main-d'œuvre, la préparation des argiles et la cuisson. Ils arrivent à vendre à bon marché, la marchandise s'enlève rapidement et le producteur préfère ainsi la quantité à la qualité. Il suffit d'ailleurs de parcourir le Tonkin et l'Annam pour se rendre compte, à la vue des citadelles annamites, toutes construites en briques, du parti que nous devons tirer de ce produit pour les nombreuses constructions que nous aurons à édifier.

Les poteries communes se font principalement à Cholon. Elles comprennent des vases de toutes formes et de toutes dimensions et des ustensiles de cuisine, fourneaux et marmites. Les vases, y compris les grandes jarres, dans lesquelles les Annamites mettent l'huile de bois, se font à Cholon avec des terres mélangées. Les poteries destinées à aller au feu se font le plus généralement dans les villages de l'extrême ouest et de l'est de la Cochinchine. Trois ustensiles de terre sont particuliers à l'industrie indigène : un fourneau en forme d'une boîte à violon, une grande et une petite marmite. Il existe à Caï-Maï une fabrique de produits céramiques dans laquelle les procédés de fabrication sont plus étudiés, les produits plus soignés que partout ailleurs. On y confectionne encore de la poterie commune, mais on y fait de la poterie de grandes dimensions, de la plastique d'ornementation, des tuyaux de drainage et même de la statuaire. Dans la fabrication des grands objets, qu'on recouvre généralement à l'usine d'un vernis destiné à les rendre imperméables à l'eau et aux corps gras, et qu'on colore la plupart du temps, nous confinons aux limites de l'art.

Il est bon de signaler ici une application de la terre

cuite qui serait bien profitable à la Cochinchine, c'est-à-dire l'utilisation des terres cuites pour l'empierrement des routes. L'idée n'est pas nouvelle, et, à l'exposition de Paris, en 1867, on a pu voir des produits de cette sorte utilisés pour cet objet. Ce détail n'est pas sans importance dans la colonie, où les pierres de Bien-hoa, sont les seuls matériaux qu'on ait pour ferrer les routes, et que, dans les provinces de l'ouest, ces matériaux coûtent près de 40 francs le mètre cube.

On ne fabrique actuellement des tuiles et des carreaux qu'à Cholon, Mytho, Sadec, Chaudoc, Travinh, Baria, Bien-hoa.

La poterie se fabrique à Cholon, Chaudoc, Rachgia, Tayninh, Baria et Bien-hoa.

Une fabrique de faïence a été introduite à Cholon vers 1880, par un Asiatique. Cette industrie est, pour ainsi dire, nouvelle dans le pays et livre au public des produits à un prix bien inférieur à ceux demandés pour les marchandises similaires importées de la Chine.

Fonderies. — Les Annamites ont des fonderies de bronze à Vinh-Long et au village de Choquan, près de Saïgon; elles fournissent des objets de petite dimension, des cloches, des gongs, des timbales, des brûle-parfums. Les métaux autres que le bronze et le fer sont à peine travaillés; mais les forgerons sont nombreux, travaillent assez bien, et les outils fabriqués sont bien trempés, quoique de fabrication grossière. Au Tonkin, un fondeur indigène a coulé un buste en bronze de la République pour le commissaire général, M. Harmand.

Soie. — La soie faite par les ouvrières du pays est rude et grosse, mais avec des machines on réussit à faire de la soie grège fine, moelleuse et brillante.

Tannerie. — Les peaux des buffles et des bœufs sont enlevées par l'exportation ; à peine fournissent-elles à la tannerie indigène quelques cuirs pour les sandales et les tambours.

Bâtiments. — Les monuments khmers étaient construits en *bay-kriem*, en pierres de grès et en briques. Le bay-kriem était surtout employé pour la construction des murs d'enceinte, des édifices grossiers, des chaussées, et comme remplissage intérieur dans les substructions et dans les grands massifs des monuments principaux. Les grès gris ou légèrement rosés sont d'un grain fin et susceptibles d'un beau poli. Ils ne durcissent pas assez pour résister aux pluies et aux sécheresses, qui les effritent à la longue ou quelquefois les effeuillent en lames minces.

Les maisons sont mal construites. La chaux est importée en Cochinchine du Cambodge et de Singapour ; la chaux indigène, tirée des mollusques et des madrépores, sert surtout à la fabrication du bétel.

Orfèvrerie. — Les véritables industries nationales sont la fabrication des nattes et des éventails, l'orfèvrerie et l'incrustation. L'orfèvrerie produit de nombreux bijoux en or, en jade, en argent et en ivoire. Les bijoux d'or ont une teinte mate de vermillon, due à leur trempe dans une solution d'alun et de curcuma : les modèles sont peu variés et se copient depuis de nombreuses années. Trois sortes de bracelets sont employés par les femmes ; l'un désigne la nouvelle mariée, le second la jeune mère, le troisième la femme d'un âge mûr. On fabrique des colliers d'argent larges et plats, des anneaux de jambes, des bagues plates ciselées.

Éventails. — La fabrication des éventails est très simple. Les plumes sont exposées au préalable à la vapeur de l'eau bouillante, afin de reprendre le lustre qu'elles ont perdu pendant l'arrachement et le transport ; leurs extrémités sont taillées uniformément et un mince bambou les pénètre à la naissance des plumes. Ce bambou est ensuite plié en demi-cercle et les plumes arrangées dessus uniformément. Le manche se fait en lissant les tuyaux des petites plumes, que l'on maintient par quelques tours de fil de chanvre ou de sacé.

Incrustations. — Les incrustations de laque et de nacre sont faites sur bois de teck ou d'ébène. On fabrique surtout des tablettes de dévotion, et des boîtes à chiquer le bétel, bien travaillées, dorées par applique. Ces boîtes sont divisées en compartiments pour la chaux, le tabac, le bétel, la noix d'arec et les ustensiles nécessaires au fumeur et au chiqueur. Le gouvernement a fondé à Choquan un atelier d'incrustation où des maîtres indigènes habiles forment des apprentis tout en travaillant pour leur propre compte. Les tâches sont partagées entre les ouvriers par une véritable application de la division du travail.

Les Tonkinois produisent des meubles incrustés de nacre, des boîtes laquées, des broderies.

L'industrie des incrustations a été apportée au Tonkin de l'Annam, il y a une soixantaine d'années, par un homme du village chrétien de Chuyen-mi ou Ké-choun, situé à cinq ou six lieues au sud de Hanoï. Ce village a conservé, jusqu'à ce jour, une sorte de monopole des incrustations; c'est de là que viennent ou que sont venus, dans l'origine, les ouvriers établis à Nam-Dinh et à Hanoï, dans la rue des Incrusteurs. Il n'existe pas d'ouvriers de ce corps de métier dans les autres villes du Tonkin. La nacre la plus estimée vient de Saïgon et même de Singapour; en dehors de la nacre, on fait aussi usage d'une coquille plate, appelée *trai*, qui se trouve dans les rivières des provinces de Bac-Ninh et de Thai-Nguyen. L'apprentissage est très long et commence dès l'enfance. A dix ou douze ans les apprentis font déjà les travaux faciles et vers vingt ans ils sont ouvriers. Le gain d'un incrusteur habile est de 1 fr. à 1 fr. 50 par jour plus la nourriture; mais, en général, ils préfèrent s'associer ou travailler à la pièce. Depuis l'arrivée des Européens le prix des incrustations a augmenté de 50 0/0 et cette proportion est dépassée pour les plus beaux travaux. Les incrustations sont, en général, exportées sur Hong-Kong et sur Saïgon.

Dans l'Annam, l'industrie n'est guère florissante et une prescription de la loi est très contraire à son développement. C'est celle qui autorise le roi à requérir, pour son service personnel, les ouvriers qui se distinguent dans un métier par leur habileté et leur talent, au prix d'un salaire dérisoire.

V.

COMMERCE.

L'Indo-Chine française est bien située sur la route de l'Inde à la Chine et au Japon, près de Hong-Kong et des Straits Settlements. Elle confine au Siam, peu éloignée des Philippines et de Batavia, elle est le débouché naturel des produits du Laos.

Les fleuves et les nombreux canaux ou arroyos facilitent le transport des marchandises, les routes ont été améliorées depuis notre conquête et Saïgon et Hanoï peuvent devenir deux des ports les plus actifs de l'extrême Orient.

Cochinchine. — *Importations et exportations.* — La valeur des importations et celle des exportations se balancent à peu près avec une légère plus-value en faveur des premières.

Les importations comprennent surtout les métaux et les outils, le thé de la Chine, les vins et spiritueux de France, la chaux et le poivre du Cambodge, le papier, l'opium, le tabac, les tissus anglais, les sucres raffinés, les porcelaines, les faïences, les poteries d'Europe et de la Chine, les huiles, les farines, la houille, les articles de Paris, les médecines chinoises, les conserves alimentaires et les salaisons d'Europe et de la Chine.

Les exportations portent principalement sur le riz qui en constitue les trois quarts de la valeur totale, sur le poisson sec et salé, la colle de poisson, le coton, les légumes secs (haricots de Baria et du Cambodge), les peaux, les soies grèges, le poivre, les huiles, la graisse de porc, les noix d'arec, les cocos, l'indigo, les plumes, la cire et le miel, le cardamome, l'ivoire, l'écaille de tortue, le goudron, les cornes de cerf, le sel pour la saumure du poisson du Cambodge, les bois de teinture, de construction et d'ébénisterie, les chinoiseries et les incrustations, la gomme-gutte, la gomme-laque, etc., etc.

Jusqu'à notre arrivée en Cochinchine, la plupart des indigènes, pressurés de tous côtés par les autorités du pays, se contentaient de cultiver les produits nécessaires à leur existence. Ils ne pouvaient, dans ces conditions, rechercher les avantages qu'aurait pu leur procurer l'exportation. Seuls, les Chinois, qui parcouraient la Basse-Cochinchine et le Cambodge, achetaient des lots sans importance suffisante pour que la demande extérieure pût s'établir; souvent même les entreprises d'exportation ne furent que des essais, parfois onéreux pour ceux qui les entreprirent.

Au début de la conquête française les Annamites, ainsi que les négociants ou intermédiaires chinois, se montrèrent inquiets; le pays était en état de guerre, sans cesse parcouru par des colonnes, troublé par des révoltes. Les habitants ne cultivèrent que les champs indispensables à la production de leur nourriture. Mais, comme les Chinois, ils reprirent bientôt confiance et se remirent avec ardeur aux travaux de l'agriculture. Le commerce prit bientôt une grande importance, parce que nous apportions avec nous la liberté de l'exportation et de l'importation, autrefois soumises à des mesures restrictives imposées par les mandarins : il prit un nouvel essor lorsque le refus de ratification du traité qui rétrocédait la Cochinchine à Tu-Duc montra que nous entendions garder le pays et assurer son avenir, et quand l'occupation des provinces occidentales par l'amiral de la Grandière fit cesser les troubles intérieurs. La richesse publique se développa avec rapidité; l'agriculteur indigène, assuré d'écouler son riz à des prix rémunérateurs, sur les places de Hong-Kong et de Singapour, apporta de nouveaux soins à sa culture, doubla ou tripla sa production; il apprit bientôt à spéculer sur les grains et à garder sa récolte dans ses greniers pour ne la vendre qu'à un cours élevé.

Alors quelques maisons européennes ou chinoises se fondèrent dans la colonie et lui donnèrent une vitalité nouvelle par leurs connaissances pratiques et leur esprit de suite dans les affaires. Des relations régulières s'établirent alors avec les marchés voisins; les navires fréquentèrent plus souvent le port de Saïgon, et le commerce profita de ces occasions pour expédier de petits lots comme échantillons; mais les frets étaient alors très élevés et ne permirent pas de donner aux transactions l'essor désirable.

La concurrence maritime amena bientôt la baisse dans les prix de transport; il parut possible de faire de nouvelles tentatives; le commerce trouvait déjà plus de sécurité dans ses opérations, et, par la fréquence des communications, il lui fut aisé de se rendre un compte exact de ce qui se passait sur les marchés extérieurs.

C'est alors que des échanges eurent lieu avec Hong-Kong, le Tonkin, et surtout avec Singapour, ce grand marché central où viennent chaque jour affluer les produits de tous les pays voisins.

Aussi, dans le dépouillement des statistiques, à l'importation, comme à l'exportation, voit-on Singapour et Hong-Kong figurer pour un chiffre considérable, qui tend à s'accroître de jour en jour.

Les expéditions de nos produits pour l'Europe se font malheureusement en grande partie par la voie de Singapour. Il faut attribuer cette anomalie aux franchises de ce port et à son mouvement maritime.

Grâce à la mesure prise par le Conseil colonial, d'exempter de tous droits de phare et d'ancrage les vapeurs venant d'Europe ou y allant, des lignes régulières ou non pourront se créer et relier ainsi la métropole et l'Europe avec la Cochinchine, et *vice versa*.

Nos produits se trouveront, dès lors, affranchis de certains frais qui les grèvent lourdement, et la différence profitera au pays.

Le commerce de l'Indo-Chine semble appelé à s'effectuer principalement avec l'étranger où des besoins spéciaux et la proximité du marché lui créent des débouchés naturels, surtout en Chine. Il faut évidemment prendre notre parti de ce fait que nulle puissance humaine ne saurait modifier; il est la conséquence fatale d'un état de choses imposé par le climat et par des habitudes séculaires. En effet, le commerce *à l'étranger* en 1883 s'est chiffré pour la Cochinchine par 120 millions de francs, tandis qu'il n'était que de 11 millions avec la France.

Si nous examinons les tableaux comparatifs des mouvements du port de Saïgon pour les années écoulées de 1880 à 1884, nous constatons la marche ascendante très caractérisée du commerce de colonie. La valeur totale des importations et des exportations de la Cochinchine s'élevait à

13,699,522 piastres en 1880,
18,696,898 — 1881,
20,765,114 — 1882,
33,803,778 — 1883,
36,179,417 — 1884.

Dans ces dernières évaluations il y a nécessairement à tenir compte de la plus-value apportée aux importations par suite de l'expédition du Tonkin; néanmoins le mouvement normal d'ascension se maintiendra.

Au point de vue du tonnage, nos bâtiments viennent immédiatement après ceux de l'Angleterre, qu'ils suivent de près et qu'ils dépasseront avec les encouragements accordés à la marine marchande. En 1884, nous avions 187,732 tonnes à l'entrée et 187,340 tonnes à la sortie du port de Saïgon sous pavillon français, contre 261,632 tonnes à l'entrée et 246,030 à la sortie sous les couleurs britanniques.

Par ordre d'importance viennent ensuite les navires allemands (en 1884, 79,400 tonnes à l'entrée; 78,042 à la sortie), hollandais, espagnols, suédois, italiens, siamois, belges et chinois.

Depuis sa fondation, notre colonie a adopté le régime du libre échange; les droits perçus à l'entrée et à la sortie des marchandises ont un caractère purement fiscal et ne sont nullement prohibitifs. Le Conseil colonial s'est toujours montré favorable à la liberté commerciale. Toutefois, la Cochinchine, le Cambodge, l'Annam et le Tonkin constitueront bientôt une union douanière dans le but de favoriser le commerce français et assurer l'écoulement de ses produits de préférence aux produits similaires étrangers. C'est une très grosse réforme économique que nous allons entreprendre, on ne pourra juger des résultats qu'elle donnera que dans quelques années.

La colonie cochinchinoise a besoin de nouveaux débouchés, car ceux qu'elle possède peuvent un jour ou un autre lui faire défaut; aussi, pour parer à cette éventualité, devient-il indispensable, pour l'avenir de notre port de Saïgon, d'établir des communications avec les contrées où nos produits, et particulièrement le riz, véritable thermomètre de la prospérité de notre possession, trouveraient facilement et couramment acheteurs. Là est l'avenir du port de Saïgon. Déjà Manille est reliée à la capitale de la Cochinchine par une ligne annexe des Messageries maritimes, et des études sont faites pour la création d'une ligne à destination de l'Australie.

« Que nous faudrait-il encore? Des comptoirs bien installés à Canton, à Shang-Haï, à Amoy, à Fou-Tcheou, à Ning-Po; des opérations d'escales qui facilitent nos débouchés comme nos retours... Ce qui nous fait défaut, en général, ce sont ces intermédiaires utiles entre le producteur et le consommateur toujours éloignés l'un de l'autre, ces hommes, véritablement dignes du nom de négociant, qui, à l'aide de capitaux considérables et d'une spéculation intelligente, savent prendre position dans un pays étranger, et, en faisant toujours respecter le nom de la métropole, établissent graduellement leur fortune sur leur bonne renommée et la loyauté de leurs transactions; des négociants qui ne tentent point une exportation comme on jette un coup de filet, mais qui, pourvus de l'esprit de suite et de persévérance, savent attendre du temps ce que le temps peut seul leur donner; des négociants, enfin, qui n'aillent pas à l'étranger comme on va à l'ennemi, pour y butiner seulement, sauf à se retirer au plus vite, mais qui, par la prudence et l'enchaînement de leurs opérations successives, se mettent à l'abri des mécomptes et deviennent, par la sagesse de leur conduite, les agents considérés des échanges internationaux. (Auguste HEURTIER.) »

Le commerce maritime avec le Cambodge a lieu entre la ville cambodgienne de Kampot et les ports français de Hatien et de Rachgia.

Le port de Kampot nous paraît appelé à reprendre son importance passée à mesure que notre action se fera sentir dans les provinces maritimes et que nos navires se substitueront aux jonques indigènes.

Le commerce avec le Siam a lieu surtout par les ports d'Hatien et de Rachgia. Une route de terre passe par Phnum-Penh, Battambang et aboutit à Bangkok. Un traité de commerce a été signé le 15 août 1856.

La ligne de bateaux à vapeur des Messageries fluviales de Phnum-Penh à Battambang, avec voyage autour du lac, donne déjà de beaux résultats. Battambang est, en effet, le point le plus important de toute cette région et le débouché naturel de tous les produits du Laos. Les relations avec ce pays prennent une certaine importance et tendent à se développer de plus en plus, par suite du service des Messageries de Cochinchine, qui permet d'amener rapidement les marchandises laotiennes sur les marchés de Saïgon et de Cholon.

Saïgon a été déclaré port franc par l'amiral Page, le 23 février 1860. Cette mesure libérale produisit les meilleurs résultats, et depuis cette époque, le mouvement du port a toujours été de plus en plus actif.

Les navires entrent ou sortent en franchise et ne sont soumis qu'aux droits de phare et d'ancrage.

Les centres de commerce les plus importants sont ceux de Saïgon, Cholon, Mytho, Vinh-Long, Sadec, Chaudoc, Hatien, Rachgia, Bay-Xau; dans l'arrondissement de Soctrang, Tayninh, pour les bois de construction et d'ébénisterie, Thu-dau-mot, pour les huiles et résines forestières et les bois de construction des barques.

Le petit commerce intérieur et une partie du grand sont entre les mains des Chinois aussi bien en Cochinchine que dans l'Annam et le Tonkin.

Le taux de l'intérêt de l'argent était très élevé sous la domination annamite; le taux légal atteignait 36 0/0, mais l'usure se donnait libre carrière et atteignait souvent 120 0/0. M. le colonel Bourchet affirme que le prêt à la petite semaine arrivait aux proportions fantastiques de 800, 1,000 et même 1,200 0/0! C'était là un des plus grands obstacles au développement de l'agriculture dans une contrée où l'indigène, faute de prévoyance, manque de capitaux de premier établissement. Il était obligé, pour acheter les semailles, d'emprunter aux grands propriétaires, qui ne tardaient pas à s'emparer des terres des créanciers, devenus insolvables par suite de l'élévation du prix de l'argent : la petite propriété tendait à disparaître, le sol changeait de propriétaire tous les dix ou douze ans et une partie de la population allait être réduite à l'état des serfs agricoles. Quant aux Européens, ils arrivaient souvent aussi sans avances et étaient obligés de contracter des engagements qui les conduisaient fatalement à la ruine. Trois banques anglaises ont des bureaux dans la capitale de notre colonie. La *Banque de l'Indo-Chine*, créée pour nos possessions de l'Inde et de l'Indo-Chine, par décret du 21 janvier 1875, jouit des privilèges accordés aux banques coloniales. Elle a deux succursales à Saïgon et à Haïphong émet des billets au porteur reçus dans les caisses du Trésor et dans toutes les banques asiatiques, et fait des prêts sur les récoltes et les marchandises. Les billets émis sont des coupures de 5, 20 et 100 piastres.

De 1877 à 1883, la Banque de l'Indo-Chine a prêté sur les récoltes pendantes 221,380 piastres. Le taux de ses opérations à été de 8 à 12 % par an sur les effets de commerce, de 15 % sur les prêts sur marchandises coloniales. Les répartitions annuelles à ses actionnaires ont été de 10 fr. 80 pour l'exercice 1882-1883 et de 11 fr. 20 pour l'exercice 1883-1884. Elle a donc donné de beaux dividendes et rendu de grands services à la colonie en contribuant à la diminution du taux de l'intérêt de l'argent. Toutefois la partie faible de ses opérations a été les prêts à l'agriculture, pour lesquels elle avait été en partie créée. Aussi la création d'un crédit foncier est elle vivement désirée ; un tel établissement contribuerait puissamment à l'abaissement du taux de l'intérêt. Le crédit foncier peut assez facilement fonctionner sous la surveillance de l'État dans un pays où l'administration perçoit l'impôt, conduit les milices, constate tous les actes et tous les contrats privés, rend la justice, etc. Les Annamites connaissent d'ailleurs la vente à réméré, qui se rapproche de notre régime hypothécaire. Ils emprunteraient d'autant plus volontiers qu'avec ce dernier régime le contractant reste propriétaire du fond engagé, au lieu de ne plus posséder, comme après une vente à réméré, que le droit de rachat de ce fonds. La plus grande difficulté pour la création d'un crédit foncier réside dans la procédure et l'enregistrement tels qu'ils se pratiquent dans les villages indigènes. Les projets de convention avec une société concessionnaire n'ont pas jusqu'ici été ratifiés.

Il existe des chambres de commerce à Saïgon, à Haïphong et à Hanoï. M. Paul Bert se propose d'en créer dans les principales villes du delta du Song-Koï.

Cambodge. — Au Cambodge, les importations européennes portent principalement sur le fer, les armes, la poudre, le plomb, la quincaillerie, les outils, les draps, les cotonnades, la mercerie, la parfumerie, les alcools et les liqueurs d'Europe. Les importations chinoises comprennent des feuilles d'or, des fruits, des confitures, des médecines, des coffres laqués, des cuirs vernis. L'Inde envoyait l'opium au Cambodge, par Singapour; depuis l'introduction de la régie française cette marchandise est importée par Saïgon.

Les exportations, qui se font presque toutes par l'intermédiaire de la Cochinchine française ou par Kampot, comprennent le poivre, les peaux et les cornes de bœufs et de buffles, les bœufs pour la boucherie de Saïgon (plus d'un millier par mois), le coton, le riz paddy, les feuilles de bétel fraîches, les nattes, les bois de construction, d'ébénisterie et de teinture, les résines, le poisson salé, l'huile de poisson, le fil de laiton pour le Laos, etc. Les Européens pourraient tenter avec succès l'exploitation du fer de la province de Kâmpong-Soai qui, entre les mains des Kouys, donne déjà de beaux produits.

La valeur des exportations atteint un chiffre de 6 à 7 millions de francs.

Tonkin. — « Le Tonkin est comme un coin qui pénètre dans l'angle de l'Asie continentale et de la péninsule indo-chinoise, donnant par sa position l'accès direct dans le Yunnan, prenant à revers la Chine du sud vers le nord, l'Indo-Chine vers le sud. Position admirable à tous les points de vue, aussi bien au point de vue commercial qu'au point de vue politique ou au point de vue militaire. Ce pays, devenu un vaste établissement européen, sera puissant par lui-même et pèsera d'un grand poids sur les régions voisines qui ne pourront se soustraire à son influence. Si l'on étudie en effet une carte générale de l'Asie orientale, on voit que l'arc des côtes rapproche certains points du littoral de quelques places principales de l'Indo-Chine et de la Chine du sud, de façon à attirer inévitablement le mouvement de l'intérieur vers la mer de ce côté. Le Song-Gianh est à quarante-cinq lieues de La-Kon, un des points principaux du Laos siamois. Nonkay, chef-lieu de ce même Laos, autre entrepôt important, est à soixante-quinze lieues du port de Cua-Trap. Mong-Pouen, marché des plus riches produits du bassin moyen du Mékong, est à six lieues de Lach-Vich. Luang-Prabang, clef stratégique et politique de toute la presqu'île indo-chinoise, surtout du bassin du Mékong, est à cent lieues de Lach-Vich. Alévy, centre politique et commercial du Laos birman, Poueul, un des entrepôts du Yunnan, marché du meilleur thé et de l'opium ; Ling-Ngan, centre de la production métallurgique du Yunnan ; tout l'ouest du Kouang-Si ont leur débouché vers la mer par le Tonkin ; enfin l'importante et populeuse province de Taeping est 120 kilomètres de la baie d'Along et écoulait par là jadis ses produits. Quand on cherche à voir si ces divers points pourraient essayer de se relier à la mer par d'autres voies, on s'aperçoit bien vite qu'ils ne peuvent y songer : dans toute autre direction la mer est à des distances de deux à quatre fois plus grandes. Le despotisme des cours orientales luttera certainement pour empêcher le courant commercial de se détourner vers des points étrangers, mais cette lutte ne saurait se soutenir longtemps, car elle aura pour adversaires la propagation des idées libérales et les intérêts commerciaux qui, tôt ou tard, renversent ce qui les gêne. » (Colonel LAURENT.)

Historique du commerce. — Les Japonais étaient autrefois nombreux au Tonkin, ils étendaient leurs opérations sur toutes les contrées de l'Indo-Chine, l'Annam, le Ciampa, le Cambodge, Siam, sur Formose et les Philippines. Ils avaient donné des noms, aujourd'hui tombés en désuétude, à la plupart des îles du littoral. On prétend qu'ils étaient en relations avec le delta du Song-Koï depuis 1434. Quelques-uns avaient embrassé le christianisme, qui leur fut prêché par le Portugais Diego, après l'expulsion des Jésuites du Japon. On rencontre au milieu des Annamites des indigènes du type japonais le plus pur. Ces gens habitent des villages séparés et se marient exclusivement entre eux. Ils ont oublié la langue de leurs ancêtres, mais ils savent très bien que ceux-ci étaient venus de Niphon. Ils ont le monopole de la fabrication d'une porcelaine bleue ressemblant beaucoup à celle du Japon. Parmi les prêtres et les catéchistes indigènes chrétiens, un certain nombre appartiennent à cette race supérieure.

En 1635, un édit du mikado interdit à ses compatriotes, sous peine de mort, de sortir du Japon, et mit fin aux relations suivies que nous indiquons. L'établissement des Français à Haïphong et à Hanoï, et le mouvement d'expansion qui pousse les Japonais à l'extérieur, contribueront à renouer des relations profitables aux deux pays.

Les richesses du Tonkin ont attiré autrefois les Européens. Les Espagnols et les Portugais chargeaient de métaux leurs navires.

Les Hollandais abordèrent pour la première fois au Tonkin en 1637.

Quand ils arrivèrent à Quang-Yen, ils rencontrèrent de nombreuses difficultés, créées pour la plupart par les Portugais, qui y étaient déjà établis, et par les mandarins indigènes. Une femme japonaise, qu'ils rencontrèrent par une bonne fortune inespérée, leur servit d'interprète. Le roi du Tonkin se lia intimement avec le chef de l'expédition néerlandaise.

Les Hollandais demeurèrent dans le pays jusqu'en 1700. Ils furent suivis par les Anglais et les Français. Les exactions du gouvernement royal et l'hostilité de la population firent abandonner ces relations commerciales. A l'époque de sa prospérité le comptoir hollandais faisait 460,000 florins d'exportations.

Mais, depuis cette époque, les Européens n'eurent que des rapports intermittents avec le Tonkin, et le commerce intérieur souffrit beaucoup de la mauvaise organisation économique du pays.

Les douanes intérieures étaient un véritable fléau avant notre occupation. Ainsi les riz de Nam-Dinh, pour arriver dans le Nghé-An, devaient payer neuf fois, à neuf douanes différentes, un droit de 2 1/2 p. 100 de leur valeur : ce taux était le taux légal, mais les fermiers prélevaient au moins 5 p. 100 chaque fois.

La circulation des grains était interdite, aussi un juste niveau ne pouvait-il s'établir entre les prix des divers marchés. Pour éviter le passage aux douanes, les habitants du Nghé-An firent transporter leurs riz par la voie de mer, mais ils furent piratés. De toute manière le prix des denrées était au moins doublé. Nous serons obligés de tenir la main à la suppression des douanes intérieures de crainte que les mandarins ne les rétablissent indirectement sous le nom d'octrois.

Ports ouverts. — Les traités ont ouvert aux Européens les ports de Hanoï, Nam-Dinh et de Haïphong au Tonkin, de Quin-nhon, Tourane, Xuanday dans l'Annam et le fleuve Rouge jusqu'au Yunnan.

Les colonies chinoises du Tonkin seront les premières à adopter l'usage des produits européens, car les Célestes ont compris l'utilité de beaucoup de nos produits. Dans les colonies anglaises du détroit, à Hong-Kong, à Shang-Haï, à Saïgon, les magasins chinois contenant des marchandises européennes sont très nombreux. A Canton et dans les grands centres chinois, nombre d'articles européens ont trouvé un débouché. Les articles de bazar, les jouets, les parapluies, la parfumerie, la quincaillerie, la verroterie, la chapellerie, les souliers européens, etc., tout cela est très répandu dans les agglomérations chinoises, en Chine ou à l'étranger.

On peut espérer que l'exemple de leurs voisins sera contagieux pour les Tonkinois : peu à peu ils achèteront également, créeront des centres de réception d'objets européens, soit pour la consommation sur place, soit pour la réexportation au Yunnan et au Kouang-Si.

Importations. — Les importations pour le Tonkin portent principalement sur le thé de Chine pour les classes supérieures, le thé du Yunnan pour les classes pauvres; les cotonnades et les fils de coton anglais; les soieries de la Chine; les flanelles, les draps légers, les couvertures, les velours de soie unis (noirs, rouges, bleus, jaunes), la mercerie, la parfumerie, la verrerie commune d'Europe; la porcelaine de Chine; la quincaillerie, l'horlogerie, la miroiterie, les articles de Paris; les couleurs pour la teinture (vermillon et couleurs d'aniline), le tabac, l'opium de l'Inde, du Yunnan et Kouang-Si; les médecines chinoises (orpiment, écorces, racines, plantes, quelques produits animaux), le papier chinois, les objets destinés au culte (papier doré, baguettes de cire, parfums à brûler en l'honneur de Bouddha ou des ancêtres), le cuivre, l'alun; les sacs en paille pour le riz d'exportation et de petits lots d'allumettes suédoises, de bougies, de fer-blanc, de fer en barres, de cuivre en feuilles (du Japon), de parapluies en coton, en soie, etc., etc.

La plus grande partie du commerce d'importation est alimentée par les marchandises chinoises (pour les deux tiers) et par les marchandises anglaises. Parmi les premières, les soieries de la Chine, très supérieures aux soieries indigènes, ne sont achetées que par les mandarins et par les personnes riches, à cause de leur prix élevé; l'opium du Yunnan et du Kouang-Si, moins estimé que celui de l'Inde, moins fort, moins bien préparé, lui fait cependant concurrence à cause de son bas prix, inférieur à celui du Bénarès le plus commun.

Les cotonnades anglaises sont très demandées à cause de leur bon marché; ce sont surtout des cotonnades rouges et des cotonnades écrues expédiées de Hong-Kong.

La consommation des cotonnades, qui s'élève actuellement à 3 ou 4 millions de francs, se développera rapidement, en proportion de l'aisance des indigènes. On arrivera bientôt au chiffre de la consommation annuelle minima de ces contrées, évaluée à 5 fr. par personne. Il y aura donc un débouché pour 50 ou 60 millions de filés ou tissus de coton.

Exportations. — L'exportation comprend les métaux du Yunnan (étain, cuivre, mercure), le cristal de roche, les plantes médicinales, les plantes tinctoriales, le thé aggloméré en forme de briques, le cunao ou faux gambier, le sticklac, les cardamones sauvages, l'amidon de riz, l'huile ou vernis à laquer et les marchandises laquées, les étoffes ou tapis brodés, les meubles incrustés, le papier d'écorce de mûrier, le sel, les soies brutes, les arachides, l'huile de badiane, le papier, les cornes de cerf, les comestibles desséchés (crustacés, poissons, ailerons de requins, viande de porc fumée ou salée, œufs, champignons), les porcs, les volailles, les noix d'arec, les bambous, les rotins, la cannelle, les peaux de bœuf et de buffle.

Le riz, la soie, l'étain et l'huile à laquer constituent plus des quatre cinquièmes de l'exportation.

Les soies grèges, d'une assez bonne qualité, mais d'un travail médiocre, constituent l'un des principaux articles d'exportation du Tonkin; une certaine quantité se dirige sur la Chine pour être mélangée à des soies de qualité supérieure, avant d'être réexportée sur l'Europe; la plus grande partie est destinée à la Cochinchine française. Il serait bon que les filateurs européens apprissent aux indigènes l'art de mieux dévider le fil.

L'huile de badiane se paie de 1,000 à 1,200 francs le picul, à Hanoï. Quand le pays sera complètement pacifié, cette marchandise, qui sert à la fabrication de l'anisette et qui est employée en médecine, dans les pays européens comme en Chine, sera un des objets les plus demandés pour l'exportation.

Évaluation du commerce. — En 1880, le commerce du Tonkin était estimé à 25 millions de francs. « Pour évaluer le développement auquel il est appelé, disait à cette époque M. de Kergaradec, consul à Hanoï, nous ne pouvons mieux faire assurément que de nous baser, pour cet intéressant calcul, sur les résultats obtenus dans la Cochinchine française. Les Annamites du Tonkin ont, à peu de chose près, les mêmes goûts, les mêmes besoins et les mêmes habitudes que ceux de notre colonie; ils consomment les mêmes denrées et les mêmes objets fabriqués. N'est-il pas probable que, s'ils étaient arrivés au même degré d'aisance, ils prendraient ces produits en quantités, non pas égales, mais proportionnelles au chiffre de la population? Or, le Tonkin est cinq fois au moins plus peuplé que la Basse-Cochinchine, si nous prenons à cet égard les évaluations les plus modérées, et la statistique officielle nous apprend que les marchandises introduites à Saïgon, pour l'usage exclusif des indigènes, représentent une valeur de 30 millions de francs. C'est donc à 150 millions de francs qu'il faudrait évaluer les importations du Tonkin, s'il était au même point que nos établissements des six provinces. »

Le pays pourrait fournir une exportation équivalente, car le sol est riche et l'habitant laborieux. Le commerce extérieur s'élèverait à 300 millions environ, les importations et les exportations se balançant sensiblement. Le manque de débouchés a seul, comme autrefois en Cochinchine, empêché le commerce et l'industrie de prendre leur essor.

Sous notre domination, la liberté du commerce des grains permettra aux propriétaires d'exporter l'excédent de la récolte des riz, qui s'élève dans les bonnes années à plusieurs millions de piculs (1). Encouragés par le gain, ils défricheront les terres incultes, ils soigneront davantage les rizières et y appliqueront les procédés de la culture intensive. Les magnaneries, les cultures industrielles, canne à sucre badiane, arbre à laque, tabac, chanvre de Manille prendront un grand développement.

Le principal débouché du commerce tonkinois sera toujours le Céleste Empire, et il serait dangereux d'entraver ce courant; car, fait observer un membre éminent de l'Institut, M. Levasseur, on perdrait d'un côté sans gagner de l'autre. C'est, dit-il avec raison, par la concession à nos nationaux de certains privilèges, sous forme d'immunités ou de détaxes, sans faire peser lourdement ces privilèges sur les indi-

---

(1) Le picul égale 60 kilogrammes.

gènes, qu'on peut favoriser le commerce français.

Les opérations avec le Yunnan seront rendues plus faciles si l'on peut améliorer le cours du Song-Koï ou si l'on construit un chemin de fer dans sa vallée, ce qui semble aisé à réaliser.

Si nous arrivions au chiffre de 300 millions pour nos transactions au Tonkin, nous aurions dans Haïphong un port de mer qui pourrait presque rivaliser pour son mouvement avec Shang-Haï.

Hanoï, par sa situation au centre du Delta et de la production agricole, à proximité des provinces montagneuses et forestières où se trouvent les mines et les essences industrielles, sera toujours la place de commerce la plus importante du Tonkin et l'entrepôt du transit du Yunnan. Nam-Dinh, Ninh-Binh, Bac-Ninh, Haï-Dzuong et Haïphong viennent après la capitale pour l'importance de leurs transactions.

Le commerce intérieur se développera naturellement quand le pays sera plus calme et les communications assurées. Nous citerons d'abord le commerce des bois à brûler : le Delta, en effet, ne produit que des arbres fruitiers, des aréquiers et des bambous; le bois de chauffage fait complètement défaut pour la cuisine aux bouches du fleuve Rouge comme sur la côte de la Chine méridionale. Certains produits sont peu exportés et se consomment sur place : tels sont l'huile d'arachide, l'huile de ricin, propre au graissage des machines, le bois de sapan, le chanvre indigène, les déchets de soie, la cire d'abeilles, utilisée par les missionnaires, etc.

Dès l'occupation de Laokay par le colonel de Maussion, le mouvement commercial reprit entre cette ville et Hanoï ; plus de vingt jonques chargées de boules d'opium, de saumons d'étain, de médecines chinoises arrivèrent dans la capitale. En même temps, pendant que la chambre de commerce de Hanoï envoyait un de ses membres à Laokay, les négociants de Mang-Hao, sur les conseils des mandarins et du vice-roi du Yunnan, dirigèrent sur Hanoï des délégués pour étudier les moyens de faciliter les échanges. Les nombreux villages situés sur les rives du fleuve entre Than-Quan et Laokay, déserts lors du passage de nos troupes, ont vu revenir leurs habitants, qui ont repris leurs cultures. Beaucoup de Chinois et d'Annamites ont fait des demandes d'autorisation de remonter le fleuve avec des sampans chargés de marchandises et en particulier de sel.

Les fonctionnaires du Kouang-Si paraissent moins heureux que leurs collègues du Yunnan de l'ouverture des frontières : ils prévoient que cette dernière province, favorisée par la voie de pénétration la plus courte, profitera plus que leur pays des bénéfices du négoce international.

Comme en Cochinchine, une partie du petit commerce est, au Tonkin, entre les mains des Célestes. Quand, le matin et le soir, les Tonkinois parcourent le chemin de leurs champs, ils rencontrent, dans les environs des villes et surtout de Hanoï, des marchands chinois établis sous de légères paillottes, qui leur vendent, pour quelques sapèques, des tasses de thé, des chiques de bétel et des fruits.

A notre arrivée à Hanoï on évaluait à trois mille environ le nombre des Chinois, tenant plus de 200 maisons de commerce. Beaucoup ont abandonné la ville ou ont été rappelés avant la paix par les mandarins dans le Céleste Empire. Ils sont aujourd'hui de 4 à 500 et tiennent 71 magasins.

Ici s'élève une grave question qui a préoccupé bien des esprits, en Cochinchine, et a soulevé au sein même du Conseil colonial d'intéressantes discussions.

Devons-nous nous servir sans limites des Célestes comme agents commerciaux dans l'Indo-Chine? N'y a-t-il pas pour nous un péril dans leur présence? « Notre conquête n'a pas été improductive et un certain mouvement commercial s'est établi sous notre influence, disait en substance M. Schrœder, dans la séance du Conseil colonial, le 21 décembre 1885; mais les Chinois, qui traitent avec les Annamites, ont tous les bénéfices de ce trafic. Ce sont eux, continue M. Schrœder, qui communiquent directement avec l'indigène; ce sont eux seuls ou à peu près seuls qui ont dans l'intérieur des établissements à demeure, et ils sont, dans la plupart des cas, nos intermédiaires obligés. Ce résultat tient d'une part à une plus grande facilité d'assimilation de la langue indigène et à une similitude de mœurs et de constitution physique qui rend moins sensible aux Asiatiques des difficultés de transport devant lesquelles reculent les Européens; mais il tient aussi à une organisation toute spéciale, à une application merveilleuse du principe d'association et de solidarité qui met entre les mains des Chinois une puissance sociale et économique dont plusieurs nations se sont déjà émues, à juste titre, et devant laquelle nous ne saurions rester indifférents.

« Le Chinois, il ne faut pas s'y tromper, est un des dangers les plus graves pour la vitalité et pour la stabilité même de notre possession. Peuple d'émigration par excellence, envahisseur, accapareur, laborieux, industrieux, exploitant avec une souplesse et une habileté remarquables toutes les sources de profit, le Chinois a pu être au début de la conquête un auxiliaire de notre colonisation. Déjà établi dans le pays, tenant en main les principaux comptoirs commerciaux, indifférents au système gouvernemental et à la domination de l'un ou de l'autre, poursuivant son œuvre d'exploitation matérielle et d'envahissement, sans préoccupation apparente de politique ni de patriotisme, il devait être l'instrument naturel de notre implantation dans un pays conquis dont nous ne pouvions transformer du jour au lendemain les soldats vaincus en ouvriers dociles.

« Organisés dans une certaine mesure pour les industries de toute nature, familiarisés par leur civilisation propre et par une sorte d'apprentissage cosmopolite avec les pratiques commerciales, industrielles et techniques des peuples d'Occident, les Chinois ont rendu à notre occupation, à notre installation, des services incontestables. Mais que le caractère essentiellement égoïste de leur concours, la divergence absolue des tendances, l'ordre moral et politique, et leur indifférence absolue à notre œuvre civilisatrice, nous dispensent de toute reconnaissance : nous croyons que la continuation de leur concours exclusivement intéressé est un danger des plus graves pour l'avenir de la colonie (1). »

A ces arguments, d'un esprit patriote à coup sûr, M. Albert Cornu, membre du même Conseil, a répondu ainsi :

« Tous nos Chinois sont gens d'affaires, des propriétaires pour beaucoup, qui auraient très grand' peur que nous prenions à leur égard une mesure de rigueur. Au Siam, il y a deux millions de Chinois contre deux millions de Siamois environ ; ont-ils songé à détrôner le roi et à prendre le pays pour eux? Non, ils font la fortune du Siam et voilà tout; de même ici. Que ne sont-ils plus nombreux pour notre plus grand bien et notre plus grand budget?

« Le Chinois semble être la bête noire du pays; je le comprends pour les indigènes, qu'ils supplantent ; leurs plus grands ennemis leur reconnaissent une supériorité intellectuelle et physique indiscutable, et ceux qui en souffrent s'en plaignent, naturellement. Mais que nous, qui jugeons de plus haut le rôle de ces auxiliaires de notre colonisation, nous pensions que leurs qualités soient des défauts dange-

---

(1) *Procès-verbaux du Conseil colonial de la Cochinchine française,* session ordinaire 1885-1886.

reux, c'est ce qui ne peut résister à la réflexion. On accuse le Chinois d'être rapace et d'emporter en Chine ce qu'il gagne ici. C'est une erreur, et il est, à ce point de vue, beaucoup plus utile au pays que nous-mêmes. Tout Cholon appartient aux Chinois, la moitié de Saïgon aussi; ils ont une usine qui vaut 150,000 piastres; presque toutes les industries de l'intérieur leur doivent leur naissance; ils ont des maisons dans tous les villages; tout le batelage, la flotte énorme qui sert au transport des riz est à eux. Est-ce là un désintéressement? N'est-ce pas là la fixation la plus patente et la plus utile de leur fortune dans ce pays? Non, les Chinois sont essentiellement utiles; ne les frappez pas, ne les chassez pas (1). »

Nous partageons absolument l'avis de M. Cornu, et ce qui est vrai pour la Cochinchine le sera pour le Tonkin.

Avec le Chinois pour agent, dans une proportion qu'il appartient nécessairement au Résident général d'apprécier et de limiter, nous aurons des congrégations responsables des agissements de leurs membres, intéressées à la bonne police du territoire, nous aidant à la maintenir. En prenant possession du Tonkin, nous avons eu en vue d'ouvrir les provinces méridionales de la Chine, par la voie de terre, à notre commerce. Qui nous aidera dans cette tâche, sinon le Chinois? Il ira, il viendra sans entraves d'un

---

(1) *Procès-verbaux du conseil colonial de la Cochinchine française,* session ordinaire 1885-1886.

territoire à l'autre, là où l'Européen et l'Annamite rencontreraient mille obstacles, et son seul intérêt, aidé par la protection que nous lui accorderons, fera plus pour la pacification des provinces du nord que de nombreuses colonnes mobiles.

Protégeons les Annamites, empêchons-les d'être molestés par les Chinois, rien de mieux, mais en appliquant à notre profit les qualités du Céleste, mettons le Tonkin en plein rapport et gardons-nous, par des mesures inconsidérées, de proscrire un agent qui, s'il ne commerçait pas librement, deviendrait pirate et contrebandier et nous coûterait d'immenses dépenses, quand, au contraire, bien traité, il sera pour nous un producteur de richesses.

Les femmes indigènes se livrent aussi au petit commerce et quelques-unes parviennent à faire des opérations relativement considérables et à inspirer assez de confiance pour être chargées par les producteurs de l'intérieur de consignations importantes en marchandises du pays. Rien n'est plus curieux qu'un marché tonkinois, entre 10 heures du matin et 2 heures de l'après-midi : « Lorsque nous y arrivons, dit la relation de deux voyageurs, publiée dans les *Excursions et reconnaissances*, nous voyons de loin un fourmillement d'individus sous les hangars en paillottes où se tient le marché. Les produits mis en vente n'ont rien de saillant : riz, paddy, arachides, sésame, patates, huile de sésame et d'arachides, coton égrené et non égrené, viandes de porc crue et cuite, fraîche et salée ; médecines chinoises, tourteaux de sésame et d'arachides, graines de ricin, etc., forment le fond des marchandises étalées dans les paniers. Dans les boutiques, on voit des blagues à tabac en lainage brodé, des garnitures de selles analogues, des pâtisseries communes, des noix d'arec en fort petite quantité et cassées en morceaux imperceptibles (plus loin elles sont vendues par le marchand de médicaments), des objets de ménage indigènes, quelques poteries grossières. Dans les maisons du village, des femmes dévident de la soie, d'autres égrènent le coton avec de petits moulins à main, qui semblent plutôt des joujoux que des instruments de travail. Sur la place et dans les rues, des enfants retournent au soleil les capsules de coton cueillies avant la maturité ou bien celles qui ont conservé l'humidité de la pluie ou de la rosée. D'autres, avec des perches d'environ 2 mètres de long, battent des tas de coton épais d'environ 20 centimètres, pour détacher les capsules avant de donner le coton aux femmes chargées de l'égrener. « (Viénot et Schroeder.)

Dans les travaux, on peut tirer un très bon parti des ouvriers du pays, Chinois et Annamites, non seulement pour les maçonneries et charpentes en bois, mais aussi pour le travail des fers. Le revêtement des ponts importants qu'on a exécutés depuis deux ans a été fait dans d'excellentes conditions par les indigènes. On remarque cependant qu'en général les Chinois sont plus aptes aux travaux de maçonnerie, de taille des pierres, des charpentes en bois, et que les Annamites sont préférables pour le travail des métaux. Ces derniers sont plus dociles que les Chinois, qui se conforment moins fidèlement aux ordres de leurs chefs, et veulent faire souvent suivant leurs idées, persuadés, comme nous l'avons déjà dit, que les Chinois possèdent toute science et toute habileté.

VI.

VOIES DE COMMUNICATION.

Cochinchine. — *Voies maritimes*. — La Cochinchine correspond avec la métropole au moyen de paquebots et de transports :

1° Des transports de l'État partant tous les deux mois de Saïgon et de Toulon ;

2° Des paquebots de la *Compagnie des Messageries maritimes*, dont le service est bi-mensuel, et les escales établies à Port-Saïd, Suez, Aden, Pointe de Galles et Singapour ;

3° Des paquebots d'une compagnie anglaise, dont le service est également bi-mensuel, mais qui s'arrêtent à Singapour en venant de France. Ces courriers correspondent avec Saïgon au moyen des bateaux qui font le trajet entre les deux ports.

Au mois de janvier 1882, on a inauguré la ligne de Poulo-Condore à Singapour, en correspondance avec la malle anglaise et celle de Saïgon au Tonkin, et la ligne de Manille.

Voies fluviales. — Outre le Mékong, les Vaïcos, la rivière de Saïgon et le Donnaï, la Cochinchine présente un réseau d'arroyos très développé, qui permet presque toujours d'arriver par eau dans une localité déterminée, ou du moins à proximité de cette localité. Ces cours d'eau sont parcourus par des jonques chargées à couler bas ou par des sampans, grands bateaux d'une longueur variant de 3 à 10 mètres sur une largeur de 1 mètre à $1^m,50$, très effilés à l'avant et à l'arrière, recouverts au milieu par un toit de bambous. Les principaux arroyos sont le canal de *Vinh-té* (71 kilomètres), la plus longue des voies navigables artificielles du pays, entre Hatien, sur le golfe de Siam, et Chaudoc, sur le Bassac; le canal de *Rachgia*, entre le port de Rachgia, et Long-Xuyen, sur le fleuve Postérieur; le *Vamnao*, entre les deux bras du Mékong; l'*arroyo de la Poste* (28 kilomètres) entre Mytho, sur le Mékong, et Tanan, sur le Vaïco occidental; le *canal Commercial* (30 kilomètres) qui fait communiquer Vinh-Long et Cholon, et l'*arroyo Chinois,* entre les Vaïcos et le Donnaï, reliant Saïgon, Cholon, Benluc et Mytho.

Une compagnie de navigation à vapeur, celle des *Messageries* de Cochinchine, assure le service entre Saïgon, Mytho, Phnum-Penh et Battambang (Siam), par Vinh-Long, Sadec, Soctrang, Chaudoc et Bentré.

Voies terrestres. — Les routes, améliorées pendant ces dernières années, ne faisaient pas défaut sous la domination annamite. Gia-Long avait employé ses ingénieurs français à réparer une voie ancienne partant de Hué et aboutissant à Mytho, en passant par Long-thanh, Bien-hoa, Saïgon et Cholon; il ouvrit, entre les chefs-lieux de provinces, de nouvelles artères, larges de 15 à 20 mètres, bordées d'arbres, franchissant les arroyos secondaires et parfois des rachs de 80 mètres de largeur sur une multitude de ponts ; il y établit des relais et des postes militaires pour la protection du commerce. Ces routes, si elles ne présentaient pas la perfection de nos ouvrages similaires, faisaient honneur au grand empereur et suffisaient amplement aux besoins d'une population agricole.

On a pu, au début de notre établissement, croire que les Annamites n'attachaient pas au temps l'importance et le prix que lui donnent, en Europe, la rapidité de nos relations commerciales; on pouvait penser que jamais ils ne comprendraient le proverbe anglais : *Time is money,* en les voyant s'arrêter, sans témoigner la moindre impatience, lorsque le courant et l'état de la marée leur en faisaient une obligation. Cette tranquillité s'expliquait parfaitement chez des hommes, gênés dans leurs transactions par des douanes intérieures et par des prohibitions commerciales, obligés de se contenter d'un maigre bénéfice et craignant que la fortune acquise ne devînt pour eux une source de tracasseries de la part des mandarins. Il n'en est plus de même aujourd'hui : l'Annamite de la campagne, qui a vu décupler les occasions de vendre sa récolte, a mis des champs nouveaux en culture, et il sait tout aussi bien que le paysan français apprécier la valeur du temps.

Au moment de notre conquête, les routes de Gia-Long, mal entretenues sous ses successeurs, étaient impraticables pendant la saison des pluies; elles disparurent en partie et les tronçons subsistants n'étant plus reliés par les ponts, tombés en ruines, ne rendaient plus que de faibles services. Le mal, déjà bien grand en 1858, ne fit que s'accroître pendant les premières années de l'occupation. Les soucis des opérations militaires, l'incertitude qui planait sur la durée de notre séjour amenèrent les Français à se désintéresser des travaux publics qui n'avaient pas une utilité stratégique. L'amiral Ohier réagit le premier contre cette tendance; il voulut assurer les communications fluviales et terrestres, construisit des ponts et fit draguer le port de Hatien. Ses successeurs abandonnèrent en grande partie l'œuvre ébauchée, les ponts, dévorés par les termites, s'écroulèrent, les canaux s'envasèrent, les chaussées disparurent sous la végétation. En dehors des grandes voies fluviales, accessibles à nos canonnières, les voyages dans l'intérieur devinrent de plus en plus difficiles. Le premier administrateur, absorbé par ses fonctions judiciaires, ne quitta plus sa résidence; les Annamites qui, par leur organisation familiale et sociale, par leur caractère craintif, tendent à se soustraire à l'action du gouvernement central, concentrèrent leur intérêt dans le village, où la tyrannie des notables put se donner libre carrière. Ainsi s'expliquent les nombreuses insurrections locales qui éclatèrent de

1870 à 1878 sur différents points du territoire, sous la direction de quelques pirates.

Il est maintenant reconnu, comme l'a démontré M. l'ingénieur des ponts et chaussées Thévenet, dans un très remarquable rapport du Conseil colonial, que, malgré la multiplicité des arroyos et des rachs, le réseau naturel fluvial de la Basse-Cochinchine se borne aux grandes artères, les bras du Mékong, le Donnaï, la rivière de Saïgon, une partie des Vaïcos. Ces cours d'eau ont un débit propre considérable qui maintient une profondeur suffisante pour la navigation en tout état de la marée : ce réseau de voies navigables, d'un développement de 600 kilomètres, encore à améliorer en certains points, est insuffisant pour le service des transactions commerciales de la colonie, surtout pour celles des provinces orientales traversées par le cour supérieur du Donnaï et de la rivière de Saïgon. Les Annamites l'avaient compris et ils avaient suppléé, surtout à l'est, aux voies fluviales par des routes terrestres.

D'ailleurs les arroyos disparaîtront fatalement par le colmatage naturel du pays, et on ne pourra jamais, sauf pour quelques voies, les plus importantes, lutter contre leur envahissement par les millions de mètres cubes de vase déposés chaque année dans leur lit, et un jour il ne restera à la navigation que les grandes voies fluviales dont nous parlions plus haut. Ces considérations doivent guider nos efforts pour ouvrir des routes terrestres. Il nous faut garder les grandes voies navigables pour leur destination logique et naturelle, mais en les franchissant par des ponts, en reliant ainsi des terres aujourd'hui séparées ou trop lentes à s'assécher. Les routes se couvriront bientôt de voitures ; la création du réseau suburbain de Saïgon a transformé les marais en jardins et amené la circulation de nombreuses voitures de maîtres, dont quatre-vingts appartiennent à des indigènes.

Dans tout pays, le développement des voies de communication amène de grands progrès dans la circulation des richesses, dans la sécurité politique, et facilite la diffusion de la civilisation.

L'ouverture des routes est d'une importance capitale pour la diffusion de l'instruction primaire. Lorsque l'école est séparée du hameau par des marais ou des broussailles inextricables, lorsque l'accès en est rendu presque impossible, surtout pendant la saison des pluies, la famille hésite à envoyer l'enfant à l'école et à lui imposer un trajet qui n'est pas toujours sans danger. Alors, dans un pays disposé à faire de grands sacrifices pour l'instruction, à la place d'Annamites illettrés, ne sachant que manier la rame de leur sampan, on pourra espérer voir des jeunes gens grandir à leurs propres yeux par une science naguère inaccessible, habiles artisans de la prospérité de la colonie et, sans doute, reconnaissants à la France des efforts généreux faits pour leur patrie d'origine.

Le gouvernement a successivement reconnu et classé les routes, les chemins, les arroyos, ouvert et empierré les chaussées, et construit des ponts. Il a, par une heureuse imitation de la métropole, divisé les routes en routes coloniales, routes d'arrondissement, chemins de grande communication et chemins vicinaux. Les routes coloniales sont destinées à relier les centres les plus importants et à servir d'amorces aux routes d'arrondissement ; elles suivent les grands courants de circulation commerciale et empruntent presque partout le tracé des voies annamites adopté par Gia-Long.

La suppression de la corvée et son remplacement par la prestation en nature ont eu les plus heureux résultats en Cochinchine : les populations, travaillant près de leur village à des ouvrages dont ils comprenaient l'utilité immédiate, ont apporté à leur tâche beaucoup de zèle et d'entrain.

Voici d'ailleurs ce que disait, en 1885, des routes de la Cochinchine, dans l'*Atlas colonial* de Mager, M. de Vilers, ancien gouverneur de la Cochinchine :

« Sauf une tentative de réparation faite en 1869 par l'amiral Ohier et que ne poursuivirent pas ses successeurs, les routes furent abandonnées pendant vingt ans. Il était admis en principe que les indigènes n'en voulaient pas, ne s'en serviraient pas, que la navigation suffirait à tous les besoins militaires, commerciaux, agricoles. On se contenta de construire autour de la ville quelques chaussées pour permettre aux Européens de se promener en voiture. Probablement l'heure n'était pas venue ; mais en 1880, la situation s'était modifiée et la nécessité d'un *classement* s'imposait ; il comprend 900 kilomètres de routes coloniales, 2,000 kilomètres de routes d'arrondissement, 3,000 kilomètres de chemins de grande communication, 4,000 kilomètres de petite, soit un total de 10,000 kilomètres sur lesquels 1,000 kilomètres sont à l'état d'entretien et 4,000 kilomètres complètement ouverts. Les Annamites, dès qu'on leur a eu donné la liberté, se sont portés avec un entrain surprenant à la construction de leurs chemins; ils demandent même à se charger de celle des routes. »

Le chemin de fer de Saïgon à Mytho, d'environ 72 kilomètres, a été ouvert à l'exploitation régulière le 20 juillet 1885. On met trois heures pour faire le parcours, par Cholon, Benluc et Tanan.

Un tramway à vapeur unit Saïgon à Cholon et on étudie en ce moment la création d'un autre tramway de Saïgon à Govap.

En dehors des grands ponts jetés sur l'arroyo chinois à Saïgon, sur les deux Vaïcos, à Ben-Luc, à Tanan, on remarque en Cochinchine des petits ponts d'un genre tout particulier et appelés *ponts saïgonnais*, dus à l'inspiration de M. le Myre de Vilers.

Ces ponts, tout en fer, sont composés d'éléments identiques et permettent de former par leur réunion des ponts de 6 mètres, 9 mètres, 12 mètres et jusqu'à 27 mètres de portée. Le montage est des plus faciles, et la résistance telle que des voitures de quatre tonnes attelées de quatre chevaux peuvent y circuler. Ces petits ponts ont fait depuis merveille au Tonkin.

Au budget de 1886, sur 888,319 piastres affectées aux travaux publics, 184,355 piastres sont attribuées aux voies de communication : navigation intérieure, phares et balises, canaux et dragages, restauration des ponts et travaux neufs de routes et de ponts.

Tonkin. — *Voies maritimes.* — Nous avons déjà vu qu'une ligne annexe de la *Compagnie des Messageries maritimes* relie Haïphong à Saïgon par Quin-nhon, Tourane et Xuanday. Les communications entre Haïphong et Hong-Kong sont assez régulières ; trois fois par semaine, par les vapeurs de la compagnie française Roque, laquelle se charge du service de la poste, moyennant certaines immunités de paiement de droit de port et d'ancrage, et par des vapeurs étrangers. Par Saïgon et Hong-Kong, le Tonkin se trouve ainsi relié par les voies maritimes à toutes les contrées du monde.

Depuis notre arrivée au Tonkin, une partie des *cuas* ou embouchures du Delta ont été balisées, un service de pilotes est bien organisé et s'exerce entre Cat-Ba et Hong-Dau ; un phare est projeté aux îles Norway, un est allumé sur l'île de Hong-Dau ; de nombreux travaux s'imposent encore pour améliorer le régime des bouches des fleuves.

Voies fluviales. — Les bâtiments d'un faible tirant d'eau remontent de Haïphong à Hanoï en empruntant le cours de différentes parties du fleuve Rouge : le Song-Tam-Bac, le Lach-Tray, le Lach-Van-Uc, le Thaï-Binh, le Cua-Loc, et enfin le Song-Koï lui-même. Le meilleur matériel pour la navigation fluviale jusqu'à Hanoï paraît être des vapeurs de rivière plats et à roues, remorquant de grands chalands également très plats et n'ayant pas plus d'un mètre de tirant d'eau en pleine charge.

Le trajet par le fleuve Rouge, de Laokay à Hanoï, à la descente, est fait en six jours par les bateaux plats qui ont porté du sel au Yunnan; à la montée, le même voyage dure vingt jours. Ces bateaux s'arrêtent la nuit et naviguent surtout pendant l'époque des eaux moyennes; pendant le reste de l'année, le prix du fret est plus élevé à cause des risques de perte. Du milieu de mai à la fin de septembre, la navigation fluviale est presque partout possible; dans les autres saisons, et particulièrement dans les hauts bassins, elle devient longue, plus pénible et, sur certains points, presque impossible.

Le point où se termine la navigation sur le Song-Koï est la ville chinoise de Mang-Hao, et encore le fleuve aurait-il besoin d'être débarrassé de quelques bancs de galets qui encombrent son cours aux différents confluents de ses tributaires.

Depuis Hanoï jusqu'à Than-Quan, et au delà du rapide situé près de cette ville, jusqu'à Van-Ban-Chau, ancien poste de douane des Pavillons noirs, situé à 70 kilomètres de Than-Quan, le parcours du Song-Koï est assez aisé. Le passage le plus difficile est le confluent du fleuve Rouge et de la rivière Noire, à cause du peu de profondeur des eaux. Les trois rapides les plus dangereux sont situés en aval de Van-Ban-Chau. Si le fond du fleuve ne présente pas de

19.

brusques changements de niveau, l'eau coule avec une très grande rapidité, sur un plan incliné de $1^m,50$ par kilomètre dans les plus mauvais endroits. Pour franchir ces rapides, les jonques chargées ne doivent pas caler plus de 50 à 60 centimètres. Ces obstacles peuvent être surmontés, si l'on peut disposer d'un certain nombre de coolies pour le halage à la cordelle, sauf en amont du confluent de la rivière Noire; là, sur une longueur de 20 kilomètres environ, le fleuve se rétrécit, il est encaissé et n'a pu être bordé par un chemin. Il faut que les bateliers descendent dans le lit de la rivière, profonde de 80 centimètres aux basses eaux, pour tirer les barques. Près de Laokay, les jonques ne peuvent plus remonter le fleuve, on est obligé de transborder les marchandises sur des embarcations d'un type spécial.

Le cours de la rivière Noire est barré, à 40 milles environ de son embouchure par des roches qu'on pourra facilement faire sauter. On ouvrira ainsi à la navigation une belle artère fluviale, traversant la partie la plus riche du pays des Mongs.

D'après M. Gouin, lieutenant de vaisseau, résident de France à Nam-Dinh, l'emploi de bâtiments à vapeur tirant peu d'eau pour le transport des marchandises entre Hanoï et Laokay, ne serait guère possible et il faudrait s'en tenir au système actuel, dans lequel le service est fait par des jonques d'une construction spéciale. Pendant la saison des crues, en effet, la rapidité du courant est telle que peu de bâtiments à vapeur pourraient le remonter d'une façon

rémunératrice, c'est-à-dire de telle sorte que les dé
penses occasionnées par la force qu'il serait néces
saire de produire fussent couvertes par le taux d
fret ; à la descente, un bâtiment venant de Laoka
serait en perdition. Pendant la saison sèche, les ba
teaux à vapeur s'échoueraient souvent et perdraien
à attendre une crue le bénéfice de la vitesse de leu
machine ; d'un autre côté les roches qui affleurent l'ea
pourraient causer des avaries à la coque. « Les jon
ques ne sont pas exemptes de ces avaries, dit M. Gouin
mais quelles différences dans les conséquences! L
jonque sur le point de sombrer est conduite rapi
dement à sec et une réparation provisoire mais suf
fisante l'a vite remise en état de continuer sa route. »
De toute manière la création d'un chemin de fe
s'impose par le trafic du Yunnan.

La navigation des arroyos par les sampans indi
gènes est moins active que dans la Basse-Cochinchine
Cela tient à ce que chaque chef de famille cultiv
ou fait cultiver par ses serviteurs ce qui lui est néces
saire pour vivre et payer l'impôt; aussi est-il plu
sédentaire que nos sujets du pays de Gia-Dinh. L
tirant d'eau de nos embarcations nous obligera
canaliser certaines parties des fleuves et des arroyo
du Tonkin. Les Annamites, qui se servaient de jonques
n'avaient pas eu à se préoccuper de cette nécessité

Pour suppléer au manque de bois dans le Delta
un certain nombre d'habitants de cette contrée fon
leurs barques au moyen de lattes de bambous trè
habilement entrelacées et enduites d'un vernis tir

d'une espèce *de dipterocarpus* qu'on trouve dans le haut Song-Koï.

Dans la partie septentrionale, entre Dong-Lam et Dong-Rang, le Song-Ki-Kung est navigable pour des pirogues de 30 à 40 centimètres de tirant d'eau. Ces pirogues sont creusées dans des troncs d'arbre et munies de gros bambous flotteurs. La rivière rend actuellement de grands services pour le ravitaillement des postes frontières, et plus tard elle servira pour le trafic avec le Céleste Empire à la condition que les Chinois n'établissent pas de barrages sur le Song-Ki-Kung.

Voies terrestres. — Il n'existe qu'une seule véritable route dans tout le Tonkin, la route royale, que nous avons trouvée établie dans la Cochinchine française, et qui reliait Saïgon à Hué et à Hanoï, desservant les chefs-lieux des provinces intermédiaires, sur une longueur de 1,600 kilomètres. A Hanoï, elle se bifurque pour conduire les voyageurs en Chine, au nord par Bac-Ninh et Langson et à l'est par Quang-Yen. Les ambassades annamites envoyées à Pékin suivaient cette grande voie. Large de 6 à 10 mètres, un peu élevée au-dessus du sol dans le Delta, sauf entre Ngoc-Hon et Can-Tien, cette route, aux environs des grandes villes, où elle est entretenue, peut porter une voiture. De Saïgon à Ninh-Binh, elle n'est pas empierrée, chaque orage la rend impraticable pendant plusieurs heures, et pendant la saison des pluies elle reste boueuse et glissante. La branche de Quang-Yen qui traverse le col oriental de Nui-Deo, est relativement belle tant qu'elle est en terre basse; les chevaux et les bœufs de charge la suivent en tout temps. Il n'existe que des ponts de bois de peu d'importance sur les petits arroyos; les grands cours d'eau sont traversés en bac. Depuis notre occupation la partie de la route mandarine de Hué à Hanoï située entre Vinh (Nhgé-An) et Dong-Hoï (Quan-Binh) a été reconnue par le colonel Mignot. Cette route se rapproche quelquefois de la mer au point de se confondre avec le rivage. Le régent Thuyet, en prévision des événements militaires, l'avait fait réparer dès 1874. M. Parreau, résident, a repris cette œuvre et a rendu à cette voie une largeur minima de 3 mètres; elle est praticable aujourd'hui à nos pièces de campagne et aux charrettes des indigènes. Entre Ky-Anh et Quan-Ké, la route traverse une montagne par un escalier de 972 marches.

Au commencement des opérations au Tonkin, le gouvernement annamite a fait ouvrir une route de grande communication, large de trois mètres environ, dite route de la montagne, entre le Thanh-Hoa et Dong-Yan, au nord-ouest de Hong-Hoa. Elle remonte le cours du Song-Ma et se dirige en ligne droite à travers les défilés et les forêts sur My-Duc, à 12 kilomètre du Day, et gagne Dong-Van, l'ancien quartier général du prince Hoang Ké-Viem, par Phu-Quoi-Hoai, Sontay, et Hong-Hoa. Cette route stratégique est plus courte que la route royale, qui dessine un arc de cercle dont l'autre serait la corde. Elle avait été ouverte pour faciliter l'invasion du Delta par les forces annamites venant du sud. La colonne du colonel Mignot a parcouru cette route dans sa marche du delta du Tonkin sur Hué. Pendant le commandement du général Warnet, il a été ouvert plus de 3,000 kilomètres de routes d'une largeur minima de 2 mètres.

Chemins de fers. — Le protectorat a mis en adjudication un chemin de fer à voie étroite, d'un mètre de largeur, entre Hanoï et Bac-Ninh. La ligne, de 35 kilomètres de longueur, doit partir de la rive gauche du Song-Koï, en face de la capitale, pour aboutir à Dap-Cau, sur la rive gauche du Song-Cau, en passant par Bac-Ninh ou près de cette ville. Les propositions doivent être déposées à Hanoï avant le 1er janvier 1887 ; elles peuvent comprendre des prévisions pour le prolongement de la ligne jusqu'aux Sept-Pagodes et à la mer. La concession sera faite pour soixante-quinze ans avec une garantie d'intérêt par le protectorat sur le capital engagé. Les autorités françaises livreront les terrains nécessaires et surveilleront l'exécution des travaux et l'exploitation qui seront à la charge de la compagnie concessionnaire.

Le chemin de fer le plus profitable au commerce sera naturellement celui de Hanoï à Laokay.

La construction de ce tronçon de la voie de pénétration au Yunnan paraît être relativement faite par la rive gauche du Song-Koï. On ne prévoit pas qu'il soit nécessaire de creuser de nombreux tunnels, malgré la proximité des montagnes ; car, en général, existe entre celles-ci et le fleuve un espace de terrain suffisant pour l'établissement d'une plate-forme. Enfin, dans l'avenir un chemin de fer pourra être établi sur les frontières méridionales de la Chine, de Laokay à Langson, et descendrait à Quang-Yen ou à Haïphong, à travers la province de Quang-Yen. Ce serait un chemin de fer stratégique et commercial : stratégique, car il relierait, du nord au sud, tous nos postes établis sur les frontières et en permettrait le ravitaillement facile; commercial, car cette voie serait appelée à prendre une importance considérable, si l'on songe que, partant de Laokay, elle pourrait s'amorcer sur tout son parcours aux rivières et aux routes qui pénètrent du Yunnan et du Kouang-Si dans le Tonkin. Si ce projet était mis à exécution, ce n'est plus par une seule porte que nous pénétrerions en Chine, mais par dix entrées différentes.

CAMBODGE. — Les voies de communication font défaut au Cambdoge et les anciennes routes ouvertes autrefois par le prédécesseur de Norodon, entre Phnum-Penh et Oudong d'une part, et Kampot de l'autre, ne sont pas entretenues. Les quelques voies capables de rendre des services sont établies sur les restes des grands travaux des anciens Khmers, particulièrement dans la province de Kampong-Soai.

La principale artère fluviale est le Mékong. Les *Messageries de Cochinchine* font le parcours entre Phnum-Penh et Battambang, dans le Siam, avec stations dans quelques localités des bords du Tonlé-Sap.

Le Camdboge n'a qu'un seul port, Kampot, qui reçoit les jonques de Hatien et de Rachgia.

VI.

POSTES ET TÉLÉGRAPHES.

Cochinchine. — Le service postal s'est fait longtemps en Cochinchine, il se fait encore dans tout l'Annam et dans la plus grande partie du Tonkin, par les *trams*, courriers choisis parmi les miliciens.

On employa depuis dans notre colonie les bateaux des Messageries de Cochinchine au transport des lettres, et le service fonctionne d'arrondissement à arrondissement.

Au point de vue commercial une ligne télégraphique fait connaître instantanément l'offre ou la demande d'une place étrangère, le cours du change et permet aux négociants d'agir avec rapidité, de profiter habilement d'une occasion d'achat ou de vente, de payer ou de recevoir des fonds importants par un simple mandat; le mécanisme du crédit qui a rendu de si grands services aux transactions, voit ainsi multiplier sa puissance; le producteur, assuré de trouver un débouché immédiat à ses produits, imprime une activité nouvelle à son chantier, à son usine, aux travaux de ses champs qu'il étend jusqu'à l'extrême limite de la puissance de son capital. Les Chinois, ce peuple commerçant par excellence, avaient une telle impatience d'être rapidement informés, qu'au début de notre occupation, ils avaient créé à leur profit un service de courriers pour connaître les cours du grand marché de riz de Hong-Kong.

L'administration française a compris cette nécessité, et, dès l'origine, notre réseau télégraphique eut pour but d'assurer la communication des ordres entre Saïgon et le chef-lieu de chaque arrondissement. Ce réseau fut créé très rapidement avec des moyens très restreints, sur un terrain généralement peu solide. C'était, à proprement parler, un réseau militaire, entrepris au lendemain de la conquête, mais qui a suffi jusqu'à ce jour aux besoins de l'administration et du public. Il était difficile alors d'arriver à la perfection des réseaux européens. On commencé, depuis ces dernières années, à substituer à ces lignes provisoires des lignes plus solides, construites dans de meilleures conditions mécaniques et électriques.

Malheureusement, de grandes difficultés gênent le fonctionnement régulier de la télégraphie électrique en Cochinchine. Les achats de matériel sont difficiles et les transports coûteux; la pose et l'entretien des câbles sous-fluviaux sont d'un prix élevé, et ils sont fréquemment enlevés par les eaux du Mékong; l'atmosphère chaude et humide facilite les pertes électriqués dans des proportions inconnues en Europe; la chute des arbres et parfois des actes de malveillance détruisent les fils. Les poteaux en bois, rapidement détruits par la pourriture ou par les termites, seront bientôt tous remplacés par des poteaux en fer.

Au 1er août 1885, le réseau télégraphique de la Cochinchine était de 2,181 kilomètres de voies aériennes, 14 kilomètres de lignes sous-fluviales, 3 kilomètres de lignes souterraines.

En 1884, il y avait eu 17,353 dépêches officielles, 60,793 dépêches intérieures, 7,088 dépêches internationales, 6,917 mandats télégraphiques. L'augmentation dans le nombre des dépêches s'est encore accrue en 1885.

En 1884, la poste a transporté 2,819,274 objets, dont 527,947 pour le service intérieur et 2,291,327 pour le service international. Pour l'année 1885, la probabilité de la manipulation postale était évaluée à 3,502,068 et, pour les mandats postaux à 8,582. Le service des colis postaux fonctionne régulièrement et progresse journellement.

Enfin M. Lourme, chef du service des postes et télégraphes, terminait ainsi son rapport de 1885 au Conseil colonial :

« Les réflexions qui terminaient nos rapports précédents et constataient l'extension, chaque jour plus considérable, du service des postes et télégraphes peuvent être faites de nouveau aujourd'hui. De tous côtés, la création de bureaux secondaires est à l'ordre du jour ; l'examen des télégrammes et des suscriptions de lettres permettent de constater que l'indigène, autrefois si défiant, s'habitue à notre administration et use largement de nos moyens de communication. La lettre n'est plus le privilège exclusif de l'administration et des fonctionnaires, la dépêche n'est plus ce quelque chose de mystérieux qui effrayait l'Annamite. Les commerçants asiatiques, comme les particuliers, nous apportent en foule leurs correspondances, autrefois si rares, et ce n'est pas sans un sentiment de satisfaction profonde que nous comparons notre situation actuelle à celle de 1880. »

La ligne de Saïgon-Bangkok par Phnum-Penh et Battambang (670 kil.), dont les premières négociations furent entravées par le consul anglais, a été construite par MM. Pavie et Piot. Les bureaux, notamment celui de Bangkok, sont tenus par des employés français, ce qui a une importance politique capitale. Les deux pays ne seront plus obligés d'emprunter la voie de Singapour. Peut-être sera-t-il possible de créer une ligne postale dans cette direction. Les relations avec le Siam si heureusement assurées seront ainsi plus que décuplées.

La communication télégraphique de la colonie avec la métropole est aussi assurée par la voie japonaise. La première quitte le cap Saint-Jacques et, par un câble, rejoint Singapour et l'Inde. La seconde passe à Hong-Kong, Shang-Haï, Nagasaki et se relie à Wladivostok aux lignes sibériennes.

Le câble du Tonkin rejoint au cap Saint-Jacques les télégraphes cochinchinois. Il atterrit aux forts de Thuan-An, à l'embouchure de la rivière de Hué, et à Do-Son, sur le golfe du Tonkin.

Au Tonkin, le réseau télégraphique sillonne tout le Delta et va jusqu'à Dong-Dang, à 2 kilomètres de la Porte de Chine (1), la ligne de Hanoï à Laokay est en construction ; la partie comprise entre la capitale et Than-Quan est terminée ; celle de Hanoï à Hué par Quang-Tri est presque entièrement posée.

(1) Les Chinois ont le télégraphe à la Porte de Chine. Il serait donc facile de raccorder notre réseau au leur pour le plus grand avantage des relations commerciales qui doivent s'établir entre le Tonkin et les provinces méridionales de l'Empire du Milieu.

V.

LE GOUVERNEMENT.

I.

COCHINCHINE.

Gouvernement. — Depuis la conquête jusqu'en 1879, la Cochinchine française fut soumise au régime militaire et gouvernée par des officiers généraux nommés par le chef de l'État, sur la proposition du ministre de la marine et des colonies.

Le gouvernement de la République, après avoir maintenu le régime militaire aussi longtemps que les nécessités de la domination l'exigèrent, voulut faire profiter notre colonie du régime civil réclamé depuis longtemps par l'opinion publique.

Aujourd'hui, le gouverneur a la disposition des forces de terre et de mer; il dirige l'administration. Le directeur de l'intérieur, le commandant supérieur des troupes, le commandant de la marine, le procureur général, le commissaire-chef du service administratif sont placés sous ses ordres. Un inspecteur des services administratifs et financiers est chargé du contrôle.

Le gouverneur est assisté d'un conseil privé, composé du général commandant les troupes, du capitaine de vaisseau commandant la marine, du directeur de l'intérieur, du procureur général, de deux conseillers titulaires et de deux conseillers suppléants, choisis parmi les notables de la colonie.

Dans le cas où le conseil privé siège au contentieux administratif, deux magistrats de l'ordre judiciaire, prennent part à ses délibérations.

Le conseil privé règle les conflits en matière de contentieux administratif entre le gouvernement cambodgien et les sujets européens ou américains justiciables du tribunal français.

La colonie est représentée au Parlement par un député.

Un Conseil colonial se compose :

1° De six membres, citoyens français ou naturalisés français, élus par le suffrage universel;

2° De six membres annamites, sujets français, élus dans chaque circonscription par un collège composé d'un délégué de chaque commune, choisi par les notables;

3° De deux membres délégués par la chambre de commerce, élus dans son sein;

4° De deux membres civils du conseil privé, nommés par décret.

Le Conseil colonial a des droits très étendus qui participent à la fois des pouvoirs des assemblées départementales et, en matière financière, de ceux d'un parlement local. Il statue en dernier ressort sur toutes les questions de travaux publics et de propriété; il vote le budget, les tarifs des taxes et contributions.

Le Conseil colonial délibère sur les emprunts à contracter, sur les droits de douane à établir, sur le mode d'assiette de l'impôt et les règles de perception, sur les frais de personnel et de matériel des services publics.

A défaut de libertés politiques incompatibles avec l'organisation collectiviste indo-chinoise, les souverains de l'Annam avaient donné à leurs sujets de larges franchises municipales auxquelles nous avons eu la sagesse de ne pas toucher. Mais, il était nécessaire, pour développer la richesse du pays et pour assurer les communications, de grouper les intérêts régionaux. Pour obtenir ces résultats et pour secouer la torpeur des indigènes, courbés depuis des siècles sous le rotin des mandarins, pour vaincre la défiance et la timidité qui les empêchent d'exprimer leur pensée quand on les consulte, le gouverneur, M. de Vilers, constitua dans chaque arrondissement des conseils d'arrondissement présidés par les administrateurs des affaires indigènes.

Les séances de ces conseils font l'éducation civique des Annamites et les préparent à siéger au Conseil colonial; les notables des villages, réunis pour discuter des intérêts communs, sortent de leur isolement, ils apprennent à se connaître, leur esprit s'élève au-dessus des préoccupations locales et parvient à saisir les questions générales. Quant à nous,

nous pouvons, grâce à leur concours, éviter des erreurs préjudiciables à notre domination et gagner l'affection de nos sujets. A ces divers point de vue, on peut affirmer que la convocation des conseils d'arrondissement est la plus grande marque de confiance qui ait été donnée jusqu'ici à la population indigène.

Les Annamites se sont rendus avec empressement à la convocation des administrateurs. Ils ont fait preuve de bon sens dans les discussions, défendant énergiquement les besoins de leurs arrondissements, et consentant à faire de grands sacrifices pour l'enseignement primaire, pour l'entretien des anciennes routes terrestres ou fluviales, pour l'ouverture du réseau des voies vicinales, etc. Leur action s'est étendue sur un budget de plus de 600,000 piastres, tant en numéraire qu'en prestations. Les résultats acquis ont ainsi dépassé toutes les espérances.

ADMINISTRATION CENTRALE. — DIVISIONS ADMINISTRATIVES. — RÉGIME MUNICIPAL. — L'administration générale est centralisée à Saïgon et placée sous les ordres du directeur de l'intérieur.

Divisions administratives. — Au moment de la conquête, la Basse-Cochinchine comprenait six provinces. Aujourd'hui, il existe vingt et un arrondissements subdivisés en cantons et en communes.

A la tête de chaque arrondissement est un administrateur des affaires indigènes, relevant du directeur de l'intérieur et dont les pouvoirs rappellent ceux des préfets dans la métropole. Pour faciliter le recrutement du personnel il a été créé à Saïgon un collège des interprètes (arrêté du 16 mars 1885), où l'on enseigne les langues chinoise, annamite, cambodgienne et siamoise. Sans méconnaître les services que nous rendra cet établissement, nous voudrions voir créer à Paris une école pour les fonctionnaires destinés à l'Indo-Chine. C'est ce qui a été fait par les Anglais, qui ont à Londres un collège pour les Indes, et par les Hollandais, qui ont installé un établissement semblable à Amsterdam. Nous pensons que l'enseignement devrait porter sur l'histoire de l'extrême Orient, le droit cambodgien, le droit annamite, le cambodgien et l'annamite écrit en quoc-ngu ; la lecture des caractères chinois prononcés à la façon annamite l'histoire naturelle et l'hygiène des contrées intertropicales, etc. Déjà une section coloniale, créée à l'école libre des sciences politiques, donne en partie satisfaction à ce désir, mais ce n'est qu'une annexe et le recrutement du personnel en Indo-Chine exige que la création de cette section, qui réalise un véritable progrès, soit subventionnée par l'État et soit la base d'un collège futur entretenu par le département des Colonies.

Le canton comprend, en général, une douzaine de communes. Il est administré par un chef de canton élu par les notables et agréé par le gouverneur. Ce chef fait connaître aux communes les ordres de l'administration et en surveille l'exécution. Il rend compte à l'administration des affaires indigènes des faits qui peuvent intéresser le pouvoir central.

Aucun lien réel n'existe encore entre les villages, et la nomination des chefs et des sous-chefs de canton n'en crée pas : c'est généralement la commune la plus peuplée qui fait passer son candidat. L'établissement de la vicinalité, le classement, aujourd'hui achevé, des voies terrestres et des voies fluviales, dont l'entretien incombe aux cantons et aux villages, la création de conseils d'arrondissement, celle des comices agricoles d'arrondissement, rendront nécessaires et fréquentes les relations de commune à commune; le particularisme, base essentielle des institutions qui régissaient la race annamite, disparaîtra. Nous substituons peu à peu l'individualisme européen au collectivisme asiatique, sans lequel les empires de la Chine et de l'Indo-Chine n'auraient pu subsister.

Les demandes de création de nouvelles communes sont faites aux administrateurs, qui les instruisent, fixent les nouvelles limites, établissent le rôle qui servira de base à la perception de l'impôt personnel et de l'impôt foncier, et transmettent le projet au directeur de l'intérieur, qui le soumet au Conseil colonial. La condition essentielle de la création d'une commune nouvelle est, aujourd'hui comme autrefois, l'existence d'un certain nombre d'individus s'engageant à payer l'impôt foncier et à supporter toutes les charges imposées aux inscrits.

Nous avons toujours respecté les franchises municipales des Annamites, qui leur viennent des Chinois. Chaque commune constitue une sorte de petite république oligarchique ; elle est formée des habitants *inscrits* sur son livre de population ou *bô-dinh,* et d'habitants *non inscrits* formant la plèbe. Les inscrits possèdent seuls le droit de vote pour la nomination du conseil des notables chargé de l'administration de la commune : ce sont les citoyens actifs. Les réunions des notables ont lieu à la pagode de l'esprit protecteur du village, sur la convocation du premier notable. Il y a régulièrement deux assemblées par an, à l'époque des fêtes du printemps et de l'automne.

Le ông-xâ ou maire (généralement le plus jeune et le dernier des notables), remplit les fonctions les plus actives : il fait la police, tient les rôles d'impôt, fait rentrer le tribut ; il fait exécuter les décisions du conseil et les ordres du gouvernement par le peuple. Il est l'agent responsable vis-à-vis du délégué du pouvoir central. Cette charge est une corvée pénible et onéreuse, qui entraîne une grande responsabilité. On ne la conserve pas plus de trois ans. Il y a dans cette organisation municipale de la Cochinchine beaucoup de traits qui rappellent celle des cités sous la domination romaine, sous les Antonins. L'espoir d'arriver aux fonctions municipales excite l'émulation des membres de la commune, les engage souvent à faire des dépenses volontaires dont profite la masse de la population. Les conseillers municipaux assument toute la responsabilité de leur gestion, ils sont solidaires dans la plupart des circonstances, surtout envers l'État, et c'est là encore une ressemblance avec les curiales romains.

Au-dessous des notables sont les simples habitants parmi lesquels on distingue les inscrits, dont le nombre forme le vingtième environ de la population totale, et les non inscrits. Les premiers sont originaires de la commune ou bien ont obtenu d'être portés sur ses registres de population. Ils sont inscrits sur le cahier des *dân-trang* (hommes valides), paient l'impôt de capitation et celui de la milice; ils fournissent des hommes pour le recrutement et sont chargés de la garde du village. Les inscrits sont en général des chefs de famille, propriétaires, commerçants, dans une situation aisée, ayant des moyens d'existence indépendants et par là même ayant qualité pour prendre part aux affaires publiques. Les non inscrits forment deux catégories : les *ngu-cu*, qui sont inscrits dans une commune autre que celle où ils habitent, et les *dân-lân*, pauvres gens et journaliers qui ne sont portés sur aucun registre et changent de domicile suivant leurs intérêts ou leurs caprices. On oblige ces derniers à contribuer à la garde commune et aux corvées, quelquefois à payer une part des dépenses communales. Cette part coopérative est réglée par des conventions particulières librement débattues entre eux et les notables. Ces derniers ont intérêt à ne pas se montrer trop rigoureux, car s'ils étaient trop durs ils éloigneraient de leurs villages une population flottante qui est quelquefois d'un grand secours pour la communauté. Dans les environs de Saïgon, par exemple, certaines communes se créent ainsi des ressources assez importantes pour que leurs inscrits soient déchargés d'une très grande partie de leurs impôts.

Chaque village a la police de son territoire et doit lever les impôts dont il est responsable. Les chefs de la commune sont chargés de la police judiciaire, ils doivent déclarer aux autorités supérieures les morts violentes, rendre compte des rixes, empêcher de transporter les cadavres ou les blessés avant les constatations légales ; surveiller les Asiatiques non indigènes, etc. Ils sont contraints de fournir les renseignements nécessaires à l'établissement de l'impôt et de le percevoir, de conserver les rôles, de veiller sur l'impôt des barques et de surveiller les forêts.

Depuis la conquête jusqu'au 4 avril 1867, la ville de Saïgon fut régie militairement. A cette date, l'amiral de la Grandière organisa une commission municipale choisie par le gouverneur.

Le décret du 29 avril 1881 est la base du droit municipal actuel. Le conseil, porté à quinze membres, comprend onze conseillers français et quatre conseillers indigènes élus. Le maire et les deux adjoints sont nommés par le gouverneur.

La ville de Cholon est administrée par un conseil municipal composé d'un président, de trois membres européens présentés par la chambre de commerce et nommés par le gouverneur, de quatre membres annamites et de quatre membres chinois nommés à l'élection. Le président, nommé pour trois ans par le gouverneur, remplit les fonctions de maire; il est assisté de trois adjoints (un Européen, un Annamite et un Chinois) nommés par le gouverneur.

Justice. — Dans les pays d'Asie et dans les colonies de domination, la justice doit attirer surtout l'attention du peuple conquérant; tout en dépend, la sécurité, l'ordre public, la famille, la propriété. Au début de notre établissement en Cochinchine, tous les pouvoirs furent concentrés dans les mains du gouverneur, contrairement au code annamite, qui en prescrivait la séparation. Dans les provinces, les inspecteurs des affaires indigènes étaient à la fois fonctionnaires administratifs et juges, et les arrêts n'étaient exécutoires qu'après la sanction du chef de la colonie, qui prononçait sans interrogatoire, sans audition contradictoire des témoins et de l'accusé.

La nécessité d'assurer notre pouvoir pouvait seule obliger le législateur français à adopter cette concentration à outrance, contraire aux principes du droit. Il devait tendre sans cesse à spécialiser les hommes et les emplois, à rendre l'inspecteur à l'administration et à la police, le magistrat à la répression des crimes et des délits. Nous sommes enfin arrivés à cet heureux résultat.

Au début de l'occupation, on divisa la population de la colonie en population de race indigène ou asiatique et en population européenne ou d'origine européenne. Les Européens furent soumis au code civil français et les indigènes durent s'y conformer dans leurs transactions avec les Européens, ou lorsque, dans un acte, ils avaient déclaré contracter sous l'empire de la loi française. Outre le code civil, le code de commerce, le code pénal furent promulgués pour les Européens; il en fut de même du code d'instruction criminelle, sous la réserve de certaines modifications nécessitées par l'organisation judiciaire spéciale à notre possession.

Quant aux indigènes et aux autres Asiatiques, jusqu'à la promulgation du code pénal français (16 mars 1880), les tribunaux leur appliquèrent le code annamite antérieur à la conquête, sauf quelques prescriptions qui étaient trop en désaccord avec notre civilisation. Nous ne pouvions mieux faire, car la législation d'un peuple est basée sur son état social; il était impossible de la modifier du jour au lendemain sans jeter le trouble dans la constitution de la famille, dans l'organisation du village, et sans s'aliéner l'esprit des natifs fort attachés à leurs coutumes. Le code annamite est d'ailleurs si simple, les cas particuliers qui conviennent au caractère de la nation si bien prévus, que l'on ne pouvait certainement trouver rien de mieux.

La législation fut ainsi arrêtée provisoirement. Il est à remarquer qu'au début de la conquête, les questions de justice étaient moins importantes qu'aujourd'hui, parce que la loi martiale réprimait les tentatives de soulèvement et que les transactions commerciales et les affaires civiles étaient peu nombreuses.

Le décret du 25 mai 1881 a institué des tribunaux français et des cours d'assises. Toutefois, dans les affaires civiles, et en attendant la promulgation d'un code spécial, dont les prescriptions seraient le plus possible empruntées au Code Napoléon, ces tribunaux devaient encore appliquer aux procès entre indigènes les règles du code annamite. Cette promulgation est faite aujourd'hui, pour les titres préliminaires I et III du livre Ier du code civil (sauf l'application du § de l'article 3 du titre préliminaire). Le titre II du livre Ier des actes de l'état civil a été remplacé par les prescriptions d'un décret spécial ; un précis de législation rapproché des usages annamites a été publié pour les autres titres du premier livre de notre code civil.

Un second décret, complément du précédent, donne au gouverneur, en conseil, le droit d'internement et de séquestre. Un troisième lui donne le droit de frapper d'une contribution extraordinaire les villages ou les congrégations, en cas de complicité cachée dans des attentats, complots ou désordres graves. Le chef de la colonie est ainsi armé, en prévision de troubles ou de manœuvres hostiles à notre domination.

Le procureur général est chef du service judiciaire. Son action s'étend sur toute la colonie et sur le tribunal français de Phnum-Penh.

Des tribunaux de première instance sont institués à Saïgon, Binh-hoa, Mytho, Bentré, Vinh-Long, Chaudoc, Soctrang et, au Cambodge, à Phnum-Penh.

Une justice de paix est instituée à Saïgon.

Dans les arrondissements où siège un tribunal de première instance, le président remplit les fonctions de juge de paix; dans les autres arrondissements, cette magistrature paternelle est exercée par l'administrateur ou par un fonctionnaire désigné par le gouverneur, sur la proposition du procureur général. On étudie en ce moment la création, sur tout le territoire de la Cochinchine, de justices de paix à juridiction étendue.

La justice criminelle est rendue par des cours criminelles, formées de magistrats et d'assesseurs remplaçant nos jurés siégeant au chef-lieu des tribunaux. Lorsque les accusés sont indigènes, les assesseurs sont choisis par le sort sur une liste de notables indigènes.

Le point faible de notre domination en Cochinchine est la distribution de la justice, et les Annamites se plaignent de l'élévation des frais entraînés par les moindres contestations. Voici d'ailleurs comment M. de Vilers apprécie la manière dont elle est rendue et le décret d'une importance capitale par lequel l'ancien et éminent gouverneur avait cherché à remédier à une dangereuse situation : « Pendant vingt ans, dit-il, la justice a été rendue en Basse-Cochinchine, sous le couvert du nom français, par des interprètes indigènes, d'une vénalité révoltante, dont beaucoup expient au bagne leurs innombrables méfaits. C'est une des causes principales des fréquentes insurrections que nous avons eues à réprimer. L'organisation de 1881, conçue dans le but de remédier à ces graves inconvénients, n'a pas donné les résultats satisfaisants qu'on était en droit d'espérer ; on a négligé de constituer la juridiction indigène du premier degré qui formait la base du système ; beaucoup de magistrats français ne sont pas à la hauteur de leurs fonctions ; soumis au roulement de colonie à colonie, ils n'ont qu'un intérêt secondaire à apprendre la langue et à se pénétrer de sa civilisation. Leurs auxiliaires, européens et indigènes, de formation récente, manquent d'instruction professionnelle ; l'exécution des jugements civils donne lieu à de nombreux conflits avec l'administration civile, qui regrette ses anciennes attributions. Nous nous débattons dans des complications presque inextricables, qui ne se seraient pas produites si, *au début de la conquête,* on avait chargé un jurisconsulte expérimenté de préparer les institutions judiciaires de notre nouvelle possession, au lieu de confier ce soin à des officiers, remplis de bonne volonté, mais absolument étrangers aux questions de droit. Les Anglais n'agissent pas avec cette légèreté, sachant que les vaincus n'accepteront jamais l'autorité du vainqueur si elle est tracassière, si elle les blesse dans leurs intérêts et leur conscience ; ils s'attachent à organiser, dès la première heure, une justice simple et rapide, appropriée aux besoins de la population (1). » On fera bien de méditer ces sages réflexions et de ne pas se dé-

---

(1) *Notice sur la Cochinchine,* par le Myre de Vilers, dans l'*Atlas colonial* de Henri Mager.

partir, au Cambodge et au Tonkin, du mode de procéder des Anglais en matière de justice. C'est le seul qui convienne.

Finances. — Les dépenses et les recettes de la colonie sont votées par le Conseil colonial. Le budget est préparé par le directeur de l'intérieur. Il est arrêté et rendu exécutoire par le gouverneur et notifié au trésorier-payeur.

Le budget se divise en recettes ordinaires, recettes extraordinaires, dépenses ordinaires et extraordinaires, obligatoires et facultatives.

Les recettes ordinaires comprennent les taxes, et les revenus des propriétés du fisc.

Les dépenses ordinaires se divisent en deux sections : la première comprend les dépenses obligatoires, et la seconde les dépenses facultatives.

La Cochinchine n'a contracté aucun emprunt et n'a aucune dette.

Les revenus de la colonie se composent : 1° des contributions directes, 2° des produits du domaine, 3° des produits des forêts, 4° des impôts et des revenus indirects, 5° des recettes des postes, 6° des recettes des télégraphes, 7° des produits divers.

Les *contributions directes* comprennent l'impôt foncier (impôt foncier des centres, impôt des salines, impôt foncier des villages), l'impôt personnel des Annamites, les patentes et la capitation des Asiatiques étrangers.

Les contributions directes sont recueillies par les

communes; les receveurs français sont simplement chargés d'encaisser les sommes remises aux notables; le maire est le véritable percepteur. Il est à remarquer que, jusqu'ici, ces fonctionnaires indigènes n'ont reçu aucun traitement. Sous la domination annamite, ils se payaient eux-mêmes par des prélèvements sur le produit de l'impôt. L'administration des mandarins fermait les yeux sur des pratiques qui sont de tradition en pays asiatique : nos gouverneurs furent contraints d'agir de même pendant des années, mais aujourd'hui que l'institution du Conseil colonial doit amener une parfaite régularité dans l'emploi des deniers publics, un contrôle sérieux des déclarations de cultures, il convient d'accorder aux villages une certaine remise sur le produit des contributions. L'établissement d'un cadastre régulier augmentera le rendement des contributions directes, mais il y a là un grand travail dont nous ne sommes pas encore près de voir la fin.

En Cochinchine, l'impôt foncier est variable suivant les zones. Il est dit des centres, comme on l'a vu ci-dessus, pour le 20ᵉ arrondissement (Saïgon), Cholon, Mytho-Vinh-Long et Soctrang, et des villages pour les autres localités.

L'impôt personnel des Annamites est de 40 *cents* par homme valide.

L'impôt des patentes, divisées en huit classes, varie de 2 piastres 40 *cents* à 180 piastres.

L'impôt de capitation des Asiatiques étrangers divisés en trois catégories, varie de 5 à 60 piastres.

Les revenus indirects sont fournis par l'enregistrement, les hypothèques, les droits d'ancrage et de phare, les droits d'entrepôt des huiles minérales, la location des bacs, la location des pêcheries, le mont-de-piété, la ferme des paris sur les lettrés en Chine, les droits sur l'opium, les droits sur les alcools de riz, les droits de sortie sur les riz ; les droits d'importation sur les alcools ; les droits de sortie sur les bœufs et les buffles, les droits sur les pétards, les armes, les poudres et artifices, les produits des postes et télégraphes.

Les principales recettes du budget sont fournies, pour les 5/7 environ, par les contributions indirectes. Les droits sur l'opium et les alcools sont perçus par une régie qui étend son action sur le royaume du Cambodge.

M. de Vilers estime qu'en 1883, nos sujets de Basse-Cochinchine payaient environ 17 francs d'impôts par tête.

Le budget local de 1886 pour la Cochinchine s'élève à la somme de 5,624,191 piastres 15, soit, à 4 fr. 20 environ la piastre, à 23,621,602 francs (1). La Cochinchine a, sur le royaume d'Annam, une créance de

---

(1) A cette somme il faut ajouter, pour avoir le total général des ressources de la Cochinchine, le budget de la ville de Saïgon, 291,613 piastres, celui de Cholon, 112,345 piastres, les budgets régionaux des arrondissements, 612,035 piastres, en 1886 (impôt personnel régional, centimes additionnels, prestations, produits des droits affermés, subventions diverses, contingents volontaires des communes). Les ressources générales de la Cochinchine sont donc évaluées pour 1886 à 27,921,192 francs.

578,817 piastres, représentant la somme à rembourser sur l'indemnité de guerre espagnole dont le paiement a été avancé sur la caisse de réserve, et deux créances sur le Cambodge, la première de 40,000 piastres pour frais de premier établissement de la régie, la deuxième de 200,000 piastres pour avances au protectorat.

La situation de la caisse de réserve, au 1er janvier 1886, était de 1,439,852 piastres. Cette somme est insuffisante pour la Cochinchine et nous souhaitons vivement que cette caisse soit mieux remplie, car c'est la réserve des grands jours, et cette belle colonie ne doit jamais être prise au dépourvu.

Si nous recherchons les dépenses faites par la métropole pour la Cochinchine, nous trouvons pour 1885 au budget du département de la marine et des colonies une somme de 3,579,643 francs ; mais la colonie fournissant une subvention de 2,500,000 francs au ministère des finances, il résulte de cette comparaison que l'État ne paie pour la colonie que 1,079,643 francs. Par suite la Cochinchine nous coûte moins que la Guadeloupe, la Martinique, la Réunion, la Guyane et le Sénégal. Cette somme est insignifiante sur l'ensemble de notre budget et nous assure la possession d'une position stratégique de premier ordre. Nous devrions la débourser si même Saïgon n'était qu'un rocher stérile. Combien davantage cette somme paraîtra-t-elle bien placée si l'on pense au mouvement assuré à notre commerce par l'établissement de nos fonctionnaires, au gain réalisé par ceux-ci, à l'argent qu'ils envoient en France, etc.

Armée et marine. — Le gouverneur a sous ses ordres les forces de terre et de mer. Auprès de lui est un conseil de défense, formé du commandant supérieur des troupes, du commandant supérieur de la marine, du directeur de l'intérieur, du commissaire de la marine, chef du service administratif, du directeur de l'artillerie, et d'un rapporteur, désigné par le gouverneur et choisi, soit dans son état-major, soit parmi les officiers des corps de troupes en garnison dans la colonie.

Le commandant de la marine est membre de droit du conseil privé. Ses attributions comprennent le commandement supérieur du *port de guerre* de Saïgon, des arsenaux, ateliers à terre et flottants, du dépôt des cartes et plans, parcs à charbon et établissements divers dépendant du service de la flotte existants ou à créer dans la colonie et dont l'organisation est réglée par des arrêtés spéciaux. Il a sous ses ordres tout le personnel embarqué sur les bâtiments de la station (un vaisseau stationnaire portant le guidon du commandant de la marine, un cuirassé de croisière, 2 avisos à roues, 2 canonnières, 5 chaloupes canonnières et une chaloupe à vapeur; la défense mobile est assurée par 2 torpilleurs et par 4 chaloupes à vapeur porte-torpilles) et le personnel affecté au port de guerre de Saïgon, aux arsenaux et établissements divers dépendant du service de la flotte. Il exerce en outre sur le personnel du port de commerce l'autorité dévolue en France aux autorités maritimes.

Les services relevant de l'administration de la marine, c'est-à-dire ceux qui sont à la charge de la métropole, sont placés sous les ordres d'un commissaire de la marine, chef du service administratif, secondé par des officiers du corps du commissariat de la marine.

Saïgon possède un magnifique arsenal, placé sous les ordres du commandant de la marine, auquel est adjoint un ingénieur pour les services techniques, et n'a rien à envier à Singapour pour le service des réparations de toute nature. A Singapour, les Anglais n'ont pas d'arsenal, ils s'adressent au commerce et ont trois grandes compagnies de docks. Ce système leur donne d'excellents résultats.

Les troupes sont commandées par un général de brigade secondé par un état-major général et par la direction d'artillerie. Elles se composent d'un régiment de marche d'infanterie de marine, formé de compagnies empruntées aux quatre régiments de l'arme, du régiment de tirailleurs annamites à trois bataillons, de deux batteries d'artillerie de la marine, de détachements de conducteurs, d'ouvriers d'artillerie et de gendarmerie. L'Annuaire de la Cochinchine en 1886 nous donne la composition indiquée ci-dessus des troupes qui assurent en temps ordinaire notre occupation.

Les événements qui se sont produits au Cambodge depuis la convention du 17 juin 1884 et dans le Binh-Thuan ont amené de nombreuses variations dans les effectifs et nécessité l'envoi de troupes de la guerre (un bataillon du 2ᵉ zouaves) dans les États de Norodon. Si l'on veut savoir le nombre d'hommes que nous aurons normalement à entretenir en Cochinchine, il faut se reporter aux effectifs de 1883 (1). A cette époque nous avions en moyenne dans la colonie 151 officiers et 4,534 sous-officiers, caporaux et soldats, dont 2,199 (deux bataillons, aujourd'hui il y en a trois) tirailleurs indigènes, ayant 105 Européens pour les cadres. L'effectif des gardes civils, chargés d'un service de police, était de 2,020 hommes. Les troupes métropolitaines sont entretenues par le budget de la marine ; les tirailleurs annamites coûtent 300,841 piastres au budget colonial (1886) plus 4,656 piastres pour l'entretien des camps. En dehors de Saïgon, nous avons en Cochinchine 6 grands postes : Baria, Bien-Hoa, Tong-Kéou, Mytho, Vinh-Long, Chaudoc, et 12 petits postes : Hatien, Tayninh, Cholon, Caï-Maï, Gogong, Bentré, Travinh, Soctrang, Cantho, Longxuyen Rachgia et Poulo-Condore.

INSTRUCTION PUBLIQUE. — Le bon traitement des peuples inférieurs, leur acheminement à la civilisation, est, au point de vue de la morale, du droit, de la politique et aussi de l'économie sociale, un des objets les plus importants de la colonisation. La France ne l'oublie pas, et, dès le début de la conquête, elle a fait tous ses efforts pour répandre largement l'instruction au milieu de ses sujets.

(1) Notre extension au Cambodge nous obligera nécessairement à avoir des effectifs plus élevés.

L'instruction publique est placée dans les attributions du directeur de l'intérieur ; elle forme une division spéciale, confiée à un inspecteur primaire, et elle est soumise à la surveillance d'une commission supérieure qui rappelle, par sa composition, les conseils départementaux de la France.

L'enseignement secondaire et l'enseignement primaire supérieur sont donnés au collège Chasseloup-Laubat, au collège de Mytho et au collège d'Adran. Des écoles primaires ont été établies dans les principaux centres.

Ces divers établissements ont été l'objet de généreux sacrifices faits par les villages pour leur installation. La grande difficulté est leur entretien, et, lorsque les ressources des localités sont insuffisantes, on rencontre des obstacles sérieux au recrutement des maîtres. Partout l'administration supérieure a constaté la bonne volonté des indigènes ; partout les fonds ont été accordés sans qu'il ait été besoin de mandater d'office les dépenses pour les écoles, classées au nombre des dépenses obligatoires de la commune. De leur côté, les conseils d'arrondissements ont voté intégralement le budget pour l'instruction primaire. Plusieurs ont même prévu et voté la construction de maisons d'école en briques et en tuiles.

Nous avons largement développé en Cochinchine l'instruction publique qui figure au budget de 1886 pour une somme de 288,474 piastres.

Au 1er janvier 1886, nous avions en Cochinchine

10 écoles françaises pour les garçons recevant 1,829 élèves, à qui 48 professeurs français et 78 annamites donnaient l'instruction, 7 écoles françaises pour les filles avec 25 professeurs français, 13 annamites et 942 élèves.

Venaient ensuite les écoles d'arrondissement à la charge de la colonie, les écoles cantonales entretenues par les budgets régionaux, les autres écoles entretenues par les villages et les particuliers. On comptait 16 écoles d'arrondissement avec 24 professeurs européens, 51 indigènes, 1,553 élèves; 219 écoles cantonales avec 270 professeurs indigènes, 10,441 élèves; 91 écoles communales avec 91 professeurs indigènes, 3,416 élèves; 426 écoles de caractères avec 426 professeurs indigènes, 8,496 élèves; 68 écoles congréganistes avec 14 professeurs européens, 79 indigènes, 3,567 élèves soit, pour ces dernières écoles, le chiffre de 27,473 élèves. Il n'y a pas encore d'écoles publiques pour les filles indigènes.

Dans son rapport au conseil colonial de 1885, le directeur de l'enseignement constatait l'élévation graduelle de l'enseignement et définissait ainsi l'instruction donnée en Cochinchine : « L'arrêté du 17 mars 1879 a institué trois degrés dans notre enseignement : le premier degré c'est l'école primaire, où les enfants acquièrent les connaissances exigées pour l'admission au second degré, c'est-à-dire au collège. Ce second degré correspond à peu près au cours moyen de l'enseignement secondaire spécial; il conduit au brevet élémentaire, diplôme qui peut être comparé au certificat d'études de l'enseignement spécial créé par le décret du 28 juillet 1882 ; enfin, le troisième degré répond au cours supérieur de l'enseignement spécial ; il se termine par l'examen dit du brevet supérieur, qui, d'après le programme donné par l'arrêté du 17 mars, est assez analogue à celui du baccalauréat de l'enseignement spécial.

Nous ne pouvons pas proscrire l'étude des caractères chinois idéographiques. Longtemps encore les peuples de civilisation chinoise n'auront pas d'autre écriture, et la connaissance de celle-ci sera indispensable tant que toutes les transactions commerciales seront entre les mains des Chinois. Mais nous désirons qu'on fasse le plus grand usage possible du *quoc-ngu*. Au lieu de se livrer pendant des années à une étude fastidieuse et inféconde, nos élèves annamites seront capables de lire rapidement, dans le système phonétique, les anciens ouvrages des lettrés chinois et les productions littéraires et scientifiques de l'Europe, traduites dans leur langue. Cette pratique produira les plus heureux fruits ; rien ne facilitera davantage la fusion de nos sujets et de la race conquérante.

La Mission possède des écoles situées près des églises et surveillées par les curés des paroisses. Le programme se compose de la lecture de la langue annamite en quoc-ngu, de l'écriture, du catéchisme et de la couture pour les filles.

L'établissement de la Sainte-Enfance, à Saïgon, comprend un pensionnat pour les jeunes filles indigènes et un pensionnat indigène renfermant plus de deux cents enfants abandonnés.

Les Annamites attachent une grande importance à l'instruction, qui est très répandue, sans être obligatoire, même dans l'Annam proprement dit. Ils ont une profonde reconnaissance pour leurs professeurs. Lorsque Phan-Than-Gian venait à Saïgon, il ne manquait jamais d'aller visiter la tombe de son ancien maître d'école et il recommandait avec une sollicitude filiale au gouverneur français la conservation de cet humble mausolée. Toutefois il faut remarquer, que ce qui amène les enfants dans nos écoles n'est pas encore, sauf pour de rares exceptions, l'amour de l'instruction pour elle-même. Le but poursuivi par les élèves est d'entrer dans la classe privilégiée des lettrés et de mériter ou simplement d'obtenir un emploi. Aussi l'étude du français s'impose-t-elle désormais aux jeunes indigènes de famille aisée qui désirent entrer dans l'administration, comme télégraphistes, employés du cadastre et des ponts et chaussées. Bientôt nous aurons ainsi un excellent noyau d'interprètes. Les interprètes actuels seront obligés de travailler pour conserver leur place et surtout obligés de renoncer aux cadeaux qu'ils se faisaient remettre illégalement par les Annamites lorsque ceux-ci avaient besoin de leur concours. L'emploi des caractères latins, qui présage, pour un avenir plus ou moins éloigné, l'emploi du français dans les actes publics et privés, se généralise de plus en plus : sur dix pétitions envoyées à l'administration, neuf environ sont écrites en quoc-ngu.

L'enseignement primaire assuré, il conviendra de donner les plus grands soins à l'enseignement primaire supérieur, à l'enseignement technique et à l'enseignement secondaire. Déjà de jeunes Annamites ont été envoyés pour faire leurs études au lycée d'Alger. La colonie entretient des boursiers et des demi-boursiers aux collèges Chasseloup-Laubat, d'Adran et de Mytho.

Le développement des écoles primaires supérieures devra être parallèle à celui des établissements d'enseignement secondaire. Deux de ces écoles, les plus importantes, devraient être établies à Saïgon, et à Hanoï.

A ces écoles primaires supérieures, il y aurait intérêt à ajouter un atelier semblable à celui de l'école municipale d'apprentis du boulevard de la Villette (école Diderot). Il existe sur la flotte de guerre de l'Indo-Chine d'excellents outilleurs de la marine et des mécaniciens qui pourraient faire de bons contre-maîtres. Cette école formerait des ouvriers de métier, forgerons, serruriers, ajusteurs-mécaniciens, menuisiers, tourneurs, etc., qui font défaut à l'industrie indigène et aux usines dirigées par les colons, obligés de faire venir d'Europe ces indispensables collaborateurs. La création de fermes-modèles ou de fermes-écoles propagerait les meilleures méthodes, appropriées au climat. On formerait ainsi des ouvriers ruraux d'élite, des contre-maîtres, des praticiens exercés, travaillant de leurs mains, mais éclairés par de bons principes et par quelques données théoriques. L'importance des productions du sol du pays et les étendues considérables qui attendent encore les bienfaits de la culture, indiquent suffisamment de quel intérêt serait la création d'une ferme-école pratique d'agriculture en Cochinchine et au Tonkin.

Il existe à Saïgon un observatoire muni d'une lunette méridienne. Le commandant de la station navale y entretient un dépôt d'instruments, et y assure le service des observations.

La première pierre d'un musée indo-chinois a été posée à Saïgon. Provisoirement, les débris de l'architecture et de la sculpture des Khmers, les armes et les ustensiles en pierre ou en bronze sont déposés à l'ancien palais de justice.

II.

ANNAM ET TONKIN (1).

Gouvernement. — Au moment de notre intervention, nous avons trouvé dans l'Annam la monarchie pure, absolue, sans contrôle, sans constitution. Le chef est l'empereur, souverain temporel, grand pontife et juge suprême, mandataire de la divinité, père et mère du

(1) Nous prions nos lecteurs de remarquer que nous donnons ici l'organisation de l'Annam et du Tonkin avant notre dernière intervention, et plus loin, sous le paragraphe III, l'organisation nouvelle.

peuple. Il est le *Fils du Ciel ;* son nom ne doit pas être prononcé, de peur de profanation.

Le pouvoir royal n'a d'autres limites que le code, dérivé du code chinois, et les coutumes, qui se sont conservées par la puissance de l'habitude depuis des siècles, qui se sont transmises de dynastie en dynastie et sont maintenues avec un soin jaloux par le ministère des rites. Un manquement aux usages est une chose d'une extrême gravité. L'étiquette est une chose sacrée à la cour de Hué. Il a fallu les victoires de la France pour faire passer nos ambassadeurs par la porte royale, longtemps refusée à nos représentants.

Toute la direction des affaires repose en théorie sur le prince, qui seul est chargé du redressement des torts des ministres et des fonctionnaires subalternes. Malheureusement le roi, écarté du gouvernement pendant sa jeunesse par une jalouse surveillance des maîtres du pouvoir, n'a pu se préparer à sa mission et reste un instrument entre les mains des grands mandarins du comat ou conseil secret, chefs de l'oligarchie des lettrés. En principe, le roi est le maître absolu, en fait il n'a aucune puissance. Les fantômes des rois qui se sont succédé depuis la mort de Tu-Duc ont été conduits à la condition de Sigebert II ou de Childéric III sous les maires austrasiens, représentants de l'aristocratie des leudes et de l'épiscopat chrétien : ils ont été les ôtages et les victimes des régents.

Comme les Pharaons de l'antique Égypte, le monarque est soumis aux minutieuses pratiques d'un cérémonial religieux emprunté aux traditions et aux livres sacrés. Lui seul a le droit d'offrir les sacrifices solennels au *Thuong-De*, suprême souverain des hommes. En cas de malheurs publics, le Fils du Ciel, se considérant comme responsable envers la divinité, s'humilie devant elle, confesse humblement ses fautes dans des actes publics, ordonne des jeûnes et fait des sacrifices propitiatoires.

Tous les citoyens de l'Annam sont égaux devant le roi, comme tous les Ottomans devant le Sultan, comme, dans l'antiquité, tous les Assyriens devant les Sargonides, ou tous les Perses devant les Achéménides.

Immédiatement au-dessous du roi est le conseil de censure. Il contrôle l'administration du royaume et surveille la conduite des fonctionnaires. Il peut faire des observations au souverain lui-même : c'est là une nouvelle preuve de la puissance de l'oligarchie des lettrés.

Le conseil secret, ou *comat-vien*, comprend un président, les ministres des finances, de la justice et de l'intérieur, et sept employés supérieurs, délégués par les ministres de la guerre, des rites, de l'intérieur, de l'Académie nationale, etc.

Les affaires soumises à l'examen du roi sont étudiées par le conseil royal.

La cour suprême comprend un président, un juge, des secrétaires, des commis et des écrivains.

Il existe une justice de la famille royale. Le roi préside le tribunal suprême qui, joint au tribunal des censeurs et au tribunal du ministère des peines, constitue le *tribunal des trois règles*. Cette cour examine toutes les affaires judiciaires soumises au roi, et revise, dans sa session d'automne, tous les jugements des condamnés à mort.

Ministères. — Mandarins. — Il y a six ministres : ceux de l'intérieur ou de l'administration, des finances, des rites, de la guerre, de la justice ou des peines, et des travaux publics.

Chaque ministère ou grand tribunal est géré par un ministre, assisté de deux premiers assesseurs, de deux seconds assesseurs, d'un secrétaire.

Les affaires des ministères ne sont pas, comme chez nous, décidées et signées par le ministre seul. Elles sont soumises à l'examen de cette espèce de section de conseil d'État, présidée par chaque ministre dans son département. Pour que la solution d'une affaire sur laquelle le droit de prononcer en dernier ressort, qui appartient au conseil, soit suivie d'exécution, il faut que tous les membres adoptent le même avis, car le dissentiment d'un seul entraîne la nécessité d'en référer au roi. La question est alors portée au conseil royal. Inutile de faire ressortir la perte de temps que cause une semblable procédure et l'encombrement des affaires devant ce conseil suprême.

Les fonctionnaires civils, soumis à l'autorité des ministres, comprennent des fonctionnaires supérieurs et des fonctionnaires inférieurs répartis en neuf degrés, dont plusieurs sont divisés en plusieurs classes.

Nulle part le respect de la hiérarchie n'est poussé plus loin. Ces dignitaires reçoivent annuellement une solde en sapèques et en mesures de riz, et une indemnité pour frais d'habillement.

Une organisation aussi puissante que celle du gouvernement annamite a pour but d'assurer l'expédition des affaires, mais elle ne l'atteint pas : en voulant faire le pouvoir central trop fort, trop absolu, on n'a réussi qu'à détruire toute initiative, qu'à entraver toute réforme, la routine domine en maîtresse.

Administration. — *Divisions administratives.* — La division administrative de l'Annam et du Tonkin est la même que celle autrefois appliquée à la Cochinchine et est établie par provinces.

Les provinces du Nghé-An et du Thanh-Hoa, autrefois tonkinoises, n'ont été réunies à l'Annam que sous le règne Minh-Mang.

Chaque province est subdivisée en *phu*, *hûyen*, *tong*, *xâ*, *thôn*, *ly*, *âp*, etc. Elle est administrée par un *tong-doc* ou par un *thuan-phu* (selon l'importance de la province), gouverneur assisté d'un *bo-chanh*, chef de l'administration ; d'un *an-sat*, chef du service judiciaire ; d'un *lanh-binh*, commandant supérieur des troupes, et d'un *dôc-phu*, directeur de l'instruction publique.

Chaque *phu* est dirigé par un *tri-phu*, pour l'administration, et par un *giáo-tho*, directeur des études.

Un phu est subdivisé en plusieurs *hûyen*, à la tête desquels se trouvent un *tri-hûyen*, pour l'administration, et un *huan-dao,* chargé de l'instruction et de la direction des écoles.

Un hûyen est composé de plusieurs *tong*, cantons, dont chacun a pour chef un *cai-tong*, souvent assisté d'un sous-chef, *pho tong*, ou d'un *sung biên*.

Un tong est composé de plusieurs villages, dont chacun a pour administrateur un maire, assisté d'un conseil de notables.

Au moment de notre intervention, le Tonkin était divisé en dix-sept provinces, sept de première classe, huit de deuxième et deux de troisième :

Au nord-est, Haï-Dzuong et sa satellite Quang-Yên ;

Au nord, Bac-Ninh et ses subalternes Caobang, Langson et Thay-Nguyen ;

Au nord-ouest, Sontay et les provinces de second rang Tuyen-Quan et Hong-Hoa ;

Au centre, Hanoï (1re classe) et Ninh-Binh ; Nam-Dinh (1re classe) et Hong-Yên ;

Au sud, sur le littoral, Than-Hoa (1re classe) et Nghé-An, dont dépendait Ha-Thinh (3e classe).

Une nouvelle province, formée de la partie occidentale des provinces de Nghé-An et de Thanh-Hoa, avait été fondée en 1876 sous le nom de Tàn-Hoa.

On a vu souvent, dans l'Annam, plusieurs provinces soumises à l'autorité d'un gouverneur général que les Européens considéraient comme un vice-roi. Dans un pays où le pouvoir central, malgré le service des *trams* (courriers), ne pouvait être rapidement informé des événements avant quelques jours, et ne pouvait envoyer ses ordres que par la même voie, souvent trop lente, l'action d'un fonctionnaire d'un rang élevé, d'une réelle expérience, vieilli sous le harnais, prévenait souvent de graves complications. Mais les gouverneurs généraux n'intervenaient près des gouverneurs particuliers que dans des cas déterminés ou quand ces derniers demandaient assistance. En temps ordinaire chaque gouverneur correspondait directement avec les différents ministères.

Le tribunal du préfet ou du sous-préfet est le tribunal de première instance. Les affaires civiles doivent être portées en conciliation par les chefs de famille devant les notables, qui connaissent aussi des contraventions et des délits de moindre importance. Si la conciliation n'aboutit pas, l'affaire est jugée en premier ressort par les préfets et les sous-préfets, qui se contentent de dire le droit. Les parties doivent se conformer à cette sentence. Si l'une ne le veut pas, l'action civile devient alors une action criminelle, parce que, dans les idées des Annamites, par cela seul que l'une des parties n'acquiesce pas à la sentence du juge rendue en conciliation suivant la coutume, elle soutient implicitement que la partie adverse a commis envers elle un délit dont la nature varie suivant celle des droits attachés à cet objet. Elle l'accuse donc d'avoir porté atteinte au droit qu'elle revendique. Or, l'atteinte au droit d'autrui, de quelque nature qu'elle soit, est une injustice, et comme toute injustice mérite d'être punie, elle poursuit devant le juge la punition de cette injustice et la réparation de ses conséquences.

Les sentences criminelles sont rendues par les préfets et les sous-préfets, qui ont à rechercher dans le Code de Gia-Long à quel article se rapportent les faits incriminés et à prononcer la condamnation portée, sans avoir, comme chez nous, à faire varier la peine entre un maximum et un minimum : la loi étant censée avoir prévu toutes les circonstances possibles, aggravantes ou atténuantes, d'un délit. Les dossiers des condamnés à la peine du bâton ou à des peines plus graves sont alors transmis au lieutenant criminel de la province, qui juge en dernier ressort dans le premier cas; il juge en second ressort les crimes entraînant le travail pénible, la strangulation ou la décapitation avec sursis ou des peines plus fortes. Ces causes sont portées en dernier ressort au ministère de la justice ou au ministère des Trois Règles, et la décision est prise par le roi, grand juge de l'État.

Finances. — Les revenus de l'État se composent des contributions personnelles, des impôts fonciers et de quelques impôts indirects affermés comme le droit sur l'opium.

Un grand nombre de fonctionnaires, appartenant à l'oligarchie des lettrés, sont dispensés de toutes les charges financières et de la corvée.

Nous devons à ce sujet faire une remarque importante. Quand nous occupâmes la Basse-Cochinchine, une partie des lettrés se réfugièrent dans l'Annam, où ils furent pourvus de postes ou envoyés au Tonkin. Nous pûmes gouverner la Cochinchine avec les magistrats indigènes qui s'étaient ralliés à notre cause. Au Tonkin et dans l'Annam, nous avons à compter très sérieusement avec ces 150,000 fonctionnaires qui grossissent leur traitement des nombreuses exactions que nous chercherons à prévenir. La présence des lettrés est une grosse pierre d'achoppement et une des grandes difficultés de notre administration. Le temps et des exemples faits à propos pourront plier ces personnages orgueilleux à notre domination. Les petits employés, dont nous sauvegarderons la situation, viendront à nous, les mandarins de rang élevé nous combattront par des moyens occultes jusqu'à la dernière heure, et ce ne sera qu'après la disparition de leur génération que nous serons définitivement sûrs du personnel annamite. Les conseils d'arrondissement, créés en Cochinchine par M. le Myre de Vilers, et qui ont si bien réussi, nous paraissent être une des institutions les plus propres à combattre au Tonkin l'influence des lettrés. M. Paul Bert a pensé ainsi et a institué dans chaque résidence des conseils consultatifs de notables. Avec ces conseils, il sera sans doute possible d'avoir de bonnes finances.

Instruction publique. — Nous trouvons dans l'instruction publique une académie nationale dont le nombre de membres n'est pas déterminé, un service d'éducation des princes, un collège national, un bureau de l'astronomie. La littérature étudiée dans les écoles est la littérature chinoise; la morale, celle de Confucius.

L'instruction primaire est donnée dans chaque village par un maître d'école choisi par les notables. Les arrondissements et les départements ont des écoles dirigées par des bacheliers ou des licenciés nommés par le gouvernement ou exerçant librement et placés sous la surveillance des inspecteurs des études de la province qui ont le grade de docteurs. Des examens servent de sanction aux études.

Le résident général, M. Paul Bert, vient d'instituer à Hanoi une académie nationale, le *Bac-ki-han-lam-vien*, qui aura pour mission de rechercher et réunir tout ce qui intéresse, à un point de vue quelconque, le pays tonkinois; de veiller à la conservation des monuments; d'initier le peuple à la connaissance des sciences modernes et des progrès de la civilisation en faisant traduire et publier, en langue annamite, des résumés pratiques des livres européens; de faire publier en français des documents historiques indigènes; de publier un bulletin d'études et de se mettre en relation avec les sociétés orientales d'Europe et d'Asie.

III.

ORGANISATION DU PROTECTORAT FRANÇAIS.

Deux modes d'organisation peuvent être imposés à une contrée soumise par les armes. Dans le premier, le conquérant prend possession du pays, dépouille l'ancien monarque de ses attributions et pourvoit au gouvernement et à l'administration.

C'est le régime appliqué à la Basse-Cochinchine depuis 1858. Dans le second, le vainqueur, après avoir occupé les points stratégiques, engage à son service des troupes indigènes et s'attribue le droit de haute police politique (droit d'internement des personnes, de séquestre des propriétés, amendes imposées aux communes ou aux congrégations, etc.). Il laisse au trône les honneurs souverains et l'administration du royaume sous le contrôle de représentants ou de résidents. C'est l'usage légué par Dupleix aux Anglais, appliqué par lord Clive et ses successeurs aux possessions médiates de l'Inde et par les Hollandais dans la grande île de Java.

Le décret du 27 janvier 1886, rendu sur la proposition du ministre des affaires étrangères, M. de Freycinet, a organisé, sur ces dernières bases le protectorat de l'Annam et du Tonkin.

Administration générale. — Le protectorat est considéré comme un service distinct et indépendant, ayant ses lois propres, son budget, ses moyens et ne conservant avec le gouvernement de la métropole d'autres liens que ceux qui résultent de la nomination du résident général et de quelques hauts fonctionnaires et de l'allocation d'une subvention pendant les premières années de son fonctionnement : cette allocation prendra fin dès que le protectorat aura équilibré ses recettes et ses dépenses. L'administration est ainsi transportée dans l'Annam et le Tonkin, le contrôle seul est réservé à la métropole..

Le chef du protectorat porte le titre de résident général. Il est le représentant de la République française auprès de la cour de Hué et relève du ministre des affaires étrangères. Il est nommé par décret présidentiel. Il exerce toutes les attributions prévues par les traités du 15 août 1883 et du 6 juin 1884; il préside aux relations extérieures de l'Annam ainsi qu'aux rapports entre les autorités annamites et les autorités françaises; il contresigne, pour les rendre exécutoires, les actes et décrets du roi qui sont destinés à être appliqués par les tribunaux français; il a sous ses ordres le commandant des troupes de terre et de mer, de la flottille et tous les services du protectorat. Le résident général prend des arrêtés pour l'organisation des services et pour la nomination à tous les emplois civils, à l'exception de ceux de résident supérieur, et chef des services principaux, réservée au ministre des affaires étrangères. Il peut, en cas d'urgence, pourvoir à ces derniers emplois ou prononcer la suspension des titulaires par des décisions provisoires soumises à l'approbation du ministre; il a seul le droit de correspondance avec le gouvernement de la République et communique avec les divers départements ministériels par l'intermédiaire du ministre des affaires étrangères; il est autorisé à correspondre directement avec le gouverneur de la Cochinchine et le représentant de la France à Pékin, mais il ne peut engager d'action politique ou diplomatique en dehors du ministre des affaires étrangères.

Le résident général a sa résidence officielle à Hué, mais il peut séjourner dans toute autre ville de l'Annam et du Tonkin où les besoins du service l'appellent. Il est assisté par deux résidents supérieurs, l'un à Hanoï, l'autre à Hué; ce dernier supplée près le gouvernement royal le résident général absent ou empêché. Pour faciliter la rapide expédition des affaires au Tonkin, le roi d'Annam, après entente avec M. Paul Bert, a, par ordonnance du 3 juin 1886, conféré à Nguyen-Tron-Hiep, Kinh-luoc, ou vice-roi du Tonkin, les pouvoirs les plus étendus. Ce haut fonctionnaire devra toutefois avertir le roi de ses décisions et il ne peut prendre des mesures qui modifieraient ses propres attributions ou les pouvoirs respectifs conférés aux représentants de la France et aux agents du gouvernement royal par les traités en vigueur.

Un conseil du protectorat est institué auprès du résident général; il siège, suivant les besoins du service, à Hué ou à Hanoï. Dans le cas d'absence ou d'empêchement du résident général, son président naturel, ses délibérations sont dirigées par le résident supérieur du lieu où il est réuni. Un arrêté du 21 avril 1886 a constitué un conseil provisoire de protectorat en attendant la rédaction d'un décret présidentiel qui lui donne sa véritable forme. Ce conseil se compose du général commandant la division d'occupation et la flottille; des résidents supérieurs de Hanoï et de Hué; du commandant de la division navale; de l'intendant, chef des services administratifs du corps expéditionnaire; de l'inspecteur des finances, directeur du contrôle des services financiers; du directeur des travaux publics, du directeur du service de santé, et de deux Français civils non fonctionnaires.

Le contrôle du protectorat peut être assuré par l'envoi de délégués du ministre des affaires étrangères. Ces délégués sont investis du droit d'investigation le plus étendu, selon les instructions reçues du ministre et dont le résident général est directement informé. Ils ne peuvent s'immiscer en rien dans l'administration et ne font part de leurs observations qu'au résident général.

Le succès des conseils d'arrondissement en Cochinchine a inspiré l'arrêté du 30 avril 1886 instituant une commission consultative de notables du Tonkin. Ces notables sont élus dans chaque province par les chefs et les sous-chefs de canton, à raison d'autant de délégués qu'il y a de phus ou arrondissements dans la province. Ils seront au nombre de 40. Les notables pour être éligibles doivent être âgés de trente ans révolus, être membres inscrits et notables dans leur village. Ils sont nommés pour un an et se réunissent à Hanoï dans la quinzaine des élections et sur la convocation du résident général. Pendant les sessions ils reçoivent une indemnité journalière de déplacement de 3 francs.

Il a été créé à la direction politique du ministère des affaires étrangères, une sous-direction des protectorats de l'Annam et du Tonkin. C'est un premier acheminement vers la fusion de ces pays avec la Cochinchine française et vers l'unité de régime de l'Indo-Chine, qui s'imposera un jour ou un autre, comme l'unité de l'Algérie et de la Tunisie. Nous suivrons fatalement l'exemple de la Grande-Bretagne, qui a un ministère des Indes.

Administration. — Le résident général a sous ses ordres les résidents supérieurs de Hué et de Hanoï.

Voici le tableau des résidences et des vices-résidences.

ANNAM.

Résidences.	Sous-résidences.
Hué (2).	Tourane, Don-Hoï.
Quin-nhon.	Xuanday.
Binh-Thuan et Khan-Hoa.	
Thanh-Hoa.	Vinh.

TONKIN.

Résidences.	Sous-résidences.
Hanoï (1).	Hong-Yen, Langson, Thal-Khé.
Nam-Dinh.	Ninh-Binh, My-Duc.
Haïphong.	Haï-Dzuong, Quang-Yen.
Sontay.	Tuyen-Quang, Laokay.
Bac-Ninh.	Thai-Nguyen, Caobang.
Province muong.	Cho-Bo (rivière Noire).

Les résidents et les sous-résidents ont le contrôle de toutes les branches de l'administration annamite,

(1) Résidence supérieure.
(2) Résidence supérieure.

police, impôts, justice, milices, qui fonctionnent sous leur surveillance.

La direction des affaires civiles et politiques, qui avait été instituée près des officiers généraux chargés du protectorat et avait été soumise à leur action, n'ayant plus de raison d'être depuis l'arrivée d'un résident général civil, fut naturellement supprimée et ses différents services passèrent sous les ordres du résident supérieur du Tonkin (9 avril 1886).

Dans certains cas, des territoires pourront être déterminés par le résident général, après avis de l'autorité militaire, pour être soumis à la juridiction militaire : c'est le droit indirect de proclamer l'état de siège. Les décisions de cette nature doivent être immédiatement portées à la connaissance du ministre des affaires étrangères. Les territoires actuellement (août 1886) soumis à la juridiction militaire sont ceux qui s'étendent entre les frontières du Laos et de la Chine, et une ligne fictive passant par les postes de Hoaï-An, Cao-Phong, Phun-Lam, la rivière Noire jusqu'à son embouchure, le fleuve Rouge, la rivière Claire, le Song-Day, les postes de Lien-Son, Hung-Son, Don-Dan, Tui-Dao, Kep, Lam, Dong-Trieu, Yen-Lap et Hong-Gay. Dans les territoires désignés ci-dessus, les commandants militaires sont investis, sous la haute direction du général commandant la division d'occupation, des attributions dévolues en temps ordinaire aux résidents.

Des commissions municipales consultatives et provisoires ont été installées à Hanoï et à Haïphong ; elles sont composées, dans chacune de ces deux villes, de quatre fonctionnaires civils désignés par le résident général, de huit Français non fonctionnaires; à Hanoï, il est adjoint à la commission six Annamites notables nommés par les conseils des villages existant dans l'enceinte de la ville; à Haïphong, on a joint à nos nationaux un notable annamite, le chef de la congrégation chinoise et deux notables chinois.

Justice. — Quand M. de Chasseloup-Laubat, ministre de la marine, fit rendre le décret impérial du 25 juillet 1864 sur l'administration de la justice par des tribunaux français et par des tribunaux indigènes, il se préoccupait surtout d'assurer aux Européens, si loin qu'ils fussent dans l'intérieur du pays, un recours devant une juridiction régulière, et de confirmer aux yeux des natifs l'application de la loi annamite pour tous les cas où il n'y aurait pas immixtion d'un intérêt européen ou d'un intérêt d'ordre supérieur.

Cette sage manière de procéder est la seule qui convienne au début de l'établissement d'un protectorat, et c'est en faisant dériver avec lenteur et prudence les réformes de cette organisation primordiale que nous arriverons peu à peu à faire prévaloir nos idées particulières de procédure dans l'esprit des populations.

Notre établissement au Tonkin doit avoir pour effet une équitable distribution de la justice pour tous, indigènes et Européens. Pour les indigènes, l'application du code de Gia-Long, sous la surveillance de nos résidents, par des magistrats de leur nation, donnera de bons résultats. Pour les Européens, les résidents ont les attributions des consuls dans les ports ouverts et rendent la justice aux Français et aux sujets étrangers ; ils sont officiers de l'état civil et officiers publics (décrets des 8 et 10 février 1886). Les tribunaux de résidence sont assimilés aux tribunaux de première instance de la Cochinchine. Les appels sont portés devant la cour de Saïgon.

Les tribunaux de résidence de Hanoï et de Haïphong ont été constitués par arrêté du général Millot du 3 juin 1884, celui de Sontay par un arrêté du général Millot du 16 août 1884, celui de Bac-Ninh, par un arrêté du général Brière de l'Isle du 29 octobre 1884.

Le décret du 25 mars 1883, relatif à la procédure devant les cours criminelles de la Cochinchine, a été promulgué au Tonkin par un arrêté du général Millot du 10 juin 1884.

Plus tard il sera bon de créer une cour d'appel à Hanoï, à cause de la distance qui sépare le Tonkin de la Cochinchine.

Finances. — Toutes les dépenses des troupes de terre et de mer, de la flottille et des administrations civiles ou militaires employées en Annam et au Tonkin, sont supportées par le budget du protectorat. Le budget des recettes et des dépenses est dressé, chaque année, en conseil du protectorat et sur l'avis des services compétents ; parmi les recettes figure la subvention à réclamer de la métropole pour assurer l'équilibre du budget. Nous avons dit que cette subvention sera bientôt inutile. Le budget est approuvé par décret du président de la République, rendu en conseil des ministres. Chaque année le résident dresse, dans la même forme, le compte des résultats obtenus pendant l'exercice écoulé : ce compte est approuvé par décret rendu en conseil des ministres.

Un arrêté du 11 avril 1886 a créé à la résidence générale une direction du contrôle des services financiers. Le résident général mandate les différentes dépenses, et les résidents supérieurs de Hanoï et de Hué mandatent, comme ordonnateurs secondaires, les dépenses des services civils au Tonkin et dans l'Annam (arrêté du 14 avril 1886).

Le projet du gouvernement métropolitain est de réduire, à partir du 1er janvier 1887, à 30 millions de francs la subvention qu'il accorde au Tonkin. La majeure partie de cette somme servira à solder les dépenses de la marine et de la guerre (dépenses de souveraineté). En comparaison des crédits qui ont dû être demandés au Parlement au cours de l'expédition, cette charge nous paraît bien faible, si l'on veut bien se reporter à tout ce que nous avons dit de l'avenir du Tonkin. Toutefois nous préférerions voir le développement du protectorat assuré par un emprunt qui serait amorti par les recettes que doivent nous donner les ressources du pays, car d'une part il importe de ne pas surcharger le budget métropolitain, et d'autre part, il est indispensable de soustraire dans la plus large mesure possible notre établissement aux fluctuations de la politique intérieure, résultats que peut seul assurer un emprunt bien préparé.

M. Paul Bert se propose de ne rien changer provisoirement aux impôts directs tels qu'ils sont perçus par les fonctionnaires royaux. Quant aux revenus indirects, il imposera l'opium, l'exportation du riz, l'alcool, les jeux, établira des droits de phare, d'ancrage, de pêche et de pilotage. A partir du 1er janvier 1886, les impôts sont les suivants :

1° *Patentes.* — Perçue sur tout Français ou étranger exerçant en Annam ou au Tonkin un commerce ou une industrie.

La première catégorie de patentables est soumise à un droit fixe et à un droit proportionnel, la seconde au seul droit fixe. La première catégorie comprend les patentables des villes de Hanoï, Haï-Phong, Nam-Dinh, Haï-Dzuong, Bac-Ninh, Quan-Yen et Sontay; la deuxième, les patentables de l'intérieur.

Il y a huit classes de patentes, ainsi taxées : 1re classe, 1,000 fr.; 2e, 600 fr.; 3e, 400 fr.; 4e, 200 fr.; 5e, 100 fr.; 6e, 50 fr.; 7e, 25 fr.; 8e, 12 fr. 50.

2° *Droits sur les navires, barques et jonques faisant les transports fluviaux.* — Ces droits, réglés d'après le tonnage, varient de 80 à 1 fr. 50 par an. Les barques de mer faisant le cabotage ou la pêche côtière sont également soumises à une taxe de 25 à 15 francs.

3° *Impôt de capitation.* — Les Asiatiques établis au

Tonkin ou en Annam payeront un impôt de capitation de 300 francs à 40 francs.

4° *Impôt foncier.* — L'impôt foncier doit être perçu sur toutes les propriétés foncières appartenant à des Français ou à des étrangers au Tonkin et en Annam. Les terrains urbains bâtis payent de 0 fr. 07 à 0 fr. 01 le mètre carré, les rizières de 6 fr. 16 à 3 fr. 08 l'hectare; les cultures diverses sont divisées en six catégories, lesquelles sont taxées de 3 fr. 07 à 0 fr. 47 l'hectare.

Les cultures d'indigotiers, de cotonniers, et les autres cultures coloniales riches, qu'il y a tout intérêt à introduire dans le pays, sont exemptes de l'impôt foncier.

Les résidents devront porter une grande attention à la surveillance des cahiers de l'impôt foncier des villages, nommés *dien-bo*. Il devront faire de fréquentes tournées pour vérifier les déclarations portées sur ces registres, pour éviter les fraudes commises par les notables, qui tendent à indiquer des superficies de culture inférieures à la réalité, pour faire diminuer la contribution versée par le village au trésor royal pendant qu'eux, fort bien instruits de l'état réel des choses, touchent les sommes dues réellement et s'emparent de la différence.

L'action de surveillance des résidents nous entraînera fatalement à nous préocuper de plus en plus de l'administration directe.

Quant à la création d'un cadastre, c'est là une grosse question à réserver. On y travaille en Cochinchine depuis plusieurs années et les résultats obtenus sont bien faibles encore.

Le résident général a engagé des pourparlers avec la Banque de l'Indo-Chine pour l'établissement d'un compte entre cette banque et le protectorat. La Banque serait chargée d'encaisser les impôts, qui se perçoivent deux fois par an; dans l'avenir, elle pourrait être chargée de recueillir elle-même les contributions à titre de compagnie fermière. D'autre part, elle ferait des avances au protectorat, et le compte se solderait tantôt en actif, tantôt en passif pour chacun des contractants.

Le montant des taxes et impôts établis sur les mines de l'Annam et sur leurs produits, ainsi que le prix de celles qui seront adjugées ou feront l'objet d'une prise de possession, sont versés chaque année au trésor royal après défalcation des dépenses qui sont faites par l'administration française des mines. Au Tonkin, les taxes, impôts, prix de vente entrent dans le trésor du protectorat. Aussi une convention a-t-elle été signée le 18 février 1885 sur le régime des mines et les règlements portés par le gouvernement de la République sur l'exploitation des gîtes doivent être appliqués dans l'Annam comme au Tonkin. Cet article de recettes prendra rapidement une grande extension.

L'adjudication de la ferme de l'opium pour une durée de cinq années a eu lieu à Hanoï le 20 juillet 1886. On n'a pas encore cru devoir exploiter en régie cette drogue comme en Cochinchine et au Cambdoge.

Le service des douanes a été confié par M. Paul Bert à M. Rocher, l'ancien explorateur du Yunnan, agent supérieur des douanes chinoises Il existe des postes de douanes dans les ports ouverts, à Langson et à Laokay.

Les droits d'entrées sont de 5% *ad valorem*. Les marchandises importées par l'État au Tonkin ont été exonérées de tout droit de douanes par arrêté du général Millot, du 26 juin 1884, l'exonération des droits d'importation a été accordée par M. Paul Bert à tout outillage d'usine à vapeur, à toute chaloupe à vapeur ou autre matériel susceptible d'apporter un perfectionnement quelconque aux moyens industriels et commerciaux en usage, à condition que cet outillage ou ce matériel viendra de France ou d'une colonie française en droiture.

Le commandant Vial, aujourd'hui résident supérieur de Hanoï, prenant pour base le budget de la Basse-Cochinchine avec 1.500.000 habitants et 25 millions de recettes, compte que pour le Tonkin et pour l'Annam, les recettes locales totalisées atteindront bien vite par tête 7 francs avec la pacification du pays, et il admet que les recettes des deux protectorats ne seront pas inférieures à 50 millions au bout de deux années et qu'elles ne feraient que s'accroître.

M. Turc, ancien consul à Haïphong, comptait au Tonkin 532,326 inscrits (il y en a au moins 750,000 ; les 2/5 ne sont pas recensés par les mandarins) et 3,118,305 maus (1,600,000 hectares environ) de terre pour l'impôt foncier. Il arrivait, avec les contributions indirectes, à un total de 80 millions.

Le colonel Laurent évaluait à 45 millions le droit sur l'opium, à 20 millions le droit sur l'alcool, à 45 millions l'impôt sur le sel et à 24 millions la capitation, soit 134 millions de francs, sans compter ni l'impôt foncier, ni les droits d'exportation du riz. En ajoutant le produit de ces impôts, le colonel Laurent pensait que le Tonkin pourrait alimenter, en temps normal, un budget de 166 millions.

Ces deux derniers fonctionnaires avaient, on doit l'observer, établi leurs conjectures avant notre dernière intervention au Tonkin, ce qui explique parfaitement la divergence de leurs vues de celles de M. Vial.

Le budget de la Cochinchine, en 1883, s'élevait à 27 millions 500,000 fr., soit 25,000,000 pour le budget des arrondissements : c'est 17 francs par tête d'habitant. Au Tonkin, on arriverait à un budget de 154 millions, dont 20 à 25 millions fournis par l'impôt foncier.

Guerre et marine. — Aucune opération militaire, sauf le cas d'urgence, où il s'agirait de repousser une agression, ne peut être entreprise sans l'assentiment du résident général. La conduite des opérations appartient à l'autorité militaire, qui rend compte au résident général. Les officiers généraux, commandant l'armée ou la marine, ont conservé le droit de correspondance directe avec les départements de la guerre et de la marine, mais pour les questions techniques seulement, dans les limites autorisées par le ministre des affaires étrangères, ou dans le cas de force majeure, quand il y a impossibilité de communiquer en temps utile par l'intermédiaire du résident général : ce dernier doit toujours être tenu au courant de ces opérations.

La division d'occupation du Tonkin a été divisée en trois grandes circonscriptions de brigades, partagées en quinze régions (1) formant 38 cercles, subdivisés en 106 petits postes, soit un total, pour l'Annam et le Tonkin, de 144 places ou postes composés, suivant les cas, d'une troupe mixte (Européens et tirailleurs) ou d'une troupe indigène, variant d'une section à une compagnie. La dispersion de nos forces dans le pays est notre principal moyen de pacification.

Dans cette multiplicité de postes, la plus grave difficulté est d'assurer aux éléments européens du pain et de la viande fraîche. On n'y arrive pas toujours et l'on est souvent obligé d'avoir recours aux substitutions (conserves de viandes et de légumes, volailles et porc frais). Le nombre des petits postes s'accroîtra encore par notre installation progressive dans l'An-

(1) 1, région du Haut-Fleuve (Laokay) ; 2, région de Hong-Hoa ; 3, région de la haute rivière Claire ; 4, région de Sontay ; 5, région de Hanoï ; 6, région de Nam-Dinh ; 7, région de Thanh-Hoa, Vinh, Hatinh ; 9, région de Haïphong ; 9 *bis*, région de Haï-Dzuong ; 10, région de Bac-Ninh ; 11, région de Phu-Lang-Thuong ; 12, région du Song-Ki-Kung (Langson) ; 13, région du Quang-Binh, Quang-Tri, Hué ; 14, région du Quang-Nam ; 15, région de Binh-Dinh.

nam et par notre établissement dans les régions de Laokay et de Caobang qui suivra nécessairement les opérations de la délimitation de la frontière.

La division d'occupation est fournie pour la majeure partie par le département de la guerre, et surtout par les corps d'Afrique, et par le département de la marine. Quatre régiments de tirailleurs tonkinois et un des chasseurs annamites entrent dans sa composition. L'effectif des troupes françaises est d'environ 15,000 hommes (1).

Il faut nous bien garder de comparer les effectifs que nous devrons avoir dans l'Indo-Chine, après l'œuvre de la pacification accomplie, avec les totaux des hommes que nous sommes actuellement obligés de mettre en mouvement pour assurer la tranquillité du territoire. C'est en faisant un déploiement de forces convenable que nous pourrons peu à peu réduire le nombre des postes; mais il importe qu'on ne rappelle pas de suite dans la métropole une grande partie des troupes françaises : la présence de nos soldats au Tonkin rentre dans les frais de premier établissement de notre empire indo-chinois. Certaines dispositions ont d'ailleurs été arrêtées entre les départements de la guerre et des affaires étrangères pour permettre à nos jeunes compatriotes qui résident au Tonkin de faire leur service militaire dans le protectorat.

(1) On espère réduire, prochainement, ces effectifs à 12,500 hommes.

Le regretté colonel Laurent, de l'infanterie de marine, qui avait longtemps étudié l'organisation du protectorat du Tonkin, pensait que nous devions entretenir dans le pays, une fois la pacification achevée, 4,000 Européens, 32,000 indigènes, 8,000 mercenaires : Tagals des Philippines, bataillons de Japonais et de Birmans, quelques compagnies de Soulous. Il disait que les chrétiens seuls étant au nombre de 500,000 pourraient fournir 8,000 hommes (proportion du recrutement en France). Suivant le colonel et, par précaution, on devait les employer au service de la cavalerie et de l'artillerie. Pour les chevaux, il conseillait de les tirer de Quin-nhon et de l'Australie, et, si possible, de la Nouvelle-Calédonie, sans se dissimuler, d'ailleurs, les difficultés de la remonte.

Pour les forces navales, Laurent souhaitait quatre petits cuirassés, douze croiseurs de toute classe, nous donnant, dans les mers de Chine, sur les côtes de l'Annam, une influence prépondérante. Enfin, la flottille fluviale devait être aussi considérable que possible. C'est elle, en effet, qui fera la police, appuiera les tirailleurs tonkinois et les gardes civils ; il faut donc qu'elle soit nombreuse et de la plus grande mobilité.

Le colonel Laurent calculait les frais de l'armée à 21 millions pour 32 bataillons de Tonkinois, 9 millions pour les mercenaires étrangers, 12 millions pour les troupes européennes, soit un total de 43 millions de francs dont le pays, comme la Cochinchine, devait payer la majeure partie.

Le commandant Vial, actuellement résident supérieur à Hanoï, aurait préféré l'emploi de miliciens indigènes, tels qu'ils étaient recrutés en Basse-Cochinchine, à celui de troupes indigènes complètement organisés à l'européenne (1). Mais ces corps existant, il les adopte et recherche quelles sont les dépenses militaires indispensables pour garder nos possessions. Pour l'honorable résident supérieur de Hanoï, qui prend pour termes de comparaison les effectifs entretenus aux Indes par les Anglais, à Java par les Hollandais, qui y ont environ 14,000 hommes de troupes européennes, et ceux que nous avons entretenus à Saïgon de 1868 à 1874, il faut comme garnison 15,000 hommes (3,000 pour la Basse-Cochinchine et le Cambodge, 2,000 pour l'Annam, 10,000 pour le Tonkin), soit 1,000 hommes pour 1 million d'indigènes. Nos soldats passant deux ans dans la colonie, il faudrait les remplacer par moitié chaque année et avoir en chiffres ronds 10,000 hommes en France pour les remplacements; c'est donc une armée de 25,000 hommes pour le service de l'extrême Orient, soit une dépense de 50 millions, dépense qui pourrait être réduite à 15 ou 20 millions par un prélèvement sur le budget du protectorat. M. Vial ajoute toutefois avec raison qu'un prélèvement plus considérable serait imprudent et qu'il serait même sage de laisser nos établissements lointains employer toutes leurs ressources à s'organiser fortement.

(1) Les miliciens ont d'ailleurs été organisés par des arrêtés du 23 février 1885 (général Brière de l'Isle) et du 31 mai 1886 (M. Paul Bert).

M. Bonnal, ancien officier d'infanterie de la marine, aujourd'hui résident à Haïphong, comptait que la garde de nos possessions nécessiterait 12,000 hommes de troupes françaises et 50,000 hommes de troupes indigènes.

La division navale du Tonkin comprend, d'après l'Annuaire de la marine pour 1886, 1 ponton, centre administratif, 1 croiseur, 4 avisos, 1 aviso-transport, 6 canonnières, 26 chaloupes canonnières, 1 atelier flottant à Haïphong. Il ne faut pas oublier en outre que plusieurs transports, en nombre variable suivant les besoins du service, font communiquer le Tonkin avec la Cochinchine et la métropole et que plusieurs canonnières sont en construction; elles sont d'un type spécial pour le service des fleuves du Delta.

Instruction publique. — Une circulaire du 16 avril 1886, émanée de M. Vial sur les instructions du résident général, a réglé l'organisation des écoles où l'on doit enseigner la lecture et l'écriture du français, quelques notions de sciences exactes, les quatre règles et la lecture du quoc-ngu. Le résident général prescrit l'ouverture d'une école dans les grands centres et demande pour cette œuvre le concours de la mission.

L'école communale de Hanoï compte un peu plus de cent élèves, dont 80, après dix mois de classe, savaient lire et écrire le français. Il existe des écoles à Nam-Dinh et à Haïphong.

L'institution d'écoles professionnelles est en projet pour le dévidage, la filature de la soie et du coton;

pour l'agriculture on établira des fermes-modèles, des haras, des jardins d'essais et d'acclimatation, des écoles d'exploitation de végétaux indigènes non encore utilisés, etc.

Une excellente mesure, déjà appliquée en Cochinchine, est l'envoi de jeunes indigènes au lycée d'Alger. On pourrait envoyer un certain nombre d'élèves à l'École d'arts et métiers d'Aix et à l'École d'Agriculture de Montpellier.

Une commission supérieure des écoles, analogue à celle de Saïgon, a été créée à Hanoï le 12 mars 1885.

IV.

CAMBODGE.

GOUVERNEMENT. — Au Cambodge, l'autorité royale était, comme dans l'Annam, absolue et sans contrôle. Au-dessous du roi, certains membres de sa famille exerçaient une autorité reconnue par les lois et les coutumes. Chacun de ces membres avait certaines provinces en apanage et les gouvernait. Cinq ministres venaient à la suite des princes : le *chauféa*, premier ministre, le *ioumreach*, ministre de la justice, le *veang*, ministre du palais et des finances, le *chakrey*, ministre des transports par terre ou ministre de la guerre, et le *kralahom*, ministre des transports par eau ou de la marine. Chacun des ministres avait sous sa direction un certain nombre de mandarins attachés au service du palais, à l'administration, aux finances et à la justice.

Les mandarins relevant du même prince formaient des corps appelés *samrap*, se distinguant entre eux par un numéro d'ordre. Le *samrapek*, ou premier samrak, se composait des princes, des ministres et des mandarins nommés directement par le roi.

Autrefois les cinq grands mandarins du royaume désignaient, à la majorité et après le nombre d'épreuves nécessaires, le nouveau roi, le Chauféa, premier ministre, opinant le premier, les autres suivant d'après leur rang.

Si le roi désigné refuse le sceptre, il désigne au choix des mandarins, qui votent de nouveau, le prince sur lequel se portent ses préférences.

A la mort de Norodon, c'est la France qui désignera le nouveau monarque, en respectant l'ordre successoral, mais en n'admettant, toutefois, qu'un prince qui nous sera dévoué.

Les princes sont fort nombreux au Cambodge, ils sont généralement incapables et rarement chargés de fonctions publiques dévolues aux mandarins. On les range par ordre de primogéniture, mais ils ne viennent qu'après leurs oncles.

L'ordre de succession dans la famille royale admet les femmes à défaut d'autres prétendants et avant les grands dignitaires du royaume, qui peuvent être aussi appelés au trône s'il n'existe pas d'héritier de la couronne et qu'ils soient d'ailleurs de la caste des bakus.

Le frère de Norodon, l'obbareach (second roi) Somdach-Préa-Maha, est actuellement l'héritier désigné. Ce prince nous est entièrement acquis. Comme Norodon, il nous devra sa couronne, les mandarins accepteront l'investiture que nous lui donnerons, et tout permet d'espérer, étant donnés sa reconnaissance pour la France et son amour du progrès, qu'il nous aidera à régénérer le Cambodge.

Le protectorat. — Administration. — La convention du 17 juin 1884, signée par M. Thomson, au nom du gouvernement français, a étendu notre protectorat.

Par l'article 1er, S. M. Norodon accepte toutes les réformes administratives, judiciaires, financières et commerciales que la République française juge utile de proposer pour faciliter l'exercice de son protectorat. Le résident de Phnum-Penh a pris le titre de résident général. Il a le droit d'audience privée et personnelle du monarque.

Le résident général, chef de tous les services, veille à l'application des règlements; il établit les comptes de chaque exercice, prépare le budget et le soumet au gouverneur de la Cochinchine. Certaines de ses décisions sont exécutoires en attendant l'approbation de l'autorité supérieure. Un sous-résident remplace son supérieur en cas d'absence ou d'empêchement; il s'occupe spécialement de l'administration et est en même temps le résident de la province de Phnum-Penh. Ces deux fonctionnaires sont préposés au maintien du bon ordre et au contrôle des autorités.

Les mandarins cambodgiens continuent sous ce contrôle, à administrer les provinces, excepté pour l'établissement et la perception de l'impôt, des douanes et des contributions indirectes, pour les travaux publics et, en général, pour les services exigeant une direction unique et des agents européens.

Le Cambodge a été divisé en huit provinces : celles de Phnum-Penh, Kampot, Pursat, Kompong-Chnang, Kratié, Kompong-Thom, Banam et Krauchmar, subdivisées en trente-trois arrondissements.

Dans chaque province et à Kompong-Tiam, Sambor et Takeo nous avons établi un résident; à cause de l'état actuel du pays, les résidents sont des officiers de l'infanterie de marine. Des mandarins indigènes sont les chefs des provinces et des arrondissements et exercent leur autorité sous la surveillance du résident français. Les cantons, les communes sont constituées sur les mêmes bases que dans la Basse-Cochinchine.

Nous avons créé une municipalité à Phnum-Penh, composée de représentants des différentes populations qui habitent la ville.

Finances. — Les impôts payés par les Cambodgiens peuvent se diviser en impôts directs et en impôts indirects.

Les principaux impôts directs sont la contribution des inscrits, qui est une véritable capitation, l'impôt du riz et l'impôt foncier des terres cultivables. Les Chinois paient également un impôt personnel, dont la quotité est fixée par les mandarins au moment du cens, et est calculée proportionnellement à leur fortune; il varie de 10 à 30 ligatures.

Les impôts indirects portent sur la pêche dans le Grand-Lac et dans les rivières, sur l'opium et les eaux-de-vie de riz. Les Annamites, sujets français, sont affranchis des droits de pêche dans le Tonlé-Sap. La douane prélève un dixième sur les marchandises.

Depuis le 1ᵉʳ janvier 1884, la ferme de l'opium et de l'eau-de-vie a été réunie à la régie cochinchinoise. Nous pouvons ainsi prévenir la contrebande qui, malgré tous nos efforts, se faisait par la frontière septentrionale de notre colonie. D'un autre côté nous avons ainsi étendu au Cambodge la prudente mesure politique qui enlève aux anciens fermiers généraux chinois l'influence que leur donnaient la fortune et la disposition d'une armée de surveillants hostiles à notre domination.

Vingt et un postes ont été établis pour le service des contributions indirectes.

Chaque inscrit devait quatre-vingt-dix jours de corvée par an, mais il pouvait les racheter. Le quart des journées dues était à la disposition des mandarins patrons de l'inscrit et les trois quarts à celle du gouvernement. L'administration française abolira la corvée si onéreuse pour les populations, et la remplacera sans doute par les prestations en nature, qui ont été favorablement accueillies par les Annamites de la Basse-Cochinchine.

Le Cambodge pourra certainement un jour payer

ses dépenses. Le budget de 1886 avait été établi de telle sorte que le protectorat devait rembourser : 1° l'opium fourni par la Cochinchine pendant l'année 1885, soit 86,212 piastres; 2° le vingtième des avances faites par la colonie au protectorat, soit 10,000 piastres. — Ce budget s'élevait donc à 96,212 piastres; la Cochinchine pensait l'équilibrer par les recettes du royaume et par le remboursement d'une somme de 75,701 piastres par le département de la marine pour les dépenses du service maritime occasionnées par la répression des troubles survenus dans les provinces.

Le ministère de la marine, pour ne point accroître les charges coloniales de la métropole, a pensé qu'il convenait d'imputer provisoirement cette somme au budget du protectorat, auquel la Cochinchine ferait les avances nécessaires.

La Cochinchine devra donc prélever 100,000 piastres environ sur sa caisse de réserve pour l'année 1886, et le Cambodge effectuera le remboursement de sa dette par vingtièmes. Cette dette se montant, en 1886, à 240,000 piastres, plus les 86,212 piastres d'opium fournies par la Cochinchine en 1885, on conçoit tout l'intérêt qu'il y a à rétablir promptement la tranquillité dans le royaume si l'on ne veut épuiser la caisse de réserve de notre colonie, qui s'est déjà imposé de lourds sacrifices.

La nomination récente de M. Piquet comme résident général permet d'espérer que ce but sera rapidement atteint. Le budget normal du Cambodge est supposé devoir atteindre 2 millions quand le pays sera calme.

Les dépenses d'administration du royaume et celles du protectorat seront à la charge du pays. La fixation de la liste civile du roi et des princes part de ce principe que les ressources du royaume ne sauraient profiter exclusivement au souverain, mais qu'elles doivent être réparties entre les divers services publics.

Justice. — Un tribunal de première instance siège à Phnum-Penh; les affaires de simple police, correctionnelles, civiles et commerciales, relatives aux Européens viennent devant ce tribunal.

Les indigènes doivent porter leurs différends devant des tribunaux mixtes avec prédominance de l'élément français (justice de paix dans chaque arrondissement, tribunal de résidence dans chaque province, tribunal supérieur d'appel à Phnum-Penh).

Les juges doivent statuer, comme autrefois à Rome le préteur des étrangers, en s'inspirant des principes généraux du droit naturel, des prescriptions du code civil métropolitain compatibles avec les mœurs de nos protégés et des coutumes des Khmers. Afin de mettre un terme aux supplices atroces prévus par la législation indigène, les peines du code français peuvent seules être prononcées. La torture est abolie. Le droit de grâce reste une des prérogatives du souverain, mais les recours lui sont présentés par le résident général.

La justice administrative a été attribuée au conseil privé de la Cochinchine.

La constitution de la propriété individuelle sera amenée par le partage des terres entre l'État pour les services publics, la couronne pour la liste civile, les communes et les particuliers; ces derniers acquerront par voie de cession amiable ou par aliénation.

Armée. — Nous avons signalé à plusieurs reprises l'antagonisme des Cambodgiens et des Annamites. L'administration française, pour éviter d'employer des tirailleurs annamites au Cambodge, s'efforce de créer des forces auxiliaires cambodgiennes.

Nous avons au Cambodge différents postes occupés par des troupes et autour desquels rayonnent les colonnes volantes pour réprimer l'insurrection qui désole actuellement le pays. Ce n'est qu'à la pacification du royaume qu'on pourra étudier l'installation définitive des garnisons nécessaires pour la police du territoire.

Instruction publique. — Il existe à Phnum-Penh une vaste et belle maison d'école, dirigée par deux professeurs français et un instituteur indigène, fréquentée avec assiduité par les fils du roi et des mandarins. Quelques jeunes Cambodgiens ont été envoyés pour faire leurs études les uns à Paris, les autres au lycée d'Alger.

Une imprimerie a été créée pour le service du protectorat.

Une mission d'instruction pour de jeunes Cambodgiens a été créée à Paris.

VI.

L'AVENIR (1).

I.

La possession de l'Indo-Chine par la France modifie l'échiquier politique, militaire et commercial de l'extrême Orient. Elle nous donne un prestige colonial, une puissance que nous avions perdue depuis le traité de Paris, en 1763. Elle engagera nécessairement les puissances maritimes occidentales à compter avec nous. Nous sommes désormais voisins des Anglais de l'Inde, des Hollandais de Batavia et des îles de la Sonde, et des Espagnols des Philippines.

Il ne faut pas se faire d'illusions. Plusieurs de nos rivaux n'ont pas vu d'un œil favorable notre établissement sur les rives du Mékong et du Song-Koï. La Grande-Bretagne s'est sentie la première atteinte et a montré sa contrariété.

---

(1) Nous avons conservé, en partie, en la complétant, la conclusion de notre ouvrage sur l'*Indo-Chine française contemporaine*. Les études nouvelles auxquelles nous nous sommes livrés depuis cette publication, le voyage de l'un de nous au Tonkin, la marche des événements, tout nous confirme dans les vues que nous avons exprimées.

Cette mauvaise volonté de l'Angleterre pendant la campagne du Tonkin, — comme pendant notre entreprise sur Madagascar, — les sympathies exprimées et les secours déguisés en armes et en munitions fournis à nos adversaires par les négociants anglais, sont des habitudes trop anciennes pour que nous nous étonnions de cette hostilité séculaire contre toute entreprise française de colonisation. En 1830, la conquête d'Alger faillit amener une rupture avec le cabinet de Saint-James; l'amiral de Rigny osa parler haut, et la Grande-Bretagne se contint. En 1844, lors du bombardement de Tanger et de Mogador par le prince de Joinville, quand les vaisseaux européens présents sur rade se pavoisaient en l'honneur de notre succès, seuls les équipages des navires de guerre anglais restaient impassibles, déguisant sous le flegme britannique la méchante humeur qu'ils éprouvaient.

Nous nous rappelons la convention des détroits de 1840, l'exclusion de la France du concert européen lors des affaires d'Égypte : l'appui donné par notre patrie à Méhémet-Ali troublait les intérêts des marchands de la Cité. Partout, sauf pendant la guerre contre la Chine, nous avons rencontré la sourde jalousie de nos voisins d'outre-Manche, et encore à cette époque, si voisine de la campagne de Crimée, où nous nous étions sacrifiés pour eux, les plénipotentiaires de nos alliés tentaient de retirer des profits exclusifs de notre commune entreprise.

Ne nous étonnons pas de cet égoïsme. « La prospérité de l'Angleterre, dit un Anglais, M. le capitaine Norman, est si étroitement liée à la sécurité et au développement des possessions lointaines, et les ramifications de son système colonial sont si compliquées, que tout agissement, de la part d'une puissance étrangère, pour donner de l'extension à ses colonies est, au point de vue politique comme au point de vue commercial, une question de la plus haute importance pour tous les Anglais. Au point de vue politique, si une guerre éclatait, nous pourrions craindre pour plusieurs de nos colonies, non pas un danger immédiat, mais au moins de très graves complications; la présence d'établissements militaires étrangers dans leur voisinage nécessiterait un trop grand déplacement de nos forces, qui sont loin d'être trop nombreuses pour protéger l'empire britannique avec efficacité. Au point de vue commercial, l'annexion de nouveaux territoires par les puissances européennes décentraliserait les affaires au profit de nouveaux marchés. Tant que, il est vrai, le monopole des transports sera confié au pavillon anglais, l'Angleterre n'aura à cet égard que peu à souffrir matériellement; cependant, toute nouvelle colonie que fonde une nation rivale implique une certaine perte pour nous.

« Quand nous voyons, continue M. Norman, une puissance étendre ses frontières, absorber de petits États qui étaient favorablement disposés à notre égard, et établir des dépôts militaires et des arsenaux maritimes dans des proportions qui menacent la sécurité de nos principaux centres commerciaux; quand, enfin, on dit ouvertement que cette agression a pour but exprès de ruiner le commerce anglais, les choses prennent quelque importance, non seulement pour nos cabinets diplomatiques, mais pour nos chambres de commerce; et l'on doit alors s'inquiéter de savoir s'il est compatible avec notre honneur national et avec notre sécurité, de fermer les yeux sur les conquêtes que la France semble vouloir faire dans l'extrême Orient. »

Quoi! l'honneur britannique est intéressé à ne pas laisser la France créer un établissement dans les mers de Chine! Mais, ne sommes-nous pas une puissance indépendante, n'avons-nous pas le droit de fonder des colonies sans être obligés de demander l'agrément et la permission du *Foreign office?*

Notre agression tend à absorber de petits États qui étaient favorablement disposés à l'égard de l'Angleterre, s'écrie M. Norman. Nous le reconnaissons. Mais nous voyons à côté de nous, dans l'extrême Orient, la Grande-Bretagne s'annexer la Birmanie, agir par sa diplomatie sur la cour de Bangkok pour contrebalancer l'influence de la France. Que signifient d'autre part les *Straits-Settlements*, Singapour, Hong-Kong, positions commerciales de premier ordre, sur lesquelles flotte l'*Union Jack*, sinon que l'Angleterre ne veut pas être absente de l'Asie orientale, elle qui est déjà maîtresse des Indes où nous ne possédons plus que quelques comptoirs, seuls vestiges d'un passé glorieux?

Le cabinet de Saint-James est dans son rôle en

agissant comme il le fait. Nous revendiquons les mêmes droits pour nous.

La France tend à ruiner, ajoute-t-on, le commerce anglais. Cette proposition n'est pas sérieuse. Il est impossible en effet de ruiner un négoce qui possède les manufactures de Liverpool, Manchester, Sheffield, Leeds, Glascow, Londonderry, un outillage industriel considérable, d'immenses capitaux, des établissements financiers de premier ordre, des docks et des magasins comme ceux de Londres et des comptoirs sur tous les points du globe. La marine marchande de l'Angleterre est la première du monde, et les grandes colonies, l'Inde, l'Australie, la Nouvelle-Zélande, le Cap, le Canada, assurent un marché à tous les produits du Royaume-Uni et de ses possessions.

Nous n'avons pas le moyen de ruiner le commerce anglais par des hostilités comme le voulait Napoléon. Nous ne pensons pas davantage fermer les magasins des négociants de la Cité, nous voulons seulement essayer d'ouvrir à notre marché de nouveaux débouchés. Les Anglais font comme nous, c'est la loi de la concurrence, loi fatale, à laquelle ne peuvent se soustraire ni les hommes ni les nations. En Europe, le percement du Saint-Gothard a eu pour but de détourner une partie du trafic de notre port de Marseille, une partie des transports de la voie française du Mont-Cenis. Nous n'avons pas protesté contre cette entreprise, qui a certainement lésé notre commerce. Nous pensons seulement à ouvrir le chemin de fer du Simplon, à perfectionner notre outillage économique et à lutter avec plus d'énergie que jamais. Là est notre crime. Que les Anglais fassent de même, nous leur donnons ce conseil de bon voisinage, mais nous prétendons être maîtres d'attirer vers nos manufactures une partie de la commande orientale.

Nous ne nous serions pas arrêtés si longtemps sur les deux premières pages de l'ouvrage de M. Norman si ses craintes, — fort exagérées, — et son mauvais vouloir, — trop évident, — ne se retrouvaient exprimés souvent avec acrimonie dans des articles du *Times* ou des *Daily News*. Il faut que l'Angleterre prenne son parti de notre concurrence : elle sera loyale, mais elle sera.

Cependant, nous le répétons, les appréhensions intéressées du commerce britannique sont pour le moment un pur enfantillage, étant donnée l'énorme avance qu'il a sur nous. Aussi l'attention du cabinet de Saint-James s'est-elle surtout portée vers le point de vue politique et militaire. C'est son droit.

Les ministres anglais doivent être prêts à toutes les éventualités. Ils comprennent la responsabilité qui leur incombe d'assurer les intérêts de leur patrie. Si invraisemblable que soit pour le moment un conflit entre la Grande-Bretagne et la République française, ces hommes politiques pensent avec raison qu'il convient de prendre pendant la paix toutes les précautions défensives auxquelles il serait trop tard de songer au début d'une guerre. Nous comprenons la conduite des autorités britanniques ; celles-ci montrent une prévoyance qui leur fait honneur. L'Amirauté est soutenue dans son œuvre par l'opinion publique, laquelle accuse même ses gouvernants de tiédeur et semble redouter pour ses colonies une agression subite de nos navires et de nos soldats.

Nous approuvons complètement nos voisins. Notre plus vif désir est que les pouvoirs publics français sachent profiter de cet exemple. Nous ne parlons pas de la défense du territoire national. Le parlement, éclairé depuis 1870 sur la puissance militaire de l'Allemagne, n'a jamais cessé de consentir aux plus grands sacrifices pour assurer notre indépendance et repousser une attaque contre nos frontières continentales. Nous appelons son attention sur la défense de nos colonies et particulièrement sur celle de notre nouvelle possession, l'Indo-Chine française, glorieusement conquise par nos marins et nos soldats.

Cette colonie nous offre une position merveilleuse dans l'extrême Orient. Saïgon est un port de rivière accessible aux bâtiments hauturiers; sa défense est facile et nous y avons déjà fondé un arsenal; la baie d'Along, et celle de Hong-Gay au Tonkin, nous donnent de magnifiques mouillages, comparables à la rade de Brest; les mines de houille peuvent fournir à nos vaisseaux le combustible indispensable pour faire une campagne de longue haleine et permettre de nous diriger sur les traces des voiliers de La Bourdonnaye et du bailli de Suffren.

Les Anglais ont surtout remarqué l'importance de la possession de ces mines de houille dans le cas d'une guerre maritime : « On ne doit pas oublier, disent-ils, que le traité de Francfort a privé la France de presque tous ses grands terrains houillers de l'Est. Les chemins de fer français dépendent aujourd'hui presque exclusivement de notre pays pour le combustible; les comptoirs maritimes de la France sont, à cet égard, sous notre entière dépendance. Si une guerre européenne éclatait, les magnifiques vaisseaux cuirassés de la République manqueraient de charbon et ses colonies deviendraient facilement la proie de la nation qui possède des mines de houille en Orient. Malgré les riches terrains houillers que nous possédons aux Indes, nos chemins de fer et nos navires sont encore alimentés par la mère-patrie; et si une guerre venait à mettre la France et l'Angleterre des deux côtés opposés, les efforts tentés sans succès au commencement du dix-neuvième siècle redoubleraient aujourd'hui. Si les croiseurs français étaient ravitaillés par les mines houillères du Tonkin, ils nous barreraient le chemin de la Chine; la Birmanie et Calcutta seraient bloqués, et la sécurité de nos possessions serait gravement compromise (1)... Si un seul *Alabama* français dans les mers orientales avait la facilité d'aller se ravitailler dans les ports du Tonkin, il pourrait paralyser notre commerce en Orient (2)... On a découvert de la houille dans plus d'un endroit, et il résulte des expériences faites que

(1) Norman, *op. cit.*, p. 6.
(2) Id., *op. cit.*, p. 8.

cette houille peut alimenter les machines à vapeur. Plusieurs couches de ce précieux agent de la force maritime ont été trouvées près de la mer; cette seule découverte offrirait aux Français un profit plus grand que celui que tous les métaux précieux du pays pourraient leur procurer. Ils n'auraient plus besoin de compter sur les mines de la Grande-Bretagne, qui, en cas de guerre, pourraient leur être fermées. Pour la France, ces terrains houillers du Tonkin ont une très grande valeur (1)... En cas de guerre, ces mines la rendraient maîtresse de la situation dans les mers asiatiques (2). »

Nous ne doutons pas que, dans le cas d'une guerre maritime, nos possessions de l'Indo-Chine ne soient les premières attaquées. L'importance politique et militaire de Saïgon et de Hanoï désigne ces positions aux coups de l'ennemi.

Envisageons la situation qui serait faite à la France et à notre colonie. Deux hypothèses peuvent se présenter. Nous sommes en lutte avec l'Angleterre ou nous sommes en guerre avec une autre puissance européenne. Dans le premier cas, nous rencontrons entre Toulon et l'Indo-Chine des positions formidables, occupées par les troupes et par la marine britanniques, Malte, Chypre, Aden, les Indes. Nous ne pouvons nous ravitailler, faire du charbon ou relâcher qu'à Obock, car il ne faudrait pas penser à pro-

---

(1) Norman, *op. cit.*, p. 26.
(2) Id., *op. cit.*, p. 174.

fiter des dépôts de houille que nous avons établis dans cette dernière campagne à Pondichéry et à Mahé. Ces postes, où les traités ne nous permettent ni de nous fortifier ni de concentrer des troupes, tomberaient rapidement sous la griffe du léopard anglais. Il n'est pas possible de les défendre. Dans cette hypothèse, nous n'aurions d'autre point de relâche sérieux qu'Obock, — et encore faudrait-il que cette station devienne un autre Gibraltar, une place aussi forte qu'Aden, — pour nous donner confiance.

Si l'Angleterre restait neutre dans une guerre entre la France et une autre puissance maritime, les embarras que nous rencontrerions, pour être moindres, ne seraient pas moins sérieux. La loi même de la neutralité obligerait le *Foreign Office* à promulguer de nouveau l'*Enlistment act* et à fermer ses ports aux navires de guerre des belligérants. Pondichéry et Mahé nous resteraient, mais comment les défendre si la Grande-Bretagne ne veut ni renoncer au bénéfice des traités de 1815, ni nous permettre de les fortifier temporairement, ni empêcher nos adversaires de déployer contre ces ports des forces supérieures aux nôtres? Seule, une flotte de guerre, tenant la haute mer, pourrait nous assurer la possession de nos relâches indiennes. Et n'oublions pas que, si le cabinet de Saint-James n'a pas un grand intérêt personnel à nous ménager, il nous sera secrètement hostile sous les dehors de l'amitié.

Enfin, à la guerre il faut tout prévoir et supposer que le canal de Suez est devenu infranchissable pour nos forces militaires. Dans ce cas, nous serions bien obligés de revenir aux vieilles routes abandonnées depuis l'ouverture de l'isthme. La navigation serait plus longue, mais nous pourrions trouver des stations au Sénégal et à Gorée, au Gabon, au Congo, à la Réunion et à Madagascar. Nous ne devons pas oublier que, pendant nos luttes contre les Anglais, La Bourdonnaye prêtait son appui à nos soldats de l'Inde en partant de Maurice et de Bourbon.

Quand le canal de Panama sera ouvert, nous y trouverons un autre point de passage. Dès aujourd'hui nous devons considérer l'influence de ce nouveau facteur dans la guerre maritime. Les Antilles et en particulier les Saintes nous fourniront une base d'opérations dans l'Atlantique, il conviendra de fortifier sur les routes de navigation du Pacifique des points de relâche, comme l'île de Rapa, capables d'abriter nos vaisseaux et de les fournir de combustible.

Nous ne nous sommes occupés jusqu'à ce moment que des entreprises d'une puissance européenne contre l'Indo-Chine française. Il faut maintenant envisager la situation qui nous serait faite dans le cas d'un conflit avec le Céleste Empire, maintenant que nos possessions sont contiguës à celles du Fils du Ciel. La différence profonde des civilisations des deux races peut toujours faire craindre des difficultés tant qu'un *modus vivendi*, appuyé sur la pratique de nombreuses années, ne sera pas intervenu entre les Européens et les Asiatiques. Or nous avons reconnu, pendant l'expédition du Tonkin, quels progrès l'armée chinoise a faits depuis le campagne anglo-française de 1860. Nos généraux ont rencontré devant eux des troupes organisées à l'européenne, armées de fusils à tir rapide, des plus récents modèles, capables de se couvrir de solides retranchements, préparés de longue main ou improvisés devant l'ennemi ; elles ont, à Tuyen-Quan, sans doute sous la direction d'officiers européens, fait la guerre de siège, ouvert des tranchées et des parallèles, creusé des fourneaux de mine, etc. L'artillerie seule, bien que munie de pièces modernes, ne s'est pas montrée à la hauteur de l'infanterie. Sur mer, l'amiral Courbet a combattu des bâtiments parfaitement armés, construits sur les chantiers de l'Occident ; il a constaté que les arsenaux chinois étaient bien garnis, et protégés avec toutes les ressources de la fortification permanente et des défenses fixes, barrages et torpilles. Les équipages étaient braves, ils manquaient encore d'expérience et les officiers ne répondirent pas aux espérances que la cour de Pékin avait fondées sur eux. Le crédit du Céleste Empire n'est pas encore solidement assis et le manque d'argent a beaucoup gêné le gouvernement de Pékin. Malgré l'infériorité actuelle de la Chine, la France a dû néanmoins déployer des efforts considérables pour triompher.

Laissons les années s'écouler. Les Chinois acquerront une expérience qu'ils ne possèdent pas encore ; ils trouveront des instructeurs chez les Anglais, les Allemands et les Américains ; ils répareront leurs pertes, perfectionneront leur armement. La puissance d'assimilation des Asiatiques est considérable. Chaque jour les Célestes deviendront plus redoutables. Désormais il ne sera plus permis de considérer l'Empire du Milieu comme un rival sans consistance, surtout quand celui-ci sera entraîné par ses relations diplomatiques dans une alliance européenne, car non seulement la Chine touche aux possessions de la France, mais à celles de la Russie et de l'Angleterre. Le gouvernement de Pékin, s'il sait porter son attention sur les réformes intérieures, réprimer les concussions des mandarins, développer les travaux publics, ouvrir des routes, construire des chemins de fer, encourager le commerce et l'industrie, deviendra redoutable; il trouvera des financiers pour ses emprunts et il a dans sa population des ressources presque illimitées en hommes pour ses armées.

Quoi qu'il en soit, nous devons aviser dès aujourd'hui et préparer la défense de notre Indo-Chine. Nous y avons un grand intérêt, car les dépenses faites pendant la paix, réparties sur plusieurs exercices budgétaires, permettent l'exécution de travaux défensifs conçus d'après un plan d'ensemble, bien arrêté dans ses lignes principales par nos ingénieurs militaires. C'est une avance de bonne politique. Il y a bien assez à faire, quand on redoute l'approche de l'ennemi, pour compléter les fortifications permanentes, pour établir des défenses accessoires ou des travaux de campagne. Si Paris put résister pendant quatre mois et demi en 1870, aux armées allemandes, il le dut aux fortifications élevées en 1840. Ajoutons, qu'avant une rupture avec l'étranger, les diplomates considèrent les chances possibles d'un conflit, que la décision prise par les parties en présence est singulièrement influencée par les données qu'elles possèdent sur la résistance probable de l'adversaire du lendemain.

Pour assurer notre domination au Tonkin nous devons nous inspirer de ces exemples. Il est indispensable, répétons-le encore, de prévoir la construction de forts d'arrêt commandant les défilés de la frontière chinoise, d'établir de solides bases d'opérations et de relier les points stratégiques par de bonnes voies de communication.

Pour rechercher les moyens de profiter de l'Indo-Chine dans le cas d'hostilités contre une puissance européenne, il convient d'abord de considérer qu'une colonie doit remplir le rôle d'une place forte sur le territoire national, c'est-à-dire être à la fois capable de se défendre par elle-même et de fournir un point d'appui, de ravitaillement, une base d'opérations aux armées en campagne. Pour cela un établissement doit renfermer des ports, des arsenaux, des bassins, des magasins de vivres et de charbon.

D'un autre côté, une colonie ne doit pas immobiliser pour sa défense les forces actives de la métropole; elle doit toujours être en état de repousser une attaque inopinée avec ses seules ressources, posséder le matériel nécessaire pour faire face à l'ennemi et être occupée par une garnison suffisante. Les autorités locales doivent avoir à leur disposition les éléments de la défense fixe, artillerie, torpilles fixes pour parer à un débarquement ou à une attaque de vive force, et les éléments de la défense mobile, torpilleurs de sortie, capables de gêner considérablement les opérations de bombardement d'une flotte ennemie.

Si, au début des hostilités, nos colonies n'étaient pas outillées, nos stations navales seraient obligées de les protéger, et se trouveraient par suite détournées de leur vraie destination, qui est de tenir la haute mer, de rechercher les escadres ou les bâtiments de commerce de l'ennemi. Si l'on perd un temps précieux, l'adversaire peut prendre l'offensive, ses navires marchands peuvent s'échapper et se réfugier dans les ports neutres. A quoi nous servirait alors d'avoir entretenu à grands frais, pendant la paix, une des premières marines militaires du monde?

Si nos colonies ne sont pas, à chaque moment, en état de suffire à leur propre défense, il ne faut pas nous dissimuler qu'il nous sera difficile, une fois la guerre déclarée, d'y jeter les hommes, les navires et le matériel sortis des ports de la métropole. Dans le cas d'une guerre avec l'Angleterre, nous rencontrerions partout les points de relâche entre les mains de nos ennemis; dans le cas d'une guerre maritime avec une autre puissance, ces stations seraient couvertes par la neutralité et elles ne pourraient nous être d'aucun secours. Elles seraient même plus utiles à l'ennemi qu'à nous-mêmes, car ses bâtiments y trouveraient un refuge contre la supériorité de notre flotte. On doit se rappeler qu'en 1870-71 les navires de guerre allemands échappèrent à nos croisières en se tenan prudemment au mouillage dans les eaux neutres.

Envisageons l'éventualité contraire. Nos colonies peuvent se défendre; elles sont fournies de tout l'outillage nécessaire; elles possèdent des dépôts de charbon, de munitions, un arsenal, des bassins de raboub, des chantiers de construction. Dès que le télégraphe a transmis la nouvelle de la déclaration de guerre, nos stations navales, libres de leurs mouvements, commencent immédiatement les hostilités et elles ne sont pas arrêtées par la préoccupation du ravitaillement, de l'approvisionnement en houille ou en munitions, et, enfin, dans le cas d'un revers, elles savent où aller se refaire, se réorganiser, sous la protection des places fortes, c'est-à-dire des ports de nos colonies.

Les précautions prises par les Anglais doivent nous servir de leçon. Jamais la Grande-Bretagne n'a négligé les fortifications de ses colonies. Sans parler des exemples classiques de Gibraltar, de Malte et d'Aden, il n'y a qu'à voir les travaux faits dans l'extrême Orient, à Singapour et à Hong-Kong, pour apprécier le souci de la marine britannique pour la défense de ses possessions. D'ailleurs la défense de la Cochinchine contre une attaque venant de la mer et ayant Saïgon pour objectif est facile, parce que les côtes sont d'un accès périlleux, et que les bouches du Delta, sauf la rivière de Saïgon, ne peuvent guère porter de grands bâtiments. On rendrait au besoin la navigation impossible en enlevant les bouées, en éteignant les feux et en plaçant à des points déterminés des batteries et des lignes de torpilles. Quant à Saïgon même, sa position stratégique est excellente, très sûre, capable d'abriter une flotte militaire nombreuse; l'arsenal est vaste, muni d'un outillage complet, de plusieurs formes de radoub; cet établissement peut fournir pour les travaux un nombreux personnel expérimenté.

Aussi désirons-nous que Saïgon soit outillé et fortifié de manière à devenir le sixième port militaire de France.

Dans le cas d'une guerre malheureuse avec la Chine soutenue par une puissance européenne, observe M. le Myre de Vilers, Saïgon serait le boulevard de la défense. Le blocus étroit des côtes de la Basse-Cochinchine est très difficile et le sera d'autant plus que nous aurons ouvert une voie maritime intérieure qui fera communiquer la ville avec le golfe de Siam par Hatien. Ce blocus ne serait pas d'ailleurs très inquiétant, si la place est bien approvisionnée de munitions, parce que la colonie produit assez de riz pour la nourriture des habitants et de la garnison. Le commerce seul serait gêné, mais c'est là une des malheureuses conséquences de la guerre. A tous ces points de vue Saïgon est une position d'une valeur militaire supérieure à celle de Singapour. Ajoutons d'ailleurs qu'on vient très heureusement d'y organiser la défense mobile à l'aide de torpilleurs.

Au Tonkin, on s'occupe actuellement de la création d'un port administratif et militaire pour suppléer à l'insuffisance de Haïphong, qui ne demeurera pas moins, étant donnée l'importance de son mouvement, le port de commerce du protectorat. Le rapport de M. l'amiral Rieunier, chargé de choisir l'emplacement de ce port avec l'assistance de M. Getten, ingénieur des ponts et chaussées; est favorable à Quang-Yen. L'amiral a trouvé que la barre du Cua-Nam-Trieu est plus facile à améliorer que les deux barres du Cua-Cam. Le Cua-Nam-Trieu conduit d'ailleurs à un magnifique estuaire, et en amont de Quang-Yen on trouve encore une grande profondeur. Le mouillage devant la future ville serait la rade, précédée d'un avant-port entre l'arroyo et le Song-Chong. La dépense pour les constructions prévues s'élèverait à 1,500,000 francs environ. Les travaux seraient facilités par la présence de nombreuses roches dans le pays ; ces matériaux pourraient servir à faire les appontements en pierres avec docks pour l'accostement à quai des navires. La ville de Quang-Yen est salubre et l'on y trouve de l'eau douce.

Le colonel Laurent indiquait, dans ses très remarquables conférences aux officiers de Saïgon, parmi les points à fortifier au Tonkin et dans l'Annam septentrional : 1° le débouché du canal maritime de Ninh-Binh; 2° les thermopyles du Nghé-An, en face de Bien-Son ; 3° les thermopyles du Dong-Hoan; 4° la frontière annamite du Dong-Hoï; 5° Langson qui, dans sa pensée, devait devenir *absolument* une forteresse de premier ordre avec réduit central et forts détachés; 6° les têtes de tous les défilés venant de Chine (forts d'arrêt); 7° les abords de la baie d'Along. Presque tous les projets du colonel Laurent sont aujourd'hui accomplis. Nos troupes occupent tous les points qu'il indiquait avec tant de clairvoyance. Quant à Langson, une commission militaire, présidée par le colonel Mensier, directeur du génie (1), et composée du lieutenant-colonel Heintz, commandant de l'artillerie; de M. Dujardin-Beaumetz, médecin en chef, et du capitaine de chasseurs à pied, Roy, attaché à l'état-major général, a décidé d'organiser la défense de la place dans la ville même et de l'entourer de forts construits sur les hauteurs qui surplombent le Song-Ki-Kung. La position de Dong-Dang, à laquelle on avait pensé pour y établir un centre stratégique, ne sera conservée que pour l'installation d'un poste d'observation, parce qu'elle est dominée par les forts chinois de la frontière. Il y a actuellement à Dong-Dang un blockhaus en briques, en arrière du village, sur l'emplacement d'un ancien ouvrage enlevé par le général de Négrier, et à Langson, une caserne pour 200 hommes et une ambulance pour 100 hommes dans le réduit de la citadelle.

Les garnisons de nos colonies sont en général fournies par les troupes de la marine. Les événements ont conduit le département de la guerre à envoyer plusieurs de ses régiments au Tonkin et l'opinion publique dans la métropole a été amenée à désirer, vu l'importance de nos entreprises lointaines, la création d'une armée coloniale.

(1) **Aujourd'hui général de brigade.**

En dehors des troupes métropolitaines, nous comptons beaucoup sur les régiments indigènes, bien instruits et solidement encadrés.

Les tirailleurs tonkinois, qui ont été courageux à côté de nos soldats, nous inspireront toute confiance le jour où ils seront recrutés, comme en Cochinchine, avec la responsabilité des villages. Dans leur pays, ils seront les dignes émules des tirailleurs algériens, lesquels ont su combattre contre les armées européennes, en Crimée, en Italie et sur le Rhin. Nous pensons même que dans certaines campagnes, dans les pays tropicaux, on pourra faire appel au dévouement des *linh-tap*. Ils pourront parfois remplacer l'infanterie de marine ou du moins seconder les efforts de nos troupes françaises, quand celles-ci se trouveront engagées dans des contrées malsaines pour les Européens. Nous ne ferions que suivre l'exemple des Anglais. Ceux-ci ont envoyé leurs contingents indiens en Éthiopie, contre le négus Théodoros, dans le Zoulouland et en Égypte.

La station navale de l'Indo-Chine pourra tirer un parti utile des marins annamites ou tonkinois. Montés sur leurs sampans ou sur leurs jonques, habitués dès l'enfance à la pêche dans les rivières, ne craignant pas de s'aventurer loin des côtes, faisant toujours le cabotage quand la sécurité des mers était assurée contre les pirates, les indigènes, dirigés par nos officiers de marine et bien encadrés par nos maîtres et nos quartiers-maîtres, mêlés au besoin avec un certain nombre de nos matelots, nous rendront les plus grands services. M. Dupuis a employé des Asiatiques pendant son exploration du fleuve Rouge et a été satisfait de leurs services. Dans la dernière campagne, comme au temps de Francis Garnier, comme sur la flottille de la Basse-Cochinchine, sur les canonnières du service local ou de la régie d'opium, les indigènes ont déployé de véritables qualités nautiques. Plusieurs de nos marins auxiliaires ont affronté le feu avec bravoure et ont mérité la médaille militaire.

D'ailleurs, le concours de nos nouveaux sujets nous est indispensable pour certains emplois, tels que celui de chauffeur : la température tropicale est trop difficile à supporter par nos marins et la chaleur des machines devient un véritable enfer.

Les capitaines au long cours détachés au service de l'Annam, à la suite du traité de 1874, n'ont pas réussi, il est vrai, à créer une marine annamite avec les bâtiments français cédés à Tu-Duc. Les mandarins, chargés du commandement, ne valaient pas mieux que les malheureux manœuvres embarqués sur nos pauvres vaisseaux. Cette expérience ne prouve rien contre les faits signalés plus haut. Les marins indigènes vaudront les tirailleurs annamites quand ils seront bien choisis et bien commandés.

II.

Nous commençons heureusement à entrer dans la voie fructueuse de la colonisation. L'Indo-Chine française est désormais constituée. Il appartient à nos industriels et à nos négociants de profiter de notre établissement dans l'extrême Orient pour répandre sur ce marché lointain les produits de la métropole. Ils seront soutenus par le gouvernement de la République qui a facilité ou facilitera leurs succès par la conclusion de traités de commerce avantageux avec la Chine, le Siam, les Pays-Bas et l'Espagne pour les colonies des îles de la Sonde et les Philippines, par l'ouverture de voies de communication dans les pays soumis, par l'établissement de nouvelles lignes de navigation, de télégraphie aérienne ou sous-marine, par la fondation de banques privilégiées et surtout par la sécurité enfin rendue à un pays comblé des dons d'une généreuse nature.

Nos compatriotes sont en état de profiter des sacrifices faits sans compter par nos marins et nos soldats. Seulement il leur faut faire appel à l'initiative privée, à l'association et surtout à l'étude exacte des besoins, des goûts, des habitudes traditionnelles et même des préjugés des indigènes. C'est par la connaissance réfléchie et profonde des conditions du marché de l'extrême Orient, par une juste appréciation des efforts qui peuvent être tentés par les Européens sous un climat si différent de celui de la France, et surtout par une honorabilité à toute épreuve dans les transactions que nos concitoyens pourront ouvrir des débouchés aux produits de l'Occident.

Il résulte de tous les renseignements, que le travail manuel est interdit par la nature aux Européens. Ils ne peuvent le supporter sous le ciel de l'Indo-Chine, et d'ailleurs ils ne sauraient résister à la concurrence de la main-d'œuvre indigène. Annamites et Tonkinois vivent de peu et se contentent d'un salaire que ne pourrait accepter aucun de nos hommes de peine. Mais l'industrie demande autre chose que l'emploi de la force musculaire. Elle veut surtout l'intelligence et l'habileté professionnelle.

Les Annamites et les Chinois ont besoin d'être dirigés par des ingénieurs, par des contre-maîtres, par des surveillants européens. Les uns et les autres peuvent devenir d'excellents élèves et rendre d'utiles services. Depuis longtemps on connaît la facilité d'assimilation des Célestes. Quant aux Annamites et aux Tonkinois, ils sauront aussi se plier aux habitudes de nos industries. Ils ont même une supériorité sur les fils de l'Empire du Milieu, parce qu'ils sont plus dociles et plus maniables.

L'élevage des bœufs au Cambodge, l'exploitation des forêts, des mines, des grandes plantations peuvent être conduits par des Européens. Le décorticage du riz, la fabrication du sucre et de l'alcool ne demandent, avec les capitaux, les usines et l'outillage industriel de l'Europe, qu'une direction convenable. Là nos nationaux peuvent réussir s'ils savent respecter les mœurs de leurs ouvriers. Notre bonne humeur, notre esprit de tolérance, nos idées généreuses, notre sympathie pour toute race longtemps courbée sous le despotisme et enfin délivrée par notre conquête, nous faciliteront le succès. Partout où nous avons passé, les indigènes nous ont aimés et ont conservé notre souvenir. Le passé est un garant de l'avenir. Nous saurons nous assimiler les Annamites et gagner leurs sympathies. L'exemple de la Basse-Cochinchine le prouve pour le présent. Les jeunes générations grandiront et, façonnées par nos écoles, elles s'habitueront à notre domination et elles trouveront tout naturel de recevoir la direction des fils des soldats qui ont conquis leur pays.

Si nous savons, tout en pénétrant mieux chaque jour le caractère de nos sujets, les élever jusqu'à nous par un *apprentissage* gradué, par la fondation d'écoles modèles pour l'agriculture ou pour l'industrie, nous nous créerons d'intelligents collaborateurs et nous assoierons notre puissance politique tout en développant notre richesse économique.

Au point de vue commercial, nous rencontrerons la concurrence des Européens étrangers, surtout celle des Anglais et des Chinois. L'Angleterre possède une avance considérable sur le marché de l'extrême Orient. Ainsi le chiffre d'affaires des maisons françaises de la Chine est six fois moins grand que celui des négociants britanniques.

Cependant la position commerciale des Anglais n'est pas inexpugnable. Ainsi on constatait récemment que les tissus de coton américains tendaient à remplacer dans la consommation du Yunnan les articles de Manchester, parce que ces derniers renferment une très forte proportion d'apprêt qui s'en va au lavage. Les indigènes, les soumettant à la teinture, trouvent que l'étoffe est bien loin de posséder les qualités sur lesquelles ils avaient compté en la voyant.

Pour donner au commerce national plus d'extension, il faut s'efforcer de lui ouvrir le marché des provinces méridionales du Céleste Empire et celui du Laos.

Le traité de Tien-Tsin nous donne satisfaction sur le premier de ces points et nous accorde, au sud de l'Empire du Milieu, des privilèges semblables à ceux acquis par la Russie à l'ouest et au nord des États du Fils du Ciel. Cette situation s'imposait, car nous devenions, par notre établissement au Tonkin, les voisins territoriaux de la Chine, au même titre que les Russes. Notre position devient privilégiée parmi les Européens, qui sont seulement admis dans les ports ouverts au commerce international. Le Yunnan fait avec le Thibet oriental un commerce d'échange qui semble appelé à se développer. L'accès que nous aurons dans la première de ces provinces peut faciliter notre trafic avec la seconde et détourner vers Mang-Hao, et par suite vers Hanoï, les commerçants chinois du Yunnan, qui font surtout leurs achats à Shang-Haï et à Hankoro.

Le traité de commerce avec la Chine, signé le 25 avril 1886 entre M. Cogordan, au nom de la France, et sir E. Bruwaert, au nom du Céleste Empire, confirme les prérogatives accordées aux sujets français, Européens ou Annamites. Ceux-ci pourront pénétrer sur le territoire impérial à la condition d'être munis de passeports, accordés par les autorités chinoises de la frontière sur la demande des autorités françaises. Les Chinois seront traités de la même manière quand ils entreront au Tonkin. Les uns et les autres jouiront du traitement des nationaux de la puissance la plus favorisée. Les articles 6 et 7 du traité définissent le régime douanier et le régime commercial auxquels sont soumises les marchandises françaises importées en Chine et les marchandises indigènes achetées pour l'exportation sur le territoire chinois. Les sujets des deux parties contractantes ne peuvent être soumis à aucun droit pour les bêtes de somme et les voitures employées aux transports, mais ils doivent payer les droits de tonnage pour les barques. L'importation de l'opium est interdite par le Tonkin dans le Yunnan, le Kouang-Si et le Kouang-Toun; l'exportation du riz et des céréales est interdite en Chine; il en est de même de l'importation dans ce pays des armes et des munitions, du soufre, du salpêtre, du sel, sauf autorisation des autorités impériales et sous leur contrôle.

La construction d'un chemin de fer parallèle au Song-Koï s'imposera un jour ou un autre pour remédier à la difficulté de la navigation du fleuve. L'espoir conçu par la France de diriger le commerce du Yunnan vers le Tonkin ne sera complètement réalisé que par l'existence de cette voie ferrée entre Haïphong et la frontière.

Assurer la facilité des communications entre le territoire chinois et la colonie française est en effet une nécessité de premier ordre. Alors se créeront les courants commerciaux, avec l'aide de nos consuls de terre, établis dans les villes frontières. S'il est utile d'avoir un consul dans le port de Pakhoï, il n'est pas moins urgent d'avoir des agents sur le fleuve de l'Ouest, à Long-Chéou, à Chang-Sé-Tchéou, à Nan-Hiang ou à Nan-Ning, dans le Kouang-Si, à Yunnan-Sen ou à Semao, dans le Yunnan.

Dans cette dernière province, nous aurions préféré nous voir établis plutôt à Taly qu'à Yunnan-Sen, car la première de ces places est une des citadelles les plus fortes du sud de l'Asie orientale et, pour y arriver, nous n'aurions eu qu'à suivre le cours du Song-Koï de Laokay à Mang-Hao et à Mong-Hoa. Sur ce dernier point seulement nous aurions quitté le bassin du fleuve Rouge et nous nous serions trouvés à quelques myriamètres de Taly, sans avoir eu à vaincre les difficultés de terrain de la route de Yunnan-Sen.

Par sa proximité de la Birmanie, Taly nous aurait encore assuré un avantage, et, si nous avions réussi à y précéder les Anglais, nous aurions empêché les richesses du Yunnan d'être dirigées sur l'Hindoustan. Malheureusement Taly est en pleine décadence et n'a jamais pu se relever des suites de la rébellion musulmane.

Nous prendrons donc pied à Yunnan-Sen et nous tâcherons de développer nos transactions avec les indigènes. Nous avons bonne espérance dans le succès : quand on se rend compte des difficultés vaincues par les bateliers chinois pour employer le fleuve de l'Ouest et atteindre Pé-Sé, sur la frontière du Yunnan, on peut affirmer que le fleuve Rouge, ouvert aujourd'hui à la navigation, rétablira les anciennes communications de nos provinces avec les habitants du Yunnan.

Nos possessions indo-chinoises pourront également se mettre en relations avec les ports du Céleste Empire ouverts au commerce européen et américain par les traités.

L'établissement du protectorat au Cambodge et son accentuation par la convention du 17 juin 1884, nous permet d'arriver jusqu'au Laos. Quand nous aurons complètement triomphé des mouvements insurrectionnels qui se sont produits dans les États de Norodon, quand nous y aurons mis en pratique les réformes prévues par l'instrument diplomatique précité, nous pourrons arrêter avec le Siam de nouvelles conventions commerciales. Au point de vue du trafic, nos sujets du Bas-Mékong seront nos plus utiles auxiliaires. Déjà cette race féconde pénètre le vieux royaume des Khmers et s'y établit par une invasion pacifique, succédant aux anciennes conquêtes à main armée. Il en sera de même des habitants de l'Annam proprement dit.

« Le jour, dit M. Harmand, où les Annamites sauront qu'ils peuvent, sans crainte de laisser leurs familles et leurs biens à la merci de leurs mandarins impitoyables, s'expatrier et faire fructifier dans les provinces voisines du Laos leur intelligence supérieure et leur activité, soyons sûrs qu'alors cette race trop à l'étroit depuis longtemps dans sa mince bande de terrain infertile, derrière la ceinture de montagnes qu'elle a voulu plusieurs fois déjà faire éclater, déplacera, à notre profit, les débris impuissants de la race thay du Laos. L'Annamite marchera le premier et nous n'aurons plus qu'à le suivre. »

Malheureusement pour les relations du Laos et de Saïgon, la navigation du Mékong au-dessus de Kratié est difficile. Quelques travaux indiqués par les récentes explorations pourront faire disparaître les obstacles. Les jonques laotiennes sont plutôt des pirogues, creusées dans des troncs d'arbres, entourées d'un flottage de bambou. On les pousse avec un bambou muni d'un croc servant à s'accrocher aux arbres de la rive quand la profondeur du fleuve est trop grande pour la perche. Les rapides, les bancs de sable ou de roche, la violence du courant augmentent la difficulté de la navigation, contrariée encore par les pirates. Plus au nord, à Paklay, on est obligé d'abandonner la voie fluviale et de poursuivre sa route par terre, tantôt avec des éléphants, tantôt avec les chevaux ou les bœufs trotteurs.

Par bonheur, on pourra sans doute profiter de ces anciennes routes, autrefois très fréquentées, entre le Mékong et l'Annam, avant l'établissement des Pavillons noirs et des Hos. Il est bien acquis, en effet, qu'entre le bassin du Song-Giang et le Mékong il n'y a pas de chaîne escarpée de montagnes, que le relief du sol présente seulement un dos de terrain à pentes douces dans un sens comme dans l'autre. Cet état de choses se prolonge au nord jusqu'au 19° de latitude, qui paraît être la limite où vient se terminer la chaîne jusque-là fort élevée des Ru-Moï, laquelle s'écrase tout à coup pour former les Tran-Ninh. Le Tonkin du sud est donc le point obligé de passage pour pénétrer dans l'intérieur de l'Indo-Chine. Tous les explorateurs de l'Indo-Chine, ont insisté sur la possibilité d'ouvrir les contrées centrales à notre commerce. Luang-Prabang (15,000 habitants), une des villes les plus importantes du Laos, communiquait autrefois avec le Tonkin par le Nam-Ou et le Nam-Senan, et elle recevait par ces voies des marchandises européennes. Aujourd'hui les habitants de Luang-Prabang sont obligés, à cause des exactions des Pavillons noirs, d'acheter à Xieng-Maï des produits venant de Bangkok. Ils se montrent impatients de renouer les anciennes relations avec le Tonkin.

Il conviendra d'être très prudent dans l'emploi des moyens de pénétration dans l'intérieur du pays. Les missionnaires ont, en effet, constaté l'attachement des Laotiens à leurs superstitions religieuses, à leurs mœurs et à leurs coutumes. Cette constatation est fort importante pour les explorateurs et pour les négociants qui essaieront de parcourir le pays. Le respect des préjugés des indigènes s'impose jusqu'au jour où la raison a fait son chemin et triomphe par sa seule force de croyances surannées.

Une concurrence très redoutable pour les négociants européens, de quelque nationalité que ce soit, est celle des Chinois. Nous avons insisté à plusieurs reprises sur la grande habileté commerciale des Célestes, sur leur profonde connaissance du marché indo-chinois, des mœurs, des habitudes des indigènes; de plus, ils sont maîtres depuis des siècles de toutes les transactions, ils ont été souvent investis par les souverains de fructueux monopoles et parcourent en tout sens le Laos. Pendant longtemps, toujours peut-être, le Chinois demeurera l'intermédiaire obligé entre le producteur indigène et le négociant européen pour les articles d'exportation, entre le commissionnaire et le consommateur asiatique pour les marchandises importées.

III.

La question de la présence des sujets du Céleste Empire dans l'Indo-Chine est d'ailleurs aussi importante à étudier au point de vue politique qu'au point de vue commercial. Les Chinois sont en effet nombreux dans notre colonie et dans les pays soumis à notre protectorat. En Cochinchine, ils sont plus de 55,000 si l'on ne compte que les inscrits et au moins 75,000 si l'on compte les non inscrits, tributaires toutefois de l'impôt de capitation; leur nombre au Cambodge s'élève à plus de 100,000; les statistiques manquent pour l'Annam et le Tonkin, mais, par comparaison, on peut croire que les Célestes ne sont pas moins répandus dans ces pays, surtout à cause de l'infiltration lente mais continue par les frontières du Yunnan et du Kouang-Si. Au Siam, sur une population de 4 millions d'habitants on compte 2 millions environ de Chinois. A Singapour, ils sont plus de 100,000;

dans la presqu'île de Malacca leur nombre augmente chaque jour.

Les Chinois émigrés dans le pays, cédant à l'esprit de collectivisme qui fait le fond de la civilisation de l'extrême Orient, se sont organisés en congrégations. Cinq de ces congrégations, celles de Canton, Trieu-Chau, Fokien ou Phuoc-Chau, Haïnan ou Quinh-Chau, et Akas-Eu sont autorisées en Cochinchine ; sept le sont au Tonkin, les précédentes et celles du Yunnan et du Kouang-Si.

Nous avons tout intérêt à entrer en relations avec les chefs de ces congrégations, à leur donner des prérogatives semblables à celles des notables dans les villages annamites, à les rendre responsables des faits et gestes de leurs nationaux. Grâce à la responsabilité des congrégations, on débarrasse la colonie cochinchinoise et les différentes contrées protégées d'une foule de vagabonds et de gens sans aveu parmi lesquels se recrutent les fauteurs de désordre. Les chefs des communautés, nommés à l'élection, doivent avoir des représentants désignés dans les arrondissements ; ils sont les percepteurs de l'impôt de capitation de leurs congréganistes et en doivent compte sous leur responsabilité personnelle. La garantie des associations doit toujours être exigée pour les adjudications consenties à des Chinois, pour la location des marchés, etc. Seuls les chefs peuvent, grâce à leurs moyens particuliers d'investigation, se rendre un compte de la solvabilité des traitants ou des fermiers, seuls ils sont en état d'assurer le paiement des dé dits, des malfaçons ou des loyers. Par leurs mariages avec des femmes du pays, les Célestes donnent naissance à une population métisse, les *Minh-Huong*, assez facile à gouverner, parlant les deux langues paternelle et maternelle, ce qui leur facilite les transactions. Dans l'Annam et le Tonkin, il conviendra de faire ressortir directement les congrégations chinoises de nos résidents et de nos vice-résidents, parce que les mandarins annamites ont été habitués pendant de longues années à trembler devant les Fils du Ciel, sur lesquels ils n'exerçaient qu'une autorité nominale.

Il arrive quelquefois que les Chinois, et certains Annamites, à côté des congrégations reconnues par l'État, forment des sociétés secrètes affiliées à certaines sociétés également secrètes du Céleste Empire. Ces associations nécessitent une grande surveillance de notre part, car, en Cochinchine, leur puissance a été assez considérable pour fomenter des révoltes, comme l'ont prouvé, en 1878, dans la province de Mytho, la secte des *Dao-Lanh*, qui avait organisé un mouvement contre nous, et, en 1882, la société du *Ciel et de la Terre*, à laquelle appartenaient un grand nombre d'Annamites de l'arrondissement de Bac-Lieu. L'action de cette dernière ne fut prévenue que par l'arrivée inopinée du gouverneur M. le Myre de Vilers, qui arrêta les principaux chefs.

Autant nous devons protéger les congrégations autorisées et nous servir de leur organisation pour dominer les Célestes, autant nous devons nous montrer rigoureux envers les membres des sociétés secrètes. En Cochinchine et au Cambodge, le gouverneur est armé contre ceux-ci du droit d'internement à Poulo-Condore et de séquestre des propriétés. Ces pouvoirs de haute police, exercés pendant la guerre par nos différents généraux en chef, doivent être maintenus entre les mains du résident général de l'Annam et du Tonkin. D'ailleurs le code annamite (livre VI, 6ᵉ section) nous fournit contre les associés une pénalité de droit commun. A côté de la surveillance de la haute police l'emploi judicieux de mesures administratives, la poursuite constante des devins, sorciers, comédiens, faux médecins, la visite des jonques chinoises, des maisons communes des grands centres par les commandants des croisières, la gendarmerie européenne ou asiatique, les embarcations des douanes, de la régie d'opium ou des contributions indirectes, l'interdiction du port d'armes sans autorisation écrite, l'obligation pour les Chinois de se munir d'une carte de séjour et de se faire inscrire aux résidences de France; au besoin l'affiliation intéressée de quelques-uns de nos partisans, jouant le rôle de détectives, permettront d'éventer les projets des sociétés secrètes et de prévenir tout mouvement dans les provinces. Ces mesures radicales ne sont pas trop draconiennes, car il s'agit de l'avenir de notre établissement. Elles ne sauraient d'ailleurs gêner en rien les sujets honnêtes et paisibles du Céleste Empire, protégés par les chefs des congrégations autorisées, ni entraver les opérations commerciales.

Parmi les États de l'Indo-Chine, certains doivent particulièrement attirer notre attention.

Le Siam notamment, profitant d'une situation mal déterminée, étend ses prétentions et celles de ses tributaires bien au delà de la rive droite du Mékong, jusque sur des territoires autrefois annamites. D'un autre côté, l'Angleterre, après l'annexion de la Birmanie indépendante, peuplée de 6 à 7 millions d'habitants de race malaise, cherchera à revendiquer des droits sur les États shans indépendants du Laos birman. Cette théorie ne tendrait à rien moins qu'à donner au gouvernement de Rangoon le protectorat de ces pays, et nous ne saurions l'admettre, parce que les droits mis en avant ne reposent sur aucun fondement sérieux. D'autre part, nous perdrions en partie le fruit de la création de notre empire indochinois.

Les Anglais, qui voient dans le Siam un territoire de transit, préconisent la création d'un chemin de fer allant de Bangkok à Ayuthia-Raheng, frontière du Siam (où il s'embrancherait sur Moulmein et les lignes partant de Rangoon, avec prolongement éventuel vers la Birmanie, et ferait sa jonction au Brah mapoutre par Mandalay, Kyan (Nhyt-Myo), Bhamo, Tshenbo (Birmanie), Makum et Sadiya (Inde anglaise), et de Raheng à Ngow, Peugow, Kiang-Khong (États shans), Siembab, Kiang-Hung (Shans indépendants), Ssumao (Esmok), Yunnan. Ce chemin de fer tournerait nos possessions du Tonkin en reliant directement les golfes de Siam et de Martaban au Yunnan.

Heureusement pour nous ce chemin de fer est plus facile à indiquer qu'à construire.

Les Anglais, qui nous prêtent des intentions d'annexion bien éloignées de notre pensée, n'hésitent pas à demander la prise de possession, par leur gouvernement, des États shans-birmans, et s'ils ne parlent pas de l'incorporation du Siam au territoire britannique, c'est parce qu'ils savent qu'elle est sous-entendue dans l'esprit de leurs compatriotes. Ils ajoutent que l'annexion des États shans par la France bloquerait, et peut-être pour toujours, la seule route par laquelle les Anglais puissent construire un chemin de fer vers la Chine.

Les Anglais vont jusqu'à nous prêter le projet de devenir voisins de la Grande-Bretagne dans l'Assam à Chittogong, dans la Birmanie anglaise, et dans la presqu'île malaise, et leur projet de chemin de fer a pour but de parer à cette éventualité.

Si cette théorie dépasse de beaucoup nos propres aspirations, elle a du moins ceci de bon, c'est qu'elle éveille notre attention et nous ouvre des horizons que nous ferons bien de surveiller.

Sans doute les États shans indépendants deviendront à bref délai une préoccupation pour nous, et nous ferons sagement, en les faisant entrer dans le cercle de notre action, d'assurer à notre empire indo-chinois une solide frontière occidentale.

Si les Anglais ont des vues sur les États shans, nous ne voyons par trop pourquoi nous détournerions nos regards des pays contigus au Tonkin, et surtout pourquoi nous ne chercherions pas à éviter de voir nos possessions tournées.

Mais nous n'en sommes pas à ce point et nous avons trop à faire au Tonkin et en Annam pour que les projets lointains qu'on nous prête si facilement reçoivent dès aujourd'hui un commencement d'exécution.

Avant de songer aux États shans, n'avons-nous pas à nous souvenir des pays annamites ou laotiens de la rive gauche du Mékong, qui figurent encore sur la liste officielle des provinces du Cambodge et s'étendent dans les bassins du Se-Bang-Hien, du Siang-Pang, sur le plateau des Bolovens et dans la partie orientale du Stung-Treng, et qui gravitent aujourd'hui, par suite de notre indifférence, dans l'orbite siamois?

Il y a aussi une petite principauté vassale du Siam, le Luang-Prabang, mais où se fait sentir bien faiblement son autorité, qu'on nous a accusés de convoiter à cause de son importante position par rapport au Tonkin.

Encore une fois nous avons bien assez à faire dans nos propres possessions; mais le gouvernement de la reine, qui ne fait point mystère des relations qu'il cherche à nouer avec le Vien-Chang et le Luang-Prabang, sous le prétexte d'y faire le commerce du bois de teck, ne peut trouver mauvais que nous ayons créé un vice-consulat à Luang-Prabang.

Nous y avions grand intérêt, car il s'agit pour nous de surveiller les Hos, formés, comme les Pavillons noirs, par les débris des insurgés Taëpings, qui, à un moment donné, pourraient menacer la sécurité de nos territoires de l'Annam et du Tonkin.

Ils inquiètent également la Chine sur la frontière du Yunnan et le Siam, car chaque année ils viennent jusqu'au Xieng-Mai, et nous savons qu'à plusieurs reprises la cour de Bangkok a manifesté l'intention de protéger ses frontières contre leurs invasions.

L'état troublé de ces régions mérite donc d'attirer toute notre attention, et la cour de Bangkok comprendrait mal ses véritables intérêts si elle ne nous prêtait un concours dont elle sera la première à profiter.

C'est pacifiquement que nous devons procéder et faire régner l'ordre sur nos frontières : ouvrir des routes au commerce n'implique nullement l'idée de notre part d'annexer le Siam.

Mais nous avons le devoir de rendre au Tran-Ninh, tributaire de l'Annam, situé entre le Nghé-An et le Luang-Prabang, son ancienne prospérité.

Ainsi le Siam, impuissant à faire régner l'ordre sur ses frontières, impuissant même à dominer les principautés vassales qui lui appartiennent nominalement, cherche néanmoins à empiéter sur les territoires tributaires de l'Annam.

Quant à nous, voici comment nous comprenons notre politique à l'égard du Siam.

Nous devons enlever à la cour de Bangkok toute crainte d'annexion de notre part et nous lier avec elle de telle manière qu'elle se sente à l'abri des projets de la Grande-Bretagne. Notre accord dans ces conditions avec le roi actuel sera fécond, car, comme nous l'avons dit, sur bien des points, nous avons des intérêts communs, et le Siam appréciera bien vite les avantages qu'il aura à voir garantie, par une étroite alliance avec le gouvernement de la République, l'indépendance de son royaume.

Le maintien de l'intégrité du territoire siamois donnera à nos possessions indo-chinoises un rempart, qui leur est aussi nécessaire contre l'empire britannique indien que l'Afghanistan est indispensable contre les progrès de la Russie dans l'Asie centrale.

En échange de la certitude de conserver son autonomie, le Siam nous laissera revendiquer les droits légitimes de l'Annam sur l'est du Laos. Les prétentions de la cour de Bangkok sur une partie de ces contrées sont fort contestables et son autorité y est purement nominale. L'établissement de notre protectorat à l'est du Mékong donnera au royaume siamois une sécurité de frontières qui lui est inconnue et nous permettra de dédommager notre voisin de quelques sacrifices d'amour-propre en l'aidant à développer la prospérité de son pays. Déjà nous avons construit, avec son agrément, la ligne télégraphique de Saïgon à Bangkok. Il ne sera pas difficile de rendre à la cour quelques services dans l'ordre économique. Enfin, au point de vue politique, notre alliance donnera à un roi jeune et intelligent, ami de la civilisation européenne, la certitude d'un règne paisible et la possibilité de développer [le bien-être moral et matériel de son peuple. Jamais l'intérêt dynastique d'un prince de l'Orient ne s'est mieux accordé avec les intérêts de la République française.

Ces grandes lignes indiquées, abordons maintenant la question de l'unité indo-chinoise.

Historiquement et politiquement, du cap Saint-Jacques au cap Paklung, de ce point, par Langson et Caobang, à Laokay, nous nous trouvons en face de la même race, des mêmes institutions, d'une civilisation identique ; seuls les royaumes de l'ouest et le Cambodge ou les petits royaumes tributaires de l'Annam, les peuplades du bord du Mékong, facilement absorbées par la race annamite (l'immigration au Cambodge le prouve surabondamment), font exception.

Pratiquement, l'exemple des Anglais dans l'Inde, où la même autorité réunit sous sa main tant de royaumes, affirme également cette nécessité.

Tout ce qu'on peut contester, c'est la possibilité immédiate de l'unité indo-chinoise ; cette affaire est simplement une question de temps, mais dont il faut dès maintenant envisager les avantages et chercher à voir les moyens d'exécution.

L'unité se fera pour ainsi dire d'elle-même le jour où les moyens de communication seront multipliés. C'est le but à atteindre.

Aux voies de communication maritimes et fluviales s'ajouteront, avec le temps, les lignes télégraphiques

portant partout l'offre et la demande; les réseaux ferrés, non pas de grandes voies ruineuses et souvent condamnées à nous donner des déceptions, mais de petits tronçons s'amorçant sur les ports principaux, perçant en plusieurs points la chaîne côtière de l'Annam, suppléant à la difficulté relative de la navigation du Mékong, aux embarras du parcours du Song-Koï, pourvoyant aux nécessités stratégiques, etc., etc.

Pour que tout cela soit bien ordonné, il faut un plan d'ensemble reposant sur l'idée de l'unité qui doit féconder l'exploitation de ces régions.

Il est nécessaire qu'une même main tienne les destinées de tous les pays de l'Indo-Chine soumis à notre domination et que le pouvoir soit remis à un gouverneur général.

Au point de vue financier, cette mesure est d'une incontestable utilité. Tel territoire, l'Annam, par exemple, est pauvre, tel autre prospère, tous doivent s'aider. Certes, il ne faut pas faire de dépenses improductives là où le sol est ingrat, mais on doit éviter que le pauvre ne se jette sur le riche, et pour cela il faut faire les frais de protection nécessaires.

La Cochinchine ne saurait être détrônée par le Tonkin. Sans doute la conquête de ce dernier pays a réclamé plus d'efforts que notre prise de possession des bouches du Mékong, cependant nous le pénétrerons plus rapidement et son développement semble, si, comme nous l'espérons, il ne rencontre pas de difficultés de la part du Céleste Empire, devoir donner, à court terme, de magnifiques résultats. Mais il ne faut pas se dissimuler que, pendant plusieurs années, nous aurons à lutter contre la piraterie. Le temps seul pansera ses plaies, et alors le Tonkin prendra le brillant essor qui lui semble réservé (1).

La Cochinchine, au contraire, est arrivée, après vingt-cinq années d'occupation, à l'apogée de sa fortune ; son budget a atteint un chiffre très élevé. Le Cambodge va lui créer de nouveaux débouchés, alimenter ses marchés, accroître son commerce. D'un bout à l'autre de la colonie règne la prospérité. Au Tonkin, tout est à édifier ; à Saïgon, nous n'avons qu'à développer les résultats déjà obtenus. La Cochinchine nous donne le point d'appui nécessaire pour régénérer l'Indo-Chine : elle doit garder le premier rang, là doit être la capitale de nos possessions de l'extrême Orient.

Notre établissement du bas Mékong paie encore aujourd'hui l'obscurité de ses origines. On s'est occupé davantage du Tonkin, qui a attiré les regards de tous

---

(1) La piraterie a toujours été le fléau de l'extrême Orient. On la trouve en Chine, où les autorités impériales la considèrent comme endémique, et ne s'inquiètent pas outre mesure de la dévastation de provinces entières. Au Tonkin, elle n'est plus exercée que par les déserteurs de l'armée impériale et par les débris des Pavillons noirs ; au Cambodge, par les partisans du prétendant Sivotha. Nous ne pouvons accepter une telle situation, et, malgré toutes les difficultés, nous serons maîtres du fléau. La plupart des rébellions ont été encouragées sous main par des fonctionnaires infidèles que nous saurons punir comme en Cochinchine, et la paix se rétablira.

nos hommes politiques. D'un autre côté, chacun sait que le delta du Song-Koï est plus sain que celui de la Basse-Cochinchine, et tous ceux qui tournent leurs efforts vers les entreprises coloniales pensent à s'établir au Tonkin.

Dans ces conditions, il faut que les fonctionnaires civils envoyés dans notre empire indo-chinois forment un corps uni et qu'un sage roulement les fasse séjourner successivement dans la Cochinchine, le Cambodge, l'Annam et le Tonkin. De cette manière, chacun de nos agents saura qu'il n'est pas affecté à telle ou à telle région, qu'il doit les parcourir toutes, et on ne verra pas naître, chez les uns ou chez les autres, un esprit de particularisme qui empêcherait l'unité de gouvernement et retarderait la fusion des provinces.

Il faut avouer que le traité franco-annamite, signé par M. Patenôtre, n'a pas envisagé cette situation. La raison de ce fait est bien simple. L'instrument diplomatique du 6 juin 1884 n'est qu'un adoucissement de la convention Harmand, et celle-ci, intervenue le 25 août 1883, avant Sontay, Bac-Ninh, Hong-Hoa, Langson et Tuyen-Quan, répondait à un état de choses, à une situation bien différente de la situation actuelle.

A l'époque de la signature du traité Patenôtre, de bons esprits, voyant qu'on allait modifier le traité du 25 août 1883, voulaient qu'on ne fît qu'un seul protectorat de l'Annam et du Tonkin. Cette conception est toujours très logique et les événements du 5 juillet 1885 prouvent qu'on ne saurait éviter une revision nécessaire.

L'Annam est pauvre et ne peut vivre sans notre aide : on l'a comparé au bâton d'un porteur de riz dont les sacs seraient représentés par la Basse-Cochinchine et le Tonkin. Les provinces du nord sont remuantes et nous devrons sans cesse les surveiller. L'occupation des points stratégiques du pays, aujourd'hui accomplie, était indispensable pour relier nos possessions du sud et du nord, celles des ports de Xuanday, de Quin-Nhon et de Tourane, pour nous assurer le trafic de la presqu'île indo-chinoise. Toutes ces raisons doivent nous engager à resserrer le protectorat. Nous rappelons pour mémoire l'importance que donnent au Tonkin méridional son voisinage du Laos et les fleuves qui peuvent conduire les voyageurs et les marchandises à proximité du Mékong et de ses affluents, artères du commerce intérieur..

Le mauvais vouloir des mandarins et des lettrés nous gênera longtemps, surtout dans l'Annam, car au Tonkin la pacification a été favorisée par l'hostilité des populations agricoles contre les fonctionnaires royaux. Mais, à tout prendre, on ne fonde rien qu'avec le concours du temps. Il ne se passera pas un quart de siècle avant que l'équilibre ne soit établi, et que l'Annam lui-même ne soit devenu une véritable colonie. Pour obtenir ce résultat il faudra sillonner le pays de routes, répandre l'instruction primaire, implanter l'usage du quoc-ngu, véhicule des idées de l'Occident, incorporer des soldats dans les tirailleurs annamites, d'où ils sortiront imbus de nos mœurs, habitués à notre discipline. L'influence des lettrés sera combattue et leur opposition punie par l'internement à Poulo-Condore, peine la plus redoutée des Asiatiques.

Quelques écrivains compétents dans les questions coloniales s'efforcent, dans des écrits récents, de prouver que la Cochinchine est une possession et non une colonie. C'est l'évidence même, car sur une population de 1,744,637 habitants (1ᵉʳ janvier 1886) nous ne comptons que 2,171 Européens, et nos sujets n'ont pas le statut personnel de citoyens français. Nous appelons la Cochinchine une colonie parce que nous possédons le pays par droit de conquête et que nous ne protégeons aucune royauté indigène dans les province du bas Mékong. Mais, en réalité nous gouvernons les natifs avec les procédés d'un protectorat.

Pour démontrer cette assertion nous prendrons pour exemple l'arrondissement de Mytho, qui a 15 cantons et 202 villages. L'administration française proprement dite y est représentée par 2 administrateurs, 1 secrétaire d'arrondissement, 1 comptable percepteur, et 1 directeur de collège, soit par 5 fonctionnaires européens, assistés de 15 tongs, chefs de cantons, 5 interprètes et 5 lettrés, soit par 25 fonctionnaires et employés indigènes.

A côté de cette administration primordiale, nous avons créé un conseil d'arrondissement, dont quinze membres sont indigènes et un seul Français, l'administrateur-président. L'arrondissement renferme un collège, une école d'arrondissement, 15 écoles cantonales, 23 écoles communales, 55 écoles de caractère, 13 écoles congréganistes, employant 10 professeurs européens contre 109 indigènes. L'administration des contributions indirectes emploie un contrôleur et 5 agents européens secondés par 2 secrétaires annamites; celle des postes et télégraphes un agent européen et 3 indigènes. La direction des travaux publics entretient quatre fonctionnaires, mais uniquement à cause de leur instruction technique.

Le tribunal de Mytho comprend 4 magistrats et 4 greffiers ou commis-greffiers européens, pendant que les 30 assesseurs (jurés) sont tous des Annamites.

Nous laissons naturellement de côté les services de l'armée et de la marine, dont les forces sont surtout composées de Français : c'est une nécessité pour nous assurer la possession du pays.

Mais, en résumant les données précédentes, nous sommes en droit d'affirmer qu'une administration qui repose sur l'emploi des natifs et où les Européens ne sont que des agents directeurs (si l'on fait abstraction de la justice française, qui n'a été instituée qu'après vingt ans de domination, et du service des contributions indirectes, constitué en régie) est, en réalité, une administration de protectorat.

Aucun rouage ne peut être supprimé et nous arriverons fatalement à donner la même organisation à l'Annam et au Tonkin. Il importera peu que l'on donne aux fonctionnaires du delta du Song-Koï les noms de résidents et de vice-résidents au lieu de les appeler inspecteurs ou administrateurs comme en Cochinchine : leurs fonctions sont et seront les mêmes.

Les résultats obtenus par le gouvernement de Saïgon avec ses agents indigènes sont excellents : grâce à leur concours 2,450 municipalités versent collectivement dans nos caisses les impôts de 1.700.000 contribuables.

D'ailleurs l'emploi des Annamites constitue une économie sérieuse. En Cochinchine, un sous-chef de canton touche annuellement de 24 à 36 piastres, un chef de canton, de 48 à 120 piastres, un huyen de 360 à 480 piastres, un phu de 480 à 960 piastres ; les secrétaires de 120 à 480, les lettrés de 72 à 480 suivant les classes. Les chefs de canton ont le double caractère de fonctionnaires électifs et d'agents de l'administration.

En somme le personnel indigène ne nous coûte en Cochinchine que 277,250 piastres (budget de 1887). Les maires ne reçoivent qu'une indemnité fort modeste pour leurs frais de perception de l'impôt.

L'emploi des notables, à tous les degrés de la hiérarchie, réduit donc considérablement les dépenses de nos protectorats. Les sommes relativement faibles qu'ils reçoivent comme émoluments sont énormes dans un pays où le numéraire est rare, surtout si on les compare aux traitements que donnait à ses fonctionnaires le gouvernement annamite. Ces indemnités sont suffisantes pour nous donner le droit d'empêcher les agents annamites de commettre des exactions.

Tous les efforts de notre administration doivent être dirigés dans cet ordre d'idées. Une seule autorité, élevée dans l'ordre hiérarchique, doit présider au développement de notre domination. Il faut, nous le répétons, un gouverneur général à nos possessions indo-chinoises : seul il doit, sous la direction du gouvernement métropolitain, mais avec un grand pouvoir discrétionnaire et une grande indépendance dans le choix des moyens, dans un pays si éloigné de la métropole, dont les mœurs sont si différentes de celles des Européens, assumer la responsabilité de la conduite de son personnel.

Le choix de la capitale politique de l'Indo-Chine française a préoccupé toutes les personnes qui s'intéressent à l'avenir de nos établissements. Saïgon, Hué et Hanoï se partagent les préférences. Pour nous, Saïgon doit demeurer la capitale.

En dehors de l'importance de sa situation au point de vue militaire, Saïgon est le centre d'un grand commerce; la ville possède tous les édifices nécessaires à l'administration d'un vaste établissement. « Établir la capitale à Hanoï, dans le delta du Song-Koï, à proximité des frontières du Kouang-Toun et du Kouang-Si, avec la baie d'Along comme seul port de ravitaillement, serait une faute grave, évitée du reste par la cour de Hué. La perte d'une bataille entraînerait la ruine de notre domination dans l'Indo-Chine entière. On reproche, il est vrai, à Saïgon sa situation à l'extrémité sud de la presqu'île, mais c'est le point le plus rapproché d'Europe, le port de relâche obligatoire de l'aller et du retour, le relais des câbles électriques. De plus, pour se rendre au Cambodge et pénétrer dans les provinces du versant occidental de la chaîne annamite, il sera toujours nécessaire de suivre le Mékong. Hanoï, à l'extrémité nord de nos possessions, ne présenterait-il pas les mêmes inconvénients sans offrir aucune compensation ? Quant au climat de Cochinchine, dont, pour les besoins de la cause, les partisans de Hanoï exagèrent l'insalubrité, si l'hiver n'existe pas, les chaleurs de l'été sont moins pénibles près de l'équateur que sous le tropique. Enfin, considération qui a sa valeur, la colonie est riche et ne refuserait pas de prendre à sa charge les frais de premier établissement. » (LE MYRE DE VILERS.)

Le gouverneur général n'aurait point cependant dans cette ville une résidence obligatoire, il serait là où sa présence serait surtout nécessaire.

La Cochinchine, le Cambodge, l'Annam et le Tonkin auraient un budget distinct, mais des intérêts politiques et économiques connexes.

Le rôle du gouverneur général serait de faire préparer les études suivant un programme d'ensemble, suivant les vues de la métropole, et de se transporter successivement dans chaque partie au moment où les solutions seraient prêtes.

C'est ainsi qu'il devrait être en Cochinchine pendant le vote du budget de cette colonie et s'assurer que son lieutenant gouverneur, en le préparant, s'est inspiré des besoins du Cambodge et qu'il a tenu compte des deux autres facteurs, le Tonkin et l'Annam.

En un mot, le gouverneur général devrait, par une direction réfléchie, donner constamment des directions à ses agents et empêcher ceux-ci de faire prévaloir tels intérêts locaux au détriment de l'intérêt supérieur qui lui est confié.

En Cochinchine, il y aurait un lieutenant gouverneur sous les ordres duquel serait le résident général du Cambodge ; à Hué un chargé d'affaires ; au Tonkin, où, dans les premiers temps, le gouverneur général séjournerait de préférence, où notre action se ferait, au début, le plus vivement sentir, un directeur des affaires civiles et politiques.

Au point de vue militaire, les forces de terre et de mer et la station locale doivent être sous les ordres directs de l'officier général chargé de la défense de l'Indo-Chine française. La division navale seule doit être à la disposition du ministre de la marine. Nous trouvons dans l'adoption de ces mesures de grands avantages : l'unité dans la direction de la défense (1), la possibilité pour la colonie de se protéger elle-même

---

(1) Pendant l'expédition du Tonkin, la Cochinchine s'est plus d'une fois plainte du silence à son égard des autorités du delta du Song-Koï, qui, malgré le câble qui unit Haïphong à Saïgon, négligeaient d'informer le gouverneur d'événements qui avaient leur contre-coup au Binh-Thuan, sur les frontières septentrionales de la colonie. L'unité de direction préviendra de semblables oublis.

sans immobiliser les forces destinées aux opérations hauturières, une activité nouvelle donnée à la vie propre de la colonie, la réduction du personnel et des frais de transport.

Tels nous apparaissent les moyens de créer l'unité indo-chinoise. Le programme est vaste, mais il ne dépasse pas les forces de la France.

Cette conception de l'unité indo-chinoise n'est possible qu'avec la création d'un ministère spécial des colonies et d'une armée coloniale.

L'Angleterre, la Hollande, l'Espagne ont un ministère spécial; l'Angleterre a même un ministère particulier pour l'Inde; nous pensons qu'une direction de l'Indo-Chine au département des colonies, dont la création s'impose, donnera toute garantie à la spécialisation que nous cherchons à obtenir dans le personnel, car nos possessions de l'extrême Orient sont environ dix fois moins étendues que l'Inde.

Un marin, ancien gouverneur de colonie, a fort bien exposé, dans une étude récente (1), cette nécessité d'un ministère des colonies.

« Aujourd'hui, dit-il, les ministres de la marine, de la guerre, des affaires étrangères ont leur part d'action, absolument indéterminée d'ailleurs, dans l'administration de nos colonies. *La responsabilité n'est nulle part*. Il n'en sera plus ainsi; le ministère des colonies, affranchi de toute ingérence étrangère, sera autonome, responsable du développement

---

(1) *Marine et Colonies*. Paris; Berger-Levrault, décembre 1885.

progressif de chacune de nos colonies et de notre empire colonial. Responsable de leur sécurité intérieure, de leur défense contre l'étranger, il aura son armée spéciale, sa marine spéciale : une armée dont les cadres se recruteront facilement en France, dont les troupes, rompues aux dures nécessités de la vie et de la guerre coloniales, seront en dehors de la *nation armée*, tout en assurant pour une large part la grandeur de la mère patrie; une marine qui, dans sa spécialité, ne subira plus les exigences de la guerre navale, et dont les éléments, bien différents de ceux de nos stations locales d'aujourd'hui, seront des navires construits, aménagés, armés en vue des services spéciaux auxquels, dans chaque colonie, ils devront satisfaire. Une telle conception de l'administration supérieure de notre domaine colonial est en conformité avec les principes de la science de la colonisation et va au triple but que cette science se propose : création de sociétés nouvelles, de champs d'exploitation agricole ou commerciale, et enfin de points stratégiques. L'organisation qui en découle répond aussi à la loi pratique que *la science* a fait prévaloir : la spécialisation des instruments de chaque industrie. »

Nous avons de nouvelles Indes; Madagascar s'est incliné devant nos armes; restons-en là pour le moment, ne cherchons pas d'autres colonies, fortifions celles que nous avons, établissons-nous-y fortement. *C'est la solidité des conquêtes et non leur nombre qui en fait la valeur.* Toute l'histoire le prouve.

Un jour peut-être des millions d'indigènes auxquels

nous apportons la liberté nous prouveront leur reconnaissance et payeront nos sacrifices.

Nul ne sait si, dans les accroissements continus des armées européennes, les troupes coloniales natives n'auront point un rôle décisif à jouer.

Si l'on ne peut guère prévoir la possibilité de les employer en Europe comme nos indigènes d'Algérie, le moment est peut-être proche où, toutes les nations du vieux continent ayant des colonies, elles pourront balancer sur ces points la fortune des armées ennemies.

La Russie et l'Angleterre se font la guerre sur les territoires protégés, et les grandes batailles ne se livrent pas toujours sur les frontières d'Europe.

Tout cela mérite d'être médité.

En résumé, à chaque expansion coloniale doit correspondre une longue période d'affermissement. Si, comme nous l'avons dit, nous ne devons ni nous étendre indéfiniment ni nous laisser séduire par des mirages trompeurs, une fois les sacrifices consommés tout doit concourir au résultat poursuivi. C'est maintenant surtout qu'il faut, comme le voulait M. le Myre de Vilers, ancien gouverneur de la Cochinchine, procéder politiquement, pacifiquement, administrativement.

Nous sommes arrivés au terme de notre course. Puissions-nous avoir fait partager au lecteur notre conviction que la République a non seulement fait une grande œuvre civilisatrice en s'établissant définitivement en Indo-Chine, mais qu'elle a encore acquis de riches territoires. Il reste à nos compatriotes à féconder par les travaux de la paix le vaste champ conquis. A l'œuvre donc et rappelons-nous que c'est surtout dans les contrées vierges qu'est vrai le mot de Michelet : « L'homme fait la terre. »

Quant à nos marins et à nos soldats, les héros modestes de cette guerre, tout un peuple les a acclamés à la revue du 14 juillet 1886. C'était justice : sur une terre lointaine ils ont ramené la victoire dans les plis de nos jeunes drapeaux, affirmé le relèvement de la France et fait concevoir au pays de légitimes espérances pour l'avenir.

FIN.

TABLE DES MATIÈRES.

                                                                                                Pages.

PRÉFACE.. I

I.

LE SOL........................ 1

Situation et bornes, 1. — Orographie, 2. — Littoral, *Cochinchine*, 7; *Annam*, 8; *Tonkin*, 9. — Hydrographie, *Cambodge et Cochinchine*, 10; — *Annam*, 14; *Tonkin*, 16. — Iles, 19. — Climat, *Cochinchine*, 19; *Tonkin*, 21; *Annam*, 22; *Cambodge*, 23.

II.

HISTOIRE.................... 25

Pigneau de Béhaine, 25. — Conquête de la Basse-Cochine, 27. — Résistance déguisée de la cour de Hué, 28. — Occupation des provinces occidentales, 29. — Protectorat du Cambodge, 31. — La mission Francis Garnier, 32. — La mission Philastre et le traité du 15 mars 1874, 36. — Difficultés entre la France, l'Annam et les pays étrangers, 39. — Expédition du commandant Rivière, 44. — Intervention de la Chine, 46. — Mort du commandant Rivière, 49. — Commandement du général Bouet. Mission de M. Harmand. 51. — Prise des forts de Thuan-An, 53.

— Opérations au Tonkin, 54. — Commandement de l'amiral Courbet, 57. — Prise de Sontay, 58. — Commandement du général Millot, prise de Bac-Ninh, 65. — Le traité Fournier, 70. — Le guet-apens de Bac-Lé, 72. — Le traité du 6 juin 1884, 73. — Traité avec le Cambodge, 76. — Campagne contre la Chine, 79. — Opérations contre l'île de Formose, 82. — Commandement du général Brière de l'Isle, 85. — La marche sur Langson, 88. — Tuyen-Quan. Le commandant Dominé, 89. — Combat de Hoa-Moc, 90. — La retraite de Langson, 92. — Traité de paix avec la Chine, 93. — Mort de l'amiral Courbet, 96. — Commandement du général de Courcy. Attentat de Hué, 96. — Progrès de notre occupation, 100. — Commandement du général Warnet. Occupation de Laokay, 103. — La commission de délimitation des frontières, 107. — M. Paul Bert résident général, 114.

III.

LES HABITANTS 123

I. POPULATION. — Cochinchine, 123. — Annam, 124. — Tonkin, 124. — Cambodge, 125.

II. LES ANNAMITES. — Caractères physiques, 127. — Caractères moraux, 130. — Nourriture, habitations, 138. — La famille et la propriété, 146. — Esclavage, 153. — Langue, écriture, littérature, sciences, arts, 158.

III. POPULATIONS INDIGÈNES. — Moïs, 165. — Chams, 167. — Muongs, 168.

IV. LES CAMBODGIENS. — Caractères physiques, 169. — Coutumes, 173. — Esclavage, 178. — Langue, arts, sciences, 180.

V. ASIATIQUES ÉTRANGERS. — Chinois, 184. — Malais, Malabars, 186.

TABLE DES MATIÈRES. 465

Pages.

VI. Français et Européens, 187.

VII. Hygiène. — Principales maladies, 193. — Hygiène des Européens, 204.

VIII. Villes. — Cochinchine, *Saïgon,* 209; *Cholon,* 214; *Mytho,* 215; *Vinh-Long,* 215; *Hatien,* 216. — Annam, *Hué,* 216; *Quin-nhon,* 216; *Tourane,* 215; *Faï-fo,* 216. — Tonkin, *Hanoï,* 216; *Haïphong,* 118; *Quang-Yen,* 218; — Cambodge, *Phnum-Penh,* 220; *Kampot,* 220.

IX. Religions. — Annamites, 221. — Culte des ancêtres et du foyer, 223. — Religion des Cambodgiens. Bouddhisme, 229. — Brahmanisme, 237. — Christianisme, 238. — Mahométisme, 240.

IV.

LES PRODUCTIONS ET LES DÉBOUCHÉS...241

I. Minéraux, 241.

II. Végétaux, agriculture, 244. — Plantes alimentaires, 249. — Plantes industrielles, 250. — Flore pharmaceutique, 250. — Plantes d'ornementation, 250. — Riz, 251. — Manioc, 253. — Arbre à thé, 253. — Coton, 254. — Ortie de Chine, 256. — Arachide, 257 — Indigo, 257. — Tabac, 258. — Badiane, 259. — Bétel, arékier, 260. — Mûrier, 260. — Caoutchouc, gutta-percha, 261. — Forêts, 262. — Bambou, 262. — Arbres fruitiers, 263. — Résine, huiles de bois, 263. — Bois de teck, 274.

III. Animaux. — Mammifères, 264. — Oiseaux, 273. — Reptiles, 275. — Poissons, 277. — Invertébrés, 278.

IV. Industrie, 280. — Pêche, 282. — Eau-de-vie de riz, 286. — Huile de coco, 287. — Scieries, constructions navales, 288. — Briqueterie, poterie, 289. — Fonderies, 292. — Soie, tannerie, bâtiments, orfèvrerie, 293. — Éventails, incrustations, 294.

TABLE DES MATIÈRES.

Pages.

V. COMMERCE. — Cochinchine, importations et exportations, 297. — Cambodge, 306. — Tonkin, 307. — Historique du commerce, 308. — Importations, 311. — Exportations, 313. — Évaluation du commerce, 314.

VI. VOIES DE COMMUNICATION. — Cochinchine, voies maritimes, 324. — Voies fluviales, 325. — Voies terrestres, 325. — Tonkin, voies maritimes, 332. — Voies fluviales, 332. — Voies terrestres, 336. — Chemins de fer, 338. — Cambodge, 339.

VII. — POSTES ET TÉLÉGRAPHES.

V.

LE GOUVERNEMENT........... 345

I. COCHINCHINE. — Gouvernement, 345. — Administration centrale. — Divisions administratives. — Régime municipal, 348. — Justice, 354. — Finances, 360. — Armée et marine, 363. — Instruction publique, 365.

II. ANNAM ET TONKIN. — Gouvernement, 371. — Ministères, mandarins, 374. — Administration, 375. — Finances, 378. — Instruction publique, 379.

III. ORGANISATION DU PROTECTORAT. 380 — Administration générale, 381. — Administration, 385. — Justice, 387. — Finances, 388. — Guerre et marine, 395. — Instruction publique, 399.

IV. CAMBODGE. — Gouvernement, 400. — Le protectorat. Administration, 402. — Finances, 403. — Justice, 406. — Armée, 407. — Instruction publique, 407.

VI.

L'AVENIR.................. 410

FIN DE LA TABLE.

LIBRAIRIE COLONIALE. - PARIS. 5, RUE JACOB
CHALLAMEL AINÉ, ÉDITEUR
Marine. — Algérie. — Colonies. — Orient
COMMISSION & EXPORTATION

EXTRAIT DU CATALOGUE

EXTRÊME-ORIENT

Inde. — Chine. — Cochinchine. — Japon. — Madagascar. — Côtes d'Afrique.

ANONYMES

'avenir de la France au Tonkin, par un ancien compagnon de Francis Garnier. In-8º avec carte. 1885 ... ... 2 50

La Cochinchine française en 1878, par le comité agricole et industriel de la Cochinchine. 1 vol. gr. in-8º, orné d'une carte coloriée et des plans de Saïgon et de Cholen en couleurs; *Paris*, 1878 ... ... 10 00

ulletin de la Société académique Indo-Chinoise, publié sous la direction de M. le Mis de Croizier, deuxième série, tome premier, année 1881 (seul paru). 1 vol. in-8; *Paris*. 1882. ... ... 25 00

ournal officiel de la Cochinchine française, paraissant à Saïgon, 2 fois par semaine.
   Prix de l'abonnement pour la France et l'Algérie 21 00
   Un numéro seul... ... ... 0 50

pport fait par M. CAMILLE PELLETAN, député, au nom de la commission des Crédits, concernant le Tonkin, et lu à la Chambre des Députés, dans la séance du 17 décembre 1885 (Document officiel). 1 vol. in-4º.

aires de Chine et du Tonkin 1884-1885, Documents diplomatiques, publiés par le Ministère des Affaires Étrangères (livre jaune), 1 vol. in-4º; *Paris*, 1885.

ochinchine française. Excursions et reconnaissances. In-8º, avec pl. *Saïgon*, imprimerie du gouvernement; *Paris*, Challamel aîné.

ues des Indes. Calcutta et ses environs. Quarante belles photographies; in-folio relié. 80 00

AUBARET (G.), *capitaine de frégate, consul de France à Bangkok*

de annamite (Hoang-Viêt-Luât-Le). Lois et règlements du royaume d'Annam, traduits du texte chinois. 2 vol. gr. in-8º; *Paris*, 1865. 10 00

AURILLAC (H.)

chinchine. Annamites. — Moïs. — Cambodgiens. 1 vol. in-18; *Paris*, 1870 ... ... 2 00

BARBIÉ DU BOCAGE (V.-A.)

ibliographie annamite. Livres, recueils périodiques, manuscrits, plans, 1 vol. in-8º; *Paris*, 1867.... .. .. 2 50

BAZIN (A.)

Recherches sur les institutions administratives et municipales de la Chine. In-8°; extr. du *Journ. as.*, 1854 ... 6 00

Recherches sur l'origine, l'histoire et la constitution des ordres religieux dans l'empire chinois. In-8°; extr. du *Journ. as.*, 1876 .. ... 2 00

Le siècle des Youen, ou tableau historique de la littérature chinoise depuis l'avènement des empereurs mogols jusqu'à la restauration des Ming. 1 beau vol. in-8°; extr. du *Journ. as.*, 1850 ... 20 00

Mémoire sur l'organisation intérieure des écoles chinoises. Br. in-8°; extr. du *Journ. as.*; Paris. ... 2 00

BEAUVOIR (LE COMTE DE)

Java, Siam, Canton. Voyage autour du monde. 1 vol. in-18 avec 1 carte et 14 gravures; *Paris*, 1884. ... 4 00

Pékin, Yeddo, San Francisco. Voyage autour du monde. 1 vol. in-18 avec 4 cartes et 15 gravures; *Paris*, 1884 ... 4 00

Australie. Voyage autour du monde. 1 vol. in-18 avec 2 cartes et 12 gr. 4 00

BILBAUT (THÉOPHILE)

Le Canal de Suez et les intérêts internationaux. — La Cochinchine française et le Cambodge. In-8°; *Paris*, 1870 ... 3 00

BIZEMONT (DE)

L'Indo-Chine. 1 vol. in-18. ... 1 00

BOUILLEVAUX (l'abbé C.-E.), *missionnaire, premier explorateur contemporain des ruines de l'ancien Cambodge*

L'Annam et le Cambodge. Voyage et notices historiques, accompagnés d'une carte géographique. 1 vol. in-8°; *Paris*, 1874. ... 6 00

BOUINAIS (A.) ✳, *capitaine d'infanterie de marine et* PAULUS (A), *professeur d'histoire et de géographie à l'école Turgot*

L'Indo-Chine française contemporaine. *Cochinchine* (2ᵉ édit.) *Cambodge, Tonkin, Annam.* 2 très forts vol. in-8°; ornés de 12 dessins et 3 cartes. 27 50

BOURQUELOT (ÉMILE)

Promenades en Égypte et à Constantinople. In-18; *Paris*, 1886. 3 50

BRAU DE SAINT-POL LIAS

De France à Sumatra par Java, Singapour et Pinang. Les anthropophages. 1 vol. in-18 avec carte et 19 gravures; *Paris*, 1884... 3 50

BRENIER (J.), *directeur du Courrier du Havre*

La question de Madagascar. Br. in-8... 2 00

CANDÉ (J.-B), *médecin de la marine*

De la mortalité des Européens en Cochinchine, depuis la conquête jusqu'à nos jours. 1 vol. in-8°... 4 00

CAIX DE SAINT AYMOUR
Les intérêts français dans le Soudan Éthiopien. 1 vol, in-18 avec 3 cartes; *Paris*, 1884 ... ... 2 00

CAVE (PAUL), *lieutenant de vaisseau*
La France en Nouvelle Calédonie, services maritimes et militaires. Br. in-8
    0 75

CHAIGNEAU (MICHEL D'UC), *fils de J.-B. Chaigneau, ancien officier de marine, consul de France à Hué et grand mandarin*
Souvenirs de Hué (Cochinchine). 1 vol. in-8° avec carte, maison d'habitation de Mandarin, un plan de la ville de Hué et un tableau (titre de mandarin chinois). *Paris*, 1867... ... ... 9 00

Tho' nam Ky, ou lettre cochinchinoise sur les événements de la guerre franco-annamite. Texte annamite et traduct. française. Gr. in-8°; *Paris*, 1876. 2 50

Tho' Thiêp Theo Tho' nam Ky, Poème sur la conduite des jeunes Annamites après la guerre. Texte annamite et trad. Gr. in-8°; *Paris*, 1876 2 50

CHAROLAIS (LOUIS DE)
L'Inde française. Deux années sur la côte de Coromandel. 1 vol. in-18°; *Paris*, 1877... ... ... 3 50

CODINE (J.)
Mémoire géographique sur la mer des Indes. In-8°; *Paris*, 1868. 6 00

COINCY (L. DE)
Quelques mots sur la Cochinchine en 1866. Br. in-8°; *Paris*, 1866. 1 50

COLQUHOUN (ARCHIBALD).
Autour du Tonkin, la Chine méridionale de Canton à Mandaley, traduit de l'anglais, par Ch. Simond. 2 vol. in-18 avec cartes et gravures; *Paris*, 1884. ... ... 7 00

CONTENSON (BARON) *ancien attaché militaire en Chine*
Chine et Extrême Orient. 1 vol. in-18; *Paris*, 1884 ... ... 3 50

COTTEAU (E)
Promenades dans l'Inde et à Ceylan. In-18 avec carte; *Paris*, 1880. 4 00

DALLET, *abbé, missionnaire*
Histoire de l'Église de Corée, précédée d'une introduction sur l'histoire, les institutions, la langue, les mœurs et coutumes coréennes, avec cartes et planches, 2 vol. in-8... ... ... 12 00

DELAVAUD
L'Australie. 1 vol. in-8 ... ... 1 00

DELTEIL (A.), *ex-directeur de la Station agronomique de la Réunion*
La Vanille, sa culture et sa préparation. 3e édition avec 2 planches, in-8°. 3 50
La Canne à Sucre. In-8° avec 2 planches 4 00

DEVERIA (G.) *premier interprète de la légation de France en Chine*
Histoire des relations de la Chine avec l'Annam-Viêtnam du XVIe au XIXe siècle, d'après les documents chinois. Gr. in-8; *Paris*, 1880. 7 50

DUBARD (Maurice)

Le Japon pittoresque. 1. vol. in-18 avec gravures; *Paris*, 1879... ... 4 00

DU PIN, *colonel d'État-Major*

Le Japon. Mœurs, coutumes, description, géographie, rapports avec les Européens. 1 vol, in-8º 3 50

DUPUIS (J.), *négociant, membre de la Société académique indo-chinoise*

L'ouverture du Fleuve Rouge au commerce et les événements du Tong-Kin, 1872-1873. Journal de Voyage et d'Expédition. Ouvrage orné d'une carte du Tong-Kin. 1 vol. in-4º; *Paris*, 1879. ... ... 15 00

DUTREUIL DE RHINS

Le Royaume d'Annam et les Annamites. Journal de voyage. 1 vol. in-18 avec cartes et gravures; *Paris*, 1879 ... ... 4 00

D'ESCAMPS (Henri), *ancien fonctionnaire de la marine*

Histoire et géographie de Madagascar. 1 vol. in-18; *Paris*, 1884... 6 00

FILLION (Georges), *corresp. de l'Agence Havas*

L'exploitation du Tonkin, notes d'un reporter. 1 br. grand in-8; *Paris*, Novembre 1884 ... ... 1 25

GALLOIS (Étienne), *ancien bibliothécaire adjoint du Sénat*

Le royaume de Siam au Champ de Mars en 1878 et à la cour de Versailles en 1686. Deux rois de Siam. 1 vol. in-18, 2ᵉ édition; *Paris*, 1878-1879 ... ... 2 00

GAUTIER (Hippolyte)

Les Français au Tonkin. in-18, orné de 6 cartes, 4ᵉ édition, 1886. 3 50

GÉNIN, *Professeur agrégé au lycée de Nancy*

Les expéditions de Brazza. In-8º, avec gravures. 1 50

GIRARD (l'abbé O.), *ancien missionnaire*

France et Chine. Vie publique et privée des Chinois, anciens et modernes. Passé et avenir de la France dans l'Extrême-Orient. 2 vol. in-8º, 3ᵉ édition; *Paris*, 1876. ... ... 15 00

GOBLET D'ALVIELLA

Inde et Himalaya, souvenirs de voyage. 1 vol. in-18 avec une carte et 10 dessins; *Paris*, 1880... ... ... 4 00

GOLDTAMMER (F.)

Notice sur Obock, colonie française. Br. in-8; *Paris*, 1877 ... ... 1 50

GOUTS (Auguste), *rédacteur de la Science Universelle*

Les Iles Carolines, étude générale. 1 vol. in-8; *Paris*, 1885 ... ... 1 25

GRAD (Charles)

L'Australie intérieure. Explorations et voyages à travers le continent sutaralien. 1 vol. in-8 avec une carte *Paris*, 1864... ... ... 5 00

GRANDIDIER (Alfred)

Excursion chez les Antanosses émigrés (Madagascar). Extrait du bulletin de la Société de Géographie. Br. in-8 avec carte; 1872 ... ... 3 50

GRÉHAN (M.-A.) *(Phra Siam dhuranuzaks)*, *consul de S. M. le roi de Siam*

Le royaume de Siam. Grand in-8°, 4ᵉ édition, avec carte, 1878 ... 3 50

Le royaume de Siam. Publication ornée de 3 portraits dessinés par Riou, de 2 autographes royaux, de 10 photographies et d'une carte géographique 3ᵉ édition. 1 vol. gr. in-8°; *Paris*, 1869 ... ... 8 00

GUILLAIN, *capitaine de vaisseau*

Documents sur l'histoire, la géographie et le commerce de l'Afrique Orientale, 3 vol. gr. in-8 et un atlas 50 00

Documents sur l'histoire, la géographie et le commerce de la partie Occidentale de Madagascar. 1 vol. gr. in-8 avec carte; *Paris*, 1845... 12 00

GUILLEMIN (A.)

L'Égypte actuelle, son agriculture et le percement de l'Isthme de Suez. 1 vol. in-8, avec une carte; *Paris*, 1867 ... ... 6 00

HAVET (A. R.), *secrétaire de la Société académique indo-chinoise*

La Birmanie et la Chine Méridionale; d'après les documents anglais avec deux notices générales sur le commerce de la Birmanie anglaise, par L. Vossion. 1 br. in-8; *Paris*, 1885. ... ... 1 50

HEDDE (Isidore), *délégué du ministère de l'agriculture et du commerce*

Description méthodique des produits divers recueillis dans un voyage en Chine. 1 vol. gr. in-8°, avec planche; *Paris*, 1848... ... ... 15 00

Étude pratique du commerce d'exportation de la Chine, en collaboration avec MM. E. Renard, A. Haussmann et N. Rondot. 1 vol. gr. in-8; *Paris*, 1849. ... ... 6 00

Fernand HUE et Georges HAURIGOT

Nos petites colonies. 1 vol. in-18 avec cartes; *Paris*, 1884... ... ... 3 50

IMBERT Calixte, *négociant à Haïphong*

Le Tonkin Industriel et Commercial, 1 vol. in-18 (1885)... ... ... 3 00

JANNEAU (G.)

Luc-Van-Tien, poème populaire annamite, transcrit pour la première fois en caractères latins, d'après les textes en caractères démotiques. 1 vol. in-8, 2ᵉ édition, accompagnée de notes et planches; *Paris*, 1873. ... ... 6 00

JULIEN (Félix)

Lettres d'un Précurseur — Doudart de la Grée au Cambodge et son voyage en Indo-Chine, in-18 avec carte et portrait 3 00

JURIEN DE LA GRAVIÈRE, *vice-amiral*

La Station du Levant. 2 vol. in-18 avec carte; *Paris*, 1876 ... ... 8 00
Voyage de la Corvette la Bayonnaise dans les mers de Chine. 2 vol. in-18 avec 2 cartes et 10 dessins; *Paris*, 1885... ... ... 6 00

LAILLET (E.), *ingénieur, explorateur*

La France orientale, Madagascar, sa situation, ses produits, ses habitants, in-18, carte et planches 3 50

LANCHIER (M.-A.), *lieutenant au 105 territorial*

Les Richesses africaines et les moyens de les acquérir. 1 vol. in-8; *Paris*, 1886... ... ... 2 50

LAOUENAN, *vicaire apostolique de Pondichéry*

Du Brahmanisme et de ses rapports avec le judaïsme et le christianisme. Tome 1er, 1 vol. in 8 avec deux cartes; *Pondichéry*, 1884... ... ... 12 00

L'abbé LAUNAY *(des Missions Étrangères)*

Histoire ancienne et moderne de l'Annam, *Tong-King et Cochinchine*, depuis l'an 2700 avant l'ère chrétienne jusqu'à nos jours. 1 vol. in-8. 7 50

LAVERDANT (D.)

Colonisation de Madagascar. Br. in-8 avec une carte 3 50

LA VAISSIÈRE (LE PÈRE DE)

Histoire de Madagascar, ses habitants et ses missionnaires. 2 vol. in-8 avec 2 cartes et 12 gravures; *Paris*, 1884 ... ... 12 00
Vingt ans à Madagascar. Colonisation. Traditions historiques. Mœurs et croyances. 1 vol. in-8 avec 1 carte; *Paris*, 1885... ... ... 4 00

LE CHARTIER (H.)

La nouvelle Calédonie et les nouvelles Hébrides. 1 vol. in-16 avec 2 cartes et 45 gravures; *Paris*, 1885. ... ... 2 25

LEFEBVRE (PAUL)

Faces jaunes, souvenirs de l'Indo-Chine, mœurs et coutumes de l'extrême Orient. In-18, 1886; *Paris*. 3 50

LEMIRE (CHARLES), *chef de la mission télégraphique en Nouvelle-Calédonie*

Indo-Chine — Cochinchine, Cambodge, Annam, Tonkin, 1 beau vol. gr. in-8, avec cartes, plans et gravures d'après nature 7 50
Voyage à pied en Nouvelle-Calédonie et Nouvelles-Hébrides, 1 beau vol. grand in-8, avec deux cartes teintées et de nombreuses gravures. 7 50
La Cochinchine française et le royaume de Cambodge, avec l'itinéraire de Paris à Saïgon, une carte de la Cochinchine française, un plan du canal de Suez et des villes de Suez, de Port-Saïd et d'Ismaïlia. 1 vol. in-18, 2e édition, revue et considérablement augmentée; *Paris*, 1877... ... 4 00

Exposé chronologique des relations du Cambodge avec le Siam, l'Annam et la France. vol. 1 in-8 avec carte; *Paris*, 1879 ... ... 2 50

Guide-agenda de France en Australie, en Nouvelle-Calédonie et aux Nouvelles-Hébrides, par Suez, Aden, la Réunion et Maurice. 1 vol. in-18, relié toile 3 50

Guide-agenda. — **Traversée de France en Nouvelle-Calédonie et Tahiti** par le cap de Bonne-Espérance et retour par le cap Horn. 1 vol. in-18, relié toile 3 50

En Australie. In-8 avec gravures; *Paris*. 1 50

La Colonisation française en Nouvelle-Calédonie et dépendances, comprenant les itinéraires de France à Nouméa, par l'Australie, le Cap et l'Amérique, le tracé kilométrique d'un voyage à pied autour de la Grande-Terre; des statistiques sur la colonie et l'Australie; des tableaux, cartes, plans et gravures, des types indigènes et une vue photographique du chef-lieu. 1 beau vol. pet. in-4; *Nouméa, Paris*, 1878... ... ... 20 00

Les télégraphes. Conférence. Br. in-8. Imprimée à *Nouméa*, 1878 ... 1 50

Les colonies et la question sociale. Br. in-8, 1885 ... ... 1 50

LOUVET (L.-E.), *missionnaire apostolique*

La Cochinchine religieuse. 2 vol. in-8 avec 2 cartes; *Paris*, 1885. 12 00

LURO (E.)

Le pays d'Annam, étude sur l'organisation politique et sociale des Annamites. 1 vol. in-8 avec carte... ... ... 8 00

MAHÉ DE LA BOURDONNAIS, *ingénieur*

La route française au Tonkin, canal de Malacca, avant-projet de percement de l'Isthme de Kra. In-8 avec carte; *Paris*, 1883 ... ... 1 25

MALLESON, *lieutenant-colonel*

Histoire des Français dans l'Inde, depuis la fondation de Pondichéry, jusqu'à la prise de cette ville (1674-1761), traduite par Mme S. Le Page. 1 vol. in-8 avec une carte; *Paris*, 1874... ... ... 7 50

MANNHEIMER (ÉMILE)

Du Cap au Zambèze, Notes de voyage dans l'Afrique du Sud. 1 vol. in-4 avec carte; *Genève*, 1884 ... ... 10 00

MARGRY (PIERRE)

Relations et Mémoires inédits pour servir à l'histoire de la France dans les pays d'outre-mer, tirés des archives du ministère de la marine et des Colonies. In-8; *Paris*, 1867 ... ... 6 00

MARTIN (L.-AUGUSTE)

La morale chez les Chinois. Histoire de la morale. 1re partie, 1 vol. in-18; *Paris*, 1859... ... ... 3 00

MATHIEU (C.), *professeur de l'enseignement secondaire*

Petite Géographie de l'Afrique en général, et en particulier de l'Ile de la Réunion, Madagascar, Ste-Marie Mayotte, Nossi-Bé, Obock etc., à l'usage des écoles, 1 vol. in-18 cart. avec 7 cartes; *Paris*, 1884 ... ... 2 50

MEIGNAN (Victor)

De Paris à Pékin par terre. Sibérie, Mongolie. 1 vol. in-18 avec 1 carte et 15 gravures; *Paris*, 1885... ... ... 4 00

MEYNERS D'ESTREY

La Papouasie ou Nouvelle Guinée Orientale. 1 vol. in-8° avec carte et gravures; *Paris*, 1881 ... ... 7 00

MILLOT (Ernest)

La France dans l'extrême Orient. La concession française de Chang-Haï. Br. in-8; *Paris*, 1882 ... ... 1 00

MOURA (J.), *ancien représentant français au Cambodge*

Le royaume du Cambodge. 2 vol. gr. in-8 avec grav.; *Paris*, 1883. 30 00

PARIS (A.), *lieutenant de vaisseau*

Une excursion à Kiotto, capitale du Japon. In-8, accompagnée de grandes planches et de figures dans le texte. *Paris* 2 00

PAUTHIER (G.)

Le livre classique des trois caractères de Wâng-Peh-Héou en chinois et en français. Accompagné de la traduction complète du commentaire de Wâng Tcin-Ching (Tam tù Kinh.) 1 vol. in-8; *Paris*, 1873. ... ... 10 00

PIHAN (A.-P.), *ancien prote orientaliste à l'imprimerie nationale*

Exposé des signes de numération usités chez les peuples orientaux anciens et modernes. Cet ouvrage, véritable chef-d'œuvre typographique, contient plus de 1.200 signes de numération dont la collection complète n'existe qu'à l'imprimerie nationale de Paris. In-8. Prix net 7 00

Dictionnaire étymologique des mots de la langue française dérivés de l'arabe, du persan et du turc, avec leurs analogues grecs, latins, espagnols, portugais et italiens. 1 beau vol. in-8; *Paris*, 1866. ... ... 10 00

POSTEL (Raoul), *ancien magistrat à Saïgon*

L'extrême Orient, Cochinchine, Annam, Tonkin. 1 vol. in-18 avec gravures dans le texte; *Paris*, 1882... ... ... 2 00

Madagascar. 1 vol. in-18 avec carte; *Paris*, 1886 ... ... 3 50

RAOUL (E.), *pharmacien de 1re classe de la Marine au corps expéditionnaire de Formose*

Formosa « la Belle » in-8; *Paris*, 1885 ... ... 2 00

RÉVOIL (Georges)

La Vallée du Darror. Voyage au pays des Çomalis (Afrique orientale). 1 vol. gr. in-8 avec une carte et 60 dessins. (Médaille d'or de la Société de Géographie de Paris); *Paris*, 1882. Broché... ... ... 15 00
                  Relié demi-ch. tr. or. 20 00

Faune et Flore des pays Çomalis (Afrique orientale). 1 vol. in-8 avec 24 planches; *Paris*, 1882 ... ... 40 00

RICHEMONT (le Baron de) *ancien gouverneur de la colonie de Madagascar*

Documents sur la compagnie de Madagascar, précédés d'une notice historique. 1 vol. gr. in-8; *Paris*, 1867... ... ... 7 00

RIVIÈRE (Armand), *député*

L'expédition du Tonkin, les responsabilités. 1 vol. in-18; *Paris*, 1885. 1 00

ROCHECHOUART (Julien, Cte)

Souvenirs d'un voyage en Perse. 1 vol. in-8; *Paris*, 1867 ... ... 7 00
Pékin et l'intérieur de la Chine. 1 vol. in-18 avec grav. ; *Paris*, 1878. 4 00
Les Indes, la Birmanie, la Malaisie, le Japon et les États-Unis. 1 vol. in-18 avec gravures ; *Paris*, 1879 ... ... 4 00

ROCHER

La province chinoise du Yun-nan. 2 vol. gr. in-8 avec planches, cartes et figures 25 00

ROMANET DU CAILLAUD

Histoire de l'intervention française au Tong-King de 1872 à 1874. 1 très fort volume in-8 avec carte 6 00

ROSNY (de) (Léon)

Études asiatiques de géographie et d'histoire. La civilisation, l'ouverture du Japon. L'île de Yedo, description de ce royaume. Les îles de Lou-tchou. La Corée. L'empire d'Annam. Le Kambodje. Le royaume de Siam. L'empire Birman. Le Thibet. Le Ladâk. Le Khanat de Boukhâra. La Perse contemporaine. Le Nippon, archives japonaises de M. Von Siebold. L'expédition américaine au Japon. Les Parsis. Le Royaume du milieu. Le fleuve Amour, d'après les documents russes. Index. 1 vol. in-8; *Paris*, 1864... ... 7 50

ROUX (L. C,) et VIDAL (J. M.)

Quinze jours au Cambodge, mœurs, coutumes, superstitions, légendes, excursions dans les provinces de Roléa-Paier et de Compong-Leng. Souvenirs intimes. 1 vol. in-8 avec carte et planches; *Montpellier*, 1885... ... 3 00

SAVIGNY et BISCHOFF

Les richesses du Tonkin, les produits à y importer et l'exploitation française. Guide administratif, commercial, industriel, agricole, etc. 1 vol. in-18, avec carte; *Paris*, 1885 ... ... 2 50

SIMON (Gabriel), *ancien officier de cavalerie*

Voyage en Abyssinie et chez les Gallas Raias. *L'Éthiopie*, ses mœurs, ses traditions. Le Negouss Johannès, les églises monolithes de Lalibela. 1 vol. in-8 avec 1 carte et 22 dessins; *Paris*, 1885... ... ... 10 00

SIMOND (Charles)

L'Afghanistan. Les Russes aux portes de l'Inde, 1 vol. in-18 avec 1 carte; *Paris*, 1885... ... ... 3 00

SIMONIN (L.)

Les pays lointains : la Californie, Maurice, Aden, Madagascar. 1 vol. in-18 ; *Paris*, 1867 ... 3 00

SINIBALDO DE MAS, *ancien ministre plénipotentiaire de la reine d'Espagne en Chine, etc.*

La Chine et les puissances chrétiennes. 2 vol. in-12 ; *Paris*, 1861 ... 7 00

TOURNAFONT (Paul)

La Corée. 1 vol. in-18 ... 1 00

TRIHIDEZ (Th.), *abbé*

Géographie minéralogique de la Nouvelle-Calédonie. Nickel, cuivre, or, charbon. 1 br. in-8 ; *Paris*, 1881 ... 1 25

VALBEZEN (de E.)

Les Anglais et l'Inde. (Nouvelles études). 2 vol. gr. in-8 ; *Paris*, 1875. 12 00

VEUILLOT (Eugène)

Le Tonkin et la Cochinchine, le Pays, l'histoire et les missions. 1 vol. in-12 avec 1 carte... 3 50

VIAL (P.), *capitaine de frégate*

Les premières années de la Cochinchine française. Colonie française. 2 vol. in-18, avec carte, préface par M. Rieunier, capitaine de vaisseau ; *Paris*, 1874. 6 00

L'Instruction publique en Cochinchine. Br. in-8°, extr. de la *Revue marit. et coloniale*, 1872. 1 00

L'Annam et le Tonkin. Br. in-8, 1886... 1 25

VILLEMEREUIL (A. de), *capitaine de vaisseau*

Doudart de la Grée, capitaine de frégate, chef de l'exploration du Mé-Kong et de l'Indo-Chine, exécutée en 1866, 67 et 68, par ordre du gouvernement français, et la question du Tong-King. In-8°, 2ᵉ édition, avec 1 carte ; *Paris*, 1875 1 25

Explorations et missions de Doudart de la Grée, extrait de ses manuscrits, mis en ordre par M. A. B. de Villemereuil, et publiés avec le concours d'une commission spéciale sous les auspices de la société d'ethnographie. Un beau volume in-4°, avec portrait et carte. 50 00

VILLENEUVE (P. de)

Les affaires du Tong-King et le Traité français. Br. in-8°. Extrait du *Correspondant* ; *Paris*, 1874. 1 00

VIMEUX (Paul)

De l'immigration en Cochinchine. (Études sur la Cochinchine française.) Br. in-8° ; *Paris*, 1874. 1 50

VOSSION (Louis), *explorateur en Birmanie*

Rapport à M. le marquis de Croizier, président de la Société académique indo-chinoise, sur la possibilité d'amener des relations commerciales entre la France et la Birmanie. Br. in-8°. 1 00

Livres pour l'étude des langues de l'Extrême-Orient

AUBARET (G), *capitaine de frégate, consul de France à Bangkok*
Grammaire annamite suivie d'un **Vocabulaire annamite-français.** 1 très fort vol. gr. in-8°; *Paris*, 1868,   30 00
La grammaire annamite, seule, 1 in-8°.   5 00

AYMONIER, *lieutenant d'infanterie de marine*
Dictionnaire français-cambodgien, précédé d'une notice sur le Cambodge et d'un aperçu de l'écriture et de la langue cambodgiennes. 1 vol. in-4°; *Saïgon*, 1874. (Autographie.)   40 00

BAZIN (A.), *professeur de Chinois*
Grammaire mandarine, ou principes généraux de la langue chinoise parlée. 1 vol. in-8°; *Paris*, 1856.   10 00

BOUGOURD (CH.). *capitaine au long cours*
Vocabulaire français-malais, suivi de quelques dialogues du genre de ceux qui s'engagent d'abord entre le voyageur européen et l'indigène. In-8°, *Hâvre*, 1856.   5 00

FAVRE (P.), *l'abbé.*
Dictionnaire javanais-français. In-8, 1870; *Vienne*... ... ... 20 00

HAMELIN (A. M. H.)
Dictionnaire alphabétique chinois-français de la langue mandarine vulgaire. 1 vol. gr. in-8. ... ... 35 00
Dialogues français-chinois, traduits du portugais de J.-A. GONÇALVES. 1 vol. in-8 ... ... 6 00

KLECZKOWSKI, *professeur de chinois.*
Cours graduel et complet de chinois, parlé et écrit. Vol. 1er, phrases de la langue parlée, tirées de l'*Arte China*, du P. GONÇALVES. un fort volume, grand in-8, 1876; *Paris* 30 00

LEGRAND DE LA LIRAYE (*l'abbé*), *interprète du gouvernement pour l'annamite et le chinois*
Dictionnaire annamite-français. 1 vol. grand in-8°, 2e édition; *Paris*, 1874.   10 00

MOURA, *lieutenant de vaisseau, ancien représentant du protectorat français au Cambodge, membre de la Société académique Indo-Chinoise*
Vocabulaire français-cambodgien et cambodgien-français, contenant une règle à suivre pour la prononciation, les locutions en usage pour parler au roi, aux bonzes, aux mandarins ; la numération, la division du temps,

les poids, les mesures, les monnaies et quelques exercices de traduction. 1 vol. in-8° ; *Paris*, 1878. 10 00

PALLEGOIX (Mgr D.-J.-B.)

Dictionarium linguae Thaï sive siamensis, interpretatione latina, gallica et anglica. 1 vol. in-4°, 1854 ; *Parisiis*, jussu imperatoris impressum etc.

PERNY (P.) *missionnaire*

Grammaire de la langue chinoise, orale et écrite. 2 vol.
Dictionnaire français-latin-chinois, de la langue mandarine parlée. In-4° ; *Paris*, 1869.
Appendice du dictionnaire français-latin-chinois, de la langue mandarine parlée. In-4°.
Dialogues chinois-latins, traduits mot à mot avec la prononciation accentuée. 1 vol. in-8 ; *Paris*, 1882... ... ... 8 00

RAVIER (M. H.) *missionnaire*

Dictionarium latino-annamiticum, completum et novo ordine dispositum cui accedit, appendix præcipue, etc., etc. 1 v. in-4° ; *Ninh Phu*, 1880. 75 00

REMUSAT (ABEL)

Éléments de la grammaire chinoise, ou principes généraux du Kou-wen ou style antique et du Kouan-Hoa, c'est-à-dire de la langue commune généralement usitée dans l'empire chinois, nouvelle édition, publiée conformément à celle de l'imprimerie royale et augmentée d'une table des principales phonétiques chinoises par L.-LÉON DE ROSNY. In-4°, 1857 ; *Paris*... 15 00

SOUTCOVOY (GRÉGOIRE), *lieutenant de la marine impériale russe*.

Vocabulaire français-japonais. In-8. ... ... 6 00

THEUREL (J.-S.)

Dictionarium anamitico-latinum, ex opere Ill. et Rev. Taberd constans, recognitum et notabiliter adauctum ; ad quod accedit appendix de vocibus sinicis et locutionibus minus usitatis. 1 vol. in-4° ; *Ninh Phu*, 1877. (Suite au Ravier) 50 00

CARTES ET PLANS DIVERS

EXTRÊME ORIENT

Carte du Tonkin, publiée avec l'autorisation du Ministre de la Marine et des Colonies, par M. GOUIN, lieutenant de vaisseau, d'après les travaux les plus récents. — 1 feuille grand aigle en 3 couleurs. 4 00

Carte de la Cochinchine française en 1878. Cette carte est la réduction de la Cochinchine en vingt feuilles, par M. BIGREL, capitaine de frégate, corrigée d'après les documents les plus récents. 1 feuille en couleurs, 1878. 2 50

Plan de la ville de Saïgon, dressé par le Chef du service des travaux publics à Saïgon. 1 feuille en couleurs. 2 00

Carte des environs d'Hanoï, dressée par le service topographique de l'état-major du corps éxpéditionnaire. 1 feuille soleil, 3 couleurs; *Paris*, 1885 2 50

Carte des Itinéraires de M. A. PAVIE, dans le Sud-Ouest de l'*Indo-Chine orientale*, **Cambodge et Siam.** 2 feuilles grand aigle. 8 00

Carte de la Nouvelle-Calédonie, d'après la grande carte marine et le relevé d'un voyage à pied autour de l'île, par Charles LEMIRE, chef de la mission télégraphique à Nouméa, au 1/440.000. Imprimée en 5 couleurs; 1878. 5 00

Carte de Nouméa et presqu'île Ducos, au 1/40.000. (Annexe à l'ouvrage *La colonisation française en Nouvelle-Calédonie*, par C. LEMIRE.) En 5 couleurs. Prix de la carte. 2 50

Carte de l'Ile de la Réunion au 1/200.000, d'après MAILLARD, 1 feuille écu, 6 couleurs 1 50

Carte de l'Indo-Chine, par M. J.-L. DUTREUIL DE RHINS. 5 00

La même en quatre feuilles... ... ... 15 00

Carte de Madagascar. 1 feuille en 3 couleurs, par E. LAILLET, ingénieur et L. SUBERBIE. 0 50

Carte de Madagascar, publiée par le ministère de la guerre au 1/2.000.000. 1 feuille gr. aigle 1 50

Carte de l'Afghanistan, au $\frac{1}{3000000}$, par le commandant A. KOCH, d'après les documents anglais, russes et allemands, 1 feuille soleil en 4 couleurs. 3 00

Plan général du canal de Suez. 1 feuille 4 couleurs 1 00

COTE OCCIDENTALE D'AFRIQUE.

ANONYME

Sénégal et Niger. La France dans l'Afrique occidentale, 1879-1883. (Publication du ministère de la Marine et des Colonies). 1 beau volume in-8, avec un Atlas de cartes, vues et plans. 15 00

Renseignements pratiques à l'usage des Européens, devant séjourner dans le Soudan occidental, par un médecin de la marine. (Publication du ministère de la marine et des colonies). 1 br. in-18; *Paris*, 1886. ... 0 60

Annales Sénégalaises de 1854 à 1885, suivies des traités passés avec les indigènes. Ouvrage publié avec l'autorisation du ministère de la marine. 1 vol. in-18; *Paris*, 1885... ... ... 3 50

Annuaire du Sénégal et dépendances, 1 vol. paraissant chaque année.

AUBE, *contre-amiral*

La Pénétration dans l'Afrique centrale. 1 br. in-8; *Paris*, 1880 ... 1 25

BARTHELEMY (A.)

Guide du voyageur dans la Sénégambie Française. 1 volume in-18; *Bordeaux*, 1884... ... ... 5 00

BÉRENGER-FÉRAUD, *médecin en chef de la marine*

Les Peuplades de la Sénégambie. Histoire, ethnographie, mœurs, et coutumes, légendes, etc. 1 vol. gr. in-8; *Paris*, 1879... ... ... 12 00

BOILAT (*abbé*) *missionnaire*

Esquisses Sénégalaises, physionomie du pays, peuplades, commerce, religion, passé et avenir. Récits et légendes. 1 volume grand in-8 avec carte et un atlas de 24 planches coloriées du même format. 40 00

CASTONNET DES FOSSES

Les Portugais au Maroc. In-8°; *Paris*, 1886 ... ... 2 00

ERCKMANN (JULES), *capitaine d'artillerie, ancien chef de la mission militaire française au Maroc*

Le Maroc moderne. In-8° avec une carte et six gravures; *Paris*, 1885. 7 00

HAURIGOT (S.)

Quinze mois en Sénégambie. Brochure in-8. ... ... 1 25

KORPER, *vétérinaire militaire*

Mission agricole et zootechnique, dans le Soudan Occidental. 1884-1885. 1 br. in-8; *Paris*, 1886 ... ... 2 00

LE BRUN-RENAUD (CH.)

Les possessions françaises de l'Afrique Occidentale. 1 vol. in-18 avec 2 cartes; *Paris*, 1886... ... ... 3 50

MATHIEU, *professeur*

Petite géographie de l'Afrique en général et de la Sénégambie en particulier, à l'usage des écoles. 1 volume in-18 cartonné 2 00

NICOLAS (Dr). LACAZE (Dr) et SIGNOL

Guide hygiénique et médical du voyageur dans l'Afrique centrale, rédigé au nom d'une commission de la société de médecine pratique et publié sous le patronage de la société de géographie de Paris, de la société de géographie commerciale, et des autres sociétés de géographie de France, 1 fort volume in-12, relié toile. 7 00

PEUCHGARIC, *capitaine au long cours*

Côte occidentale d'Afrique. Côte d'or. Géographie, commerce, mœurs. Brochure in-8° 2 00

PIÉTRI, *capitaine*

Les Français au Niger. Voyages et combats. 1 vol. in-18 avec une carte et 28 gravures; *Paris*, 1885... ... ... 4 00

RAFFENEL (ANNE)

Voyage dans l'Afrique occidentale, exécuté en 1843 et 1844, par une commission composée de MM. HUARD-BESSINIÈRES, JAMIN, RAFFENEL, PEYRE-FERRY et POTIN-PATTERSON. 1 vol. gr. in-8° et un atlas... 20 00

RICARD, *docteur*

Le Sénégal. Étude intime. 1 volume in-18... ... ... 3 50

SOLEILLET (Paul)

L'Afrique occidentale. Algérie Mzab. Teldikelt. 1 vol. in-18, avec une carte; Paris, 1877.. ... ... 4 00

VIARD (Édouard)

Au Bas Niger. Explorations africaines. 1 vol, in-18 avec 2 cartes et 6 gravures; Paris, 1885... ... ... 5 00

VILLAIN (Georges)

La question du Congo et l'association internationale africaine. 1 br. in-8
    1 00

CARTES

ANONYME

Carte de l'Afrique occidentale, publiée par une commission supérieure du ministère des Travaux publics. 1 feuille grand aigle... ... ... 10 00

BORGNIS-DESBORDES

Carte du Haut Sénégal, mission topographique 1882-1883, 6 feuilles en couleur... ... ... 18 00
Carte de l'État de Bammako. 1 feuille, grand monde... ... ... 8 00
Environs de Ouoloni au 1/10.000. 1 feuille... ... ... 2 00
Environs de Koundou au 1/25.000. 1 feuille... ... ... 2 00
Environs de Guenikoro, Diago, Douabougo, Sananko au 1/5.000. 1 feuille 3 00

DERRIEN, *commandant*

Carte du Haut Sénégal, mission 1880-1881. 6 feuilles en couleur au 1/1.000.000... ... ... 12 00
Environs de Kita au 1/50.000 ... ... 2 00
Environs de Médine au 1/50.000 ... ... 2 00
Itinéraire de Kita à Mourgoula au 1/100.000 ... ... 2 00

KOCH, *commandant*

Carte du Gabon et Congo-français, Afrique Occidentale au $\frac{1}{2000000}$, d'après du Chaillu, Marche, de Brazza, Dutreuil, de Rhins, Stanley. etc. 1 feuille soleil en 4 couleurs 3 00

MATHIEU, *professeur au lycée de St-Louis*

Grande et belle carte de la colonie du Sénégal et de ses dépendances, possessions françaises de la côte occidentale d'Afrique, à l'usage des administrations et des écoles de la Sénégambie; avec plans de Dakar, St-Louis, l'île de Gorée et îles du Cap Vert. 1 feuille grand aigle en 10 couleurs. 8 00

BRESSON (André), *ingénieur*

Bolivia. Sept années d'explorations, de voyages et de séjour **dans l'Amérique Australe.** 1 vol. in-4 avec une préface de M. Ferdinand de Lesseps. Ouvrage orné de 6 cartes, d'un panorama en chromolithographie du canal de Panama et de 100 dessins à la plume par H. Lanos.
Prix : broché 20 00
» relié demi-chagrin avec fers spéciaux 30 00

BORDIER (Dr.) A. *Professeur de géographie médicale*

La colonisation scientifique et les colonies françaises. 1 vol. in-8; *Paris*, 1884 ... ... 7 50

DUVAL (Jules)

Les Colonies et la politique coloniale de la France. 1 vol. in-8; avec deux cartes du Sénégal et de Madagascar 7 00

GAFFAREL (Paul)

Les Colonies françaises. Deuxième édition, 1 vol. in-8; *Paris*, 1884. 5 00

ATLAS COLONIAL

Cartes par Henri Mager. Vol. in-4° avec notices pour toutes les colonies; *Paris*, 1886.

Cartonnage classique, 16,00. — Relié toile, 20,00

NOTICES COLONIALES

Publiées à l'occasion de l'exposition universelle d'Anvers

par le Ministère de la Marine et des colonies

3 volumes in-8° avec 25 cartes; *Paris*, imprimerie nationale 1885 ... 25 00

ANNALES DE L'EXTRÊME-ORIENT
ET DE L'AFRIQUE

Publiées sous la direction de M. le comte Meyners d'Estrey

Membre de l'Institut royal des Indes-Néerlandaises et de plusieurs Sociétés savantes d'Europe et d'Asie

Tomes 1 à 7, chaque volume 15 fr.

Le *tome* 8ᵉ est en cours de publication. Prix de l'abonnement partant du 1ᵉʳ janvier et du 1ᵉʳ juillet chez Challamel aîné, 5, rue Jacob :
Un an...... France : 15 fr.; Europe : 17 fr.; Outre-Mer : 1 fr.
Un numéro — 1 fr. 50; — 1 fr 75;

Imprimerie Saint-Augustin, rue Royale, 26, Lille (Nor

CHALLAMEL AINÉ, ÉDITEUR, 5, rue Jacob, A PARIS.
LIBRAIRIE MARITIME ET COLONIALE.

L'Indo-Chine française contemporaine, Cochinchine (2ᵉ édition). Cambodge, Tonkin et Annam, par A. BOUINAIS, capitaine d'infanterie de marine, et A. PAULUS, professeur d'histoire et de géographie à l'École Turgot. 2 très forts vol. gr. in-8° avec 3 cartes et 12 dessins, 1885..... 27 fr. 50
Indo-Chine, Cochinchine, Cambodge, Annam, Tonkin, par CH. LEMIRE, chef de mission. 1 v. gr. in-8° avec cartes, plans et grav. 1885. 7 fr. 50
Histoire ancienne et moderne de l'Annam, Tongking et Cochinchine depuis l'an 2700 avant l'ère chrétienne jusqu'à nos jours, par ADRIEN LAUNAY. 1 vol. in-8°, 1884.. 7 fr. 50
L'ouverture du Fleuve Rouge au commerce et les événements du Tong-Kin, 1872-1873. Journal de voyage et d'expédition de M. JEAN DUPUIS, négociant. 1 vol. in-4° avec 1 carte, 1879............... 15 fr. »
Histoire de l'Intervention française au Tonkin, de 1872 à 1874, par ROMANET DU CAILLAUD. 1 vol. in-8° avec carte............... 6 fr. »
Les Français au Tonkin, par HIPPOLYTE GAUTIER. 1 vol. in-8° avec 6 cartes; 3ᵉ édition, 1886..................................... 3 fr. 50
Les premières années de la Cochinchine française, par PAULIN VIAL, préface par M. DE REUNIER. 2 vol. in-18 avec carte, 1874.... 6 fr. »
Le Tonkin industriel et commercial, par CALIXTE IMBERT, négociant à Haïphong. 1 vol. in-18, 1885............................ 3 fr. »
L'Avenir de la France au Tonkin, par un ancien compagnon de Francis Garnier. 1 vol. in-8°, 1885................................ 2 fr. 50
Faces jaunes. Souvenirs de l'Indo-Chine. Mœurs et coutumes de l'extrême Orient, par PAUL LEFEBVRE. 1 vol. in-18, 1886.......... 3 fr. 50
Notices coloniales, publiées à l'occasion de l'exposition d'Anvers par le Ministère de la Marine et des Colonies. 3 vol. in-8° avec 25 cartes, Paris, 1885... 25 fr. »
LE TOME PREMIER (Tonkin, Annam, Cochinchine, Cambodge, l'île Madagascar) se vend séparément......................... 9 fr. »
L'Exploitation du Tonkin, par FILLION. 1 vol. in-8°, 1884... . 1 fr. 25
Exposé chronologique des relations du Cambodge avec le Siam, l'Annam et la France. 1 vol. in-8°........................ 2 fr. 50
Code Annamite, par AUBARET. 2 vol. grand in-8°............ 10 fr. »

Carte de l'Indo-Chine, par M. DUTREUIL DE RHINS, 1 feuille grand aigle .... 5 fr. »
LA MÊME en quatre feuilles grand aigle..................... 25 fr. »
Carte du Tonkin, par M. GOUIN, lieutenant de vaisseau. Corrigée et mise à jour. 1 feuille aigle.. 3 fr. »
Carte de la Cochinchine, réduction de celle en 20 feuilles de M. Bigrel, 1 feuille colombier.. 2 fr. 50
Plan de Hanoï et des environs, d'après les travaux du Ministère de la guerre. 1 feuille colombier.................................. 3 fr. 50
Carte des Itinéraires de M. A. Pavie dans le sud-ouest de l'Indo-Chine Orientale. **Cambodge et Siam**. 2 feuilles gr. aigle, 1885. 8 fr. »
Plan de la ville de Saïgon, dressé par le chef du service des travaux publics. 1 feuille colombier....................................... 2 fr. »

Ouvrages pour l'étude des langues de l'extrême Orient.

Typographie Firmin-Didot. — Mesnil (Eure).

www.ingramcontent.com/pod-product-compliance
Lightning Source LLC
Chambersburg PA
CBHW071720230426
43670CB00008B/1067